国际货运代理业务操作

主 编 肖 云 杨佳骏

西南交通大学出版社
·成 都·

图书在版编目（CIP）数据

国际货运代理业务操作 / 肖云，杨佳骏主编.
成都：西南交通大学出版社，2025.2. -- ISBN 978-7-5774-0275-8

I．F511.41

中国国家版本馆 CIP 数据核字第 2025GJ2193 号

Guoji Huoyun Daili Yewu Caozuo
国际货运代理业务操作

主编 / 肖　云　　杨佳骏

策划编辑 / 张　波
责任编辑 / 罗爱林
封面设计 / 原谋书装

西南交通大学出版社出版发行
（四川省成都市金牛区二环路北一段 111 号西南交通大学创新大厦 21 楼　610031）
营销部电话：028-87600564　　028-87600533
网址：http://www.xnjdcbs.com
印刷：四川森林印务有限责任公司

成品尺寸　210 mm×285 mm
印张　19.75　　字数　530 千
版次　2025 年 2 月第 1 版　　印次　2025 年 2 月第 1 次

书号　ISBN 978-7-5774-0275-8
定价　55.00 元

课件咨询电话：028-81435775
图书如有印装质量问题　本社负责退换
版权所有　盗版必究　举报电话：028-87600562

前 言

PREFACE

随着全球化的加速和国际贸易的蓬勃发展，国际货运代理行业在物流领域中扮演着日益重要的角色。为了满足行业发展的需要，我们编写了这本国际货运代理教材，旨在帮助读者全面了解国际货运代理的各项业务操作，提高专业素养，以应对激烈的市场竞争。

本教材分为6个主要部分：国际货运代理认知、国际海运业务操作、国际空运业务操作、国际铁路业务操作、国际多式联运业务操作及综合实训。其中，项目一国际货运代理认知，介绍了货运代理的定义、货运代理企业的业务范围、货运代理企业的岗位设置；项目二国际海运业务操作，介绍了海上班轮运输的概念和特点、海上货物运输的相关组织及港口、航线的基本知识、班轮运价、海运代理业务的文件制作及核对；项目三国际空运业务操作，介绍了空运代理业务的基本概念、不同货物的运费计算、航空进出口业务流程、活体动物等特殊业务的相关要求和规定，以及空运代理异常情况及其处理方法等内容；项目四国际铁路业务操作，介绍了国际铁路货运代理的概念、进出口业务流程、运价和运费计算以及国际铁路运输中的责任及赔偿等内容；项目五国际多式联运业务操作，介绍了国际多式联运的基本情况、进出口业务流程、运价计算、单据操作、事故处理流程等内容；项目六综合实训，介绍了货运代理委托书、CLP、海运提单、空运单等单据的填制，以及订舱、海运报价、空运报价、异常处理等操作。

在编写过程中，我们结合了大量的实践案例和理论知识，力图使内容深入浅出，易于理解。此外，我们还对各种运输方式的操作流程进行了详细介绍，使读者能够全面掌握各环节的操作要点。

本教材适用于从事国际货运代理行业的专业人士，以及对该行业感兴趣的读者。通过学习本教材，读者能够更好地了解国际货运代理的业务范围和职责，提高业务操作水平，为行业发展作出贡献。

本教材由深圳鹏城技师学院给予经费资助，是现代物流专业一体化系列教材之一，主编为肖云、杨佳骏，参与编写的还有郭伟、陈中蕾、唐艳梅、黄丽、范晓云等。所有编写成员均来自企业、教学一线，有着丰富的物流工作经验及教学经验。另外，教材还参考了许多专业书籍和同类教材，没有一一列出，在此一并致谢。

鉴于国际货运代理的理论、方法和实践发展日新月异，加之编者水平有限、时间仓促，书中难免存在不妥之处，恳请业内专家、学者和广大读者批评指正，以使本教材日臻完善。

编 者
2024年3月

目 录
CONTENTS

项目一　国际货运代理认知 …………………………… 001
　　任务一　认识货运代理行业 ………………………… 002
　　任务二　认识货运代理企业的岗位分工 ………………… 012
　　任务三　认识货运代理的基本贸易术语 ………………… 014
　　任务四　认识国际主要航线及港口 …………………… 019

项目二　国际海运业务操作 …………………………… 025
　　任务一　国际海上货运概述 ………………………… 026
　　任务二　认识国际海运基础内容 ……………………… 040
　　任务三　客户咨询业务操作 ………………………… 055
　　任务四　客户接待业务操作 ………………………… 060
　　任务五　海运报价计算 …………………………… 063
　　任务六　接受海运出口委托 ………………………… 076
　　任务七　出口订舱操作 …………………………… 078
　　任务八　出口报关操作 …………………………… 081
　　任务九　填制提单补料 …………………………… 085
　　任务十　海运提单的填制 ………………………… 088
　　任务十一　海运FCR/HBL制作 ……………………… 094
　　任务十二　海运出口结算业务操作 …………………… 097
　　任务十三　认识海运进口流程 ……………………… 100
　　任务十四　海运进口报关操作 ……………………… 103
　　任务十五　海运到港通知操作 ……………………… 110
　　任务十六　海运审单和提货操作 ……………………… 111
　　任务十七　海运退运货操作 ………………………… 112
　　任务十八　海运事故索赔处理 ……………………… 114

项目三　国际空运业务操作 …………………………… 119
　　任务一　认识航空货物运输 ………………………… 120
　　任务二　认识空运代理职能岗位 ……………………… 133
　　任务三　认识空运代理业务流程 ……………………… 138

任务四　揽货营销操作……144
　　任务五　空运普通货物报价……150
　　任务六　空运特殊货物报价……159
　　任务七　接受空运出口委托……177
　　任务八　预配舱与预订舱操作……183
　　任务九　出口订舱操作……184
　　任务十　航空公司货物交接发运操作……186
　　任务十一　空运出口报检、报关操作……190
　　任务十二　航空运单的签发……192
　　任务十三　航空公司进港货物操作……196
　　任务十四　进口接单、接货操作……197
　　任务十五　进口理货、理单操作……198
　　任务十六　进口货物交接操作……199
　　任务十七　活体动物进出口运输操作……202
　　任务十八　空运代理异常情况处理……204

项目四　国际铁路业务操作……217
　　任务一　国际铁路货运代理概述……218
　　任务二　国际铁路货运进出口业务流程……222
　　任务三　国际铁路货运报价……225
　　任务四　国际铁路货运责任及赔偿……230

项目五　国际多式联运业务操作……233
　　任务一　国际多式联运概述……234
　　任务二　国际多式联运业务操作流程……236
　　任务三　运到期限与运价计算……239
　　任务四　认识国际多式联运公约……241
　　任务五　国际多式联运单据操作……244
　　任务六　国际多式联运成本管理……253
　　任务七　认识海空联运业务……256
　　任务八　认识海陆联运业务……258
　　任务九　认识空陆联运业务……263
　　任务十　认识公铁联运业务……267
　　任务十一　国际多式联运事故处理……270

项目六　综合实训 275

- 任务一　货代委托书处理 275
- 任务二　委托书核对 281
- 任务三　承运人订舱 282
- 任务四　CLP填制 285
- 任务五　CLP处理 290
- 任务六　报价计算——海运 292
- 任务七　报价计算——空运 295
- 任务八　海运提单填制 298
- 任务九　空运单填制 304
- 任务十　海运投诉索赔处理 307

参考文献 308

项目一
国际货运代理认知

项目导入

小陈大学毕业后进入某物流集团国际货运代理公司工作。该国际货运代理公司的经营业务广泛,包括国际海上货运代理业务、国际航空货运代理业务、国际陆上货运代理业务和国际多式联运货运代理业务等。办好入职手续后,小陈首先来到人力资源部培训组,参加国际货运代理基础知识的培训。培训目标是让新员工能够对国际货运代理有一个基本的认知,包括对国际货运代理行业的基础知识、国际货运代理企业的基础知识、货运代理相关的贸易知识,以及国际货运主要航线和港口等基础信息。

学习目标

能力目标:
- 能够根据贸易文件确定业务范围和服务内容;
- 能够识别贸易文件中与货运代理相关的风险;
- 能够根据货运代理岗位设置组织内部合作与分工。

知识目标:
- 了解货运代理的定义与分类;
- 掌握货运代理企业的业务范围、服务内容及行业规范;
- 熟悉货运代理企业的责任范围及经营风险;
- 了解货运代理企业的岗位设置、分工。

素养目标:
- 具备良好的思想品德、社会公德和职业道德;
- 具备良好的心理素质和克服困难的毅力;
- 具备国际视野和家国情怀。

【知识学习】

任务一　认识货运代理行业

一、国际货运代理的定义与分类

（一）国际货运代理的定义

"货运代理"一词出现于20世纪的欧洲，来源于英文Freight Forwarder，在国际上至今尚无一个普遍公认的、统一的定义。随着货运代理业务在实践中的发展，权威机构对货运代理的解释总体上可划分为两个阶段。

1. 第一阶段

国际货运代理协会联合会的定义是：国际货运代理是根据客户的指示，并以保证客户利益为前提而揽取货物运输的人，其本身并不是承运人。国际货运代理也可以依照这些条件，从事与运输合同有关的活动，如储货（也含寄存）、报关、验收、收款等。

联合国亚太经社理事会的解释是：国际货运代理代表其客户取得运输合同，而本人并不起承运人的作用。

《船务法律辞典》的解释是：经营为他人安排货物运输业务的人。国际货运代理有权代表他的被代理人就一切所发生的费用取得赔偿，并有权得到偿付他的服务费用。美国《船务和货运代理业务辞典》的解释是：准备航运单证，安排舱位、投保并办理关税手续工作，以取得费用的商业组织。

1990《经贸部关于国际货物运输代理业管理的若干规定》的定义是：国际货物运输代理是介于货主与承运人之间的中介人，是接受货主或承运人委托，在授权范围内办理国际货物运输业务的企业。该文规定，国际货运代理除了拥有代理业务所必需的仓库和小型车队外，一般不经营运输工具，也不经营进出口商品，货运代理仅仅是联系货主和承运人并根据他们的委托办理国际货运业务的从业者。

这一阶段对货运代理的认识可归纳为两大特点：一是货运代理只作为中间人或中介或代理人提供服务并得到费用，而不作为运输当事人，即承运人；二是货运代理接受客户的委托，且对客户的定义不明确。

2. 第二阶段

美国《布莱克法律辞典》对国际货运代理的解释是：其业务为接收货物，以仓储、包装、整车货装运、交货等方式，把不够整车的船货（小船货）集中成整车船货，由此从低运费中取利的货运代理（公司或个人）。其业务是为他人接收并海运商品。美国出版的《物流管理》中是这样解释的：货运代理是以营利为目的的行业，他们把来自各种顾客手中的小批量货物装运整合成大批量装载，然后利用公共承运人（公路或航空的）进行运输；在目的地，货运代理把该大批量装载拆分成原先较小的装运量。

1995年发布的《中华人民共和国国际货物运输代理业管理规定》提出：国际货运代理业，是指接受进出口货物收货人、发货人的委托，以委托人的名义或者自己的名义，为委托人办理国际货物运输及相关业务并收取服务报酬的行业。这里删除"可以接受承运人的委托",即将船舶代理排除在货运代理之外。

《中华人民共和国国际货物运输代理业管理规定实施细则》拓宽了货运代理的业务范围:"国际货运代理企业可以作为进出口货物收货人、发货人的代理人,也可以作为独立经营人,从事国际货运代理业务。"

这一阶段的特点体现在两方面:一是货运代理可以进行拼装、拆装业务,并赚取运费差价,成为独立经营人角色;二是对客户或顾客,货运代理一般称之为货主,我国的定义更明确指定为货物发货人或收货人。

(二)国际货运代理的分类

1. 按照国际货运代理企业的背景和经营特点分类

(1)以外贸、工贸公司为背景的货运代理企业。

以外贸、工贸公司为背景组建的货运代理企业,如五矿国际货运公司、中粮国际仓储运输公司等。这类货运代理企业跟货主保持着长期良好的业务关系,能够保证稳定的货源,并且了解货物特性,能够为货主提供良好的货运代理服务。

(2)以实际承运人企业为背景的货运代理企业。

以实际承运人企业为背景成立的货运代理企业,如中国铁路对外服务总公司、中国外轮代理总公司等。这类货运代理企业与承运人联系紧密、运输信息灵通,能够为货主争取优惠的运价,这一特点使其在货运代理市场上具有较强的竞争优势。

(3)以仓储包装企业为背景的货运代理企业。

以仓储包装企业为背景成立的货运代理企业,如中储货运代理有限公司、天津宏达国际货运代理有限公司等。这类货运代理企业具有较强的仓储优势,为提供一体化的货运代理服务奠定了一定的基础,并且在仓储费用方面能给予货主一定的优惠。

(4)以港口、航道、机场企业为背景的货运代理企业。

以港口、航道、机场企业为背景成立的货运代理企业,如上海集装箱码头有限公司、天津振华国际货运公司等。这类货运代理企业与港、站、机场业务关系密切,经验丰富,在提供顺畅的物流服务方面具有一定的优势。

(5)以其他投资主体为背景的货运代理企业。

其他投资主体成立的货运代理企业包括外商投资、外商合资和民营等,这类企业经营规模不同、经营范围不一,因其特色业务在市场上具有特定客户群,灵活性较强,能够为客户提供满意的货运代理服务。

2. 按法律地位分类

(1)作为代理人型的货运代理以委托人的名义为其提供传统的货运代理服务,如订舱、保管货物、安排货物运输、报关、报检、报验、包装、保险等业务,并代委托人支付运费、保险费、包装费、海关税以及其他相关费用,并收取一定的代理费(总费用的百分比)。这种货运代理企业在散杂货运输中应用居多。

(2)作为当事人型的货运代理以自己的名义为委托人办理货运代理业务,能够提供除传统货运代理业务之外的其他服务,如签提单、提供仓储等其他物流业务等。其经营收入来源为运费差价,如无船承运人、多式联运经营人和第三方物流经营人,普遍存在于集装箱运输中。

在拼箱货运输和多式联运业务中，货主必须委托这种类型的货运代理企业。

3. 按运输方式分类

根据运输方式不同，国际货运代理分为国际海上货运代理、国际陆空货运代理以及国际多式联运代理。国际海上货运代理的市场覆盖面最广，业务最为复杂；国际陆空货运代理包括国际公路运输货运代理、国际铁路运输货运代理和国际航空运输货运代理。

国际海运、空运、陆运都涉及散杂货运输和集装箱运输，因此代理人型的货运代理和当事人型的货运代理都存在，其中无船承运人主要针对国际海上运输，国际多式联运代理即指国际多式联运经营人。多式联运经营人必备的条件之一是签发运单，因此可作为当事人型的货运代理。不同运输方式下的货运代理业务不同，其具体实务将分别在后续章节详述。

二、国际货运代理的经营范围与业务内容

（一）国际货运代理的经营范围

《中华人民共和国国际货物运输代理业管理规定实施细则》第三十二条规定，国际货运代理企业可以作为代理人或者独立经营人从事经营活动。其经营范围包括：

（1）揽货、订舱（含租船、包机、包舱）、托运、仓储、包装。

（2）货物的监装、监卸，集装箱装拆箱、分拨、中转及相关的短途运输服务。

（3）报关、报检、报验、保险。

（4）缮制签发有关单证、交付运费、结算及交付杂费。

（5）国际展品、私人物品及过境货物运输代理。

（6）国际多式联运、集运（含集装箱拼箱）。

（7）国际快递（不含私人信函）。

（8）咨询及其他国际货运代理业务。

但是，这些并不是每个国际货运代理企业都具有的经营范围。中华人民共和国商务部（以下简称"商务部"）颁发的《中华人民共和国国际货物运输代理企业批准证书》通常将国际货运代理企业的经营范围界定为"承办海运、陆运、空运进出口货物的国际运输代理业务，包括：揽货、订舱、仓储、中转、集装箱拼装拆箱、结算运杂费、报关、报验、保险、相关的短途运输服务及运输咨询服务"。工商行政管理机关颁发的"企业法人营业执照"则通常将国际货运代理企业的经营范围简化为"承办海运、陆运、空运进出口货物的国际运输代理业务（未取得专项许可的项目除外）"。各个国际货运代理企业的具体业务经营范围，最终应以工商行政管理机关颁发的"企业法人营业执照"列明的经营范围为准。

（二）国际货运代理的服务内容及服务对象

1. 国际货运代理的服务内容

国际货运代理的主要服务内容包括以下5个方面：

（1）代表发货人（出口商）选择运输路线、运输方式和适当的承运人；向选定的承运人提供揽货、订舱；提取货物并签发有关单证；研究信用证条款和所有政府的规定；包装、储存、称重和量尺码、安排保险；货物抵达港口后办理报关及单证手续，并将货物交给承运人；做外汇交易、支付运费及其他费用；收取已签发的正本提单，并交付发货人；安排货物转运；通知收货人货物

动态；记录货物灭失情况；协助收货人向有关责任方进行索赔。

（2）代表收货人（进口商）报告货物动态；接收和审核所有与运输有关的单据；提货和付运费；安排报关和付税及其他费用；安排运输过程中的存仓；向收货人交付已结关的货物；协助收货人储存或分拨货物。

（3）作为多式联运经营人，收取货物并签发多式联运提单，承担承运人的风险责任，对货主提供一揽子的运输服务。在发达国家，由于货运代理发挥运输组织者的作用巨大，故有不少货运代理主要从事国际多式联运业务；而在发展中国家，由于交通基础设施较差，有关法规不健全，以及货运代理的素质普遍不高，国际货运代理在作为多式联运经营人方面发挥的作用较小。

（4）其他服务，如根据客户的特殊需要提供监装、监卸、货物混装和集装箱拼装拆箱运输咨询服务等。

（5）特种货物挂装运输服务及海外展览运输服务等。

2. 国际货运代理的服务对象

从国际货运代理人的基本性质来看，货运代理主要是接受委托方的委托，就有关货物运输、转运、仓储、装卸等事宜，一方面与货物托运人订立运输合同，另一方面与运输部门签订合同。对货物托运人来说，货运代理是货物的承运人。部分货运代理人掌握各种运输工具和储存货物的库场，在经营其业务时办理包括海陆空在内的货物运输。国际货运代理服务的对象和从事的业务主要有以下 5 项。

（1）为发货人服务。

货运代理代替发货人承担在不同货物运输中的任何一项手续：① 以最快最省的运输方式，安排合适的货物包装，选择货物的运输路线；② 向客户建议仓储与分拨的方式和地点；③ 选择可靠、效率高的承运人，并负责缔结运输合同；④ 安排货物的计重和计量；⑤ 办理货物保险；⑥ 货物的拼装；⑦ 装运前或在目的地分拨货物之前把货物存舱；⑧ 安排货物到港口的运输，办理海关和有关单证的手续，并把货物交给承运人；⑨ 代表托运人进口商承付运费、关税税收及其他费用；⑩ 办理有关货物运输的任何外汇交易；⑪ 从承运人那里取得各种已签署的提单，并把它们交给发货人；⑫ 通过与承运人和货运代理在国外的代理联系，监督货物运输进程，并使托运人知道货物去向。

（2）为海关服务。

当货运代理作为海关代理办理有关进出口商品的海关手续时，它不仅代表自己的客户，还代表海关。事实上，在许多国家，他得到了海关的许可，办理海关手续，并对海关负责，在法定的单证中申报货物确切的金额、数量、品名，以使政府在这些方面不受损失。

（3）为承运人服务。

货运代理向承运人及时订舱，议定对发货人、承运人都公平合理的费用，安排适当的时间交货，以及以发货人的名义解决与承运人的运费账目等问题。

（4）为航空公司服务。

货运代理在空运业务上，充当航空公司的代理，在国际航空运输协会以空运货物为目的而制定的规则上，它被指定为国际航空运输协会的代理。它利用航空公司的货运手段为货主服务，并由航空公司付给佣金。同时，作为一个货运代理，它通过提供适于空运程度的服务方式，继续为发货人或收货人服务。

（5）为班轮公司服务。

货运代理与班轮公司的关系，随业务的不同而不同。近几年来，由货运代理提供的拼箱服务即拼箱货的集运服务，已建立了货运代理与班轮公司及其他承运人（如铁路）之间较为密切的联系，然而一些国家却拒绝给货运代理支付佣金，所以他们在世界范围内争取对佣金的要求。

随着国际贸易集装箱运输的增长，逐渐引进集运和拼箱的服务。在提供这种服务中，货运代理担负起委托人的角色。

（三）国际货运代理企业的业务内容

国际货运代理企业的业务内容按照服务对象可以分为3个方面。

1. 作为货主的代理人提供货运代理服务

（1）作为出口货物发货人的代理人。

国际货物运输代理企业作为出口货物发货人的代理人，其业务内容通常包括以下具体项目：① 查询、提供车次、船期、航班、运价信息，以及出口货物的报关、报检、报验、装运港、中转港、目的港装卸、运输规定。② 根据发货人的货物运输要求，选择运输路线、运输方式和适当的承运人，安排货物运输、转运，争取优惠运价，确认运费及其他相关费用。③ 接收、审核发货人提供的货物运输资料、单证，提醒发货人准备货物进出口地所属国家或地区要求的货物运输文件、单证。④ 代为填写、缮制货物运输单据，以备办理通关、报检、报验等出口手续。⑤ 向选定的承运人租赁运输工具、洽订车辆、舱位。⑥ 安排货物从发货人处或发货人指定的其他处所到货物起运车站、港口或机场的短途运输，将货物交付承运人或其代理人。⑦ 办理出运货物的包装、仓储、称重、计量、检测、标记、刷唛、进站、进港、进场手续。⑧ 办理出运货物的装箱、拼箱、理货、监装事宜。⑨ 办理货物的运输保险手续。⑩ 办理货物的通关、报检、报验等手续，支付有关费用。⑪ 查询、掌握货物装载情况及运输工具离开车站、港口、机场时间，及时向委托人报告货物出运信息。⑫ 向承运人或其代理人领取运单、提单及其他收货凭证，及时交给发货人或按其指示处理。⑬ 向承运人、承运人的代理人、其他有关各方、各有关部门交付或结算运费、杂费、税金、政府规费等款项。⑭ 联系承运人或其在货物起运地、目的地的代理人，掌握运输情况，监管运输过程，及时向发货人通报有关信息。⑮ 记录货物的残损、短缺、灭失情况，收集有关证据，协助发货人向有关责任方、保险公司索赔。⑯ 发货人委托办理的其他事项。

（2）作为进口货物收货人的代理人。

国际货物运输代理企业作为进口货物收货人的代理人，其业务内容通常包括以下具体项目：① 保持与承运人或其在货物运输目的地代理人的联系，随时查询，及时掌握货物动态和运抵目的地的信息，及时通报收货人。② 保持与收货人的联系，接收、审核其提供的运输单据，协助其准备提货文件，办妥相关手续，做好提货、接货准备。③ 向承运人、承运人的代理人及其他有关各方支付运费、杂费。④ 办理货物的报关、纳税、结关、报检、报验手续，代为支付有关税金和费用。⑤ 办理货物的提取、接收、拆箱、监卸、查验手续。⑥ 安排货物的短倒、仓储、转运、分拨事宜。⑦ 安排货物从卸货地到收货人处或其指定处所的短途运输。⑧ 向收货人或其指定的其他人交付货物及有关单据。⑨ 记录货物的残损、短缺、灭失情况，收集有关证据，协助收货人向有关责任方、保险公司索赔。⑩ 收货人委托的其他事项。

2. 作为承运人的代理人提供货运代理服务

（1）作为出口货物承运人的代理人。

国际货物运输代理企业作为出口货物承运人的代理人，其业务内容通常可以分为以下具体项目：① 回复托运人关于陆运车辆班次、海运船舶船期、空运飞机航班、运价、运输条件等相关事宜的查询。② 承揽货物，组织货载，接受托运人的包车、租船、包机、订车、订舱要求，与之洽谈，订车辆、船舶、飞机、舱位，签订运输合同。③ 填写、缮制货物入仓、进站、进港、进场单据或集装箱、集装器放行单，安排货物入仓、进站、进港、进场或装箱。④ 协助承运人或车站、码头、机场进行车辆、船舶、飞机配载，装车、装船、装机。⑤ 审核车站、码头、场站汇总的货物清单，缮制货物出口运单、提单等单证，并向海关申报集装箱、集装器、货物情况。⑥ 向航次租船的船舶承租人签发滞期或速遣通知。⑦ 向托运人签发运单、提单，收取运费、杂费。⑧ 办理货物、集装箱的中转手续。⑨ 汇总出口货物运输单据，审核有关费用、税收，办理支付、结算手续。⑩ 向委托人转交货物运输文件、资料，报告出口货载、用箱、费用、税收情况。⑪ 向货物的目的地车站、港口、机场承运人代理传送货物运输文件、资料，传递运输信息。⑫ 承运人委托的其他事项。

（2）作为进口货物承运人的代理人。

国际货物运输代理企业作为进口货物承运人的代理人，其业务内容通常包括以下具体项目：① 取得、整理、审核进口货物运输单据。② 向收货人或通知人传达货物到站、到港、运抵信息，通知其提货。③ 填写、缮制进口货物运输单据，办理集装箱、集装器、货物进口申报手续。④ 通知、协助车站、港口、机场安排卸货作业。⑤ 安排集装箱的拆箱、货物的转运、查验、交接。⑥ 收取运费、杂费及其他相关费用，办理放货手续。⑦ 汇总进口货物运输单据，审核有关费用、税收，办理支付、结算手续。⑧ 承运人委托的其他事项。

3. 作为独立经营人提供有关服务

（1）以缔约承运人、无船承运人、多式联运经营人身份提供服务。

国际货物运输代理企业以缔约承运人、无船承运人、多式联运经营人身份提供货物运输服务，其业务内容通常包括以下具体项目：① 在货物的起运地或其他地点与托运人或其代理人办理货物的交接手续，签发收货凭证、提单、运单。② 确定运输方式、运输路线，与实际承运人、分包承运人签订货物运输合同。③ 安排货物运输，跟踪监管货物运输过程。④ 必要时，对装载货物的集装箱进行保险，对货物的运输投保承运人责任险。⑤ 通知在货物转运地的代理人，与分包承运人联系，申办货物的过境、换装、转运手续，办理相关事宜。⑥ 定期向发货人、收货人或其代理人发布货物位置、状况信息。⑦ 在货主提出要求时，安排货物的中途停运。⑧ 通知收货人或其代理人货物运抵目的地的时间，安排在货物目的地的代理人办理通知提货、交货手续。⑨ 向货主或其代理人收取、结算运费、杂费。⑩ 办理货物的索赔、理赔手续。

（2）以仓储保管人身份提供服务。

国际货物运输代理企业以仓储保管人身份提供货物仓储服务，其业务内容通常包括以下具体项目：① 清点货物数量，检查货物包装和标识，与货主或运输人员办理货物交接手续。② 根据货主要求，代为检验货物品质。③ 根据验收结果，办理货物入库手续。④ 根据货物的性质、特点、保管要求，分区、分类按货位编号合理存放、堆码、苫垫。⑤ 编制保管账卡，定期或根据临时需要进行盘点，做好盘点记录。⑥ 妥善保管货物，及时保养、维护。⑦ 根据货主要求，整理货物原件包装，进行零星货物的组配、分装。⑧ 审核货主填制的提货单或调拨单等出库凭证，登录保管账卡。⑨ 配货、包装、刷唛，集中到理货场所等待运输。⑩ 复核货物出库凭证，向货主或承运人交付货物，核销储存货量。

（3）以专业顾问身份提供服务。

国际货物运输代理企业以专业顾问身份提供货物运输咨询服务，其业务内容通常包括以下具体项目：① 向客户提供有关法律法规、规章、惯例和运输信息。② 就货物的运输路线、运输方式、运输方案提出意见和建议。③ 就货物的包装、装载形式、方式、方法提出意见和建议。④ 就货物的进出口通关、清关、领事、商品检验、动植物检疫、卫生检验要求提供咨询意见。⑤ 就货物的运输单证、银行要求提出意见和建议。⑥ 就货物的运输保险险种、保险范围等提供咨询意见。⑦ 就货物的理赔、索赔提出意见和建议。⑧ 客户提出咨询的其他事项。

三、国际货运代理责任及经营风险

（一）国际货运代理责任及分类

1. 责　任

国际货运代理的责任是指国际货运代理作为代理人和当事人两种情况时的责任。

2. 责任分类

（1）以纯粹代理人身份出现时的责任划分。

货运代理作为代理人，在货主和承运人之间发挥桥梁的作用，由货主和承运人直接签订运输合同。货运代理收取的是佣金，责任小。当货物发生灭失或损坏时，货主可以直接向承运人索赔。

（2）以当事人身份出现时的责任划分。

货运代理以自己的名义与第三人（承运人）签订合同，在安排储运时使用自己的仓库或者运输工具，安排运输、拼箱集运时收取差价。以上这三种情况下，对于托运人来说，货运代理是承运人，应承担承运人的责任。

（3）以无船承运人身份出现时的责任划分。

当货运代理从事无船承运业务并签发自己的无船承运人提单时，便成了无船承运经营人，被看作法律上的承运人，兼有承运人和托运人的性质。

（4）以多式联运经营人身份出现时的责任划分。

当货运代理负责多式联运并签发提单时便成了多式联运经营人（Multimodal Transportation Operator，MTO），被看作是法律上的承运人。

① 《联合国国际货物多式联运公约》规定MTO对货物灭失或延迟交付的赔偿责任如下：

对于货物灭失或损坏的赔偿限额最多不超过每件或每运输单位920SDR[①]，或每公斤不得超过2.75SDR，以较高者为准。但是国际多式联运如果根据合同不包括海上或内河运输，则MTO的赔偿责任按灭失或损坏货物毛重每公斤不得超过8.33SDR计算单位。

对于货物的迟延交付，规定了90天的交货期限，MTO对迟延交货的赔偿限额为迟延交付货物的运费2.5倍，并不能超过合同的全程运费。

② 《中华人民共和国海商法》规定MTO对货物灭失或迟延交付的赔偿责任。

对于货物灭失或损坏：每件或者每个其他运输单位666.67SDR，或按照灭失或损坏的货物毛

[①] SDR指特别提款权（Special Drawing Right），亦称"纸黄金"，是国际货币基金组织原有的普通提款权以外的一种补充。

重每公斤 2SDR，以两者中较高的为准。

对于迟延交付，《中华人民共和国海商法》规定货物交付期限为 60 天，MTO 迟延交付的赔偿限额为迟延交付货物的运费数额，但承运人的故意或者不作为而造成的迟延交付则不享受此限制。

（5）以"混合"身份出现时的责任划分。

货运代理从事的业务范围较为广泛，除了作为货运代理代委托人报关、报检、安排运输外，还用自己的雇员，以自己的车辆、船舶、飞机、仓库及装卸工具等来提供服务，或陆运阶段为承运人，海运阶段为代理人。对于货运代理的法律地位的确认，不能简单化，而应视具体的情况具体分析。

（6）以合同条款为准的责任划分。

在不同国家的标准交易条件中，往往详细列明了货运代理的责任。通常，这些标准交易条件被结合在收货证明或由货运代理签发给托运人的类似单证中。

（7）提供多式联运服务。

在货运代理作用上，集装箱化的一个更深远的影响是它介入了多式联运。这时，货运代理充当了主要承运人并承担了组织一个单一合同，通过多种运输方式进行门到门的货物运输。它可以以当事人的身份，与其他承运人或其他服务提供者分别谈判并签约。

但是，这些分包合同不会影响多式联运合同的执行，也就是说，不会影响发货人的义务，以及在多式联运过程中，对货损或灭失所承担的责任。

（二）货运代理业务经营风险及防范对策

随着国际多式联运业务的蓬勃兴起，为货运代理开拓业务、发挥所长、增加利润提供了机会。结合货运代理行业的源起和发展，货运代理人的身份已经由单一的代理人、兼负代理人和经营人的双重身份正式发展为独立承担运输责任的当事人（或称承运人）。但是机遇与挑战并存，利润与风险同在，货运代理人不可避免地会遇到一系列风险，如何积极地采取有效对策避免和降低风险，值得关注。

1. 身份错置

对于货运代理人而言，不同的身份决定了不同的法律地位，同时也决定了不同的权利和义务。很多货运代理企业由于不清楚或不明确自己的身份，尤其是在货运代理人具有双重身份时，混淆托运人、代理人、独立经营人的概念，摆错自己的位置，以致行事不当，该行使的权利没有行使，不该承担的责任却要承担。

对策：根据具体业务情况，分析自己的身份和法律地位，知道自己该干什么，不该干什么。

2. 未尽代理职责

货运代理人作为代理身份时，一定要谨慎履行合理的职责，这是对货运代理人最基本的要求。然而在实践中，货运代理企业往往因疏于管理，马虎大意未能尽到合理的义务，因自身的过错而给托运人造成损失，实际上也给自己造成了损失。这主要表现为以下几种情况：① 选择承运人不当；② 选择集装箱不当；③ 未能及时搜集、掌握相关信息并采取有效措施；④ 对特殊货物未尽特殊义务；⑤ 遗失单据；⑥ 单据缮制错误。

对策：建立健全内部规章，制定标准业务流程，对可能出现因疏忽造成风险的业务环节进行科学、全面的分析，使业务环节程序化、制度化，并不断完善，同时加大检查力度，使疏忽大意产生的概率降到最低。

3. 超越代理权限

货运代理人作为代理人时，其代理行为应当在托运人的委托范围内，如果超越了委托范围，擅自行事，则由货运代理人自行承担责任。在业务实践中，货运代理人处处为托运人着想，为了及时出运货物不惜超越代理权限代行托运人的权利，如签发各类保函、承诺支付运费、同意货装甲板、更改装运日期、将提单直接转给收货人等。对于这些行为，有时可能托运人一无所知，有时可能事先得到托运人的默许或口头同意，但一旦出现问题，托运人便会矢口否认。由于没有证据证明得到了托运人的认可，所以货运代理人往往要为自己超越代理范围的行为承担责任。

对策：明确托运人的权利和责任，分清货运代理人与托运人权利和责任的界限，不要越俎代庖，替人受过。

4. 货主欺诈

很多货运代理人为了承揽生意，吸引货主，往往采取垫付运费及其他相关费用的方式，而这一点恰恰让个别货主钻了空子。个别货主往往在前几票业务中积极付费，表现出具有良好信誉的假象，在获取货运代理人的信任后，在随后的某一大票业务中由货运代理人垫付巨额费用后，便人去楼空。

货主为了逃避海关监管，可能会虚报、假报进出口货物的品名及数量。当货运代理人（包括报关行）代其报关后，经海关查验申报品名、数量与实际不符时，货运代理人可能首当其冲遭受海关的调查和处罚。

在集装箱运输方式下，由于货物不便查验，货主可能会实际出运低价值的货物，而去申报高价值的货物，并与收货人串通（或者收货人就是该货主或其关联企业），伪造出具假发票、假信用证、假合同。当货物到达目的地，通过各种手段骗取无单放货后，发货人又凭正本提单向货运代理人索要高于出运货物实际价值的赔偿。

对策：对货主实行资信等级考察制度，对不同等级的货主实行不同的对待策略；同时，提高警惕性，时刻注意保护自身的权益。

5. 随意出具保函

倒签、预借提单现象屡禁不止，凭保函签发清洁提单或无单放货的情况更是普遍。船公司为了规避自己的风险，一般在货主提出上述要求时就要求货主出具保函，但经常由于货主远在异地或者货主的资信不能得到船公司的信任和认可，往往会要求货运代理人出具保函以保证承担由此引起的一切责任，或要求货运代理人在货主出具的保函上加盖公章，承担连带担保责任。货运代理人为向货主体现自己优质的服务质量，随意地按照船公司的要求出具保函。货运代理人此时仅是货主的代理人，出具保函的行为是超越代理范围的自身行为，因此货运代理人所承担的风险责任也就远远超出了其应当承担责任的范围。

对策：加强制度管理，对外出具保函时应当进行严格的审核，慎重出具，对于不应当或不必要及可能损害货运代理人利益的保函坚决不出。

6. 法律适用问题

货运代理人在作为国际多式联运经营人时，由于货物运输可能同时采取几种运输方式，货物运输的路段也会涉及几个国家，每一种运输方式所适用的法律不同，其规定的责任区间、责任限额、责任大小都不尽相同，而不同国家的具体法律规定又是不同的，这样就有可能导致法律适用问题给货运代理人造成风险损失。

由于各地的海关监管、免疫查验、出入境管理，以及其他相关监管的法律法规的规定不同，而且货运代理企业又不能完全熟悉掌握，尤其是一些最新出台的法规，货运代理企业缺少信息追踪以及相关信息调研的部门，极有可能会触犯这些规定，从而招致处罚，轻则罚款，重则有可能被吊销当地的经营资格。

对策：加强对相关国家法律的研究和了解，明确自己的权利和责任。

7. 垫付运费风险

垫付运费是当前货运代理人承揽业务的主要手段之一，对一些资金相对紧张的出口单位颇有吸引力，但是在吸引客户的背后却蕴藏着极大的风险。

首先，垫付运费的合法性问题。关键是作为代理人，在被代理人没有对支付运费做出明确授权时，自行代其垫付运费的行为是否应当受到法律保护。

其次，托运人的资信问题。凡是被垫付运费所吸引的托运人，大部分都存在资金紧张的问题，一旦托运人的经济状况恶化，货运代理人垫付的费用可能无从追回。

对策：不予垫付运费，或者在与托运人的代理合同中明确垫付运费的授权。

8. 职员个人行为风险

企业的经营活动是通过其职员完成的，但并不是所有的职员都忠实可靠，他们的个人行为往往以公司职务行为为掩护，让货运代理企业无法辨别，误认其个人行为为公司行为。当个人攫取利益逃之夭夭后，又无法向其原单位索赔，从而导致经济损失。

个别职员长期负责某单位某项具体工作，如领提单、拿支票等，货运代理企业往往会放松对他的警惕性。有些人在其公司解除劳动关系后，仍然冒名领取提单，或骗取支票。事后由于该职员没有原单位的书面明确授权，货运代理企业往往自食苦果。还有个别职员在某单位从事订舱工作，其在做公司正常业务的同时又承揽私人业务，将"公务"和"私务"交杂在一起，以致货运代理企业很难区分，从而造成麻烦。

对策：要求往来文件尽量加盖公司印章，对于个人的业务行为，要求其公司提供委托授权书，明确其行为是公司授权的职务行为。

9. 风险转移

货运代理人可以通过加强内部管理，规范操作流程，对客户实行信用管理，对合同方实行有效考核等一系列手段来规避经营风险。但是，企业的经营风险层出不穷，防不胜防，必要的防范手段只能在一定程度上减少风险发生的概率，但不能完全避免它的发生。因而如何化解和转移风险是货运代理企业应当面对和思考，也是急需解决的问题。

对策：加强管理，购买保险。

任务二　认识货运代理企业的岗位分工

一、国际货运代理的组织结构

（一）直线—职能制组织结构

大部分的货运代理企业都采用直线—职能制组织结构。直线—职能制组织结构也称生产区域制，或直接参谋制，建立在直线制和职能制的基础上，最大的优势就是取长补短，吸取这两种形式的优点。

这种组织结构形式把企业管理机构和人员分为两类：一类是直线领导机构和人员，按命令统一原则对各级组织行使指挥权，有总经理、运输部部长、外贸部部长等这一类领导机构；另一类是职能机构和人员，按专业化原则，从事组织的各项职能管理工作，主要有车队人员、业务员、报关报检员以及单证员等。

（二）组织结构分析

直线领导机构及其人员在自己的职责范围内有一定的决定权和对所属下级的指挥权，并对自己部门的工作负全部责任；而职能机构及其人员，则是直线指挥人员的参谋，不能对直接部门发号施令，只能进行业务指导。

1. 优　点

既保证了企业管理体系的集中统一，又可以在各级行政负责人的领导下，充分发挥各专业管理机构的作用。

2. 缺　点

（1）典型的"集权式"结构，权力集中于最高管理层，下级缺乏必要的自主权。

（2）各职能部门之间横向联系较差，容易产生脱节和矛盾。

（3）建立在高度的"职权分裂"基础上，各职能部门与直线部门之间如果目标不统一，则容易产生矛盾。

（4）信息传递路线较长，反馈较慢，难以适应环境的迅速变化。

某国际货运代理有限公司组织机构如图1-1所示。

二、国际货运代理的岗位设置

（一）销售岗位

在销售岗位上的货代业务员主要负责揽货，将公司的舱位销售出去。寻找客户、找到货源是其主要职责。他们是公司利润的主要来源，是推广公司产品、提升公司形象的核心力量。

（二）操作岗位

操作岗位是货运代理企业中工作最细致、最烦琐的岗位。操作人员的主要工作就是对客户的资料进行整理、核准，保证货物顺利、及时出运。其中最重要的几个环节就是订舱、核对报关资料、安排车队和核对提单。

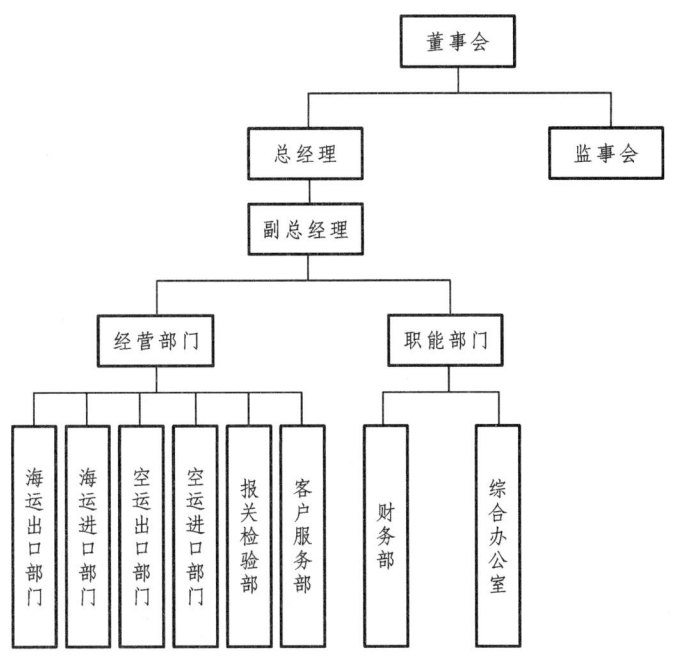

图1-1　某国际货运代理有限公司组织机构

（三）报关报检岗位

报关员是联系货运代理企业与海关的纽带。报关员需要取得报关资格证，才能以自己的名义递送资料进行货物申报。报关员必须保证客户资料的准确、清晰，填制的单据无误。如果由于自己工作的疏忽，客户货物的报关产生问题，报关员一般会承担连带责任，被扣除一定的报关资格分值甚至取消报关资格。

（四）客户服务岗位

规模较小的货运代理企业由操作人员兼作客服，规模较大的货运代理企业会单独设立客服岗位。客服的工作是收集、整理已有的每一位客户的习惯、注意事项等，在每次单证操作前将这些细节问题提供给操作人员，避免其与客户反复沟通同样的问题，并且在出现一些操作问题时，能够很好地向客户解释并与其进行良好的沟通。

（五）跑单岗位

跑单是取送单证的一个环节，虽然现在有快递公司可以承担此项工作，但是货运代理企业的单证一般都是比较重要的，有实力的企业都会有跑单司机，毕竟中间环节越少，越能保障单证的安全。跑单司机主要面对两个环节的人员：一是企业客户；二是企业的报关员。跑单司机的工作一般都是在户外，只有闲的时候才会在公司，所以又称外勤人员。

任务三 认识货运代理的基本贸易术语

一、国际贸易术语概述

对于国际贸易的买卖双方,在签订贸易合同时面临3个方面的问题:一是由谁办理货物运输、保险、进出口报关业务,风险和费用如何划分;二是在什么地方,以什么方式办理货物的交接;三是双方在交接货物、传递单据时,应分别承担哪些责任与义务?

国际贸易术语(Trade Terms of International Trade)又称价格术语,是在国际贸易实践中逐渐形成的以3个英文字母概括说明买卖双方在货物交接方面的权利、义务及买卖双方有关费用、风险和责任划分的专门术语。国际贸易术语的主要作用在于简化买卖双方当事人的贸易谈判缔约过程,明确双方当事人的权利和义务。国际贸易术语是一种国际惯例,具有任意性,即只有当事人选择适用,才对当事人具有约束力。

二、国际贸易术语分类

为统一各种贸易术语的不同解释,国际商会于1936年制定了《国际贸易术语解释通则》(*Nternational Rules for the Interpretation of Trade Terms*,INCOTERMS)。随后,为适应国际贸易实践发展的需要,国际商会先后于1953年、1967年、1976年,1980年和1990年进行过多次修订与补充。

1999年7月国际商会公布的《2000年国际贸易术语解释通则》(*INCOTERMS* 2000)于2000年1月1日起生效。2010年9月27日国际商会正式推出《2010国际贸易术语解释通则》(*INCOTERMS* 2010),以取代已经在国际贸易领域使用了近10年的*INCOTERMS* 2000,新版本于2011年1月1日正式生效。

《2010年国际贸易术语解释通则》是在《2000年国际贸易术语解释通则》的基础上修改的,因此本节首先系统介绍《2000年国际贸易术语解释通则》对国际贸易术语的解释,然后概要阐述《2010年国际贸易术语解释通则》的修改之处。《2010年国际贸易术语解释通则》共包括11个贸易术语,分为E、F、C、D 4组。按照E、F、C、D的顺序,卖方义务逐渐变多,买方义务逐渐变少。其中,FOB术语、CFR术语和CIF术语是海运领域应用最广泛的贸易术语。

(一)E组术语

E组术语即启运术语,EXW(EX Works),表达的含义是工厂交货,其交货地点是卖方工厂,风险转移在卖方工厂;由买方负责租船订舱或选择其他运输方式,并支付运费,办理保险手续并支付保险费;货物出口报关与货物进口报关均由买方负责;适用任何运输方式。

(二)F组术语

F组术语包括FCA、FAS和FOB 3个术语,其共同特点是卖方运费未付,即由买方租船订舱并支付运费。

FCA(Free Carrier)术语的含义是货交承运人,其交货地点是指定装运地点;风险转移是货交承运人;由买方办理租船订舱并支付运费,办理保险手续并支付保险费;货物出口报关由卖方负责,货物进口报关由买方负责;适用任何运输方式。

FAS（Free Alongside Ship）术语的含义是装运港船边交货。其交货地点是装运港船边；风险转移是装运港船边；买方办理租船订舱并支付运费，办理保险手续并支付保险费；货物出口报关由卖方负责，货物进口报关由买方负责；适用运输方式是海上运输和内河运输。

（三）C组术语

C组术语包括CFR、CPT、CIF和CIP 4个术语，其共同特点是卖方运费已付，即由卖方租船订舱并支付运费。

CPT（Carriage Paid to）术语的含义是运费付至，其交货地点是指定装运地点；风险转移是货交承运人；由卖方办理租船订舱并支付运费；由买方办理保险手续并支付保险费；货物出口报关由卖方负责，货物进口报关由买方负责；适用任何运输方式。

CIP（Carriage and Insurance Paid to）术语的含义是运费、保险费付至，交货地点是指定装运地点；风险转移是货交承运人；由卖方办理租船订舱并支付运费，办理保险手续并支付保险费；货物出口报关由卖方负责，进口报关由买方负责；适用任何运输方式。

（四）D组术语

DAF（Delivered at Frontier）术语表达的含义是边境交货，交货地点是边境指定地点；风险转移是边境指定地点；由卖方办理租船订舱并支付运费，办理保险手续并支付保险费；货物出口报关由卖方负责，货物进口报关由买方负责；适用任何运输方式。

DES（Delivered Ex Ship）术语表达的含义是目的港船上交货，交货地点是目的港船上；风险转移是目的港船上；由卖方办理租船订舱并支付运费，办理保险手续并支付保险费；货物出口报关由卖方负责，货物进口报关由买方负责；适用运输方式是海上运输和内河运输。

DEQ（Delivered Ex Quay）术语表达的含义是目的港码头交货，交货地点是目的港码头；风险转移是目的港码头；由卖方办理租船订舱并支付运费，办理保险手续并支付保险费；货物出口报关由卖方负责，货物进口报关由买方负责；适用运输方式是海上运输和内河运输。

DDU（Delivered Duty Unpaid）术语表达的含义是未完税交货。交货地点是指定目的地；风险转移是指定目的地；由卖方办理租船订舱并支付运费，办理保险手续并支付保险费；货物出口报关由卖方负责，货物进口报关由买方负责；适用任何运输方式。

DDP（Delivered Duty Paid）术语表达的含义是完税交货，交货地点是指定目的地；风险转移是指定目的地；由卖方办理租船订舱并支付运费，办理保险手续并支付保险费；货物出口报关和进口报关均由卖方负责；适用任何运输方式。

国际贸易术语对照如表1-1所示。

表1-1 国际贸易术语对照表

贸易类别	代码	英文含义	中文含义	交货地点	风险转移	租船订舱办理及支付运费	保险手续办理及费用承担	出口报关	进口报关	适用运输方式
E组起运	EXW	EX Works	工厂交货	工厂	工厂	买方	买方	买方	买方	任何运输方式

续表

贸易类别	代码	英文含义	中文含义	交货地点	风险转移	租船订舱办理及支付运费	保险手续办理及费用承担	出口报关	进口报关	适用运输方式
F组主要运费未付	FCA	Free Carrier	货交承运人	指定装运地点	货交承运人	买方	买方	卖方	买方	任何运输方式
	FAS	Free Alongside Ship	装运港船边交货	装运港船边	装运港船边	买方	买方	卖方	买方	海运或内河
	FOB	Free On Board	装运港船上交货	装运港船上	越过船舷	买方	买方	卖方	买方	海运或内河
C组主要运费已付	CFR	Cast and Freight	成本加运费	装运港船上	越过船舷	卖方	买方	卖方	买方	海运或内河
	CIF	Cast Insurance and Frcight	成本,保险加运费	装运港船上	越过船舷	卖方	卖方	卖方	买方	海运或内河
	CPT	Carringe Paid to	运费付至	指定装运地点	货交承运人	卖方	买方	卖方	买方	任何运输方式
	CIP	Carriage and Insurance Paid to	运费、保险费付至	指定装运地点	货交承运人	卖方	卖方	卖方	买方	任何运输方式
D组抵达	DAF	Delivered at Frontler	边境交货	边境指定地点	边境指定地点	卖方	卖方	卖方	买方	任何运输方式
	DES	Delivered Ex Ship	目的港船上交货	目的港船上	目的港船上	卖方	卖方	卖方	买方	海运或内河
	DEQ	Delivered EX Quay	目的港码头交货	目的港码头	目的港码头	卖方	卖方	卖方	买方	海运或内河
	DDU	Delivered Duty Unpaid	未完税交货	指定目的地	指定目的地	卖方	卖方	卖方	买方	任何运输方式
	DDP	Delivered Duty Paid	完税交货	指定目的地	指定目的地	卖方	卖方	卖方	卖方	任何运输方式

三、常用贸易术语解释

(一) FOB 术语解释

1. FOB 术语的含义

FOB (Free on Board) 术语的含义是"装运港船上交货",适用运输方式是海上运输或内河运输。其关键点是:交货地点在装货港船上,费用及风险划分点均在装货船舷。

2. 买卖双方的基本义务

（1）卖方的基本义务：

① 办理出口报关手续；

② 在约定装运期和装运港，把货物装到买方指定船上并向买方发出已装船通知；

③ 负担货物到装运港船舷为止的一切费用与风险；

④ 向买方提交约定的各项单证或相应的电子信息（正本提单或电放副本、装箱单、发票、贸易合同等）。

（2）买方的基本义务：

① 负责租船、订舱，支付运费，并将船名、装货港和装货日期通知卖方；

② 办理保险，并支付保险费用；

③ 承担货物越过装运港船舷时发生的一切风险和费用；

④ 办理货物进口报关手续；

⑤ 接收卖方提供的有关单据，受领货物，并按合同支付货款。

3. FOB 术语变形

在 FOB 术语下，如不特殊说明，依惯例装货费用由卖方负责，但特殊情况下尤其在大宗货物交易时，装卸费比较大，必须明确装货费由何方负责，由此产生 FOB 术语变形。

FOB 班轮条件（FOB Liner Terms）的含义是卖方不承担装货费。

FOB 吊钩下交货（FOB Under Tackle）的含义是卖方不承担装货费。

FOB 理舱费在内（FOB Stowed）的含义是卖方必须承担装货费和理舱费。

FOB 包括平舱费在内（FOB Trimmed）的含义是卖方必须承担装货费和平舱费。

FOB 包括理舱、平舱和垫舱（FOB Stowed, Trimmed and Dunnaged）的含义是卖方必须承担装货费、理舱费和平舱费。

（二）CFR 术语

1. CFR 术语的含义

CFR（Cost and Freight）术语的含义是成本加运费，指卖方必须负担货物运至约定目的港所需的成本和运费，即在 FOB 价的基础上加上装运港至目的港的运费。其适用运输方式是海上运输或内河运输。其关键点是交货点在装货港船上，风险划分点都在装货港船舷，但是运费由卖方支付。

2. 买卖双方的基本义务

（1）卖方的基本义务：

① 负责租船、订舱，支付货物运至目的港的运费；

② 在约定装运期和装运港，把货物装上船并支付至目的港的运费，向买方发出已装船通知；

③ 负担货物到装运港船舷为止的一切费用与风险；

④ 办理出口结关手续；

⑤ 向买方提交约定的各项单证或相等的电子信息。

（2）买方的基本义务：

① 承担货物越过装运港船舷时起的一切风险和费用；

② 办理保险，并支付保险费用；
③ 办理货物进口报关手续；
④ 接收卖方提供的有关单据，受领货物，并按合同支付货款。

3. CFR 术语变形

在 CFR 术语下，如不特殊说明，依惯例卸货费用由买方负责。但特殊情况下尤其在大宗货物交易时，卸货费比较大，必须明确卸货费由何方负责，由此产生 CFR 术语变形。

CFR 班轮条件（CFR Liner Terms）的含义是卖方负担卸货费。

CFR 卸到岸上（CFR Landed）的含义是卖方负担卸货费，包括驳运费在内。

CFR 吊钩下交货（CFR Ex Tackle）的含义是卖方负责将货物从船舱吊起卸到船舶吊钩所及之处（码头上或驳船上）的费用，即卖方负担卸货费。

CFR 舱底交货（CFR Ex Ship's Hold）的含义是卖方不负责卸货费。

（三）CIF 术语

1. CIF 术语的含义

CIF（Cost Insurance and Freight）术语的含义是成本加保险费加运费，即卖方除具有与 CFR 术语相同的义务外，还办理货运保险，并支付保险费。其适用运输方式是海上运输和内河运输。其关键点是交货点在装货港船上，风险划分点在装货港船舷，运费及保险费由卖方支付。

2. 买卖双方的基本义务

（1）卖方的基本义务：
① 负责租船、订舱，支付运费；
② 在约定装运期和装运港，把货物装到买方指定船上并向买方发出已装船通知；
③ 办理保险，并支付保险费用；
④ 办理出口结关手续，负担货物到装运港船舷为止的一切费用与风险；
⑤ 向买方提交约定的各项单证或相同的电子信息。

（2）买方的基本义务：
① 承担货物越过装运港后的一切费用和风险；
② 办理货物进口报关手续；
③ 接收卖方提供的有关单据，受领货物，并按合同支付货款。

3. CIF 贸易术语变形

CIF 班轮条件（CIF Liner Terms）的含义是卖方负担卸货费。

CIF 卸到岸上（CIF Landed）的含义是卖方负担卸货费。

CIF 吊钩下交货（CIF Ex Tackle）的含义是卖方负责将货物从船舱吊起卸到船舶吊钩所及之处（码头上或驳船上）的费用，即卖方负担卸货费。

CFR 舱底交货（CIF Ex Ship's Hold）的含义是卖方不负责卸货费。

常见的 4 组贸易术语

任务四 认识国际主要航线及港口

一、世界主要海运集装箱航线及港口

世界主要海运集装箱航线包括：远东—北美航线，远东—南美、加勒比航线，欧洲—地中海航线，亚洲航线，非洲航线，澳新航线。中国货运代理企业尤其要注意以下主要地区航线及港口：

（一）远东—北美航线

美西线的主要港口：LOS ANGELES 洛杉矶、SEATTLE 西雅图、LONG BEACH 长滩、OAKLAND 奥克兰。

美东线的主要港口：HOUSTON 休斯敦、NEW YORK 纽约、SAVANNAH 萨凡纳、MIAMI 迈阿密。

美国内陆点的主要港口：CHICAGO 芝加哥、NORFOLK 诺福克、WASHINGTON 华盛顿、PITTSBURGH 匹兹堡、KANSAS CITY 堪萨斯城。

加拿大线的主要港口：VANCOUVER 温哥华、TORONTO 多伦多、MONTREAL 蒙特利尔。

墨西哥线的主要港口：MANZANILLO 曼萨尼约、MEXICO CITY 墨西哥城。

（二）远东—南美、加勒比航线

南美西线的主要港口：BUENAVENTURA 布埃纳文图拉、CALLAO 卡亚俄、GUAYAQUIL 瓜亚基尔、IQUIQUE 伊基克、VAL PARAISO 瓦尔帕莱索、SAN ANTONIO 圣安东尼奥。

南美东线的主要港口：BUENOS AIRES 布宜诺斯艾利斯、MONTEVIDEO 蒙得维的亚、SANTOS 桑托斯、PARANAGUA 巴拉那瓜、RIO GRANDE 里奥格兰德、RIO DE JANEIRO 里约热内卢、ITAJAI 伊塔雅伊、ASUNCION 亚松森、PECEM 培森。

加勒比线的主要港口：WILLEMSTAD 威廉斯塔德、BELIZE CITY 伯利兹城、PUERTO LIMON 利蒙港、HAVANA 哈瓦那、PORT AU PRINCE 太子港、KINGSTON 金斯顿、PANAMA CITY 巴拿马城。

（三）欧洲—地中海航线

欧洲基本港主要包括以下 6 个港口：HAMBURG 汉堡、ANTWERP 安特卫普、FELIXSTOWE 弗利克斯托、SOUTHAMPTON 南安普敦、ROTTERDAM 鹿特丹、LE HAVRE 勒阿弗尔。

欧洲内陆点的主要港口：ZEEBRUGGE 泽布吕赫、BREMERHAVEN 不来梅港、MARSEILLES 马赛、PORTSMOUTH 朴次茅斯、DUBLIN 都柏林、FREDRIKSTAD 腓特烈斯塔、LISBON 里斯本、STOCKHOLM 斯德哥尔摩。

地东线的主要港口：LIMASSOL 利马索尔、ALEXANDRIA 亚历山德里亚、DAMIETTA 达米埃塔、ASHDOD 阿什杜德、BEIRUT 贝鲁特。

地西线的主要港口：BARCELONA 巴塞罗那、VALENCIA 瓦伦西亚、NAPLES 那不勒斯、LIVORNO 里窝那。

亚得里亚海线的主要港口：RIJEKA 里耶卡、ANCONA 安科纳、KOPER 科佩尔、VENICE 威尼斯。

（四）亚洲航线

东南亚线的主要港口：HONG KONG 香港、BELAWAN 勿拉湾、SURABAYA 泗水、PENANG 槟榔屿、PORT KELANG 巴生港、CEBU 宿务、SINGAPORE 新加坡、HAIPHONG 海防、HOCHIMINH 胡志明市、MANILA 马尼拉、JAKARTA 雅加达。

印巴线的主要港口：BOMBAY 孟买、CALCUTTA 加尔各答、COCHIN 科钦、COLOMBO 科伦坡、MADRAS 马德拉斯、KARACHI 卡拉奇、NHAVA SHEVA 那瓦西瓦、CHENNAI 钦奈、NEW DELHI 新德里。

中东线的主要港口：ABU DHABI 阿布扎比、DUBAI 迪拜、UMM QASAR 乌姆盖斯尔、BANDAR ABBAS 阿巴斯港、KUWAIT 科威特、SALALAH 塞拉莱、DOHA 多哈、DAMMAN 达曼、RIYADH 利雅得。

日本关东线的主要港口：NAGOYA 名古屋、TOKYO 东京、YOKOHAMA 横滨。

日本关西线的主要港口：KOBE 神户、OSAKA 大阪、MOJI 门司。还有其他小型港口：HAKATA 博多、TOKUYAMA 德山、TOMAKOMAI 苫小牧、SHIMIZU 清水、KAWASAKI 川崎。

韩国线的主要港口：BUSAN 釜山、INCHON 仁川、SEOUL 首尔。

中国航线的主要港口：① 东北沿海港口：丹东港（Port of Dandong）、大连港（Port of Dalian）、营口港（Port of Yingkou）、锦州港（Port of Jinzhou）。② 华北沿海港口：秦皇岛港（Port of Qinhuangdao）、唐山港（Port of Tangshan）、天津港（Port of Tianjin）、黄骅港（Port of Huanghua）。③ 山东沿海港口：青岛港（Port of Qingdao）、烟台港（Port of Yantai）、威海港（Port of Weihai）、日照港（Port of Rizhao）。④ 东南沿海港口：上海港（Port of Shanghai）、宁波—舟山港（Port of Ningbo-Zhoushan）、厦门港（Port of Xiamen）、福州港（Port of Fuzhou）、深圳港（Port of Shenzhen）、广州港（Port of Guangzhou）。

（五）非洲航线

东非线的主要港口：DJIBOUTI 吉布提、MOMBASA 蒙巴萨、MOGADISCIO 摩加迪沙、DAR ES SALAAM 达雷斯萨拉姆、NAIROBI 内罗毕。

西非线的主要港口：COTONOU 科托努、ABIDJAN 阿比让、APAPA 阿帕帕、LAGOS 拉格斯、MATADI 马塔迪。

南非线的主要港口：DURBAN 德班、CAPE TOWN 开普敦、MAPUTO 马普托。

北非线的主要港口：CASABLANCA 卡萨布兰卡、ALGIERS 阿尔及尔。

红海线的主要港口：AQABA 亚喀巴、JEDDAH 吉达、PORT SUDAN 苏丹港、HODEIDAH 荷台达、SOKHNA 苏科纳。

（六）澳新航线

澳大利亚线的主要港口：ADELAIDE 阿德莱德、BRISBANE 布里斯班、FREMANTLE 弗里曼特尔、MELBOURNE 墨尔本、SYDNEY 悉尼。

新西兰线的主要港口：AUCKLAND 奥克兰、WELLINGTON 惠灵顿。

世界八大航线

二、全球前二十大船运公司

（一）马士基（MAERSK）

马士基集团创立于 1904 年，总部设在丹麦哥本哈根，1984 年在广州设立办事处，这是在中国的第一个办事处。马士基世界运力排名第一，拥有 2 028 048 TEU，540 条集装箱船舶，其中包括世界最大的超巴拿马级货柜轮艾伦·马士基号，以 FOB 货为主，CIF 主要集中在东南亚、非洲、中南美洲以及东欧地区。

（二）地中海航运（MSC）

地中海航运于 1970 年建立，总部位于瑞士日内瓦，2007 年成为按照集装箱运力和集装箱船数量排序的世界第二大船运公司，业务网络遍布世界各地。地中海航运专注发展非洲及地中海之间的航运服务，航线遍布全球，一直坚持低价路线，签单慢。

（三）法国达飞（CMA CGM）

法国达飞总部设在法国马赛，始建于 1978 年，经营初期主要承接黑海地区业务。进入 20 世纪 90 年代后期，达飞集团不仅开通了地中海至北欧、红海、东南亚、东亚的直达航线，还分别于 1996 年、1999 年成功收购了法国最大的国营船公司——法国国家船运公司（CGM）和澳大利亚国家船运公司（ANL），正式更名为"CMA CGM"。2005 年，达飞海运集团又成功并购了达贸轮船成为法国第一、世界排名第三的集装箱全球承运人。公司以 FOB 货为主，法国线，地中海东部和西非是达飞预付货的主力航线；价格比较高，但是客户指定的货非常多。

（四）长荣海运（EVERGREEN）

长荣海运股份有限公司创立于 1968 年 9 月 1 日，发展至今，共经营约 150 艘全货柜轮，不论船队规模还是货柜承载量皆位居全球领先地位。长荣海运服务网络遍布全球 80 多个国家和地区，服务据点多达 240 余处，所经营的远、近洋全货柜定期航线涵盖全球 5 大区块：亚洲—北美航线/亚洲—加勒比海地区；亚洲—欧洲航线/亚洲—地中海；欧洲—美国东岸大西洋；亚洲—澳大利亚/亚洲—毛里求斯、南非、南美；亚洲区域航线/亚洲—中东、红海/亚洲—印度次大陆地区。

（五）中国远洋运输（COSCO）

中国远洋运输是中华人民共和国中央人民政府直接管理的 53 家直管特大型的部级中央企业之一，前身是成立于 1961 年的中国远洋运输公司。经过中国海外运输公司、国际业务局、交通部远洋运输局、中国远洋运输公司的历史沿革，中国远洋运输集团成为以国际航运、物流码头和船舶修造为主业的大型跨国企业集团，在《财富》世界 500 强企业中排名第 327 位。今天的中远集团，在致力于为全球客户提供航运、物流等全球优质承运服务的同时，还能够为客户提供船舶和货物代理、船舶工业、码头、贸易、金融、房地产和 IT 等多个行业的服务。公司拥有和经营 700 余艘现代化商船，5 100 多万载重吨，年货运量超 4 亿吨，远洋航线覆盖全球 160 多个国家和地区的 1 500 多个港口，船队规模位居中国第一、世界第二。

（六）赫伯罗特（HPG）

赫伯罗特公司诞生于 1970 年 9 月 1 日，其前身为总部设在汉堡的哈帕格和不来梅的北德意志商船（NDL）。在经济一体化的时候，这两个分别成立于1847年和1857年的公司，一直在海洋运输上活跃了一个多世纪。

（七）美国总统轮船（APL）

美国总统轮船前身为始创于1848年的太平洋邮船公司。半个世纪以来，APL经历了激动人心的变革，从而跻身于世界五大航运和物流服务公司之列，1997年与新加坡的海皇集团公司（NOL GROUP）合并。

（八）中国海运（CSCL）

1997年交通部通过行政命令把大连、广州、上海3个海运局组合在一起，命名为中国海运集团。中海集运拥有160多艘船舶，整体运载能力超过60万标箱，位居世界前十大班轮公司之列。80余条国际、国内集装箱航线遍布全球100多个国家，拥有300多个全球代理网点，全面实现了"营销网络化，服务一体化"。

（九）日本邮船（NYK）

日本邮船公司1885年成立，现为世界顶尖船公司之一。NYK的宗旨是最大限度地利用信息技术为客户提供物流运输服务。日本邮船株式会社从自我封闭中脱颖而出而成立的运输公司，如今已经跨洋越海，成为世界海运业重要的服务提供商之一。日本邮船（简称NYK）是世界顶尖的船运公司，成立于1885年，总部位于东京，致力于提供安全、优质的物流集运及班轮运输服务。

（十）韩进海运（HANJIN）

韩进海运作为韩国最大、世界十大船公司之一，以一支由200多艘集装箱船、散货船和液化天然气船组成的船队，运营着全球60多条定期和不定期航线，每年向世界各地运输上亿吨货物。

（十一）商船三井（MOL）

商船三井与日本邮船及川崎汽船并称为日本三大海运公司，以纯利润及市价总值计算居日本第一位，而销售额则仅次于日本邮船。商船三井的主要源流有二，分别是成立于1884年的大阪商船和1942年的三井船舶，分属日本的两大财团住友财阀和三井财阀。1964年，大阪商船与三井船舶合并为大阪商船三井船舶株式会社，开创了日本跨财阀大公司合并的先例。1999年4月，大阪商船三井船舶与当时日本排名第四位的海运公司Navix Line合并，改名为商船三井。

（十二）东方海外（OOCL）

东方海外为世界具规模的综合国际货柜运输、物流及码头公司之一，是中国香港联交所上市公司东方海外（国际）有限公司（OOIL）的全资附属公司，为客户提供全面的物流及运输服务，航线联系欧洲、北美、地中海、印度及亚洲其他地区。

（十三）阳明海运（YML）

阳明海运股份有限公司（YML）成立于1972年12月28日，总公司设立于中国台湾基隆市，并在台湾北部的台北市、基隆，中部的台中及南部的高雄设有分公司或办事处；另外，阳明海运公司在世界各重要地区均设有代理行，提供强有实力的全球性海运服务。公司运力排名第13位，有83条集装箱船，船队包括货柜船、散装船及代营台电运煤轮。公司航线分布欧洲、中东、印巴、美国线，其中中东和印巴优势明显，特别是超重货物的运输。

（十四）汉堡南美（HABSUD）

汉堡南美（HABSUD）成立于1871年，属于德国欧特克（Oetker）集团，是德国历史最悠久、规模最大的私有海运企业，是世界二十大班轮公司之一。截至2009年年底，汉堡南美（HABSUD）拥有员工约4 791名，经营船舶148艘，承运的集装箱货量为233万标箱，在世界各地设有办事处100多家，其中10家位于中国。2003年11月份，汉堡南美（HABSUD）在中国香港建立了亚洲地区的第一个地区总部。

（十五）川崎汽船（KLINE）

川崎汽船株式会社是日本三大船运公司之一，也是全球二十大船运公司之一。川崎汽船旗下拥有400多艘世界最为先进的航船，其中包括集装箱船、汽车滚装船、散装货轮、油轮和液化天然气滚装船，到2008年年底其船队的规模已扩展到500艘。

（十六）南美轮船（CSAV）

南美轮船CSAV（南美邮船）公司是目前南美洲最大的船运公司，成立于1872年，总部设在智利。CSAV也是世界上最古老的船公司之一。CSAV的业务由最初的南美沿海的航运运输服务开始，之后在巴拿马运河开放之前就迅速扩展到覆盖整个南美洲各大海港的海运运输服务。

（十七）以星航运（ZIM）

以星航运是世界上最大的集装箱船运公司之一，为Ofer-Brothers Group Ltd下属的Israel corp.所拥有。其主要业务是为世界各地的客户提供国际主要航线的运输服务。旧约中ZIM在希伯来语中是"大海"的意思，以星航运以此为标志，表达了其建立世界级大船队的雄心。

（十八）韩国现代商船公司（HMM）

韩国现代商船公司（HMM）成立于1976年，如今已成长为世界上最大的多式联运海运公司。船队包括集装箱船队、LNG、油轮、散货船等。

现代商船在激烈的竞争中具有世界最高水平的竞争力，拥有4个总部，23个法人，70多个分支机构的全球网络、世界顶级水平的专门海运人员来实现船舶运营、准确的商情预测，以及领先全球的IT网络。韩国现代商船公司（HMM）拥有员工4 566人，在世界各地都有分支机构以及代理，形成了遍布全球的海运网络。

（十九）太平船务（PIL）

太平船务PIL是亚洲代表性的海运公司之一，即亚洲最大的船公司之一，也是世界六大主要班轮协会成员之一。公司在东非到西洲航线，服务相对于其他船公司来说是较好，可以享受优先清关的权利，价格相对便宜，直达快速。目前新加坡太平船务公司已跻身全球集装箱班轮公司综合实力20强之列，总运力达万个标准箱。近年来，公司不断扩展在中国的业务范围，投资成立了公司集团的仓储、货代、物流中心、集装箱堆场和造箱厂等合资公司。

(二十)阿拉伯联合国家轮船公司(UASC)

阿拉伯联合国家轮船公司(UASC)成立于 1979 年 7 月,由波斯湾六国(巴林、伊拉克、科威特、卡塔尔、沙特阿拉伯、阿联酋)的股东设立,是中东地区最大的集装箱班轮公司。阿拉伯联合航运从 2008 年开始跻身世界二十大集装箱船公司行列。阿拉伯联合航运以连接远东与印度次大陆、中东湾、红海、东西地中海、北欧、北美东岸的 8 条周班航线为中心开展集装箱运输业务。公司以海运业为主,此外还进入了航运代理、货代、陆上运输、海空货物联运、石化制品、租船、集装箱修理、仓储 8 个领域。

项目二
国际海运业务操作

 项目导入

在参加了某物流集团国际货运代理公司的新员工培训后,小陈对国际货运代理有了基本的认识。接下来,他需要到公司的各个业务部门进行轮岗。小陈的首个轮岗部门是国际海运业务部门。在该部门,他需要了解国际海运的基本特点和运营方式,掌握海运代理进出口的业务流程,并学会制定业务流程中涉及的各类单证、文件,也要了解不同类别货物、不同地区等对货运代理流程的不同要求,还要学会处理海运代理流程中可能涉及的投诉索赔等。

 学习目标

能力目标:
- ◆ 能够根据货运代理运输的要求核对客户的委托;
- ◆ 能够根据客户要求安排柜货/散货海运代理业务;
- ◆ 能够完成海运代理文件核对、制作和发送;
- ◆ 能够根据海运代理作业流程按时完成业务;
- ◆ 能够根据服务内容完成海运代理业务结算;
- ◆ 能够处理海运代理业务中的常见异常情况。

知识目标:
- ◆ 了解海上班轮运输的概念和特点;
- ◆ 掌握海运代理进出口业务流程;
- ◆ 了解海上货物运输的相关组织及船舶、港口、航线和货物的基本知识;
- ◆ 了解运价、运费的含义与关系;
- ◆ 掌握影响班轮运价的主要因素;
- ◆ 掌握班轮运费的结构;
- ◆ 掌握海运代理业务的文件制作、核对。

素养目标：
◇ 具备自主学习新知识、新技术的能力；
◇ 具备良好的心理素质和克服困难的毅力；
◇ 具有良好的团队协作和工匠精神。

【知识学习】

任务一　国际海上货运概述

一、国际海上货运的概念及特点

国际海上货运是指使用船舶通过海上航道在不同的国家和地区的港口之间运送货物的一种运输方式，是国际物流中最主要的运输方式之一。

（一）运量大，适合大宗与超大货物运输

海上货物运量大的主要原因是船舶向大型化方向发展，如50万~70万吨的巨型邮轮，16万~17万吨的散装船以及上万标箱的集装箱船。船舶的载运能力远远大于火车、汽车和飞机，是运输能力最大的运输工具。海运运量大，特别适合大宗货物的运输；石油井台、火车、机车车辆等超重大货物也适于海上运输。

（二）运费低，适合低值大宗货物运输

船舶的航道天然构成，船舶运量大，港口设备一般均为政府修建，船舶经久耐用且节省燃料，所以货物的单位运输成本相对低廉。据统计，海运运费一般约为铁路运费的1/5，公路汽车运费的1/10，航空运费的1/30，这就为低值大宗货物的运输提供了有利的竞争条件。

（三）运输速度慢、风险较大

船舶体积大，水流阻力大，加之装卸时间长，货物的运输速度与其他运输方式相比较慢，如集装箱船的船速大多在20节，散货船航速为15~16节，油轮航速为15~17节。另外，船舶海上航行受自然气候和季节性影响较大，随时都有遭遇狂风、巨浪、暴风、雷电、海啸等不可抗的自然灾害袭击的可能，遇险的可能性比陆路运输与沿海运输要大很多。同时海上运输还存在社会风险，如战争、罢工、贸易禁运等。

二、国际海运船舶运营方式

（一）班轮运输

1. 班轮运输的概念及特点

班轮运输（Liner Shipping）又称定期船运输，指船公司将船舶按事先制定的船期表，在特定的航线上，以既定的挂靠港口顺序，为非特定的众多货主提供经常性的货物运输服务，并按照运

价本的规定计收运费的营运方式。班轮运输具有如下特点：

（1）货主分散且不确定，货物一般是件杂货和集装箱，对货量没有要求，货主按需订舱，特别适合小批量货物的运输需要。

（2）船舶技术性能较好，设备较齐全，船员技术素质较高并且管理制度较完善，既能满足普通件杂货的运输要求，又能满足危险货物、超限货物、鲜活易腐货物等特殊货物的运输需求，并且能较好地保证货运质量。

（3）承运人和货主之间在货物装船之前通常不书面签订运输合同，而是将货物装船后由承运人签发的提单作为两者之间运输合同的证明，即承运人与货主之间的权利、义务和责任豁免通常以提单背面条款为依据并受国际公约制约。

（4）通常要求托运人送货至承运人指定的码头仓岸交货，收货人在承运人指定的码头仓库提货，承运人负责货物装卸作业及理舱作业。

（5）"四固定"。一是固定船期表，即船舶按照预先公布的船期来运营，能够按时将货物从起运港发送并迅速运抵目的港，因此货主则可以在预知船舶离港时间（Estimated Time of Departure，ETD）和抵港时间（Estimated Time of Arrival，ETA）的基础上，组织、安排货源，保障收货人及时收货。二是固定航线，有利于船公司发挥航线优势及稳定货源。三是固定挂靠港口，为多港卸货的货主提供便利。四是固定运费率，且运费率透明，有利于班轮运输市场的良性竞争。

2. 班轮运输的种类

（1）杂货班轮运输。

杂货班轮运输是历史悠久的班轮运输形式。杂货（General Cargo）全称件杂货，又称普通货物，是可以件计量的货物，分为裸装货和包装货。裸装货就是没有包装或者无法包装的货物，如钢材、原木、木材、板材、机械设备、交通工具等；包装货指可以用包、袋、箱等包装起来运输的货物，如钢材制品、铁制品、木材制品、玻璃制品、工艺品、纸类、棉花、天然橡胶、皮革制品、服装制品、塑料制品、袋装水泥、袋装化肥、袋装粮食、文具、日用品等。目前，裸装货班轮运输形式占杂货班轮运输的主导，而包装货基本全部装入集装箱进行集装箱班轮运输。

（2）集装箱班轮运输。

集装箱班轮运输随着集装箱的发展和应用而逐渐形成，目前已成为班轮运输的主要形式。集装箱货按照交接形式分为整箱货（Full Container Load，FCL）和拼箱货（Less than Container Load，LCL）。整箱货指一个集装箱中装载的货物只属于一个发货人和一个收货人；拼箱货是指将不同发货人的货物拼装入一个集装箱，拆箱后再将货物分别交给各自的收货人。

目前，船公司不直接承运拼箱货，而是由无船承运人拼箱后再以整箱向船公司托运。集装箱班轮运输业务是在杂货班轮运输业务基础之上发展起来的，其业务流程及单证流转与杂货班轮运输有相似之处，但较之更为复杂。

（二）租船运输

1. 租船运输的概念及特点

租船运输（Tramp Shipping）又称不定期船运输，是指根据货源情况安排船舶就航的航线，组织货物运输，也即通过出租人和承租人之间签订租船运输合同进行货物运输的基本运营方式。租船运输的特点如下：

（1）没有既定的船期表，也没有固定的航线，而是按照合同规定组织货运。

（2）特别适合于大宗散货的整船运输，如粮食、石油、煤炭、矿砂、钢材、木材等。这类货物的特点是批量大、价格低廉，不需要或只需比较简单的包装。

（3）运价或租金率完全由出租人、承租人在航运市场价格的基础上协商确定，并规定在租船合同中。

（4）船舶运营中相关费用及其风险由谁负责和承担，视租船合同类别和条款而定。

（5）出租人和承租人之间通过签订运输合同或船舶租用合同，来明确双方的权利和义务。

2. 租船运输的种类

（1）航次租船。

航次租船（Voyage Charter）又称程租船，是出租人负责提供一艘船舶，在约定的港口之间，运送约定的货物，进行一个航次或数个航次的租船方式。其特点是：船东占有船舶、经营船舶、运营船舶；承租人支付运费（每吨运费率或者包干费）；航次成本中的装卸费用按合同规定，或由船东或由承租人负责；其余成本均由船东负责；合同中规定货物装卸时间（Laytime）、装卸时间的计算、滞期（Demurrage）和速遣费（Despatch）。

（2）定期租船。

定期租船（Time Charter）又称期租船，是出租人把船舶出租给承租人使用一定时间，并由承租人支付租金的租船方式。其特点是：船东占有船舶、经营船舶；承租人运营船舶、支付租金[租金率根据船舶装载能力、租期长短、航运市场而定，租金率以美元/（天·载重吨）或美元天为单位]；船东负责船舶资本成本和经营成本，承租人负责船舶航次成本。

（3）光船租船。

光船租船（Demise Charter）又称船壳租船或光租，是船舶出租人提供一艘不包括船员在内的空船出租给承租人使用一定时期，并由承租人支付租金的一种租船方式。其特点是船东占有船舶；承租人经营船舶、运营船舶，支付租金；船东只负责提供空船（Barboat），承担资本成本，其他成本均由承租人负责，其中保险费视合同而定。

三、杂货班轮运输货运代理进出口流程

（一）出口方货运代理业务流程

出口方货运代理业务指货运代理从出口方货主手中揽取货物、接收货物到将货物交付承运人整个过程所需办理的手续。其基本业务流程如下：

1. 揽　货

揽货是国际货运代理企业的销售人员通过公关、宣传、协商等手段争取客户或货主，使其将进出口货物运输的相关事宜交由本企业办理的行为。揽货是货运代理企业赖以生存的根本，因此货运代理企业要增强自身的实力并采取一定的营销策略维护稳定老客户、积极开发新客户。第一，要与船公司保持良好的合作关系，有利于提高办理运输手续的效率，尤其对于杂货班轮运输，更有利于争取到优惠的运价。第二，要与海关、商检保持良好的合作关系，有利于货物报关通关、检验检疫业务的顺利进行。第三，掌握专业保险知识并与保险公司保持良好的合作关系，提升单证处理能力，有利于增强服务优势。第四，打造优势航线，提升核心竞争力。第五，持之以恒地关心客户，与其建立长期、稳定的客户关系。第六，投入真诚和热情，打动和开发潜在客户。

2. 接受货主询价并向货主报价

货运代理企业，在接受货主询价时需要了解和提供以下信息：首先，向货主了解货物名称、种类、发到港、服务需求等基本信息，以便确定是否有能力接受货主委托。其次，如果是杂货班轮运输，需掌握发货港到各大洲、在各大航线常挂靠的港口的运价信息，主要船公司船期信息、报关费、商检收费标准等信息，并按照本公司对外报价表向货主报价货运代理费用，以便货主决定是否愿意办理委托运输。如果是散杂货租船运输，运费或租金等信息已事先在租船合同中订立，货运代理需掌握报关、商检费等相关信息并向货主报价。

3. 审核货主单证

当货主愿意办理托运时，便会向货运代理发出"出口货运委托书"及贸易合同副本、商业发票副本，产地证书副本、出口许可证、出口配额证明等随附单证。如果货物属于违禁品，单证不齐或者委托事项超越货运代理人的经营范围，货运代理可以不予受理。

4. 接受货主委托

在接受委托之前要注意，委托书应包括货物名称、数量、目的港、运输船期、运费、托运人名称、收货人名称、通知人名称、装运日期、委托人签章等内容，并且必须注意委托书是否注明货物的运到期限。因为海上运输的不确定性很大，除特殊情况外不应对运到期限做出约定。

当货运代理企业接受货主委托时，则双方的货运代理委托合同关系成立。当然，对于新货主，建议货运代理企业与货主签订正式的货运代理合同，规定双方的权利和义务，以避免不必要的纠纷。

5. 代理订舱

货运代理接受货主委托后，应尽快与船公司联系订舱。如果是散杂货租船运输，货主已指定船公司，那么货运代理可直接向该船公司或其代理订舱。如果是杂货班轮运输，货主一般不指定船公司，那么货运代理可根据装运期、船公司船期、船公司运价等相关信息向合适的船公司或其代理订舱。若承运人或其代理接受订舱，则托运人和承运人之间就构成了海上货物运输合同关系。

具体做法是：货运代理根据委托书及其他随附单证填制托运联单（托运单、装货单、收货单）并发给承运人或其代理；若承运人或其代理接受订舱，即在联单上签字盖章并填入船名，然后留存托运单并要求托运人抓紧备货，同时把装货单和收货单退回货运代理。

6. 代理报检

货运代理代表货主填写"出境货物报检单"，并提供贸易合同、信用证、发票等相关单证，向检验检疫机构报检。检验检疫机构对货物检验检疫合格后，出具"出境货物通关单"，以办理通关手续；如不合格，则签发"出境货物不合格通知单"，不准出口。

7. 代理报关

货运代理代表货主填写"出口货物报关单"，并持承运人或其代理签字退回的装货单、贸易合同、发票、进出口许可证，原产地证明书等单证到海关办理出口报关手续。海关同意放行后，即在装货单上盖放行章，货运代理凭此单向港口仓库发货或直接装船。

8. 代理保险

货运代理根据货主的要求或者代表货主的利益选择合适的货运保险类别，填写"保险单"并向保险公司投保。保险金额通常以发票 CF 价加成投保，加成比例根据贸易双方约定；如未约定，则一般加 10% 投保。

9. 将货物集中港区并装船

货运代理将货主备好的货物集中到港区，将收货单和海关盖章的装货单交给代表船公司的理货员，经确认海关放行后即可装船。装船时，理货员负责货物的整理与清点。若装船货物数量、品质与包装等与托运单相符，则理货员在装货单上填入装船日期和时间、装入舱位和实收货物情况，并签字后交大副留存，同时和大副共同在收货单上签字，并经理货员退还给货运代理。货运代理收到的是清洁收货单。

若货物与托运单不符，理货员需要在装货单上按照实际收货情况修改，签字后交由大副留存；同时大副需要在收货单上做出相应批注，并与理货员共同签字，并经理货员退还货运代理。此时货运代理收到的是不清洁收货单。但由于带批注的收货单无法获得清洁提单，所以一般货运代理会和货主沟通并由货主出具保函，从而获取清洁收货单。

10. 支付运费并换取提单转交货主

当货物装货完毕，船公司根据收货单上实收货物数量计算运费。在运费预付的情况下，货主需要先支付运费给船公司，待运费到账后再由货运代理持收货单到船公司换取清洁提单。货运代理也可以替货主垫付运费，当然风险较大。

货运代理拿到提单后需确认提单上的日期与收货单是否相符，并且在信用证规定的装运期之前。货运代理拿到清洁提单后应及时转交给货主，以便货主在信用证规定的有效期前去银行结汇。之所以需要清洁提单，是因为信用证中一般规定只有出具清洁提单才能结汇，这也是要获得清洁收货单的原因。

（二）进口方货运代理业务流程

1. 做好提货准备

货运代理应保持与进口港船舶代理的联系，随时查询、及时掌握货物动态和运抵目的港的信息；同时保持与收货人的联系，做好提货准备。

2. 代理报检

收货人向银行付款并得到提单，货运代理填写"入境货物报检单"，并提供贸易合同、发票、提单等有关单据向卸货港检验检疫机构报检。检验检疫机构审核单证，若符合要求则计收费用，并签发"入境货物通关单"供报检人在海关办理通关手续。

3. 换取提货单，办理货物进口报关

货运代理凭提单向船舶代理换取提货单，填写"进口货物报关单"，并持提单、贸易合同、发票等相关单据向海关办理货物进口报关。

4. 凭提货单向港口提货

货运代理凭提货单到港口仓库、堆场或船边提货，并支付相关费用。若货物发生残损、溢短情况，则应向船舶代理索要"货物残损单"和"货物溢短单"，作为索赔依据。

5. 办理检验检疫事宜

货物通关后，货运代理应及时与检验检疫机构联系检验检疫事宜，并于提货后进行检验检疫，检验合格后由检验机构签发"入境货物检验检疫证明"，准予销售、使用。

杂货班轮业务流程及单证流转如图2-1所示。

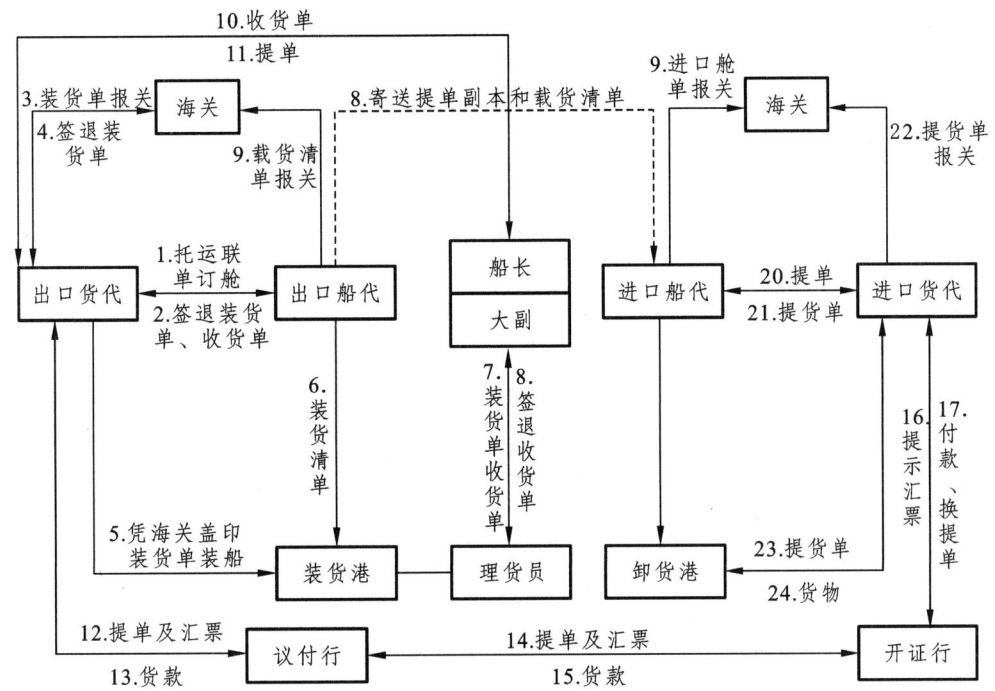

图 2-1　杂货班轮货运代理业务流程及单证流转

四、集装箱班轮运输货运代理流程

集装箱班轮运输业务是在杂货班轮运输业务基础上发展起来的，因此集装箱班轮运输货运代理业务是杂货班轮运输货运代理业务的继承和发展，两者办理保险、报检、安排检验检疫事宜的流程和手续基本一致。对于保险和报检流程，本节不再赘述。两者的差别之处在于集装箱的介入，由此集装箱班轮运输业务中产生了场站收据、设备交接单、集装箱装箱单等单据，并出现了存储集装箱的集装箱堆场主体和拆拼集装箱的集装箱货运站主体，从而增加了集装箱领箱、还箱流程等。

（一）出口方货运代理业务流程

1. 接受委托

托运人委托货运代理办理托运手续，并填制场站收据一式十联。货运代理接单后进行审核，若能接受委托，将第一联退还托运人备查，并留下第二至十联。

2. 代理订舱

货运代理持场站收据剩余九联单到船舶代理处办理订舱手续，船舶代理审核同意接收托运后留存第二至四联，并在第五联（装货单联）上盖签单章，后将第五至十联单退还给货运代理，货运代理留存第八联，将第九、十联退托运人作为配舱回执。

3. 领箱、准备装箱

货运代理凭船舶代理签发的场站收据向管箱人领取设备交接单，并据以向码头堆场领取空箱送至托运人处。托运人做好装箱计划，并填写集装箱装箱单。在整箱货运输中，一般由货主负责装箱。

4. 代理报关

货运代理填写"出口货物报关单"，持场站收据第五至七联（装货单联、大副收据联和场站收据正本）及装箱单和其他相关单据，向海关办理集装箱货物出口报关手续；海关审核同意出口后，在场站收据第五联（即装货单联）上加盖放行章，并将各联（共3联）退还货运代理；货运代理将箱号、铅封号等内容填入场站收据第五至七联中。

5. 集装箱集港装船

货物装箱后用集装箱集运至码头堆场准备装船，货运代理向堆场递交场站收据第五至七联，堆场审核场站收据通过后留下第五、六联，并向货运代理签发场站收据第七联（场站收据正本）。集装箱装船后，港口留下场站收据第五联用作结算费用，第六联送交大副。

6. 换取提单

货运代理持场站收据正本到船公司办理换取提单手续，船公司收回场站收据并签发提单。由于场站收据只表明货物已被接收，而不能证明货物已经装船，所以此提单是收货待运提单。集装箱装船后，货运代理可凭场站收据第六联向船公司换取已装船提单，并将提单转交货主结汇。货运代理应及时将提单转交货主，货主凭提单、装箱单及其他信用证规定的相关单据向银行办理结汇手续。对于收货待运提单是否能被银行接收，取决于信用证的要求。如果信用证允许可凭收货待运提单结汇，那么货主可以较早结汇；如果信用证不允许，则只能凭已装船提单结汇，此时货主需要等到集装箱实际装船完毕才能办理结汇手续。

（二）进口方货运代理业务流程

1. 凭提单换取交货记录

收货人向银行付款赎单（正本提单），收货人的货运代理在收到到货通知后持提单向船舶代理换取交货记录第二至六联。船前代理审核正本提单无误后，在交货记录第二联（提货单联）上盖章，表示船公司同意放货。

2. 代理报关

货运代理持上述交货记录五联单随同"进口货物报关单"一起向海关办理货物进口报关手续。海关审核通过后在交货记录第二联上盖放行章，表示海关同意货物放行，并将交货记录五联单退还货运代理。

3. 向港口提箱

货运代理持交货记录五联单送港口堆场，支付相关费用后提取集装箱。提箱时检查集装箱数量和表面状态，在设备交接单上做相关记录，并提箱出场。

4. 拆箱、还箱

货运代理提取集装箱交予收货人，收货人拆箱取货后将集装箱空箱归还，凭设备交接单办理空箱入场作业。

整箱货班轮运输业务流程及单证流转如图2-2所示。

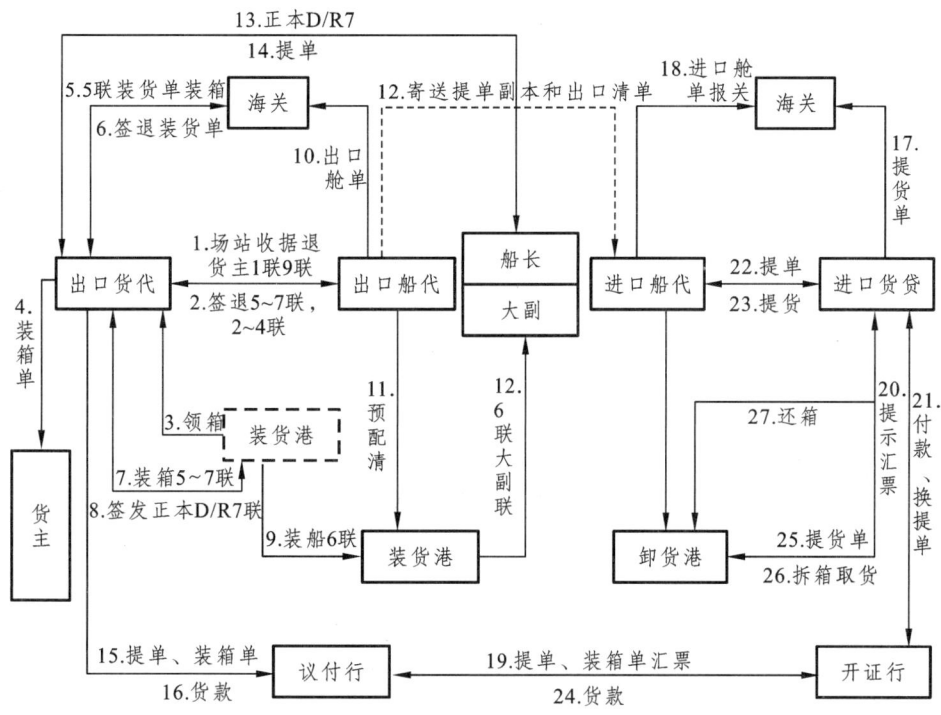

图 2-2 集装箱整箱货班轮运输流程图

五、整箱货海运进出口流程

（一）整箱货海运出口流程

1. 委托代理

在集装箱货物运输过程中，发货人一般都委托货运代理人为其办理有关的出口货运业务，双方建立委托代理关系。发货人委托货运代理时，发货人会与货运代理人签署一份货运代理委托书。如果双方签订了长期货运代理合同，一般使用货物明细表等单证代替委托书。

2. 订舱申请

货运代理人接受发货人的委托后，应根据发货人提供的有关贸易合同或信用证条款的规定，在货物托运前一定时间，选定适当班期的船舶，填制"场站收据"联单向船公司或其代理人申请订舱。目前，很多集装箱班轮公司和船舶代理人开通了网上订舱业务，货运代理人可以通过网络向船公司或其代理人发送订舱申请。

3. 接受订舱

船公司或其代理人根据自己的运力、航线等具体情况决定是否接受。如船公司或其代理人接受货运代理人订舱申请，则在双方议定船名、航次等信息后，在场站收据副本（海关联）上盖章表示确认接受订舱，并着手按船舶、航次的情况编制集装箱预配清单（订舱清单），并在集装箱预配清单和场站收据上编写海运提单号，然后将集装箱预配清单分送到集装箱堆场、集装箱码头等有关部门。据此安排空箱的发放、重箱的交接保管以及装船工作，将配舱回单联退还托运人。

4. 用箱申请

货运代理人提出订舱申请时，应根据货物的性质、重量、尺码、积载因素等决定所需集装箱的种类、规格和数量，向船公司或其代理人提出空箱使用申请，同时提供用箱人、运箱人、用箱区域和时间等信息。船公司或其代理人同意订舱申请后，就会签发集装箱空箱提取通知书（提箱单）和集装箱设备交接单，依此提取空箱。

5. 提取空箱

发货人或其代理人以委托书和内陆承运人（集装箱拖车公司）签署内陆空箱拖运协议，并把提箱单和设备交接单交内陆承运人以便提取空箱。内陆承运人凭船公司签署的提箱单和设备交接单到集装箱堆场提取空箱，并办理设备交接手续。船公司提供的船东箱（COC）通常都规定了免费使用的限定期限。

6. 货物装箱

整箱货的装箱方式通常可分为拖装和场装两种。拖装就是由货主自行安排，在货主的工厂、仓库进行装箱，加海关封志并制作装箱单；场装就是由货主根据货运代理人的安排，将货物送到货运代理人指定的集装箱堆场进行装箱，加海关封志并制作装箱单。

7. 出口报检

凡属法定检验检疫货物或合同规定需要检验检疫机构进行检验的货物，发货人或代理人应及时向检验检疫机构申请检验。出口货物报检时，发货人或货运代理人应按照商品特性不同，填写出境货物报检单，并提供对外贸易合同、信用证、装箱单、商品检验证书、产地证明书等，分别向商品检验、卫生检验、动植物检疫等口岸监管部门申报检验。检验合格，检验机构出具出境货物通关单；如集装箱内有危险货物，发货人或代理人还应提供集装箱装箱证明书向海事部门申报危险货物出口查验；凭边检单向边防检查部门申报出口查验。检验部门同意放行后在相关单证上加盖放行章。

8. 出口报关

发货人或代理人凭报关单、装货单、商业发票、装箱单等有关单证，必要时还应提供检验机构出具的出境货物通关单，向海关办理申报手续，海关核准后，在装货单（也称关单）上加盖海关放行章，准予货物装船出口。

9. 集装箱交接

发货人或其代理人凭委托书和内陆承运人签署内陆重箱拖运协议，由内陆承运人负责将已加海关封志的整箱货运至集装箱码头堆场。码头堆场业务员根据订舱清单、场站收据及装箱单接收集装箱及货物。集装箱码头堆场验收货箱后，在场站收据正本联上签字，并将签署的场站收据交还给内陆承运人，由发货人据以换取提单。

需要说明的是，尽管集装箱码头堆场签署了场站收据，但此时集装箱货物尚未装船，所以发货人换取的提单应为收货待运提单。但在实践中，收货待运提单不能保障收货人的权益，一般信用证不能接受收货待运提单结汇。

10. 集装箱装船

集装箱码头装卸部门根据装船计划，将出运的集装箱调整到前方堆场，按预先编制的堆存计划堆放，待船舶到港后按集装箱船实际配积载图装船。

11. 集装箱理箱

外轮理货公司理货员依据现场记录填写装船理箱单，并在集装箱全部装船完毕后负责绘制集装箱船最终配积载图及制作相应文件。

12. 制送货运单证

集装箱货物装船离港后，装货港船公司或其代理人即行缮制有关装船货运单据（如提单副本、装箱单、货物舱单、配积载图等），并从速寄至卸货港船公司或其代理人。

13. 换取提单

发货人在支付全部运费后凭签署的场站收据正本联向船公司或其代理人换取提单，然后到银行结汇。

由于此时集装箱货物已经全部装船完毕，发货人凭签署的场站收据正本联向船公司或其代理人换取已装船提单，符合信用证要求已装船提单结汇的要求。

14. 办理保险

出口集装箱货物若以 CIF 价格条件成交，发货人应负责办理投保手续并支付保险费用。办理投保的保单是出口结汇要求的单证之一。

15. 出口结汇

在信用证交易下，发货人取得已装船提单正本后，附上贸易合同及信用证上规定的必要单据（商业发票、提单、保单、汇票、装箱单、原产地证书、品质鉴定书等），即可与出口地卖方银行（议付行）办理结汇。

16. 外汇核销与出口退税

集装箱装船离港后，发货人凭出口收汇核销单到外汇管理局进行外汇核销，凭出口退税报关单到税务局申报出口退税。

17. 提单转送买方银行

出口地卖方银行（议付行）给予发货人议付货款后，将全套单证连同发货人开具的汇票转买方所在地，由国外买方所在地银行（开证行）偿付货款。

（二）整箱货海运进口流程

1. 委托代理

整箱货海运进口业务中，收货人一般也委托货运代理人为其办理有关的进口货运业务，双方建立委托代理关系。收货人会与货运代理人签署一份货运代理委托书，如果双方签订了长期货运代理合同，一般使用货物明细表等单证代替委托书。

2. 卸船准备

卸货港船公司或其代理人在收到装船港寄来的单证后，应从速制作交货记录联单，并将交货记录联单中的到货通知书寄送收货人，同时联系集装箱码头装卸公司。卸货港集装箱码头装卸公司根据装货港船公司或其代理人寄送的有关货运单证，制订卸船计划，待船舶靠泊后即行卸船。

3. 集装箱卸船

集装箱码头装卸公司根据制订的卸船计划从船上卸下集装箱后,并根据堆场计划堆放在集装箱码头堆场或由集装箱运输经营人办理保税手续后继续运至内陆场站。

4. 集装箱理箱

外轮理货公司理货员依据现场记录填写卸船理箱单,该单据与装货港的装船理箱单一起作为判断海上运输中集装箱灭失的责任依据。

5. 付款赎单

收货人或代理人接到货运通知单后,在信用证贸易下应及时向银行付清所有应付款项,取得正本提单等有关单证。

6. 换取提货单

收货人或代理人向卸货港船公司或船代付清相关费用后,凭正本提单和到货通知书换取提货单。

7. 进口报检

收货人或代理人凭提货单、装箱单和其他报检所必需的单证分别向检验检疫部门、海事部门和边防部门办理进口报检手续。

8. 进口报关

收货人或代理人凭提货单、装箱单、其他报关所必需的商务及运输单证分别向海关办理进口报关手续和纳税手续。

9. 集装箱交接

收货人或其代理人凭委托书和内陆承运人签署内陆重箱拖运协议,并由内陆承运人凭海关放行的提货单,与集装箱码头堆场(或内陆场站)结清有关费用后提取装有货物的集装箱,由双方签署交货记录和办理设备交接单手续,并负责把整箱货自码头堆场(或内陆场站)运至收货人拆箱地。

10. 集装箱拆箱

内陆承运人把集装箱运至收货人拆箱地,由收货人自行负责拆箱卸货。收货人应在集装箱免费使用期限内及时拆箱卸货,以免产生滞箱费。

11. 空箱回运

收货人在自己的仓库拆箱后,收货人或其代理人凭委托书和内陆承运人签署内陆空箱拖运协议,由内陆承运人负责把空箱运回集装箱堆场,并凭设备交接单办理还箱手续。

12. 投保索赔

对以FOB价格条件成交的货物,收货人有责任投保和支付保险费用。收货人在提货时发现货物与提货单不符时,应分清责任及时向有关责任方(发货人、承运人、保险公司等)提出索赔,并提供有效单据和证明。

六、散货海运进出口

（一）海运散货进出口流程

散杂货指大宗散货，通常指不适合于利用集装箱运输的粮食、煤炭、矿砂等大宗颗粒状货物或者超长超高的机械、建筑器材、重装备、大型车辆等，一般用散装船或滚装船运输。散杂货物的出口操作流程和其他出口外贸货物基本上一样，只是在订舱及装船阶段稍微复杂一点。其基本操作流程示意图如图2-3所示。

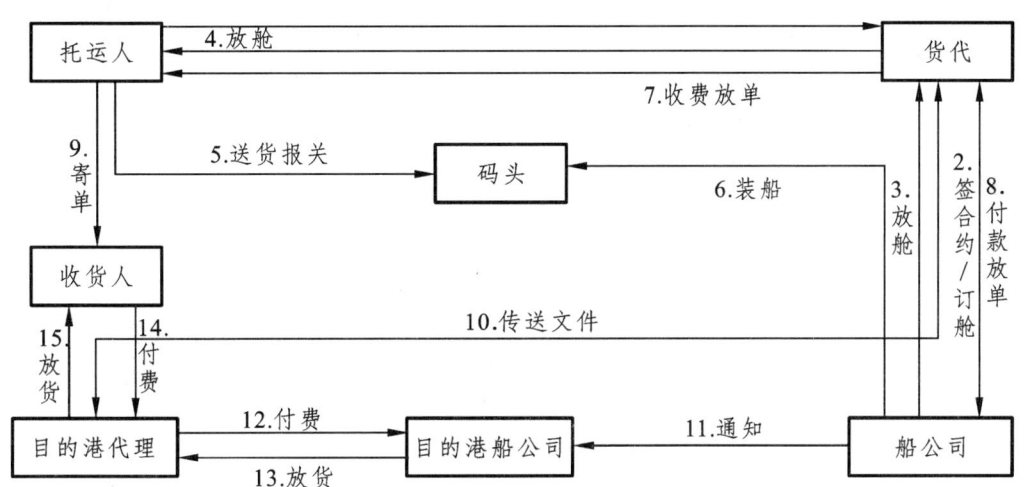

图2-3 散杂货基本操作流程

散杂货的询价非常重要，因为散杂货的运价变化非常快，船公司运价的有效期通常是10～15天，所以一经确认报价后，货物需安排在船公司报价有效期内出运。托运人与货运代理洽谈好运费后，需立即着手与货代签订航次租船合同并订舱。

散货-认识散货

货运代理收到托运人的订舱委托书后，首先需确定货物的体积、重量、包装类型及尺寸，并立即与船公司方面确认两个细节：一是船公司或码头针对托运的货物在装卸和运输方面是否有问题；二是船公司舱位及船期安排是否有问题。散杂货船不同于集装箱班轮，装载的货物各异，没有统一的标准，有些超大件、超重或对装载技术或质量有较高要求的货物可能会给码头装卸及船公司配载造成一定的困难。另外，散杂货船属航次租船，没有固定的船期，所以也没有固定的船期表，错过一班船，往往要等很长的时间。

散货-发送计划

货运代理收到托运人托运单后，同样需与承运人签订航次租船合同并订舱。航次租船又称"航程租船"或"程租船"或"程租"，是指船舶出租人向承租人提供船舶或船舶的部分舱位，在指定的港口之间进行单向或往返的一个航次或几个航次，用以指定运输货物的租船运输方式。船舶出租人主要负责船舶的航行，承租人只负责货物的部分管理工作。航次租船是租船市场上最活跃、最普遍的一种租船方式，对运价水平的波动最为敏感。航次租船合同与班轮运输合同一样，都是以承揽货物运输为目的的运输合同。货运代理在与船公司签订航次租船合同时，一般需预先支付20%～30%的运费押金。船公司据此来弥补货运代理突然取消订舱申请而产生的亏舱、返程等额外费用。

散货-整理散货委托书　　散货-核对散货委托书　　散货-核对散货委托书（实操）

　　船公司依据货运代理订舱申请及旗下货船的运营、舱位状态相应发放装运通知书。

　　货运代理收到船公司的装运通知书后，应制作本公司的装运通知书给托运人，通知其按指定的时间将货物交到船公司指定的码头货场并及时报关出口。

散货-确认船期（上）　　散货-确认船期（下）

　　托运人依装运通知书规定时间送货到码头货场并及时完成出口报关手续。

散货-确认进仓时间　　散货-确认进仓时间（实操）　　散货-发进仓图-DELIVERY NOTICE

　　大船靠泊码头，将货物装船出运，码头提供装船数据给船公司。

散货-散货提单制作与确认　　散货-熟悉散货中的提、装、还柜的流程　　散货-认识散货中的提、装、还柜

　　货物装船付运后，货运代理即可向托运人进行对单、收费、放单等动作。散杂货可以签发 NVOCC 提单。提单的法律效力、背面条款和集装箱提单基本上一致，区别只在于散货提单不会显示任何集装箱号及封条号，而是直接显示货物的总件数、总毛重、总体积。另外，因散杂货的运杂费数额通常较大，船公司不会接受月结的形式，所以货运代理基本上也不允许以月结的形式与托运人结算运费。

散货-散货 SA 与文件发送　　散货-认识散货提单

　　货运代理转而与船公司核对 MBL（船东提单）并依据租船合同及时支付运杂费。

　　托运人领取正本 HBL（货代提单）后，备齐其他所需单证如装箱单、发票、产地证等，一起递交银行议付或寄予收货人办理清关提货手续。

　　货物装船出运后，货运代理操作人员需及时将所有单证资料（HBL、MBL、舱单、账单等）一起发给国外分公司或代理，指示其协助进口操作并放货给收货人。

　　货物装船出运后，船公司/船代也需及时将货物装船资料（MBL 及舱单等）发送给目的港船公司，指示其办理相关进口放货事宜。

目的港船公司或代理于货到港前通知目的港货运代理分公司或代理提交进口舱单、正本 MBL（如 MBL 已做电放则无须此动作），结清进口运杂费等。

目的港货代分公司或代理向目的港船公司缴费并领取提货单（如货代目的港代理有权自发提货单，船公司则于收费后直接放货给货代目的港代理即可）。

货代目的港分公司或代理进而通知所有收货人或其清关行提交全套正本 HBL（如 HBL 做电放则无须此动作）、缴付进口杂费并发放提货单予其清关提货。

收货人或其清关行向货代目的港分公司或代理提交 HBL、缴费并领取提货单，向海关申报进口并提货。

散货-制作散货 FCR

散货-总结制作散货 FCR 的要点

（二）散货海运出口单证操作流程

散货海运出口单证具体操作流程如下：

1. 打制订舱单

（1）订舱单用下货纸根据货主提供的委托单制作。需要填制的项目有：SHIPPER、CONSIGNEE、NOTIFY、POR、MARKS&NOS、QUANTITY、DESCRIPTION OF GOODS、GROSS WEIGHT IN KILOS、MEASUREMENT、TOTAL。

（2）打制完上述内容后，注明运输条款。在订舱单的右上角打上代理人的电话、传真，并加盖代理人方章，送至配载的船公司。

2. 收到货主正式单据后进行审单

（1）单证必须齐全。货主必须提供的单据有：合同副本（售货确认书、形式发票）、正本装箱单至少一份、正本发票至少一份、正本出口收汇核销单。出口货物如需海关监管条件还必须提供相应证件。

（2）如果货主提供的单据已缮制好，可以从以下方面进行审核：

① 合同、委托与装箱单、发票上显示的尺码、重量是否一致。

② 合同、委托与装箱单、发票上显示的金额以及币种是否一致（合同金额不小于发票金额）。

③ 合同、委托与装箱单、发票上显示的发票号是否一致。

④ 合同、委托与装箱单、发票上显示的合同号是否一致。

⑤ 正本单据不许有任何涂改。

⑥ 合同不能手写。如是手写的，应重新缮制。

（3）如果货主提供的是空白单据，可按下列项目缮制：

① 装箱单主要填制的内容为唛头、发票号码、合同号、装货港、卸货港、品名、规格、数量、毛重、净重。

② 发票主要填制的内容为唛头、合同号、发票号、装货港、卸货港、货物描述、数量、单价、总价。

3. 转报关单据

接到船公司集港通知后，取回下货纸。在集港前一天下午3时前，电话同港务局货运科做集港计划，制下货小条（一式三联）。

（1）转至报关行的单据有装箱单、发票、合同、委托报关协议、报关单、下货纸、联系单（一式两联）、海关监管条件涉及的证件。上述单据各1份。

（2）编号为1、2、3的单据必须由货主提供。

（3）委托报关协议（副本也可以），用规定格式加盖出口单位公章，填上相应内容。

（4）下货纸。在前述订舱单的基础上，在相应的位置补充船名、航次、提单号。货物描述需用中文加以标识，报关只需提供装货单、收货单留底联，每一联的右上角都应加盖代理人方章。下货纸、装货单应盖有该条船船代的签章。

（5）联系单。联系单是代理人与报关行联系的单据，上面列明代理人转给报关行何种单据及份数，将单据转至报关行前，应填好一式两联的联系单，单据转至报关行后，其中一联应有报关行相关人员的签字，以备存档。

（6）合同、装箱单、发票、报关单、许可证、商检证转至报关行前应留底。

4. 确认提单

（1）缮制提单前应注意货主有无特殊要求，一般情况下，货主都会在委托中注明。

（2）如要求在提单中显示"SHIPPED ON BOARD"签单时，应注意上、下签章（其中之一应签在 SHIPPED ON BOARD 旁边）。

（3）如果涉及倒签、预借，应事先与船公司确认好是否能接受，如果可以接受，应填制保函传真给货主，让其加盖公章。返回后再由代理人提供给相关船公司。

任务二　认识国际海运基础内容

一、集装箱进出口运输相关方

集装箱（Container），又称货柜，是一个具有足够强度、便于反复使用的大型标准化载货容器。集装箱运输（Container Transportation）就是将货物装在集装箱内，以集装箱作为一个货物集合单元，进行运输、装卸、搬运的运输工艺和运输组织形式。

集装箱运输是一种先进的现代化运输方式，是交通运输现代化的产物和重要标志，对交通运输业具有深远的影响，并引起了一场革命性的变化。到目前为止，在国际贸易中以集装箱运输的件杂货已达到80%以上，在发达国家和主要航线上已基本实现了件杂货物的集装箱化。

目前，集装箱运输已进入以国际远洋船舶运输为主，以铁路运输、公路运输、航空运输为辅的国际多式联运为特征的新时期（见图2-4）。

国际集装箱运输是一个有机的系统，这个系统需要货物买卖合同的卖方和买方、集装箱班轮公司、船舶代理人、货运代理人、无船承运人、集装箱码头公司、集装箱堆场、货运站、理货公司、口岸监管部门（海关、商检、卫检、动植物检、海事）以及银行、保险公司等共同参与和积极配合，从而保证集装箱运输工作的顺利开展。

图 2-4　集装箱运输

二、集装箱货物交接方式

在集装箱运输中，标准化的集装箱是基本运输单元，全程运输出现了统一组织的变化，实现了"门到门"的运输。集装箱运输需要根据集装箱货物的交接形态、交接地点而采用不同的交接方式。集装箱货物的交接方式具有鲜明的特点。

（一）集装箱货物的交接形态

在集装箱运输中，集装箱货物的交接形态有两种：整箱货交接与拼箱货交接。

1. 整箱货（FCL）交接

整箱货（FCL）交接是指发货人、收货人与承运人交接的货物是一个（或多个）装满货物的集装箱。发货人自行装箱并办好加封等手续，承运人接受的货物是外表状态良好、铅封完整的集装箱；货物运抵目的地时，承运人将同样的集装箱交付收货人，收货人自行将货物从箱中掏出。

在整箱货交接的情况下，承运人接收的仅是外表状况良好、铅封完整的集装箱，对里面所装的货物一无所知，所以，承运人通常在提单中加注 SLAC、SLCAS 或 STC 条款。其中，SLAC 是 Shipper's Load and Count，即发货人自装箱、计数条款；SLCAS 是 Shipper's Load Count and Seal，即发货人自装箱、计数、铅封条款；STC 是 Said to Contain，即承运人不知条款。提单中订有这些条款，是为了保护承运人的利益，最大限度地达到免除责任的目的。

认识国际海运之集装箱货物交接方式

2. 拼箱货（LCL）交接

拼箱货（LCL）交接一般发生在发货人一次托运的货物数量较少，不足以装满一个集装箱，而针对这些货物的贸易合同又要求使用集装箱运输，为了减少运费，承运人根据流向相同的原则将一个或多个发货人少量货物装入同一个集装箱进行运输。这一般意味着承运人以货物原来的形态从各发货人手中接收货物，由承运人组织装箱运输，运到合适的地点时，承运人将货物从箱中掏出后，以原来的形态向各收货人交付。拼箱货物的交接、装拆箱可在码头集装箱货运站、内陆货运站或中转站等地进行。

（二）集装箱货物的交接地点

在集装箱运输中，集装箱货物的交接地点一般有 3 类，即发货人或收货人的工厂或仓库（Door）、集装箱码头堆场（CY）和集装箱货运站（CFS）。

1. 发货人或收货人的工厂或仓库交接（Door 交接）

发货人或收货人的工厂或仓库（门）交接是指集装箱运输经营人在发货人的工厂或仓库接收货物或在收货人的工厂或仓库交付货物。门交接的集装箱货物都是整箱交接，一般意味着发货人或收货人自行装（拆）箱。运输经营人负责自接收货物地点到交付货物地点的全程运输。

2. 集装箱码头堆场交接（CY 交接）

集装箱运输中的集装箱货物码头堆场交接（CY 交接），一般意味着发货人应自行负责装箱及集装箱到发货港码头堆场的运输，承运人（集装箱运输经营人）或其代表在码头堆场接收货物，责任开始。货物运达卸货港后，承运人在码头堆场上向收货人交付货物，责任终止，由收货人自行负责集装箱货物到最终目的地的运输和掏箱。

在集装箱码头堆场交接的货物都是整箱交接。在有些资料中和有些情况下，"CY 交接"一词的含义要更广泛一些，除在码头堆场交接外，还包括在内陆地区的集装箱内陆货运站堆场的交接（即内陆 CY 交接）。在内陆 CY 交接情况下，与货主交接货物的集装箱运输经营人一般是联运经营人，他还要负责从接收货物的堆场到码头堆场间的运输。集装箱货物内陆 CY 交接也是整箱交接。

3. 集装箱货运站交接（CFS 交接）

集装箱货运站（CFS）一般包括集装箱码头的货运站、集装箱内陆货运站或中转站。CFS 货物交接一般是拼箱交接。因此，CFS 交接一般意味着发货人自行负责将货物送到集装箱货运站，集装箱经营人或其代理人在 CFS 以原来形态接收货物并负责安排装箱，然后组织海上运输或陆海联运。货物运到目的地货运站后，运输经营人或其代理人负责拆箱并以货物原来形态向收货人交付。收货人自行负责提货后的事宜。

（三）集装箱货物的交接方式

在集装箱运输中，根据实际交接地点不同，集装箱货物的交接有多种方式。在不同的交接方式下，集装箱运输经营人与货方承担的责任、义务不同，集装箱运输经营人运输组织的内容、范围也不同。

1. 门到门（Door to Door）交接方式

门到门交接方式是指集装箱运输经营人由发货人的工厂或仓库接收货物，负责将货物运至收货人的工厂或仓库交付。在这种交付方式下，货物的交接形态都是整箱交接。

在目前的集装箱货运实践中，集装箱多式联运经营者从事货运业务时主要使用此交接方式。

2. 场到场（CY to CY）交接方式

场到场交接方式指集装箱运输经营人在装货港的码头堆场或其内陆堆场接收货物（整箱货），并负责运至卸货港码头堆场或其内陆堆场，在堆场向收货人交付（整箱货）。

在目前的集装箱货运实践中，集装箱班轮公司从事货运业务时主要使用此交接方式。

3. 站到站（CFS to CFS）交接方式

站到站交接方式指集装箱运输经营人在装货港码头或内陆地区的集装箱货运站接收货物（经拼箱后）负责运至卸货港码头或其内陆地区的集装箱货运站，（经拆箱后）向收货人交付。在这种方式下，货物的交接形态一般都是拼箱交接。

在目前的集装箱货运实践中，拼箱集运公司从事拼箱货业务时主要使用此交接方式。

此外，还有门到场（Door to CY）、门到站（Door to CFS）、场到门（CY to Door）、场到站（CY to CFS）、站到门（CFS to Door）、站到场（CFS to CY）等交接方式。

三、海运主要单证

在集装箱海运进出口流程中，会使用到许多业务单证。这些业务单证是集装箱运输业务相关方的责任、权利、义务转移的凭证和证明，它与集装箱货物的交接、责任划分、保险索赔等问题有着十分密切的关系。

集装箱运输单证由3大系统单证组成，包括出口运输单证、进口运输单证及向口岸各监管部门申报所用的单证。其中，场站收据、交货记录、设备交接单就是当年"工试"技术推广应用的成果。本任务根据集装箱海运进出口业务流程，重点介绍部分单证。

（一）出口货运代理委托书

出口货运代理委托书，简称委托书（见图2-5），它是委托方（货主）向被委托方（货运代理人）提出的一种要约，被委托方一经书面确认就意味着双方之间契约行为的成立。委托书详列了托运各项资料和委托办理事项及工作要求，是货运代理人的工作依据。委托书的主要内容有委托单位名称与编号、托运货物内容、装运事项、提单记载事项、货物交运日期及交运方式、货物备妥日期、集装箱运输有关事项。

（二）进出口运输保险投保单

货物订妥舱位后，如所代运货物属于"检验商品种类表"中需要法定检验和合同或信用证规定由商检机构检验出证的出口商品，出口商委托货运代理办理报验业务时，货运代理在装运前必须到商检机构申请检验。属于卖方保险的，即可办理货物运输险的投保手续。保险金额通常以发票的CIF价加成投保。同时货运代理应在装船前或船舶到港前将所有货物齐集港口，以便船只到港后能及时装运。

海运出口货运代理委托书					委托日期		年 月 日	
委托单位名称								
提单 B/L 项目要求	发货人： shipper：							
	收货人： Consignee：							
	通知人： Notify Party：							
海洋运费（√） 预付 或 到付 Ocean Freight Prepaid or Collect			提单份数		提单寄送地址			
起始港			目的港			可否转船		可否分批
集装箱预配数		20'x		40'x		装运期限		有效期限
标记唛头	件数及包装式样		中英文货号 Description of goods (In Chinese&English)		毛重（公斤）	尺码（立方米）		成交条件（总价）
					特种货物 □冷藏品 □危险品	重件： 大 件： （长×宽×高）	每件重量	
内装箱（CFS）地址					货物报关、报检（√） 自理 或 委托			
门对门装箱点	地址				货物备妥日期			
	电话		联系人		货物进栈（√） 自送 或 派车			
随附单证份	出口货物报关单		商业发票		委托方	委托人		
	出口收汇核销单		装箱清单			电话		
	进来料加工手册		出口许可证			传真		
	原产地说明书		出口配额证			地址		
	危险货物说明书		商检证			委托单位盖章		
	危险货物包装证		动植物检疫证					
	危险货物装箱申明书							
备注								

图 2-5 海运出口货运代理委托书

1. 货物运输投保单

投保单的格式如图 2-6 所示。

货物运输保险投保单
PICC 中国人民保险公司成都分公司 The PEOPLE'S INSURANCE COMPANY OF CHINA, CHENGDU BRANCH 货物运输保险投保单 APPLICATION FORM FOR CARGO TRANSPORTATION INSURANCE
被保险人 INSURED
发票号（INVOICE NO.）
合同号（CONTRACT NO.）
信用证号（L/C NO.）
发票金额（INVOICE AMOUNT）_____ 投保加成（PLUS）_____ 兹 有下列货物向_____投保。(INSURANCE IS REQUIRED ON THE FOLLOWING COMMODITIES：)
标记 MARKS & NOS. / 数量及包装 QUANTITY / 保险货物项目 DESCRIPTION OF GOODS / 保险金额 AMOUNT INSURED
启动日期： DATE OF COMMENCEMENT　　　装载运输工具： PER CONVEYANCE
自_____ 经_____ 至_____ FROM_____ VIA_____ TO_____
提单号： B/L NO.:　　　赔款偿付地点： CLAIM PAYABLE AT:
投保险别：(PLEASE INDICATE THE CONDITIONS &/OR SPECIAL COVERAGES：)
请如实告知下列情况：（如"是"在[ ]中打"√"） IF ANY, PLEASE MARK "√"
货物种类：袋装[ ]　散装[ ]　冷藏[ ]　液体[ ]　活动物[ ]　机器/汽车[ ] 危险品等级[ ] GOODS: BAG/JUMBO　BULK　REEFER　LIQUID　LIVE ANIMAL　MACHINE/AUTO DANGEROUS CLASS
集装箱种类：普通[ ]　开顶[ ]　框架[ ]　平板[ ]　冷藏[ ] CONTAINER: ORDINARY　OPEN　FRAME　FLAT　REFRIGERATOR
转运工具：海轮[ ]　飞机[ ]　驳船[ ]　火车[ ]　汽车[ ] BY TRANSIT: SHIP　PLANE　BARGE　TRAIN　TRUCK
船舶资料：　　船籍[CHINA]　　船龄[　　] PARTICULAR OF SHIP : REGISTRY　　AGE
备注：被保险人确认本保险合同条款和内容已经完成了解 THE ASSURED CONFIRMS HERE WITH THE TERMS AND CONDITIONS OF THESE INSURANCE CONTRACT FULLY UNDERSTOOD 投保人（签名盖章）APPLICANTS' SIGNATURE:
电话（TEL）:
投保日期（DATE）:
地址（ADD）:

图 2-6　货物运输投保单

2. 货物运输投保单的填制方法

货物运输投保单是保险公司接受投保人（被保险人）的投保申请和开立保险单的依据。投保单内容正确与否，不仅影响保险公司出具的保险单内容的正确性，同时还会影响出口商的顺利结汇。货物运输投保单用英文填写，方法如下：

（1）被保险人（INSURED）。此栏填写投保人（外贸公司），一般与合同卖方或信用证受益人一致。信用证有要求时应按信用证要求填写。

（2）发票号、合同号、信用证号（INVOICE NO., CONTRACT NO., L/C NO.）。此处按实际情况如实填写。

（3）发票金额（INVOICE AMOUNT）。发票金额应按发票实际金额填写（不超过信用证规定的额度）。

（4）投保加成（PLUS）。一般情况下按合同或信用证填写10%。

（5）标记（MARKS & NOS.）。填写实际发运货物包装唛头，应与发票、提单保持一致。

（6）数量及包装（QUANTITY）。填写实际发运货物的（最大）包装及件数。

（7）保险货物项目（DESCRIPTION OF GOOD）。此处可以使用大类货物名称，但应与提单、发票保持一致（与信用证相符）。

（8）保险金额（AMOUNT INSURED）。此处一般按合同或信用证规定的发票金额的110%计（保留为整数，使用货币与信用证币种相同）。

（9）启动日期、装载运输工具、运输起讫地、提单号（DATE OF COMMENCEMENT, PER CONVEYANCE, FROM VIA TO, B/L NO.）。按实际填写，与提单保持一致。

（10）赔款偿付地点（CLAIM PAYABLE AT）。一般为货物最终目的地。

（11）投保险别（CONDITION）。按合同/信用证填写。

（12）货物种类、集装箱种类、转运工具和船舶资料。按所给选项及实际情况打"√"。

（三）船期表

船期表就是船舶航行靠泊时间表，也称班期表。船期表是船公司能提供何种航线服务的外在体现，也是海运进出口商、贸易商、货运代理必备的重要参考资料。一份船期表包含了很多重要的信息，货运代理行业人员一定要学会查看船公司的船期表，也要学会制作自己的船期表。以船公司的船期表为例，船公司一般会依据自己的服务航线制定相应的船期表，船期表上一般含有以下信息。

SVC：航线服务，通常有NS1、KSS、JTT、JTS等缩略语，表示船公司经营该航线的名称。每家船公司的航线缩略语各异；

VESSEL：大船名。

VOYAGE：航次。

CLOSING：结关日。

ETD：预计开航日。

ETA：预计到达日。

DEST：目的港。

备注：通常的排列顺序为SVC、VESSEL、VOYAGE、CLOSING、ETD、ETA（从左到右）。

船期表的查阅和制作技巧：每家船公司或货运代理公司针对本公司的船期表有不同的制作方

法和格式，但均会包含上述所有的信息要素。所以如何掌握、理解、查阅船期表上的信息要素，对货物顺利订舱、配载、装船均有较大意义。

（1）船期表上的 CLOSING 均是一类港口（如香港、深圳、上海）的结关日，如果属支线港或喂给港（如中山、珠海、江门）等二类港口，结关日通常需往前推一至两天，视船公司指定的驳船公司的服务频率及航行时间而定，订舱前须先与船公司确认清楚。

（2）CLOSING 后面通常会备注一个时间如 23：00，17：00 等，表示重箱必须于此时间前交付到船公司指定的集装箱堆场，否则可能会被延至下班大船。

（3）ETD 到 ETA 的时间段，表示大船从起运港到目的港的航行时间。不同的 SVC 具有不同的时间段，主要是因为有快船和慢船的区分，这点在查阅船期表的时候需要特别注意。

（4）订舱后收到船公司的装运通知书，一定要认真核对装运通知书上的船期是否和船期表上查到的一致。船期表上通常都会加注"仅供参考"字样，实际的承载船可能会和船期表上的船只有一定差别，因为船公司也会存在调船、换船或延船等问题。

（5）大船具体的 ETD 和 ETA 时间最终仍要以船公司网上资料为准，船公司船期表甚至船公司装运通知书上的船期都不一定准确。船公司一般都建有自己的网站，客户可以实时查询船期资料、货物状态和船舶动态等。

（6）货运代理公司的船期表均以船公司的船期表为制作基础，格式和内容变化不大，但货运代理公司的船期表通常是几家船公司船期表的综合。货运代理公司通常会选择并制作最适合于本公司业务特点、作业时间、出货规律的船期表。一份合适的船期表，往往对货运代理公司的业务拓展和销售服务有着非常重要的作用。

（7）货运代理公司的拼箱船期表一般会加注 CFS CLOSING 和 CY CLOSING 两项信息。CFS CLOSING 表示拼箱货的结关时间，指托运人须于此日期内将货物交到货运代理公司指定的仓库；CY CLOSING 表示重箱交付码头时间，指货运代理公司须于此日期内将拼装好的集装箱交到船公司指定的码头。

（8）船期表的制作原则是简单易懂，层次清晰，美观大方。因为船期表从某一方面来说是船公司或货运代理的服务名片，故通常都是由专业、资深的人员制作，并须加上本公司抬头、LOGO 及联系方式或航线负责人资料等，使其成为正式及规范的对外宣传文件。

（四）订舱委托书

订舱委托书（Shipping Order）即业内俗称的 BOOKING，是托运人向船公司、船代或货运代理订舱时提供的订舱委托书。订舱委托书没有固定的格式，不同的船公司、船代、货运代理的订舱委托书格式均不一样，但主要内容基本包括发货人、收货人、通知人、起运港、卸货港、目的港、唛头、货物品名描述、货物毛重、货物体积、运费的支付方式、托运人签章，以及其他备注如预订船期、出货时间、目的港申请免舱期等。订舱委托书的内容须准确完整，以便承运人能清楚无误地按托运人的要求安排运输并相应缮制提单。

订舱委托书是托运人和承运人双方的运输合同证明，是具有法律效力的文件。订舱委托书通常以传真或扫描或电子文档的方式发送给承运人，不需要正本，但不会影响订舱委托书的法律效力。承运人收到托运人的订舱委托书后，需认真检查订舱委托书的内容是否完整，货物品名是否属危险品，是否有备注承运人无法达成或做到的特殊要求，是否有托运人的盖章及签名等。承运人一经确认订舱委托书并发放装运通知书给托运人，即可认为承运人已接受托运人的订舱申请并开始执行运输合同。

海运出口货物订舱委托书

(五)集装箱设备交接单

集装箱设备交接单(Equipment Interchange Receipt,EIR)又为设备交接单,是集装箱所有人或其代理人签发的用以进行集装箱及其他设备的发放、收受等移交手续,并证明移交时箱体状况的书面凭据。集装箱所有人或其代理人一般都印制自己的设备交接单,其内容大同小异。设备交接单的正面填写内容有用箱人/运箱人、提箱地点、发往地点、返回/收箱地点、船名/航次、集装箱箱号、铅封号、提单号、进出场状态、进出场检查记录等。设备交接单的背面印有划分管箱人和用箱人之间责任的使用集装箱合同条款等。

1. 集装箱设备交接单的组成

集装箱设备交接单分出场(OUT)和进场(IN)两种。这两种设备交接单除正面内容的个别项目外,其他内容大致相同,都各有3联,分别为:

第1联:船公司或代理留底联,白色;

第2联:码头或堆场联,红色;

第3联:用箱人或运箱人联,蓝色。

2. 集装箱设备交接单的作用

(1)管箱人发放、回收集装箱或用箱人提取、还回集装箱的凭证。

(2)证明双方交接时集装箱状态的凭证及划分双方责任、义务和权利的依据。

(3)集装箱所有者掌握集装箱分布动态、加强箱务管理的重要资料。

3. 集装箱设备交接单的流转程序

单证通常由箱主或其代理人签发给用箱人,用箱人据此向场站领取或送还集装箱及设备。

(1)船公司填制设备交接单交用箱人或运箱人。

(2)在集装箱出口业务中,用箱人或运箱人到集装箱堆场提取空箱时出示设备交接单(OUT联),由经办人员对照设备交接单,检查集装箱外表状况后,双方签字,集装箱堆场留下码头或堆场联、船公司或其代理联,将用箱人与运箱人联退还给用箱人或运箱人,集装箱堆场将留下的船公司或其代理联交还给船公司;用箱人装箱后交还重箱给集装箱码头时出示设备交接单(IN联),由经办人员对照设备交接单、检查箱体后,双方签字,集装箱码头留下码头或堆场联、船公司或其代理联,将用箱人与运箱人联退还给用箱人或运箱人,集装箱码头将留下的船公司或其代理联交还给船公司。

(3)在集装箱进口业务中,用箱人或运箱人到集装箱码头提取重箱时出示设备交接单(OUT联),由经办人员对照设备交接单,检查集装箱外表状况后,双方签字,集装箱码头留下码头或堆场联、船公司或其代理联,将用箱人与运箱人联退还给用箱人或运箱人,集装箱码头将留下的船公司或其代理联交还给船公司;当用箱人拆箱后交还空箱给集装箱堆场时出示设备交接单(IN联),由经办人员对照设备交接单检查箱体后,双方签字,集装箱堆场留下码头或堆场联、船公司或其代理联,将用箱人与运箱人联退还给用箱人或运箱人,集装箱堆场将留下的船公司或其代理联交还给船公司。

(六)集装箱装箱单

集装箱装箱单(Container Load Plan,CLP)是详细记载集装箱内货物名称、数量等内容的单据。每个载货集装箱都要制作这样的单据。集装箱装箱单是根据已装进集装箱内的货物制作的。

整箱货（FCL）由发货人自己装箱，拼箱货（LCL）由集装箱货运站负责装箱。无论是整箱货还是拼箱货，负责装箱的人都要制作装箱单。

1. 集装箱装箱单的组成

目前，各港口使用的装箱单大同小异。上海港使用的集装箱装箱单一式五联，由码头联、船代联、承运人联、发货人/装箱人联组成。

2. 集装箱装箱单的作用

集装箱装箱单是详细记载每一个集装箱内所装货物详细情况的唯一单据。集装箱装箱单的主要作用有：

（1）作为发货人、集装箱货运站与集装箱码头堆场之间货物的交接单证。

（2）作为向船方通知集装箱内所装货物的明细表。

（3）单据上所记载的货物与集装箱的总重量是计算船舶吃水差、稳定性的基本数据。

（4）是在卸货地点办理集装箱保税运输的单据之一。

（5）发生货损时，是处理索赔事故的原始单据之一。

（6）是卸货港集装箱货运站安排拆箱、理货的单据之一。

3. 集装箱装箱单的流转程序

（1）装箱人将货物装箱，制作实际装箱单（一式五联），并在装箱单上签字。

（2）五联装箱单随同货物一起交付给拖车司机，指示司机将集装箱送至集装箱堆场。在司机接箱时，应要求司机在装箱单上签字并注明拖车号。

（3）集装箱送至堆场后，司机应要求堆场收箱人员签字并写明收箱日期，以作为集装箱已进港的凭证。

（4）堆场收箱人在五联单上签章后，留下码头联、船代联和承运人联（码头联用以编制装船计划，船代联和承运人联分送给船代、承运人用以给制配积载计划和处理货运事故），并将发货人/装箱人联退还给发货人或货运站。发货人或货运站除留一份发货人/装箱人联备查外，将另一份送交发货人，以便发货人通知收货人或卸箱港的集装箱货运站，供拆箱时使用。

（七）场站收据

场站收据（Dock Receipt，D/R）是国际集装箱运输专用出口货运单证。场站收据一般是在托运人与船公司或船代达成货物运输协议，船代确认订舱后由船代交托运人或货代填制的。场站收据由承运人签发证明船公司已从托运人处接收了货物，并证明当时的货物状态，是船公司对货物开始负有责任的凭证。托运人据此向承运人或其代理人换取待装提单或装船提单。场站收据是一套联单，它相当于传统的托运单、装货单、收货单等一整套单据。

1. 场站收据的组成

场站收据是由多张单证组成的套合式单证，采用无碳复印纸张印制，按照其各联功能的不同，采用不同的颜色加以区分。不同的集装箱码头、场站，所使用的联单格式有所不同。本书以十联单格式为例，说明场站收据的组成情况。

第1联：集装箱货物托运单——货主留底，白色。早先托运单由货主缮制后将此联留存，故列第一联。

第2联：集装箱货物托运单——船代留底，白色。此联盖有货主的公章或订舱章，船代据此缮制载货清单，船公司据此编制预配图。

第 3 联：运费通知（1），白色。船代在此联上批注运价，作为船代结算部门办理运费结算的参考依据。

第 4 联：运费通知（2），白色。此联作为货运代理向发货人办理运费结算的参考依据。

第 5 联：场站收据副本——装货单（关单联），白色。此联又称场站收据副本或关单，船代在此联上盖订舱章，表示确认接受发货人的订舱申请；海关凭此联受理出口报关申报，经查验合格后在此联盖海关放行章。

第 5 联（附页）：缴纳出口货物港务申请书，白色。此联是港区核算应收的港务费用的单据。

第 6 联：场站收据副本——大副收据，粉红色。此联又称收货单，在货物装船后由大副签字和批注，表示所列货物已经装上船。装船结束后，船代凭此联签发已装船提单。

第 7 联：场站收据（正本联），淡黄色。此联由堆场或货运站加盖场站收据签章，表示已代表船方接收了单据上的货物，托运人或货代凭此联要求船代签发正本提单（收货待运提单）。

第 8 联：货运代理留底，白色。此联由货运代理公司留存以备查询、编制货物流向单。

第 9 联：配舱回单（1），白色。配舱后交还发货人，发货人凭此联缮制提单；如果货运代理统一缮制提单，则由货运代理缮制提单。

第 10 联：配舱回单（2），白色。根据此联回单批注修改提单。如果货运代理统一缮制提单，第 9 联、第 10 联就不用退还发货人。

2. 场站收据的作用

根据上述场站收据各联单的描述，场站收据的作用主要包括以下几方面：

（1）托运人和承运人运输合同开始执行的证明。

（2）出口集装箱货物报关的凭证之一。

（3）承运人已收到托运货物并对货物开始负有责任的证明。

（4）换取海运提单或其他类似单证的凭证。

（5）船公司、集装箱码头组织装卸、理货、配载的资料。

（6）集装箱运费结算的依据。

3. 场站收据的流转程序

在集装箱货物出口托运过程中，场站收据要在多个机构和部门之间流转。流转过程中涉及托运人、货运代理、船代、海关、堆场、理货公司、集装箱船舶等。一式十联的场站收据联单的流转程序如下：

（1）货运代理接受托运人的委托后填制一式十联场站收据，并将第 1 联（货主留底联）由货主留存以备查询，将其余 9 联送船公司或船代申请订舱。

（2）船公司或船代经审核确认接受订舱申请，确定船名、航次，给每票货物一个提单号，将提单号填入 9 联单相应栏目，并在第 5 联（装货单联）加盖确认订舱章，然后留下 2~4 联，其余 5~10 联退还托运人或货运代理。

（3）货运代理留下第 8 联（货运代理留底联）用于编制货物流向单及作为留底以备查询，并将第 9 联[配舱回单（1）联]退给托运人作为缮制提单和其他货运单证的依据；如果由货运代理缮制单证，则不需退还给托运人。

（4）货运代理将第 5~7 联（已盖章的装货单联、缴纳出口货物港务申请书联、场站收据大副联、场站收据正本联）随同报关单和其他出口报关用的单证向海关办理货物出口报关手续。

（5）海关接受报关申报后，经过查验合格，征关税后对申报货物进行放行，在第 5 联（装货单联）上加盖海关放行章，并将 5~7 联退还给货运代理。

（6）货运代理将退回的 5~7 联及第 10 联[配舱回单（2）联]随同集装箱或待装货物送装箱地点（货主指定地点、CY 或 CFS）装箱。

（7）CY 或 CFS 查验集装箱或货物后，先查验第 5 联的海关放行章，再检查进场货物的内容、箱数、货物总件数是否与单证相符。若无异常情况则在第 7 联（场站收据正本联）上加批实收箱数并签字、加盖场站收据签证章，在第 10 联[配舱回单（2）联]上签章；如实际收到的集装箱货物与单证不符，则需在第 5 联、第 10 联上做出批注，并将其退还货运代理或货主，而货运代理或货主则须根据批注修改已缮制的提单等单证。场站留下第 5、6 联：第 5 联（装货单联）归档保存以备查询，第 5 联附页用来向托运人或货运代理结算费用；第 6 联（大副收据联）连同配积载图应及时转交理货部门，由理货员在装船完毕后交船上大副留底。第 7 联（场站收据正本联）应退回托运人或货运代理。

（8）托运人或货运代理拿到第 7 联（场站收据正本联），并凭此要求船代签发正本提单（装船前可签发收货待运提单，装船后可签发已装船提单）。但在实际业务中，托运人或货运代理并不取回第 7 联，而是在集装箱装船 4 小时内，由船代在港区与现场人员、港区场站签证组交接将其带回，船代据此签发装船提单。

（八）代理报关、报检委托书

代理报关委托书（Power of Attorney for Custom Broker）是进出口货物收、发货人委托承运人或其代理人或报关企业办理进出口货物报关事宜，明确双方责任和义务的具有法律效力的授权证明。规范统一的"代理报关委托书"附有委托报关协议，由中国报关协会监制，将两个独立的文件印制在一张 A4 无碳复写纸上，一式三联。委托人需加盖单位行政公章并由法定代表人或被授权人签字方可生效。代理报关委托书通常可直接向各报关行领取或购买。

代理报检委托书（Export Licence）是指国家法定商检的产品，受检单位委托代理报检单位代为申请商品进出口检验检疫证件的具有法律效力的授权证明。代理报检委托书没有统一的规定格式，各地检验检疫机构的格式各异。报检委托书应当载明委托人的名称、地址、法定代表人姓名（签字）、机构性质及经营范围，代理报检单位的名称、地址、代理事项，以及双方责任、权利和代理期限等内容，并加盖双方公章。受检企业可以到当地检验检疫部门领取或购买一式三联的报检委托书。

（九）交货记录

交货记录（Delivery Record，D/R）是集装箱运输承运人把货物交付给收货人或其代理人时，双方共同签署的证明货物已经交付及货物交付时情况的单证。

1. 交货记录的组成

标准交货记录共五联，各联单分别为：

第 1 联：到货通知书，白色；

第 2 联：提货单，白色；

第 3 联：费用账单（一），蓝色；

第 4 联：费用账单（二），红色；

第5联：交货记录，白色。

2. 交货记录的作用

（1）是承运人或代理人通知收货人或代理人的到货通知，以便收货人或代理人提前做好收货准备。

（2）是承运人或代理人同意将货物交付给收货人或代理人的凭证。

（3）是收货人或代理人从承运人或代理人处提取货物的凭证。

（4）是承运人或代理人向收货人或代理人收取有关费用的凭证。

（5）是承运人或代理人与收货人或代理人责任转移的凭证。

3. 交货记录的流转

（1）船舶代理人在收到进口货物单证资料后，通常会向收货人或其代理人发出"到货通知书"。

（2）收货人或其代理人在收到"到货通知书"后，凭"正本提单"（背书）向船舶代理人换取"提货单"，场站、港区的"费用账单（一）""费用账单（二）""交货记录"联等四联。"提货单"须经船代盖章后才有效。

（3）收货人或其代理人持"提货单"在海关规定的期限内备妥报关资料，向海关申报海关验放后在"提货单"的规定栏目内盖放行章。收货人或其代理人还要办妥其他有关手续的，须取得有关单位盖章后放行。

（4）收货人及其代理人凭已盖章放行的"提货单""费用账单（一）""费用账单（二）""交货记录"联向场站或港区的营业所办理申请提货作业计划，港区或场站营业所核对"提货单"是否有效及有关放行章后，将"提货单""费用账单（一）""费用账单（二）"留下，做放货、结算费用及收费收据。在第5联"交货记录"上盖章，以示确认手续完备，受理作业申请，安排提货作业计划，并同意放货。

（5）收货人及其代理人凭港区或场站已盖章的"交货记录"联到港区仓库或场站仓库堆场提取货物。提货完毕后，提货人应在规定的栏目内签名，以示确认提取货物无误。"交货记录"上所列货物数量全部提完后，场站或港区应收回"交货记录"联。

（6）场站或港区凭收回的"交货记录"联核算有关费用，填制"费用账单（一）"和"费用账单（二）"，一式两联，结算费用。

（7）港区或场站将第二联"提货单"联、第四联"费用账单"联、第五联"交货记录"联留存归档备查。

（十）提　单

《中华人民共和国海商法》第七十一条给出了提单的定义："提单，是指用以证明海上货物运输合同和货物已经由承运人接收或者装船，以及承运人保证据以交付货物的单证。提单中载明的向记名人交付货物，或者按照指示人的指示交付货物，或者向提单持有人交付货物的条款，构成承运人据以交付货物的保证。"提单的定义可以简单理解为：提单是承运人签发给托运人的证明已收到货物，并许诺将货物运至指定目的地交付给指定的收货人的凭证。

1. 提单的性质

提单的性质概括起来有3个关键词：收据、证明、物权凭证。

收据：指提单是承运人或其代理人接收托运人的货物并安排装船后，根据港口、货运站、大副的收货记录缮制并签发给托运人，证明已经收到货物的文件。

证明：指提单一经承运人或其代理人签名盖章并转交给托运人后，即成为海上货物运输合同成立的证明。该证明成立的主要依据是提单背面的条款，所有的条款都具有法律效力。提单一经签发，承、托双方便据此来安排货物运输及解决发生的争议，特别是如果承、托双方除提单外没有签订其他运输协议或合同，那么提单就是最直接、最有效的运输合同证明。

物权凭证：提单上清楚记载了货物的详细资料及所有权，提单的持有人一旦呈交，提单承运人必须履行放货的责任。所以从这方面来说，提单的持有人就是物权的所有人。另外，提单的所有权是可以转让的，提单持有人只要将代表一定财产或资产的提单转让给他人，就意味着该财产或资产所有权的转移，但这种所有权的转移只适用于指示提单。指示提单经背书后就可以买卖转让，在国际贸易中有加速货物流转、尽快筹措资金的作用。

2. 货运代理/无船承运人提单正面各项目名称详解

各家货运代理/无船承运人的提单格式均大同小异，都包括了各种基本项目名称，只是版面排列迥异而已。以下针对提单上各项目名称重点讲述其所代表的意思及需注意的事项。

（1）SO NO. REF. NO.：货运代理落货纸号码或指示号，通常和提单号一致。提单上不需强制显示，可以空白或显示对应的 SO NO.。

（2）B/L NO.：提单号，代表提单记载的该票货物的查询号，即该票货物的身份证。每家货运代理/无船承运人的提单号编制方式均不一样，一般以英文字母加数字的组合来编写。

（3）POINT AND COUNTRY OF ORIGIN（FOR THE MERCHANT'S REFERENCE ONLY）：产地国及来源地（仅供货方参考）。这一栏通常不需要填制，由发货人另行准备 C/O 即可。

（4）ONWARD INLAND ROUTING/EXPORT INSTRUCTIONS（FOR THE MERCHANT'S REFERENCE ONLY）：内陆运输路线/出口指示（仅供货方参考）。此栏也不需要填制，但有时货运代理/无船承运人会将与提单条款冲突的一些内容打印在此栏以保障其利益。

（5）SHIPPER：发货人，即出口商。发货人只能有一个，提单发货人栏处不能同时打印两家公司，有时如有特别要求只能以 ON BEHALF OF 来连接，如 A ON BEHALF OF B。另外，发货人不局限于起运港所属国家，如中国港口发运到中东的货物，发货人可以打泰国的公司，这种情形常见于第三者提单。提单发货人栏可以仅显示公司名称，但多数情形下需显示详细的地址，特别是出口到欧盟、美国、加拿大等需要申报 ENS、AMS、ACI 等国家和地区的货载提单。

（6）CONSIGNEE：收货人，即进口商。收货人也只能有一个，提单收货人栏不能同时打印两家公司。收货人往往和进口港同属一个国家，但有时也会不一样。这种情形常见于欧盟成员国或一些内陆国家。欧盟成员国之间是一体化清关且关税互享，如出口到德国的货载，收货人可以位于荷兰。另外，内陆国家的货物往往需要经第三地港口转运，如海运到伊拉克的货物，卸货港是伊朗的 BANDAR ABBAS。提单收货人栏必须显示详细准确的公司名称、地址、联系电话及联系人，以便货到港时，国外代理能够顺利、及时联系收货人清关提货。

（7）NOTIFY PARTY：通知人。收货人有可能是收货人（SAME AS CONSIGNEE）、贸易商、清关行或与收货人有关系的第三方。通知人不一定与收货人同属一个国家，可以位于第三国。提单通知人可以显示两个或两个以上，并不一定局限于一个，这点要特别注意。另外，提单通知人栏处也必须显示详细准确的公司名称、地址、联系电话及联系人，以便货到港时国外代理能够顺利、及时联系通知人清关提货。发货人必须先将提单寄给通知人，由其背书后再转让给收货人提货。如果通知人有两个或两个以上的公司，则全部要背书提单才能生效。同理，国外代理在收到到货通知时，通常会先联系通知人。

（8）PLACE OF RECEIPT：收货地。它一般指货物的来源地，提单该栏可以显示也可以空白。

（9）PORT OF LADING：起运港，即货物实际装上大船的港口。起运港一般指一类海港如香港、上海、深圳等，然而货运代理/NVOCC提单并无严格要求，往往也可以显示二类港口如中山、顺德、珠海等。

（10）PRE-CARRIAGE / FEEDER：头程船，有些货运代理的提单格式并没有印制这一项目。如有印制，可以显示头程船名也可以空白。提单如显示头程船名，提单的开船日期就要以头程船的开船日期为准。

（11）OCEAN VESSEL / VOY NO.：大船名及航次，指从起运港到卸货港的海洋运输船舶名称。另外要特别注意，船名、航次要与实际一致，不能出错否则有可能会影响收货人清关提货或保险的理赔。

（12）PORT OF DISCHARGE：卸货港，指船公司在国外卸货的港口，往往是国际性的基本港或某个国家的主要港口。

（13）PLACE OF DELIVERY（有些货运代理/无船承运人提单印制为FINAL DESTINATION）：目的港，指货物的最终目的地。目的港和卸货港有时会不一样，这是因为有些目的港的规模比较小，不属于船公司优先挂靠的港口，或有些目的地就是内陆验关场，需要由其他港口转入。如东欧国家一般有自己的港口，但海运通常会经德国HAMBURG中转。

（14）FORWARDING AGENT：目的港代理，即签发提单的货运代理公司在国外的合作代理或分公司。代理资料一般显示名称、地址、联系人、电话、传真等，以方便收货人联系代理进行换单、付费、提货等。

（15）MARKS & NOS / CONTAIER NO. / SEAL NO.：唛头和件号/集装箱号和封条号。此栏显示该票货物的外包装标识、件数编号和集装箱号及封条号。如果是拼箱货，通常提单上不会显示箱号及封条号，但一定要显示唛头，以免在目的港仓库拆箱分货时混淆。

（16）QUANTITY AND KIND OF PACKAGE：件数及包装类型，即表示提单所记载的该批货物是多少箱（CARTON）、托（PALLET）、卷（ROLL）、桶（DRUM）等。

（17）DESCRIPTION OF GOODS：货名描述，即显示提单所记载该批货物的详细货名，通常会加上PO NO或INVOICE NO或LC NO等其他描述。另外，费用条款如FREIGHT PREPAID、AMS COLLECT，非木质包装描述如THIS SHIPMENT DOES NOT CONAIN ANY SOLID WOODEN PACKING MATERIALS，目的港费用条款描述如DESTINATION CHARGES INCLUDING BSC，D/O，CISF ARE ON CNEE'S ACCOUNT等通常会显示在货名描述的下方。

（18）MEASUREMENT, GROSS WEIGHT：体积和毛重，即该票货物的实际体积和重量，需与装箱单保持一致。

（19）FREIGHT & CHARGES：费用，一般显示OCEAN FREIGHT即可。该栏货运代理／无船承运人普遍没要求显示具体费用名称。

（20）REVENUE TONS：按重量收费，一般指重量大于方数的货载，通常重货和轻货的报价不一样，此栏也不要求显示具体的报价。

（21）RATE：费率、汇率。这栏也不要求显示具体的费率或汇率。

（22）PREPAID：预付运费，通常不会显示具体的预付金额，以AS ARRAGED代替。但如果是到南美特别是巴西的提单，海关要求此栏要特别显示运费金额。注意：运费要以客户提供的金额为准，并不以货运代理公司业务员的报价来计算。

（23）COLLECT：到付运费，通常不会显示具体的到付金额，以 AS ARRAGED 代替。但如果是到南美国家特别是巴西的提单，此栏要特别显示运费金额。注意：要以托运人或国外代理提供的金额为准，并不以货运代理公司业务员的报价来计算。

（24）SERVICE TYPE：服务方式，通常有 CY-CY、CFS-CFS、CFS-DOOR、DOOR-CFS、DOOR-DOOR、CY-DOOR、DOOR-CY、CY-CFS、CFS–CY 9 种方式。

（25）NUMBER OF ORIGINAL BL：提单的份数，正本提单通常显示 THREE（3）；电放提单则显示（0）。

（26）PLACE OF BL ISSUE / DATE：提单签发地及日期，指提单的签发地点和时间，如 ZHONGSHAN 24-MAR-2012。

（27）LADEN ON BOARD THE VESSEL：装船日期，指货物的实际装船日期。特别注意：这个日期必须早于提单的签发日期。

（28）TERMS OF BILL OF ALDING CONTINUED FROM BACK HEREOF：相关提单条款详见提单背面。

（29）提单的签名栏可分为 AS CARRIER 或 AS AGENT FOR THE CARRIER。As carrier 作为承运人，表示承运人签发自己的提单，签署自己的提单章，并由有资格的提单签署人签名。需要特别注意的是：该提单的英文抬头必须和提单章的英文抬头一致。信用证条款下银行对这一点是有严格要求的，如果提单的抬头和提单章的抬头不一致，开证行或议付行可视为不符点而拒付。AS AGENT FOR THE CARRIER 作为代理人，表示提单并非由承运人签发，而是由承运人的代理人签发。这种情况下，提单的抬头和提单章的抬头不一致，但提单具备同样的法律效力。该类型提单有时印制为 AS AGENT FOR THE CARRIER：×××格式。×××表示承运人，与提单的抬头一致，但须与提单章的抬头有明显区分。

任务三　客户咨询业务操作

一、运输方案咨询

货运代理可以为客户提供关于不同运输方式的咨询服务，包括运输时间、运输费用、运输流程等方面的信息，以便客户能够选择合适的运输方式，并根据客户的需求和实际情况，为客户提供合适的运输方案和建议，包括运输方式的选择、运输路线的规划、运输时间的安排等。

二、报价咨询

货运代理可以根据客户提供的货物信息和要求，为客户提供准确的报价，并对报价进行解释，包括货物的重量、尺寸、保险、运费、税费等方面的费用。

（一）接受货主询价

（1）海运询价：

① 需掌握发货港至各大洲，各大航线常用的，及货主常需服务的港口和价格；

② 主要船公司船期信息；
③ 需要时应向询价货主问明一些类别信息，如货名、危险级别等。
（2）陆运询价（人民币费用）：
① 需掌握各大主要城市公里数和拖箱价格；
② 各港区装箱价格；
③ 报关费、商检、动植检收费标准。
（3）不能及时提供的，需请顾客留下电话、姓氏等，以便在尽可能短的时间内回复货主。

（二）回答运费、退税等相关问题

1. 运费问题

（1）海运费。

（2）陆运费。

（3）其他应考虑的费用：冲港费/冲关费商检、动植检、提货费、快递费。

2. 退税问题

（1）退税怎样计算：

假设退税率17%，增值税率17%，开票金额10 000元：

退税=开票金额/1.17×退税率=10 000/1.17×0.17=1 452.99（元）

假设退税率调整为16%，增值税率调整为16%，开票金额10 000元：

退税=开票金额/1.16×退税率=10 000/1.16×0.16=1 379.31（元）

原退税率15%，增值税率17%，开票金额10 000元：

退税=开票金额/1.17×退税率=10 000/1.17×0.15=1 282.05（元）：

假设退税率调整为14%，增值税率调整为16%，开票金额10 000元：

退税=开票金额/1.16×退税率=10 000/1.16×0.14=1 206.89（元）

假设退税率维持15%，增值税率调整为16%，开票金额10 000元

退税=开票金额/1.16×退税率=10 000/1.16×0.15=1 293.10（元）

（2）退税所需文件：

自营出口的退税资料：① 采购发票的抵扣联；② 报关单；③ 形式发票；④ 提单；⑤ 装箱单（货运代理盖章）；⑥ 采购合同；⑦ 放行通知书。

外综服申报退税：① 采购合同抵扣联；② 报关单；③ 货运代理接收单；④ 工厂出库单；⑤ 装箱单（货运代理）；⑥ 放行通知书；⑦ PI 8外综服协议；⑧ 提单。

（3）退税。

① 首单退税要核查公司资料及备案单证；② 首单退过后出口单证自己存档，财务用退税系统整理录入退税申报材料，输出报表附上进项专票；③ 退税一类、二类企业可以申请无纸化申报；④ 需要开具出口发票，确认收入，以备海关、外汇、税务核查。

三、报关报检咨询

提供报关和清关服务：如果货物需要进出口报关和清关，货运代理可以为客户提供报关和清关服务，包括报关文件的准备、清关流程的协助、税费的处理等。

（一）报关主要单证

出口报关是指发货人（或其代理）向海关申报出口货物的详细情况，海关据以审查，合格后放行，准予出口。出口货物在出境时，应在装货的24小时前向海关申报。

1. 出口报关所需单证

基本单证：正本外贸合同或出口手册；正本发票（Commercial Invoice）；正本装箱单（Packing List）；报关单；报关委托书。

特殊单证：出口许可证（Export Permit，E/P）；配额证书；检验检疫证及海关监管条件所要求的其他单证；备用单证；增值税发票；商标注册证明书；商标使用授权书及海关监管条件所要求的其他单证。

注：企业申报出口货物属于防疫物资时，按照申报情形不同，还需按要求提供相关随附单证。

2. 进口报关时所需提交的资料

（1）进出口货物报关单。

（2）发票。

（3）装箱单。

（4）合同。

（5）海关认为必要时，还应交验贸易合同、货物产地证书等。

（6）其他有关单证：① 经海关批准准予减税、免税的货物，应交海关签章的减免税证明；② 已向海关备案的加工贸易合同进出口的货物，应交验海关核发的"登记手册"。

（二）报检主要单证

报检是指有关当事人根据法律、行政法规的规定，对外贸易合同的约定或证明履约的需要，向检验机构申请检验、检疫、鉴定或准出入境或取得销售使用的合法凭证及某种公证证明所必须履行的法定程序和手续。

出口报检需要提交的资料如下：

1. 基本单据

（1）出境货物报检单。

（2）外贸合同（销售确认书或函电或公司证明）。

（3）信用证：以信用证结汇的。

（4）发票。

（5）装箱单。

（6）厂检单（正本）：应加盖生产单位印章。

2. 其他单据

（1）代理报检（即报检单位与发货人不一致时）：应审核代理报检委托书（正本），双方加盖印章。委托书应填写齐全，要求一份委托书对一个发货批。

（2）出口食品：应提供出口食品厂、库卫生注册号或登记号或注册证书或备案证书。

（3）出口电池产品：应提供"进出口电池产品备案书"。

（4）出口锅炉：应提供"中华人民共和国锅炉压力容器安全性能监督检验证书"。

（5）市场采购货物：应提供发货人出具的质量证明（正本）。

（6）援外物资：应提供商务部援外批文、货物清单（或一览表）、援外项目总承包合同或内销合同。

（7）对外承包工程：应提供商务部颁发的"经营资格证书"及年审盖章记录、项目总合同、货物清单。

（8）凭样成交货物：应提供发货人出具的样品说明及质量证明（正本）。

（9）出口危险化学品：应提供出口危险化学品生产企业符合性声明、"出境危险货物包装容器性能检验结果单"（散装货物除外）、危险特性分类鉴别报告、安全数据单、危险公示标签样本（如是外文样本，应当提供对应的中文翻译件）；对需要添加抑制剂或稳定剂的产品，应提供实际添加抑制剂或稳定剂的名称、数量等情况说明。

（10）报检货物种类繁多时，应附货物明细表或清单。

（11）其他有关单据。

四、保险和索赔咨询

货运代理可以为客户提供保险和索赔服务，包括货物运输保险的购买、索赔申请的协助等，以便客户在货物运输过程中出现意外情况时能够及时处理和赔偿。

（一）货物运输保险的投保

买卖双方谁负责办理保险，一般通过贸易术语来约定。

1. 保险险别的选择

保险险别的选择原则是，既要使货物的运输风险有保障，又要使保险费用的支出减少。

选择保险险别还要考虑货物的性质、包装、价值、港口等因素。例如，易碎品、贵重品、化妆品投保一切险，散装的谷类等投保水渍险，加保短量险等。

2. 投保金额和保险费的计算

承保出口货物的保险金额一般按货物 CIF 或 CIP 货价加成投保，即到保险公司投保时，一般会按货物的 110%（加 1 成）交保险费。

保险费的计算公式：

保险金额=CIF 货值×（1+加成率）

保险费=CIF 货值×（1+加成率）×保险费率

实际操作中，如果货值不大，比如在 2 000 美元以下的，一般做简易处理，统一收取 100 元人民币左右作为保险费。

注：投保一切险（或 A 险）时，保险公司对一般附加险的各险别不会再另收费；同时加保特殊附加险中的战争险和罢工险，费率只按其中一项计算，不累加。

3. 保险单据

（1）保险单（Insurance Policy）。

保险单俗称大保单，是保险人和被保险人之间成立保险合同关系的正式凭证，是被保险人向保险人索赔或对保险人上诉的正式文件，也是保险人理赔的主要依据。

保险单日期按惯例不得迟于货运单据的出单日期。

（2）保险凭证（Insurance Certificate）。

保险凭证又称"小保单"，是指保险合同生效成立的证明文件，即简化的保险单。保险凭证上通常不列明保险合同条款，与保险单具有同等效力。在保险凭证中列有条款时，如正式保单内容与其冲突，则以保险凭证为准。

（3）联合凭证（Combined Certificate）。

联合凭证又称承保证明，是我国保险公司特别使用的比保险凭证更简化的保险单据。保险公司仅将承保险别、保险金额及保险编号加注在我国进出口公司开具的出口货物发票上，并正式签章即作为已经保险的证据，它是最简单的保险单据。它只能在我国港澳地区、新加坡、马来西亚的部分华商中使用，对其他国家和地区，除非双方另有约定一般均不会使用。

（4）批单（Endorsement）。

批单是保险人为了变更保险合同的内容而出立的补充书面证明，它具有和保险单同等的法律效力，并且批单的法律效力要优于原保险单的同类条款。

（5）预约保险单（Open Policy）。

保险人根据投保人/被保险人的申请，对于其所需要投保的所有保险标的在期初签发保险单，并在保险单中约定所有的承保条件。同时，投保人/被保险人在期初支付一定比例的保险费，并于期末根据实际启运情况予以调整。

（二）索赔处理

1. 海运索赔

出口货物遭受损失，对方（进口方）向保险单所载明的国外理赔代理人提出索赔申请。中国人民保险公司在世界各主要港口和城市，均设有委托国外检验代理人和理赔代理人两种机构，前者负责检验货物损失。收货人取得检验报告后，附同其他单证，自行向出单公司索赔。后者可在授权的一定金额内，直接处理赔案，就地给付赔款。

进口方在向我国外理赔代理人提出索赔时，要同时提供下列单证：保险单或保险凭证正本；运输契约；发票；装箱单；向承运人等第三者责任方请求补偿的函电或其他单证，以及证明被保险人已经履行应办的追偿手续等文件；由国外保险代理人或由国外第三者公证机构出具的检验报告；海事报告；货损货差证明；索赔清单。海事造成的货物损失，一般均由保险公司赔付，船方不承担责任。

在掌握了货物丢失、损坏等情况后，货主或托运人应及时通知承运人，并把货物状况和详细信息告诉承运人。承运人也会自行对货物进行核查，并尽快回复货主或托运人。

2. 空运索赔

航空货品运送中，如果发生货损货差，首要清查职责方，是代理职责还是承运人职责，不论是哪方职责一般均按《华沙公约》条款进行补偿，也就是按航空总运单、分运单反面条款进行补偿。一般依据货品计费重量，最高补偿额为每公斤20美元，其余部分由货主向保险公司提出索赔（即货品在出运前办理了保险）。

任务四　客户接待业务操作

一、国际货运代理客户群分析

国际货运代理在开展揽货工作之前都会对货主群进行分析，根据自身能提供服务的实力、航线和运价，确定目标货主，构筑自己的货主群。

一般来说，不同类型的出口企业有不同的标准和要求，大致分为以下几种情况。

（一）大型出口企业

出口货量大，一旦选中货运代理企业，通常会与之签订长期代理合同。

（二）中小型出口企业

在国内占比很大，每年出口量不算很大，但是货量稳定，比较在意运价。

（三）新成立的出口企业

会在选择货运代理公司时提出各种问题，可通过充当顾问的角色取得信任。

（四）有特殊货物出口的企业

需要特种集装箱来装运，如冷冻货物，超大、超重货物，危险品等，需要货运代理企业拥有专业知识和丰富的实践经验。

不同货主对货运代理的选择和要求有所不同，对企业来说要灵活选择自己的目标货主。

二、国际货运代理揽货

揽货是指与客户直接洽谈或通过电话、传真、互联网、广告等各种方式，从客户那里争取货源、承揽货载的行为。国际货运代理业务经营者的揽货行为属于货运市场营销的范围，通过明确的目标市场、可控制的各种营销因素、完善的市场营销组合和对营销活动的有效管理，最终达到盈利的目的。

（一）揽货的3个步骤

1. 建立联系阶段

这一阶段是企业确立客户，买卖双方建立互信的阶段，客户对企业的产品和服务并没有真正的使用经验。该阶段是客户获取中最为关键的，也是需要消耗最多资源的部分。

2. 稳定关系阶段

与客户关系进入稳定期以后，工作重点和关键就发生了转移。这个时候工作重点应该放在防止意外情况发生和积极进行危机管理方面。进入稳定阶段以后，沟通在客户管理中起着非常重要的作用。

3. 加强关系阶段

随着买卖双方信任和了解的加固，卖方应该对自己满足客户的能力进一步加强和要求，应该更加深入分析客户的需求潜力。这也是增加销售内容和加固关系的最佳时期，要与客户建立一个互利互惠的关系。

（二）揽货的具体流程

1. 进行客户分析

国际货运代理企业为货主提供服务，并从货主那里获得报酬。货主主要包括进出口商、加工贸易企业、到国外参展的单位以及个人等。从货物运量来看，在每年通过海运出口的货物中，从事一般贸易的进出口商的货物运量所占比重最大，它们是国际货运代理企业的首选客户群，其次是加工贸易企业。一般来说，货主企业对于国际货运代理企业的选择大致有5种情况：

（1）大型的出口企业。

这类企业具有商业信誉好、出口量大、目标国家多等特点，因此，它们一般会选择实力雄厚、服务质量高的国际货运代理企业，有些甚至采取招投标的方式选择国际货运代理企业，因而大多数货运代理企业不能成为其服务供应商。

（2）中小型的出口企业。

这类企业具有货量较小、对服务价格比较敏感等特点，但是这些企业数量众多，货源总量很大，也是大多数国际货运代理企业争夺的主要目标。

（3）新成立的出口企业。

这类企业通常经验不足，因而往往更加小心翼翼。一个有实力、耐心、诚信的货运代理企业往往会有较大的机会取得这些新成立的出口企业的信任，并争取到它们的货源。

（4）加工贸易企业。

这些"三来一补"企业的货物一般以FOB的条款成交。在海上运输中，运费的支付方式是运费到付，一般比较适合有较完善的涉外代理网络的国际货运代理企业。

（5）有特殊货物出口的企业。

诸如冷冻食品、超大超重的货物、液态货物、危险品等，这些货物需要专业的特种箱运输，宜选择操作人员专业知识扎实、实力较强、实践经验比较丰富的国际货运代理企业。操作难度虽大，但利润往往也更高。此外，还有各种展销展览等也需要国际货运代理企业协助完成国际运输。

2. 接触客户

（1）接触客户前的准备工作。

货运代理企业的业务员在接触客户前需要做好以下准备工作：

① 准备好必要的基本文件资料。特别是第一次与未来可能成为企业客户的揽货对象见面时，应该准备名片、公司简介、运价表、船期表等资料。有的客户还会要求企业出示国际货运代理企

业备案表或无船承运业务经营资格登记证。有些企业还会准备一些印制精美的公司简介或光碟。同时，还要准备好托运单，客户一旦有意向可以马上让客户填写托运单。

② 调整好心态，做好吃苦耐劳的准备。如今货运代理市场竞争进入白热化阶段，业务员的心态成为决定成败的重要因素，因此一定要有"要取得1%的成功，前面99%的拒绝无法避免"的心理承受力。而且要有吃苦耐劳的精神，拜访客户要勤，还要讲究效率，认真分析客户类型，并制定相应的营销策略。

③ 掌握一定的营销技巧。先做朋友再做生意，业务员要通过建立客户档案、定期联系客户等方式，努力与企业建立信任关系。同时，要关注客户企业的决策者和重要联络人的小档案，包括他们的兴趣、爱好、重要的纪念日等。在这些时刻，给他们发送一张电子贺卡也许就能促成一笔业务。

（2）电话开发客户。

电话开发客户可以说是诸多开发方式中最直接、最快速的，它比网络开发更有突破性，比登门拜访的效率更高。但是电话开发方式也有很多不足，以下情况应避免选择这种方式：

① 方言太重的人禁用电话开发方式，尤其是南北方言不同所导致的障碍可能会更大。

② 语言表达不流利的人最好不要选择电话开发方式。

③ 应变能力不强的人最好少用这种方式，因为在电话中你会遇到各种意想不到的询问。许多问题对于新人来说相当尖锐且难以回答，如果不能在短时间内给客户一个合理、满意的答复，那么企业在新客户心中的印象将会大打折扣，处理不好甚至会给客户一种虚假、不实在的感觉。这个是联系业务时最忌讳的，切记不能让客户对你的话产生怀疑。

在电话开发客户时，首先要注意开发时间。通常应选在上午9：00—10：30，下午2：00—4：00。这两个时间段客户都不太忙，心情相对会好些，聆听业务员介绍的可能性更大。其次要注意打电话时的态度，应诚恳、热情、谦虚。这样客户对你的第一印象才会好，才愿意听你的介绍，也能够比较相信你所说的话。最后语言一定要简明扼要，不要啰唆，语调也要适中。

在电话开发客户的过程中，业务员会遇到的意外状况有：

① 客户的拒绝。在你刚刚介绍公司情况或说明来意的时候，有些客户可能会挂断电话。

② 客户的斥责。有时候会遇到客户并不挂电话，而是在电话那端对你大声斥责的情况，这会让人很恼火。心理承受能力强的业务员可以耐心地听完客户所说的话，因为这种客户在心理上比较好把握，一旦抓住他们的心理，他们将会是很稳定的客户源。

③ 客户的推脱。有些客户并不是没有出口业务，但是因为工作繁忙或对货运代理企业的反感（可能因为有些同行在电话开发时态度不好，从而使一些客户对这一行业产生了不好的印象，所以凡是接过这种电话的客户都很反感陌生货运代理企业的来电），往往会以公司没有业务或者已经指定业务，或询问货运代理企业的优势，然后很委婉地以航线不符来拒绝。所以，业务员不要太主动地将自己公司的所有信息和盘托出，要尽可能地多了解对方的信息。

（3）上门拜访客户。

有些客户对业务员的上门拜访并不反感，而且还能够表示欢迎，热情招待业务员。但也有一些客户，由于工作繁忙，害怕受外界打扰，对业务员深感厌烦，甚至拒业务员于门外，从而使没有经验的业务员无法接近，未曾交手便很快败下阵来。因此，为了成功接近客户，就必须事先预约。

① 正确选择约见时间。比较合适的约见时间有：客户刚开张营业，正需要产品或服务的时候；对方遇到吉庆喜事的时候，如晋升提拔、获得某种奖励等；客户刚领到工资或提高工资级别，心

情愉快的时候；节假日或者适逢对方厂庆纪念、大楼奠基、工程竣工之际；客户遇到困难，急需帮助的时候；客户对原先的服务有意见，对你的竞争对手不满意的时候；等等。许多经验表明，业务员在这样的时刻拜访客户，往往会令客户感动。

② 正确选择约见地点。在与客户接触的过程中，选择一个恰当的约见地点非常重要。业务员一般选择的约见地点有客户的办公室、公共场所、社交场合等，注意尽量不要到客户家里拜访。

3. 介绍优势产品

业务员需要在最短的时间内向客户介绍本公司的优势产品。例如：与本公司合作的船公司有哪些，本公司主要承接哪些航线的货物运输业务，要特别强调在哪些航线可以提供更优势的价格或者服务，并且要向客户介绍相关港口信息。

（三）揽货的注意事项

为了揽货成功，揽货人员应该在揽货过程中注意以下问题：
（1）事先约好会面时间和地点。
（2）注意自己的形象。
（3）实事求是地介绍自己的企业。
（4）清晰地表达自己的意思。
（5）学会倾听，不与对方争论。
（6）不轻易承诺，不轻易说不。
（7）不轻易放弃。

任务五　海运报价计算

一、班轮运输报价

（一）班轮运价

班轮运价表（Liner's Freight Tariff）是计收班轮运费的依据。目前各国船公司所制定的运价表的格式不完全一样，但内容基本相同，主要包括货物分级及计费标准、基本运价、附加运价等（见图2-7）。其中，货物分级及计费标准体现在货物分级表中，基本运价和附加运价体现在航线基本运价表和附加运价表中。

1. 货物分级及计费标准

杂货种类繁多，如果对每一种货物都规定一个运价，则是不可能的，因此首先要对货物进行分级。

货物分级就是按照货物的自然属性、经济属性和运输属性将货物划分成若干类别，然后对每一类货物制定运价。货物应该划分为多少等级取决于能否合理体现等级间的运价差别和是否便于运费核收。实际业务中一般将货物分为20级（见图2-8）。

国内航空特种货物运价表　(运价编号：TZ1443)　单位：元/公斤

航线		急件				海鲜					活体/贵重	
		最低收费	N	+45	+100	最低收费	N	+45	+100	+300	最低收费	N
西南区	重庆	150	13.0	11.5	9.5	150	13.0	12.5	10.5	10.0	480	26
	重庆（川航）	150	15.0	11.5	9.5	150	16.2	13.7	12.5	12.0	480	30
	昆明	150	14.5	10.0	8.5	150	15.0	12.0	11.0	10.0	480	29
	大理（南航）	150	10.0	8.5	7.5	150	16.0	13.5	13.0	12.0	480	20
	贵阳	150	12.0	8.0	7.5	150	12.5	10.5	9.5	9.5	480	24
	贵阳(3U)	150	14.5	11.5	8.5	150	16.0	14.0	13.0	12.5	480	29
	成都	150	16.0	13.0	9.0	150	16.2	14.2	12.5	12.0	480	32
西北区	乌鲁木齐（南航）	150	16.5	15.5	15.0	150	21.5	19.5	18.5	18.5	480	33
	乌鲁木齐	150	21.0	18.0	15.0	150	28.0	24.0	21.5	21.5	480	42
	兰州	150	15.0	10.5	9.5	150	16.5	13.5	15.0	10.0	480	30
	兰州（南航）	150	12.5	11.5	10.5	150	16.5	14.5	14.5	14.0	480	25
	银川	150	16.5	11.0	10.0	150	17.0	15.6	15.6	15.5	480	33
	西宁	150	11.5	11.0	10.0	150	17.1	15.5	14.6	14.6	480	23
	西安	150				150			9.5	9.0	480	26
东北区	沈阳	150	14.0	12.5	10.5	150	15.2	11.5	10.5	10.0	480	28
	沈阳（南航）	150	11.0	10.0	9.5	150	15.5	14.5	14.0	13.5	480	22
	呼和浩特	150	13.2	10.2	9.7	150	13.0	10.0	9.5	9.5	480	26.4
	长春.北海	150	12.5	12.0	11.0	150	16.5	14.5	14.5	14.5	480	25
	大连	150	12.0	11.0	9.0	150	13.5	12.5	10.5	9.5	480	24
	牡丹江	**150**	**11.5**	**10.5**	**9.0**	**150**	**11.5**	**10.5**	**10.0**	**10.0**	**480**	**23**
	哈尔滨（川航）	150	16.5	14.0	13.5	150	19.2	16.2	14.0	13.5	480	33
	哈尔滨	150	15.0	12.2	10.0	150	14.0	13.0	12.0	11.5	480	30
华北区	太原.运城	150	13.0	10.0	8.0	150	13.0	10.0	9.5	9.5	480	26
	北京	150	13.5	9.5	8.0	150	13.0	9.5	8.5	8.0	480	27
	天津	150	12.5	9.5	7.5	150	10.5	8.5	8	7.8	480	25
	石家庄	150	11.0	9.5	8.0	150	8.0	8.5	7.0	6.5	480	22
华东区	桂林	150	13.0	11.0	10.0	150	13.3	11.7	11.0	11.0	480	26
	青岛	150	13.0	9.5	7.5	150	12.5	10.5	9.5	9.0	480	26
	济南	150	12.5	10.0	9.5	150	12.0	10.5	9.5	9.5	480	25
	宜昌.烟台	150	10.0	9.0	7.5	150	**11.0**	**10.5**	**10.0**	**10.0**	480	20
	上海	150	9.0	7.5	5.5	150	8.5	7.5	7.0	6.5	480	18
	阜阳	150	8.5	8.0	8.0	150	9.0	8.5	7.5	7.5	480	17
	遵义	150	11.5	8.0	7.5	150	12.5	8.5	8.0	7.5	480	23

图 2-7　国内航空特种货物运价表

班轮运价表规定由中国口岸至东非主要港口的费率如下：

等级	运费（HKD）
1	243.00
2	254.00
3	264.00
4	280.00
⋮	⋮
9	404.00
10	443.00
11	477.00
⋮	⋮
20	1120.00

图 2-8　货物分级

计费标准又称计费吨（Freight Ton，F/T），即说明货物按照什么标准计费。计费标准主要有如下7种。

（1）重量吨（Weight Ton，W/T），适用于重货。我国以1 000 kg为1重量吨，欧洲与美洲分别以1 016 kg（1长吨）和909.2（1短吨）为1重量吨，运价表中用"W"表示。

（2）体积吨（Measurement Ton，M/T），适用于轻泡货。1立方米为1体积吨，运价表中用"M"表示。

（3）重量体积择大计费，简称"择大计费"，即承运人选择重量吨和体积吨较高的作为计费吨，运价表中用"W/M"表示。

（4）"从价运费"，即按货物FOB价值的百分比计收运费，适用于高价值货物。运价表中用

"A. V."或"Ad Val."表示。

（5）重量、体积、价值三者从大计费，即按重量吨、体积吨和从价运费计费后选择最大者。运价表内用"W/M，or A. V，"表示。

（6）按重量或体积计算运费，选择其高者，再加一定比率的从价运费。运价表中用"W/M Plus A. V."表示。

（7）按货物件数计收运费，如集装箱按每20f箱或40ft箱，车辆按每辆车（Pr Unit）、牲畜按每头（Per Head）计收。

2. 基本运价

基本运价是根据航线不同、货物种类不同而确定的运价。杂货班轮的基本运价包括协议运价、从价运价、商品运价和等级运价，其中等级运价在杂货班轮运输中应用得最广泛。

（1）协议运价是承运人和托运人协商后的较低运价，适用于低价货物。

（2）从价运价是按照商品FOB价格计费的百分比，适用于高价货物。

（3）商品运价是对货物种类较少或者特殊货物定价，如车辆、冷藏货或活牲畜运价。

（4）等级运价是针对不符合上述运价的货物，在确定运价之前先将其分为若干等级，然后对不同等级的货物进行定价。

（二）班轮运费的计算

1. 班轮运费的构成

班轮运费是承运人为承运货物而收取的报酬，按照班轮运价表的规定计算，由基本运费和附加运费两部分构成。基本运费（Basic Freight）依据基本运价计收，是对所有承运货物都要收取的运费，是构成运费的基础。附加运费是根据实际情况对货物额外收取的费用，可以依据附加运价计收，也可以按基本运费的百分比计收。

海运运费的计算

2. 班轮运费的计算方法

（1）在货物分级表中查找货物等级和计费标准 Q。

（2）在航线基本运价表中查找货物基本运价 f_b。

（3）在附加运价表中查找货物附加运价 f_s。

（4）计算基本运费 F_b 和附加运费 F_s。

$$F_b = \begin{cases} f_b \times Q \\ \text{FOB} \times f_b (\text{从价运费}) \end{cases}$$

$$F_s = \begin{cases} \sum_{s=1}^{n} f_s \times Q (n\text{表示附加费项数}) \\ F_b \times f_s \end{cases}$$

（5）计算总运费 F。

$F = F_b + F_s$。

【例2-1】某班轮从广州向伦敦出口茶叶，重量为10吨，体积为18立方米。求总运费。

货物名称	等级	计费标准	航线等级运价	黄埔港口附加费	燃油附加费
Tea（茶叶）	8	W/M	105美元/吨	8美元/FT	20%

解：基本运费 $F_b=f_b \times Q=105 \times 18=1\,890$（美元）

附加运费 $F_s=f_{s1} \times Q+F_b f_{s2}=8 \times 18+1\,890 \times 20\%=522$（美元）

总运费 $F=F_b+F_s=1\,890+522=2\,412$（美元）

【例2-2】上海某公司出口一批全棉坯布，货物总毛重为43.05吨，尺码为93.035立方米，进口商要求通过杂货班轮运往日本大阪港。试计算出口运费总额。

货物名称	等级	计费标准	航线等级运价	旺季附加费	燃油附加费
全棉坯布	10	W/M	52美元/吨	5%	15%

解：基本运费 $F_b=f_b \times Q=52 \times 93.05=4\,837.82$（美元）

附加运费 $F_s=\sum F_b f_s=4\,837.82 \times (5\%+15\%)=967.564$（美元）

总运费 $F=F_b+F_s=4\,837.82+967.564=5\,805.384$（美元）

【例2-3】某货物经班轮从大连港运到安特卫普港，货物CIF价格为50 000美元，运价为2%，保险费率为5%。试求从价运费。

解：先将CIF价格转化为FOB价格，

CIF=FOB+CIF×110%×5%+FOB×2%

FOB=46 323.5

从价运费 F=FOB×2%=46 323.5×2%=926.47（美元）

【例2-4】现有3个20'FCL从上海运到非洲某港，经查基本运价为2 000美元/20'，另有燃油附加费10%，货币贬值附加费10%，转船附加费10%。求总运费。

解：基本运费 $F_b=f_b \times Q=2\,000 \times 3=6\,000$（美元）

附加运费 $F_s=\sum F_b f_s=6\,000 \times (10\%+10\%+10\%)=1\,800$（美元）

总运费 $F=F_b+F_s=6\,000+1\,800=7\,800$（美元）

二、集装箱海运运费

（一）集装箱运费概述

1. 集装箱运费的构成

集装箱运输产生之前，传统件杂货运费构成是建立在"港到港"交接基础上的，仅包括货物的海上运费和船边装船、卸船费用。一般将这三项费用称为海运运费。在国际多式联运下，可以实现"门到门"的运输，打破了传统的"港到港"交接方式，集装箱货物交接从港口向内陆延伸。交接地点延伸使运输经营人的责任和风险扩大到内陆港口、货运站、货主工厂或仓库等内陆地点。集装箱运输经营人承运的运输路线增长，运输环节增多，运输全过程花费的成本及成本构成与传统运输有很大的区别。

集装箱运费构成包括发货地集运费、装货港港区服务费、海运运费、卸货港港区服务费、收货地疏运费。

（1）海运运费。

集装箱海运运费是指海上运输区段的费用，是集装箱运费收入最主要的部分，包括基本海运运费及各类海运附加费。一般由集装箱运输承运人根据班轮公会或班轮公司运价本的规定，向托运人或收货人计收。

（2）港区服务费。

港区服务费是指装货港港区服务费和卸货港港区服务费，具体包括集装箱码头堆场服务费和货运站服务费。

堆场服务费：或称码头服务费，即装货港堆场接收出口的整箱货（FCL），以及堆存和搬运至装卸桥下的费用，同样在卸货港包括在装卸桥下接收进口箱，以及将箱子搬运至堆场和堆存的费用，并包括在装货港或卸货港的单证等费用。

集装箱运输不论采用哪种交接方式，堆场服务费均是集装箱运费中必不可少的部分，也是集装箱运输与传统件杂货运输费用计收因承运人责任的扩大而产生的主要区别。堆场服务费可以分别在装货港向发货人或卸货港向收货人收取，也可在 CY/CY 条款下并入海运运费或以附加费形式计收。

货运站服务费：是指拼箱货物（LCL）经由货运站作业时的各种操作费用，包括提还空箱，装箱，拆箱，封箱，做标记，在货运站内货物的正常搬运与堆存，签发场站收据、装箱单、必要的分票，理货与积载等费用。

（3）集疏运费。

集疏运费包括发货地集运费和收货地疏运费，指由发货地运往集装箱码头堆场或由集装箱码头堆场运往收货地的费用。

集装箱码头堆场与发货地、收货地之间的集疏运输可以通过水路运输和陆路运输的方式，因此经由水路和陆路集疏运费分别称水路支线运费和内陆运输费，也可统称转运费。

水路支线运费是指将集装箱货物由发货地经水路（内河、沿海）运往集装箱堆场的运输费用，或由集装箱堆场经水路（内河、沿海）运往收货地的运输费用。

内陆运输费是指将集装箱货物由发货地经陆路（公路或铁路）运往集装箱堆场的运输费用，或由集装箱堆场经陆路（公路或铁路）运往收货地的运输费用。

2. 不同交接方式下集装箱运费构成

在不同交接方式下，由于集装箱运输全程中包括的运输方式、运输距离、中转地点和次数等都有较大区别，故其运费范围与传统运输相比也有不同程度的扩大。在集装箱运输中，不同交接方式的运费构成不同，拼箱货与整箱货的运费构成也不同，如表 2-1 所示。

表 2-1　不同交接方式下集装箱运费结构

交接方式	交接形态	集装箱运费结构						
		发货地集运费	装货港港区服务费		运费	卸货港港区服务费		收货地疏运费
			货运站服务费	堆场服务费		堆场服务费	货运站服务费	
门到门（Door-Door）	FCL/FCL	√		√	√	√		√
门到场（Door-CY）	FCL/FCL	√		√	√	√		

续表

交接方式	交接形态	集装箱运费结构						
		发货地集运费	装货港港区服务费		运费	卸货港港区服务费		收货地疏运费
			货运站服务费	堆场服务费		堆场服务费	货运站服务费	
门到站（Door-CFS）	FCL/LCL	√		√	√	√	√	
场到门（CY-Door）	FCL/FCL			√	√	√		√
场到场（CY-CY）	FCL/FCL			√	√	√		
场到站（CY-CFS）	FCL/LCL			√	√	√	√	
站到门（CFS-Door）	LCL/FCL		√	√	√	√		√
站到场（CFS-CY）	LCL/FCL		√	√	√	√		
站到站（CFS-CFS）	LCL/LCL		√	√	√	√	√	

（二）集装箱海运运费计算

1. 集装箱海运运费结构

集装箱海运运费是根据运价本规定的费率和计费办法进行计算的，包括基本海运运费及各类海运附加运费。基本海运运费简称基本运费，海运附加运费简称附加运费。

（1）基本运费（Basic Freight）。

从事集装箱班轮运输的船舶都是按照预先公布的船期表营运的，而基本港是集装箱船舶必须定期挂靠的港口。基本运费就是集装箱班轮公司对在班轮航线基本港之间进行集装箱货物运输所必须征收的费用。基本运费是对每批货物所应征收的最基本的运费，是整个海运运费的主要构成部分。基本运费是根据基本运价（Basic Freight Rate）和所运输的货物数量计算得出的，即基本运费=基本运价×货物数量。

（2）附加运费（Additional or Surcharge）。

在集装箱班轮公司实际运营中，经常有一些需要特殊处理的货物或是管理规定、经营方式等情况的不同而导致的货物运输成本的差异。附加运费就是集装箱班轮公司运营环境变化导致的运输成本大幅度增加，为弥补损失而额外加收的费用。它是根据货物种类或服务内容不同而加收的运费。为了在特定情况下保持一定水平的收益，应对各种不稳定因素引起的额外成本支出，承运人就会按照合理分担有关费用的定价原理确定附加运费费率，并加收附加运费。

在实际工作中，无论是整箱货还是拼箱货运输，都要在收取基本运费的同时，根据实际情况加收各种附加运费。集装箱附加运费是以整箱货和拼箱货分别计收的。

班轮附加运费主要有两种表示方法：一种以基本运费的百分比形式（如基本运费的10%）表示；另一种是用数字直接表示，即规定为每单位吨若干金额（如每20英尺标准箱×若干美元，或每一票×若干美元）。集装箱海运运费中包括的附加运费的种类主要有下列几种：

① 燃油附加费（Bunker Adjustment Factor，BAF）

燃油附加费是因国际市场燃油价格上涨而征收的附加费，也称FAF（Fuel Adjustment Factor）。航运是能源消耗较高的行业，国际市场燃油价格的涨跌对班轮公司的营运成本有直接影响。由于燃油价格上涨，船舶的燃油费用支出超过原核定的运输成本中的燃油费用，在不调整原定运价的前提下，承运人为补偿燃油费用的增加而增收附加费。燃油附加费是临时性费用，当燃油价格回落后，该项附加费也会调整直至取消。

实践中，有的承运人在燃油附加费外还可能增收应急燃油附加费（Emergency Bunker Surcharge，EBS）。这是在已经增收燃油附加费时，燃油价格又突然上涨，承运人在不调整原燃油附加费的情况下而增收的附加费。

② 货币贬值附加费（Currency Adjustment Factor，CAF）。

航运界多用美元作为计算运费的货币单位，由于国际运输往往涉及多个国家和多种货币，所以当出现美元持续贬值的情况时，承运人的实际收入就会减少。货币贬值附加费指因某一挂靠港所在国货币币值与美元相比升值，承运人为了弥补货币兑换过程中的汇兑损失而征收的附加费。

除由于美元贬值计收的货币贬值附加费外，由于日币与美元比值变化较大，船公司还可能单独征收日元升值附加费，称为 YAS（Yen Appreciation Surcharge）。

③ 港口附加费（Port Additional）。

某些港口的情况比较复杂，如港口装卸效率低，或港口收费过高，或存在某些特殊的使用费（如船舶进出港需要通过闸门等），这些都会增加承运人的运输经营成本。港口附加费就是承运人为了弥补这方面的损失而加收的附加费。

④ 港口拥挤附加费（Port Congestion Surcharge，PCS）。

由于港口拥挤，船舶抵港后压港现象严重，往往因需要长时间等泊而产生额外费用。这种为补偿船期延误损失而增收的附加费称为港口拥挤附加费。港口拥挤附加费具有临时性，一旦港口拥挤情况得到改善，该附加费就会相应调整或取消。

⑤ 旺季附加费（Peak Season Surcharge，PSS）。

旺季附加费也称高峰期附加费，是目前集装箱班轮运输中出现的一种附加费，是指在每年运输旺季，承运人由于货物爆舱引起舱位不足，而根据运输状况加收的附加费。

⑥ 整体费率上调（General Rate Increase，GRI）。

与旺季附加费类似，承运人将所有的费率上调一定幅度。

⑦ 转船附加费（Transshipment Surcharge）。

运输过程中，运往非基本港的货物，常常要经某基本港转运，换乘其他船舶运往目的港。每转运一次就会产生换装费、仓储费等费用。班轮公司为弥补上述中转成本而增收的附加费称为转船附加费。船方收取的附加费，包括转船费用和二程运费。

⑧ 直航附加费（Direct Additional）。

当运往非基本港的货物达到一定的货量，航运公司可能应托运人的要求安排直航该港而不转船时所加收的附加费。船舶直接加挂某一非基本港口后，会增加港口费用支出，并延长船期。

⑨ 绕航附加费（Deviation Surcharge）。

绕航附加费是指因受战争影响、运河关闭或航道阻塞等意外情况的发生，使正常航道受阻不能通行，船舶必须绕道才能将货物运至目的港时，船方所加收的附加费。绕航附加费是一种临时性的附加费，一旦意外情况消除，船舶恢复正常航线航行，该项附加费也就不复征收。

⑩ 选港附加费（Optional Surcharge）。

选港附加费又称选卸港附加费，某些时候，由于买卖双方贸易需要，有些货物直到装船时仍不能确定最后卸货港，要求预先指定两个或两个以上的卸货港，待船舶开航后再选定。这样会使整船货物的积载变得困难，甚至会造成舱容浪费，因而要收取选港附加费。选择的卸货港必须是该航次挂靠的港口。在集装箱班轮运输中，选择卸货港已很少被船公司接受。

⑪ 变更卸货港附加费（Alteration of Discharging Port Additional）。

应收货人要求，货物在装船后需变更卸货港时，由班轮公司加收一定的附加费，用于弥补因需要翻舱所引起的额外费用和损失。当变更卸货港的运费超过原卸货港的运费时，班轮公司还要求收货人补交两者之间的运费差价，但是当变更后的运价低于原卸货港运价，则不予退还运费差价。

⑫ 洗舱附加费（Cleaning Charge）。

船舶装载了污染货物后，或由于某些货物外包装破裂、内容物外泄时，为避免污染以后装载的货物，必须在卸完污染物后对货舱进行清洗，称为洗舱附加费。清洗费用一般根据污染程度、清洗难度而定。

⑬ 超额责任附加费（Additional for Excess of Liability）。

这是托运人要求承运人承担超过提单上规定的赔偿责任限额时承运人增加的附加费。超额责任附加费按商品FOB价格的一定百分比计收，因此托运人托运时应同时提供货物的FOB价格。

⑭ 超长附加费（Long Length Additional/Over Length Surcharge）。

在拼箱货运输中，单件货物的外部尺寸超长导致装卸困难，装箱时需要特别操作，从而产生额外费用。为补偿这一费用所计收的附加费称为超长附加费。超长附加费是按长度计收的，一般长度超过9米的件杂货就要征收这一附加费，而且费率按长度分级递增，长度越长其附加费率越高。

⑮ 超重附加费（Over Weight Surcharge/Heavy Lift Additional）。

在拼箱货运输中，当单件货物的毛重达到或超过承运人规定时，就会被定为超重货物。超重货物在装箱过程中需要特别捆绑、铺垫以及调用特殊的吊具进行装卸，船舶积载过程中也要给予额外考虑，因此将产生装卸、配载方面的额外支出。所以承运人对单件货物重量超过一定标准的货物要加收该附加费。超重附加费是指每件商品的毛重超过规定重量时所增收的附加运费。通常，承运人规定货物重量超过5吨时就要增收超重附加费。超重附加费是按重量计收的，而且费率按重量分级递增，超重重量越大，其附加费率越高。

如果单件货物既超长又超重，通常是将两种附加费分别进行计算，然后按其中收费高的一项收取附加费。

⑯ 集装箱不平衡附加费（Container Imbalance Charge，CIC）。

世界各班轮航线货物运输的季节性变化导致货流量不平衡，从而产生了集装箱不平衡附加费。通常西方国家年初是货物运输的淡季，四五月份箱量逐渐上升，贸易额数量开始增多，到圣诞节前又会出现贸易额增多的一个小高潮。

航线两端国家或地区的贸易额不平衡：中国等东亚国家出口到欧洲的货物远多于从欧洲进口到中国等东亚地区的货物，远东北美航线也同样存在类似的显著问题。进出口货物种类和性质的差异以及运费、装卸费标准的不同，也造成了进出口集装箱不平衡。最近，船公司已相继开始对东南亚线征收集装箱不平衡附加费，但各船公司执行和启用征收的日期不尽相同。

⑰ 舱单录入费。

因反恐需要，美国海关要求2003年2月1日开始启程运往美国港口的集装箱货物，其承运人必须在国外港口装货前至少24小时以电子方式通过美国设置的自动舱单系统（Automated Manifest System，AMS）向美国海关提交准确完整的货物申报单。现在所收的AMS，即自动舱单系统录入费。

从2004年4月19日开始，加拿大为配合美国反恐措施，加拿大海关开始实行ACI（Advance

Commercial Information），类似美国海关实施的 AMS，要求承运人必须在装船前 24 小时通过 ACI 系统向加拿大海关申报。

从 2011 年 1 月 1 日起，欧盟将对前往或途经欧盟港口的所有货运强制执行"舱单提前申报"的规则，针对所有进入欧盟的货物，公司必须在起运港装载前 24 小时之前向集装箱船挂靠的欧盟国家首个停靠港提交入境摘要报关单（Entry Summary Declaration，ENS）。该规则适用于全部 27 个欧盟成员国。ENS24 小时舱单申报类似北美航线的 AMS、ACI 申报。

目前，AMS 申报费一般为每一票提单收取 25 美元，每一票更正收取 40 美元；ACI 每一票提单收取 30 美元，每一票更正收取 40 美元；ENS 每一票提单收取 25 美元，每一票更正收取 40 美元。

⑱ 港口设施保安费。

2002 年 12 月，国际海事组织通过了《1974 年国际海上人命安全公约》（SOLAS 公约）、海上保安修正案和《国际船舶和港口设施保安规则》（*International Ship and Port Facility Security*，ISPS），并从 2004 年 7 月 1 日起全面实施。港口设施保安费专项用于为履行 SOLAS 公约和 ISPS 规则所进行的港口保安设施的建设、维护和管理。某些港口为转嫁引进和执行此规则所增加的成本，而向货主收取安全附加费。这个费用，几乎所有的航线均要收取。我国于 2006 年 6 月 1 日起征收港口设施保安费。

除上述附加费外，还有一些其他的附加费，如冰冻附加费、苏伊士运河附加费（Suez Canal Surcharge，SCS）、熏蒸费等。在集装箱班轮运输中，还有一些关于运输费用的概念，如目的地交货费（Destination Delivery Charge，DDC），是北美地区对到港货物收取的费用；空箱调运费（Equipment Reposition Charge，ERC），也称设备调运费，是当收货人未能按约定时间归还空箱时，承运人为满足船舶使用、调运空箱而收取的费用。近年来，船公司还提出征收一些不合理的费用，如原产地接货费（Original Receiving Charge，ORC）、码头作业（操作）费（Terminal Handling Charge，THC）等。其中，THC 包括 OTHC（Original Terminal Handling Charges，起运港码头操作费）和 DTHC（Discharging Terminal Handling Charges，目的港码头操作费）。

2. 集装箱海运运费计费标准

集装箱海运运费的计费标准是指集装箱在海运中，用来计算运费时所使用的计算单位。计费标准决定了海运运费的收取标准。船公司制定的运价表中都具体规定了计费标准。集装箱货运形态分为两类：一类是拼箱货（LCL）；另一类是整箱货（FCL）。因此，在实践工作中，船公司分别针对拼箱货和整箱货制定了运费的计费标准。

（1）拼箱货（LCL）计费标准。

拼箱货（LCL）一般沿用传统的件杂货费率计算方法。

① W/M（Weight/Measurement）：表示按该货物毛重和尺码（体积）分别计算运费，并选择其中运费较高者计收，是最常见的一种运费核收方式。该情况下的计费单位通常称作运费吨（Freight Ton，FT）。一般来说，重货按重量吨计收，轻泡货物按尺码吨计收。

② Ad. Val.（Ad Valorem）：表示按货物 FOB 价的一定百分比计算运费。由于运价是根据货物的价格确定的，所以又称从价运费，主要适用于高价值货物。

③ 起码运费（Minimum Rate/Minimum Freight）：也称起码提单，是指以一份提单为单位最少收取的运费，用以补偿最基本的装卸、整理运输等操作过程中的支出。不同的承运人使用不同的起码运费标准，拼箱货一般以 1 运费吨为起码运费标准，最高不超过 5 运费吨。按提单为单位

收取起码运费后，就不再收取其他附加费。

(2) 整箱货 (FCL) 计费标准。

大多数船公司以包箱费率作为整箱货 (FCL) 的计费标准，并相应制定各航线的包箱费率 (Box Rates)。包箱费率是船公司根据自身情况以不同类型的集装箱为计费单位，确定整箱货的不同航线包干费。包箱费率定得较低，适用于向船公司整箱交付的集装箱货物，即适用 CY-CY 交接条款的集装箱货物，体现了船公司对货主托运整箱货的优惠，是各公司吸引集装箱货源的重要手段之一。在国际集装箱运输中，包箱费率计算方法正在取代传统的件杂货费率计算方法。包箱费率的表现形式有以下 3 种：

① FCS（Freight for Class）包箱费率。

FCS 包箱费率是分箱型，对货物按不同货物种类和等级制定的包箱费率，即货物（或商品）包箱费率。在这种费率中，对普通件杂货分级进行简化，通常将件杂货 1~20 级分成 4 档，使等级级差大大小于件杂货费率的级差。但对特殊货物通常再分为以下 4 种：

一般化工品（Chemical Non-hazardous）：无害化工品，指《国际海运危险规则》中未列的化工品，易燃、易爆危险品除外。这类化工品通常在运价本中的附录列明。

半危险品（Semi-hazardous Cargo）：列于《国际海运危险规则》的商品，等级为 3.2，3.3，4.1，4.2，4.3，5.1，6.1，6.2，8，9。

全危险品（Hazardous Cargo）：列于《国际海运危险规则》的商品，等级为 2，3.1，5.2。

除半危险品及全危险品外，《国际海运危险规则》中的 Class1 爆炸品和 Class7 放射物品其运价通常采用议价。

冷藏货物（Reefer or Refrigerated Cargo）：需用温度控制、使用专用冷藏箱运输的货物。

使用 FCS 包箱费率时应先根据货名查找货物等级，然后在航线运价表中按 FCS 包箱费率中货物分级的大类、不同的交接方式及集装箱箱型查得相应的每只集装箱的运价。

② FCB（Freight for Class 或 Basis）包箱费率。

FCB 包箱费率是指既按不同货物等级、种类，又按计算标准制定的费率。在这种费率下，即使是装有同种货物的整箱货，当以重量吨或体积吨为计算标准时，其包箱费率也是不同的。同一等级的货物，重货集装箱运价高于轻泡货（体积货）运价。如发往欧洲的 20 英尺集装箱，内装 8~10 级货物，CY-CY 交接方式，按重量计费运费为 1 500 美元，如按尺码计费则为 1 450 美元。这是与 FCS 费率的主要区别之处。

③ FAK（Freight for All Kind）包箱费率。

该费率也称均一包箱费率。FAK 包箱费率是只分箱型而不分箱内货物种类（指普通货物），不计箱内所装货物重量（在本箱型的规定的重量限额内）统一收取的包箱基本运价。

在采用包箱费率的航线上通常对一般普通货物不分等级。使用 FAK 包箱费率时，只需根据货物的种类（普通货物和特殊货物）以及集装箱箱型、交接方式查得相应的每只集装箱的运价。

FAK 包箱费率是目前各大班轮公司使用最为普遍的一种基本运价形式，由于其对普通货物一律不计箱内货物的类别、等级，在实践中便于操作，省去了查找和对应货物等级的便利，较受货方欢迎。

3. 集装箱海运运费的计算

(1) 拼箱货 (LCL) 海运运费的计算。

目前，各班轮公司对集装箱运输的拼箱货运费的计算，基本上是依据件杂货运费的计算标准，按所托运货物的实际运费吨计费的，即尺码大的按尺码吨计费，重量大的按重量吨计费。

【例2-5】某进出口公司委托一国际货运代理企业代办一小桶货物以海运方式出口国外。货物的重量为0.5 t，小桶（圆的）的直径为0.7 m，桶高为1 m。货运代理最后为货主找到一杂货班轮公司实际承运该货物。货运代理查了船公司的运价本，运价本中对该货物运输航线、港口、运价等的规定为：基本运价是每运费吨支付100美元；燃油附加费按基本运价加收10%；货币贬值附加费按基本运价增加10%；计费标准是"W/M"；起码提单按1运费吨计算。你作为货运代理人，请计算该批货物的运费并告诉货主以下内容：

① 货物的计费吨（运费吨）是多少？
② 该批货物的基本运费是多少？
③ 该批货物的附加运费是多少？总的运费是多少？

解：① 因为该桶的尺码为$0.7 \times 0.7 \times 1 = 0.49$（$m^3$）；货物的重量为0.5 t；起码提单按1运费吨计算，所以该货物的计费吨为1运费吨。

② 因为该批货物的计费吨为1运费吨，基本运价是每运费吨支付100美元，所以该批货物的基本运费=$1 \times 100 = 100$（美元）。

③ 因为该批货物适用起码提单规则，所以不再加收其他附加费用，所以附加费为0美元，总运费为100美元。

在实践工作中，通常由集拼经营人从事拼箱货业务。拼箱货收费除了集拼经营人按运价本中规定的W/M费率收取基本运费外，还根据航线的情况以及拼箱的具体工作加收附加运费和与同集装箱有关的费用。这些收费项目繁多，有的费用是集拼经营人收取，有的是货运代理收取。以福州地区为例，美线拼箱的货物的收费除了基本运费外，还可能涉及AMS、CIC、EBS、入仓费、码头费、单证费、边检费、报关费等其他费用。集拼经营人对拼箱货总收费可分基本运费及拼箱其他费用两部分分别收取。

【例2-6】某托运人委托某货运代理公司出口一批货物从福州到美国的芝加哥，货物为塑料制品，件数为98件，毛重805 kg，体积1.494 m^3。托运人要求使用集装箱运输，由货运代理公司代理报关。该货运代理公司就将该票货物与其他货物混拼成一个40英尺高箱。该航线基本运费率为USD80.0/FT（运费吨），计费标准为"W/M"。其他费用包括AMS（USD25/BL）、CIC（RMB12/FT）、EBS（RMB24/FT）、入仓费（RMB70/FT）、码头费（RMB15/FT）、单证费（RMB200/BL）、边检费（RMB10/BL）、报关费（RMB150/BL）。问：

① 该托运人应支付多少基本海运运费？
② 货运代理还需要向托运人收取多少其他费用？
③ 该托运人托运该批货物共需要支付多少费用？

分析：该票货物是拼箱货，毛重805 kg，体积为1.494 m^3，该航线基本运费率为USD80.0/英尺，计费标准为"W/M"。

解：① 该批货物毛重W=805 kg =0.805 t，体积M=1.494 m^3。根据计费标准"W/M"，所以该批货物的运费吨为1.494。

基本海运运费=$80 \times 1.494 = 119.52$（美元）

② 根据题目中已知条件，拼箱货收取的其他费用有的由货运代理收取。因此，货运代理需要向托运人收取的其他费用包括：

AMS（USD25/BL）=$25 \times 1 = 25$（美元）

CIC（RMB12/FT）=12×1.494=17.928（元）
EBS（RMB24/FT）=24×1.1494=35.856（元）
入仓费（RMB70/FT）=70×1.494=104.58（元）
码头费（RMB15/FT）=15×1.494=22.41（元）
单证费（RMB200/BL）=200×1=200（元）
边检费（RMB10/BL）=10×1=10（元）
报关费（RMB150/BL）=150×1=150（元）
总收费=25（美元）+17.928（元）+35.856（元）+104.58（元）+22.41（元）+200（元）+10（元）+150（元）=25（美元）+539.774（元）

③ 该托运人托运该批货物需要支付的费用：
基本海运运费为119.52美元，其他费用25美元+539.774元。

（2）整箱货（FCL）海运运费的计算。
① 按包箱费率计算运费。
在整箱货运输中，除少数船公司仍沿用上述方法计算运费外，目前大多数公司已采用以箱为单位的计费方式，实行包箱费率。

【例2-7】上海A外贸公司以CIFLONGBEACH贸易术语出口2个20GP（20英尺干货箱）的货物到美国长滩港。A外贸公司向B国际货运代理人咨询海运费事宜。经查：上海港至长滩港的运价是USD1500/20GP，另有燃油附加费5%，目的地交货费（DDC）为USD200/20GP。请国际货运代理人计算并答复A外贸公司的以下咨询：
① 每箱的基本运价是多少？
② 每箱的附加费是多少？
③ 总运费是多少？
解：① 根据题意，每箱的基本运价是1 500（USD）。
② 每箱的附加费=燃油附加费+目的地交货费=1 500×5%+200×1=275（USD）。
③ 总运费=（1 500+275）×2=3 550（USD）。

实践中，有的承运人也将基本运价与附加费合并在一起，以包干费（All in Freight）的形式计收运费。此时的运价称为包干费率，又称"全包价"（All in Rate，AIR）。
② 特殊货运费计算。
一些特种箱或特殊货物如成组货物、家具行李及服装等在使用集装箱进行装运时，在运费的计算上有一些特别规定。

特种箱通常指高箱、开顶箱、平板箱、框架箱等有别于普通干货箱的箱型。这类集装箱由于其装卸及处理上的特殊原因，一般在普通箱CY/CY条款的基础上加收一定百分比的运费，如40英尺高箱比40英尺普通箱高1英尺，故其费率通常为40英尺普通箱CY/CY运价的110%；开顶箱、平板箱、框架箱CY/CY运价为普通箱CY/CY运价的130%（船公司可根据实际情况确定合适的比例）。

班轮公司通常对符合运价本中有关规定与要求，并按拼箱货托运的成组货物，在运费上给予一定的优惠。在计算运费时，应扣除货板本身的重量或体积，但这种扣除不能超过成组货物（货物加货板）重量或体积的10%，超出部分仍按货板上货物所适用的费率计收运费。但是，对于整箱托运的成组货物，则不能享受优惠运价，并且整箱货的货板在计算运费时一般不扣除其重量或体积。

对装载在集装箱内的家具或行李，除组装成箱子再装入集装箱外，应按集装箱内容积的100%计收运费及其他有关费用，该规定一般适用于搬家的物件。

当服装以挂载方式装载在集装箱内进行运输时，承运人通常仅接受整箱货"堆场到堆场"（CY/CY）运输交接方式，并由货主提供必要的服装装箱物料如衣架等。运费按集装箱内容积的85%计算。如果箱内除挂载的服装外，还装有其他货物时，服装仍按箱容的85%计收运费，其他货物则按实际体积计收运费。但当两者的总计费体积超过箱容的100%时，其超出部分免收运费。在这种情况下，货主应提供经承运人同意的公证机构出具的货物计量证书。

回运货物是指在卸货港或交货地卸货后的一定时间以后由原承运人运回原装货港或发货地的货物。对于这种回运货物，承运人一般给予一定的运费优惠。比如，当货物在卸货港或交货地卸货后6个月内由原承运人运回原装货港或发货地，对整箱货（原箱）的回程运费按原运费的85%计收，拼箱货则按原运费的90%计收回程运费。但货物在卸货港或交货地滞留期间发生的一切费用均由申请方负担。

三、散货业务运费计算与支付

（一）运费计算

1. 运 费

运费是根据班轮公司指定的运价表计算的。各国船公司所制定的运价表，其格式不完全一样，但其基本内容是比较接近的。

船公司的价格表，一般根据商品的不同种类和性质，以及装载和保管的难易，划分为若干个等级。在同一航线内，商品的等级不同，船公司收取的基本费率是不同的。可见，商品的等级与运费的高低有很大关系。

2. 运费的计算标准

运费的计算标准也不尽相同，重货一般按重量吨计收运费，轻抛货按尺码吨级计收，有些价值高的商品按FOB货值的一定百分比计收。有的商品按混合办法计收，如先按重量吨或尺码吨计收，然后再加若干从价运费，具体为：

（1）按重量吨计收，称为重量吨，表内列明"W"，以每公吨或每千吨为计算单位。

（2）按货物体积计收，称为尺码吨，表内列明"M"，一般按1立方米或40立方英尺为一尺码吨作为计算单位。

（3）按体积或重量，由船方选择而计算，表内列明"W/M"。

（4）按商品的FOB价值的一定百分比计收，称为从价运费，表内列明 A.V.

（5）按混合标准计收，如 W/M plus A.V. 等。即按重量吨或尺码吨再加从价运费。

此外，还有一些商品是按件（—er —nit）或头（—er —ead）计收，前者如车辆等，后者如活牲畜等。对于大宗商品，如粮食、矿石、煤炭等，因运量较大，货价较低，容易装卸等原因，船公司为了争取货源，可以与货主另行商定运价。

3. 附加费

根据运价表计算运费时，按照航线和商品的等级，先按基本费率（Basis Rate）计算出基本运费，然后查出各种附加费用的项目，并将需要支出的附加费一一计算在内。

附加费用项目较多，例如，因商品不同、港口不同，或其他原因，都可能有附加费，需随时掌握它的变动情况。

附加费大致有以下几种：

（1）商品特点不同而增收的附加费，如超重附加费、超长附加费、洗舱费等。

（2）因港口的不同情况而增收的附加费，如港口附加费、港口拥挤费、选港费、直航附加费等。

（3）因其他原因而临时增加的附加费，如燃油附加费、贬值附加费等。

实际上，附加费的名目繁多，远远不止上述几种。值得注意的是，有些附加费，如港口拥挤费，占运费的比例很大，与基本运费相比，少则10%，多则达100%，甚至两倍以上。因此，在计算运费时，不可忽视对附加费的计算。

（二）运费支付

租船运费的支付与合同的条款不一定同步，要根据与船东签订的租船合同而定。

（1）CIF和CNF条款：开船日付运费赎提单。

（2）FOB条款：开船后10日内付运费，或船到目的港后支付运费。

任务六　接受海运出口委托

一、了解客户需求

在为客户提供服务前，业务员需要和客户确定的内容包括：发货人、收货人、通知人、品名（中英文）、目的港、中转港、柜型柜量、超重柜特殊说明（如为特种柜，则需说明详细的货物尺寸、长宽高、毛重、体积等，有时还需要注明货物装柜次序及摆放示意图）、危险品和冷冻货的特殊说明、装运期限（是否有信用证要求）、配载要求（出船证等）、货物交运日期以及交运方式、运费结算方式（预付、到付金额）、是否第三地付款、是否指定船东、是否有要求申请目的港N天免柜期、提单签发时是船东提单还是货代提单、是否第三地签单等。

除了上述内容，业务员还需要了解客户的其他业务要求，应尽可能为客户提供其他增值服务。例如，是否需要提供短途运输、代理报关报检、代理保险、安排仓储、更换包装、代刷唛头、"门到门"等服务。这样既能尽量满足客户的各种需求，也能为企业赢得更多的收益。

二、设计运输方案

业务员要根据客户的要求设计若干个运输方案供客户选择，并将各种方案的优缺点详细向客户说明，最好形成书面方案供客户带回公司交领导审核。运输方案的设计应尽可能详尽，尤其要分析客户的需求情况。有些客户由于运输的货物价值本身较低，可能比较在乎价格；有一些客户可能更在乎时间，按期交货对其意义更大，因此设计运输方案时要特别强调这一点。只有符合客户的需求，才能打动客户的心。

同时，业务员应通过航线主管向船公司询价，争取申请更低的价格，以供货主选择。若直接与船东订舱，则应注意以下几点：第一，该船东是否可接至货主所要求的目的港；第二，是否可以接超重柜；第三，是直航船还是中转船，在哪里中转；第四，几天可到达目的港；第五，该航次挂靠什么码头（如宁波北仑港一期至四期、大榭岛、梅山岛等）；第六，该航次的舱位是否紧张，是否可以保证舱位。

三、海运出口委托书的填写

海运出口货物代理委托书，简称委托书，是货运代理的工作依据，应详细列明托运的各项资料及委托事项和工作要求。海运出口货物代理委托书是委托方（进/出口企业）向被委托方（货运代理人）提出的一种要约，被委托方一经书面确定就意味着双方之间契约行为的成立。因此，代理委托书应由委托单位盖章，以便成为有效的法律文件。货运代理人接到代理委托书后，要认真审核委托书，如不能接受或某些要求无法满足，应及时做出回应，以免耽误船期，承担不必要的法律责任。

（一）海运出口货运代理委托书

委托书的格式如图 2-9 所示。

委托编号	提单号	合同号	委托日期
发货人名称地址			
收货人名称地址		唛头标记	
通知方名称地址			
装货港	目的港		船名
货物详细情况			
编号	件数及包装	货物说明	重量	体积
装船日期	可否转船		可否分批装运
结汇期限	提单份数	正本	副本
运费及支付地点			
备注			
委托人签字		货运代理或承运人签字	
地址 电话		地址 电话	

图 2-9　委托书

（二）委托书的填制方法

（1）委托（单位）编号：出口企业与货运代理间商定的对口编号，一般为出口发票编号。

（2）提单号：不填，待接受委托、订舱后填写。

（3）合同号和委托日期：如实填写。

（4）发货人名称地址：按信用证或合同规定填写，一般为信用证的受益人，即出口商。

（5）收货人名称地址：按信用证或合同规定填写，一般为 To Order 或 To Order Of ×××。

（6）通知方名称地址：按信用证或合同规定填写。如信用证未做具体规定，一般正本留空不填，副本填信用证的开证申请人。

（7）装货港和目的港：按信用证或合同规定填写。

（8）船名：不填。

（9）件数及包装：一般件杂货以件数作为计量单位，如一批货物有两种或两种以上的包装形式，需标明每种包装的数量和各种包装相加的总数；大宗散装货应注明吨数和散装（in Bulk）字样。

（10）货物说明：按信用证或合同规定填写，这是制作提单的依据。

（11）重量/体积：填写实际货物的总毛重和总体积。

（12）提单份数：按信用证规定填写，如信用证规定为全套，则正本为一式三份。

（13）运费及支付地点：填写信用证规定的缴付方法，或"Freight Prepaid（运费预付）"或"Freight To Collect（运费到付）"。

（14）代发装船电报、地址：一般为买方的电报、地址。

（15）备注：填写信用证中对提单内容的特殊要求或委托人对货运代理的要求。

四、协调与跟踪

业务员揽货后，由操作人员负责完成订舱、安排拖车、报关报检、制单等工作。通常，揽货人员将揽到的货物交给操作人员时，要填写一份业务联系单作为交接的凭证。这是一份内部流转的单证，其内容除了客户托运单上的基本内容外，还有比较详细的装货时间、装货地点、联系人、报关行、应收费用、应付费用等内容。各企业的业务联系单内容基本一致。

揽货人员应该不断与操作人员沟通，以确保完成各个环节的操作。揽货人员有责任主动跟踪操作人员在订舱、安排拖车、转载货物、安排报检和报关、缮制提单的过程中遇到的各种意想不到的问题，并随时将每一个环节上出现的问题通报给客户，从而让客户放心。揽货人员还应协助财务部门安全收回各种款项。

任务七　出口订舱操作

货运代理公司受理货主的委托，审核委托书及相关清关单证后，根据货主提供的信息，开始缮制订舱单，递送船公司或船代公司，完成申请订舱工作。具体要求如下：① 根据货主提供的信息，准确填制订舱单；② 审核确认船公司或船代公司回传的订舱确认书。

一、与货主确定订舱信息

货运代理公司收到货主企业的货物海运出口委托书后，需审查货主提供的如下信息：

（1）发货人；
（2）收货人；
（3）通知人；
（4）品名（中英文）及货物描述（唛头、件数、毛重、尺码）；
（5）装货港、中转港（如有）、卸货港、目的港；
（6）柜型柜量，超重柜特殊说明；
（7）危险品、冷藏货特殊说明；
（8）船期、装运期限（是否有信用证要求）；
（9）配载要求（出船证等）；
（10）货物交运日期以及交运方式；
（11）运费结算方式（预付、到付金额），是否第三地付款；
（12）是否指定船东；
（13）是否有要求申请目的港几天免柜期（一般为7~14天）；
（14）提单签发时是MB/L还是HB/L，是否第三地签单。

二、查询船期并订舱

（一）登录各船公司网上系统

登录各船公司网上系统，查询相关信息。例如，"马士基""中远集装箱运输有限公司"的网上电子商务系统。一般较大的货运代理企业都是船东的大客户，都有专门的船公司销售定期以邮件形式更新船期表。

（二）操作订舱

（1）若直接与船东订舱，则应该注意以下几点：
① 该船东的航线是否有货主所述的目的港；
② 是否可以接超重柜；
③ 是直航还是中转船，在哪里转；
④ 几天可以到达目的港；
⑤ 该航次挂靠什么码头；
⑥ 该航次舱位是否紧张，是否可以保证舱位。

（2）若为货主指定的船东，必要时可以通过船代订舱。但应注意：除了与船东订舱要注意的几点外，还应在订舱前确认以下几方面的问题：
① 出提单时，是否要改SHIPPER或其他资料；
② 在货主有要求的情况下，是否可以申请目的港免柜期；
③ 提单签发是MB/L还是HB/L；
④ 是否可以保证舱位。

无论直接向船公司或其代理订舱，均应掌握出口舱位动态，装卸港的工作安排，尤其是卸货港的卸船工作安排极为重要。船舶动态主要包括船名、船籍、船舶性质、装卸港顺序、预抵港日期、船舶吃水和该船所载货物的名称数量等方面的信息。船舶动态信息来源可从各船公司提供的船期表以及有关单位编制的出口船舶动态资料等获取。

查询航线，确定订舱信息后，可以通过线上订舱或者填写电子订舱单并以发送邮件订舱的方式向船公司发出订舱申请。

（3）与船公司确认，并要求船公司回传订舱确认书。收到确认书后，认真确认，无误后即完成订舱操作。

（4）订舱完成后，船公司即制作排载单。排载单一般有十联。

第一联：集装箱货物托运单（货主留底）（B/N）（见图 2-10）。

第二联：集装箱货物托运单（船代留底）。

第三联：运费通知（1）与第四联的其中一联向出口单位收取运费，另一联货运代理自己留底。

第四联：运费通知（2）。

第五联：场站收据（装货单）（S/O），也叫关单或下货纸，经船代盖章有效。海关完成验关手续后，在装货单上加盖海关放行章，船方收货装船，并在收货后留底。

第五联副本：缴纳出口货物港务费申请书。

第六联：大副联（场站收据副本），收货单，又叫大副收据。与收货单一起流转，装货完毕后大副据理货公司的清单在此单上签字确认，货主凭其换取正本提单。如果理货结果不清洁，大副也会做不清洁批注，正本提单也会做不清洁批注。

第七联：场站收据（D/R），货运代理公司留底。

第八、九联：配舱回单。货运代理订好舱，将船名、关单号填入后把配舱回单返给出口公司。

第十联：缴纳出口货物港务费申请书。货上船后凭此收取港务费用。

注意：每次修改订舱信息，都需要重新打印，华南地区无此类操作。

SHIPPER		D/R NO		抬头	
CONSIGNEE		集装箱货物托运单			
NOTIFY PARTY		船代留底		第 联	
PRE-CARRIAGE BY XXX PLACE OF RECEIPT					
OCEAN VESSEL VOY. NO PLACE OF LOADING					
PORT OF DISCHARGE PLACE OF DELIVERY		FINAL DESTINATION FOR THE MERCHANTS REFERENCE			
CONTAINER NO.	SEAL NO.	NO. OF CONTAINERS OR PKGS	KIND OF PACKAGES DESCRIPTION OF GOODS	GROSS WEIGHT	MEASUREMENT
TOTAL NUMBER OF CONTAINER OR PACKAGES (IN WORDS)					
FREIGHT & CHARGE	REVENUE TONS	RATE	PER	PREPAID	COLLECT
EX RATE		PREPAID AT	PAYABLE AT	PLACE OF ISSUE	
		TOTAL PREPAID	NO. OF ORIGINAL B/L THREE		
SERVICE TYPE ON RECEIVE	SERVICE TYPE ON DELIVERY		REETER TEMPERATURE REQUIRED	F	C
TYPE OF GOODS		ORDINARY, REETER DANGEROUS, AUTO		危险品	CLASS: PROPERTY: IMDG GODE PAGE: UN NO.:
		IQUID, LIVE AN IMAL, BULK			
可否装船	可否分批				
装期	效期				
金额:					
制单日期:					

图 2-10 集装箱货物托运单（货主留底）（B/N）

十联单流转程序：

（1）托运人填制集装箱货物托运单即场站收据一式十联，委托货运代理人代办托运手续。

（2）货运代理人接单后审核托运单，若能接受委托，将货主留底联（第一联）退还托运人备查。

（3）货运代理人持剩余的九联单到船公司或船公司的代理人处办理托运订舱手续。

（4）船公司或其代理人接单后审核托运单，同意接收托运，在第五联即装货单上盖签单章，确认订舱承运货物，并加填船名、航次和提单号，留下第二至第四联共三联后，将余下的第五至第十共六联退还给货运代理人。

（5）货运代理人留存第八联，缮制货物流向单及今后查询；将第九、十联退托运人作配舱回执。

（6）货运代理人根据船公司或其代理人退回的各联缮制提单和其他货运单证。

（7）货运代理人持第五至第七共三联：装货单、大副联和场站收据正本，随同出口货物报关单和其他有关货物出口单证至海关办理货物出口报关手续。

（8）海关审核有关报关单证后，同意出口，在场站收据副本（1）即装货单上加盖放行章，并将各联退还货运代理人。

（9）货运代理人将此三联送交集装箱堆场或集装箱货运站，据此验收集装箱或货物。

（10）若集装箱在港口堆场装箱，集装箱装箱后，集装箱堆场留下装货单；若集装箱在货运站装箱，集装箱入港后，港口集装箱堆场留下装货单和大副收据联，并签发场站收据给托运人或货运代理人。

（11）集装箱装船后，港口场站留下装货单用作结算费用及以后查询，大副联交理货部门送大副留存。

（12）发货人或其货运代理人持场站签收的正本场站收据到船公司或其代理人处，办理换取提单手续，船公司或其代理人收回场站收据，签发提单。在集装箱装船前可换取船舶代理签发的待装提单，或在装船后换取船公司或船舶代理签发的装船提单。

任务八　出口报关操作

出口报关指出口商或其代理人在货物出境时，向海关交验有关单据请求海关查验放行。按海关法规定，出口货物出运前必须向海关申报，经海关查验合格放行，才能装运出口。

一、出口报关业务程序

出口企业办理货物出口报关，按申报—查验—征税—放行来进行。

（一）出口货物申报

申报时间：一般在货物运至码头装货前24小时。

申报手续：向海关提交"出口货物报关单"及海关规定提交的其他单证。

报关时需交验（随附）的单证：① 出口货物许可证和其他批准文件（出口许可证商品）；② 装货单（下货纸）或运单；③ 发票；④ 装箱单/重量单；⑤ 减税或免税的证明文件；⑥ 合同、产地证和其他有关单证（海关认为必要时）；⑦ 商检证书（需要检验的商品）；⑧ 出口收汇核销单。

(二)查验

海关对出口商交验的货物、单据依法进行查验。

(三)征税

出口商品一般须缴纳出口税。

(四)放行

出口货物在办完向海关申报、接受查验、纳完税款等手续后,海关在货运单据上签章放行,出口商或其代理凭海关放行的货运单据发运出口货物(装船)。

二、出口货物报关单

(一)出口货物报关单的格式

出口货物报关单的格式如表 2-2 所示。

表 2-2 中华人民共和国海关出口货物报关单

预录入编号:　　　　　　　　　　　　　　　　　　海关编号:

出口口岸	备案号		出口日期	申报日期
经营单位	运输方式		运输工具名称	提运单号
发货单位	贸易方式		征免性质	结汇方式
许可证号	运抵国(地区)		指运港	境内货源地
批准文号	成交方式	运费	保费	杂费
合同协议号	件数	包装种类	毛重(公斤)	净重(公斤)
集装箱号	随附单据			生产厂家
标记唛码及备注				

项号	商品编码	商品名称	规格型号	数量及单位	最终目的国(地区)	单价	总价	币制	征免

税费征收情况		
录入员　录入单位　兹声明以上申报无讹并承担法律责任	海关审单批注及放行日期(签章)	
报关员:	审单	审价
单位地址:_____ 申报单位(签章):_____	征税	统计
邮编:_____ 电话:_____ 填制日期:_____	查验	放行

（二）出口货物报关单的填制规范

出口货物报关单是出口企业在装运前向海关申报出口许可的单据，由出口企业填制，经海关审核、签发后生效。出口货物报关单不仅是出口企业向海关提供审核出口货物是否合法的凭据，也是海关凭以征税的凭证和国家法定统计资料的重要来源。出口企业必须如实、规范、正确地填写出口货物报关单。

出口货物报关单由中华人民共和国海关统一印制，根据业务性质的不同使用不同的专用报关单，即一般贸易使用白色报关单；进料加工贸易使用粉色报关单；来料加工装配和补偿贸易使用浅绿色报关单；外商投资企业使用浅蓝色报关单；需国内退税的出口货物另增填浅黄色出口退税专用报关单。

出口报关单一式三份，退税商品另加一份退税黄联。用计算机报关只需填一份报关单（预录入人员将数据输入计算机，然后打出报关单，再向海关报关）。

报关单由海关考核认可的报关员填写申报。每份报关单只填写一种贸易方式的货物，并限填4项商品。这里主要介绍一般贸易出口货物报关单的填制方法。

（三）出口货物报关单填制方法

（1）预录入编号。填写申报单位或预录入单位对该单位填制录入的报关单的编号。

（2）海关编号。填写海关接受申报时给予报关单的编号。

（3）出口口岸。填写实际出口地口岸海关的名称。

（4）备案号。填写进出口企业在海关办理加工贸易合同备案或征、减、免税审批备案手续时海关给予的"登记手册""免税证明"或其他有关备案审批文件的编号。

（5）出口日期。填写运输工具申报出境的日期（根据配舱回单填写）。

（6）申报日期。填写海关接受出口货物的收发货人或代理人申请办理货物出口手续的日期（8位数，顺序为年为4位，月、日各2位）。

（7）经营单位。填写对外签订并执行进出口合同的企业或单位的名称及单位编码。

（8）运输方式。根据实际运输方式按海关规定的"运输方式代码表"选填相应的运输方式，如海运、陆运或空运。

（9）运输工具名称。填写实际装运货物运输工具的名称及编号（根据配舱回单填写），如船名、航次。

（10）提运单号。填写出口货物提单货运单的编号（根据配舱回单填写）。

（11）发货单位。填写货物在境内的生产及销售单位的名称或其海关注册编码（填写国内供应商或出口商）。

（12）贸易方式。根据实际情况，按海关规定的"贸易方式代码表"选填相应的贸易方式，如一般贸易、加工贸易、易货贸易等。

（13）征免性质。按海关核发的"征免税证明"中批注的征免性质填报"来料加工""一般征税"等。

（14）结汇方式。根据实际情况按海关规定的"结汇方式代码表"选填相应的结汇方式，如托收、信用证等。

（15）许可证号。按实际情况填写批注该批货物出口的许可证号。非许可证范围内商品空白不填。

（16）运抵国（地区）。按海关规定的"国别（地区）代码表"选填相应的运抵国（地区）的中文名称或代码（一般为进口商所在国或地区）。

（17）指运港。根据实际情况按海关规定的"港口航线代码表"选填相应的港口中文名称或代码。

（18）境内货源地。根据出口货物生产厂家或发货单位所属国国内地区按海关规定的"国内地区代码表"选填相应的国内地区名称或代码。

（19）批注文号。填写"出口收汇核销单"编号。

（20）成交方式。根据实际成交价格条款按海关规定的"成交方式代码表"选填相应的成交方式代码，如 CIF、FOB 等。

（21）运费。出口货物的出口成交价格中含有运费时填写本栏（除全部货物的国际运费外，还需按海关规定的"货币代码表"选填相应的币种代码，运保费合计计算的，运保费填报在本栏目）。

（22）保费。出口货物的出口成交价格中含有保费时填写本栏（除全部货物的国际运输保险费用外，还需按海关规定的"货币代码表"选填相应的币种代码，运保费合计计算的，运保费填报在运费栏目中）。

（23）杂费。填写成交价格以外的应从完税价格中扣除的费用，如手续费、佣金、回扣等，可按杂费总价或杂费率两种方式之一填报（按海关规定的"货币代码表"选填相应的币种代码）。

（24）合同协议号。填写出口合同或协议的号码。

（25）件数。填写有外包装的出口货物的实际件数。

（26）包装种类。填写出口货物的实际外包装种类，按海关规定的"包装种类代码表"选填相应的包装种类代码。

（27）毛重。填写出口货物的实际毛重（计量单位为 kg，不足 1kg 的填报 1）。

（28）净重。填写出口货物的实际净重（计量单位为 kg，不足 1kg 的填报 1）。

（29）集装箱号。填报打印集装箱编号及数量，非集装箱货物填报为 0（在多于一个集装箱的情况下，其余集装箱编号打印在备注栏或随附清单上）

（30）随附单据。填写随出口货物报关单一并向海关递交的单证或文件。合同、发票、装箱单、许可证等必备的随附单证不在本栏目填报。

（31）生产厂家。填写出口货物的境内生产企业。

（32）标记唛码及备注。填写货物外包装上的标记唛码以及其他必须说明的事项。

（33）项号。填写该批货物在本报关单上的序号。

（34）商品编号。填写海关规定的商品分类编码规则确定的出口货物的编号。

（35）商品名称、规格型号。本栏分两行填报并打印。第一行打印出口商品的中文名称，第二行打印规格型号。

（36）数量及单位。按实际情况填写。

（37）最终目的国（地区）。根据实际情况，按海关规定的"国别（地区）代码表"填报相应的国家（地区）名称或代码。

（38）单价。填报同一项号下出口货物实际成交的商品单位价格。

（39）总价。填报同一项号下出口货物实际成交的商品总价。

（40）币制。根据实际成交情况按海关规定的"货币代码表"填报相应的货币名称或代码。

（41）征免。按海关核发的"征免税证明"或有关政策规定，选择填报海关规定的"征减免税方式代码表"填报相应的征减免税方式。

（42）税费征收情况。本栏供海关批注出口货物税费征收及减免情况。

（43）录入员。填报预录入 EDI 报关单打印录入人员姓名。
（44）录入单位。填报预录入 EDI 报关单打印录入单位姓名。
（45）申报单位。填写出口报关单的填制方（就申报内容的真实性直接对海关负责的企业名称及代码）。

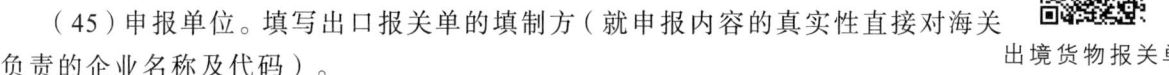
出境货物报关单

（46）填制日期。填写实际填写本报关单的日期（8位数，年为4位，月、日各2位）。
（47）海关审单批注。由海关内部作业使用。

任务九　填制提单补料

一、提单补料

（一）提单补料的概念

提单补料的英文简称为 SI，指订舱一方向船公司提供这批货物的详细资料。简单来说，就是提单（Bill）上要求提供的各项内容。也就是关于客户的资料、柜号、封号、毛重、总立方数、唛头、货描等（见图 2-11）。货运代理需要这些资料来做提单。补料要按照 L/C 或客户的要求来做，并给出正确的货物数量，以及一些特殊要求等，包括要求船公司随同提单开出的船证明等。

SO NO.（订舱号）:					
SHIPPER（托运人）:			CONSIGNEE（收货人）:		
NOTIFY（通知人）: SAME AS CONSIGNEE					
PORT OF LOADING（起运港）:			PORT OF DELIVERY（目的港）:		
FCL QTY SIZE/TYPE（箱型箱量）:			VESSEL/VOYAGE（船名/航次）:		
FREIGHT & CHARGES（运费条款）:			B/L TYPE（提单种类）:		
MARKS & NOS. 唛头	CONTAINER NO. & SEAL NO. 柜号及封条	DESCRIPTION OF GOODS 品名	NO. OF PKGS 件数	G.W.（KGS）毛重	MEAS（CBM）体积
		IN TOTAL 总计			

图 2-11　提单补料

通俗地说，就是提单补料发货人将提单的内容先提供给货运代理（或船公司），他们再据此制作提单草本发给出口商确认。

SI 是由委托方/货方提供的，提供给船公司或其代理如船代、货运代理。

补料（SI）一般包括发货人、收货人、通知人的详细信息，以及集装箱号、铅封号、毛重、总立方数（CBM）、唛头、货物描述等。船公司及其代理（货运代理）需要这些资料来制作提单。

如果是 L/C 信用证，补料就要严格按照 L/C 或客户的要求来做，确保提单上的信息和信用证要求完全一致，包括要求船公司随同提单出具的船证（如有）等。常见船证有哪些？如船籍证明、航程证明、船龄证明、船级证明、班轮公会证明等。

（二）提供提单补料的作用

货方实际装柜的货物信息（如品名、数量、重量、体积），与给货运代理下订舱委托书时，订舱单上显示的货物信息可能不一致。那么货方就要在正本提单出来之前给货运代理一个详细且准确的装箱清单（Packing List），包括箱号、铅封号等。那么就能根据这个 SI 缮制最终的提单。

提柜、装货的时候，拖车公司（司机）能够提供柜号和封条号。因为司机拿着设备交接单（EIR）去堆场提箱后，就能拿到柜号和封条号。装货时或装好货后，货方要及时提供补料（包括柜号、封条号）给船公司或其代理。提箱单（S/O）上会有 SI Cut Off Time（截 SI 时间），货方必须在这个时间前提供准确全面的 SI 信息给船公司或其代理，否则很可能会产生改单费。对于提单改单费，不同船公司有自己的标准，一般是 200~500 元，甚至更高。因为可能还涉及改预配舱单，改 AMS（美国）等。

（三）截单（截 SI）时间和截关、载重的关系

截单时间一般比截关、载重时间早两天。比如：
预计截单时间（SI Cut Off）：2017-12-28 13：00（截补料通常比截关和载重早两天）
预计载重时间：2017-12-30 12：00（载重和截关时间通常是差不多的）
预计截关时间：2017-12-30 17：00
注意，提供提单补料一般是南方的做法，尤其是华南地区。在北方一般都由货运代理（或船公司）根据订舱委托书制提单草本，不必提供补料单。

二、提单补料的填制

（一）托运人（SHIPPER）

托运人一般为信用证中的受益人。如果开证人为了贸易上的需要，要求做第三者提单（THIRDPARTY B/L），也可照办。

（二）收货人（CONSIGNEE）

如要求记名提单，则可填上具体的收货公司或收货人名称；如属指示提单，则填为"指示"（ORDER）或"凭指示"（TO ORDER）；如需在提单上列明指示人，则可根据不同要求，做成"凭托运人指示"（TO ORDER OF SHIPPER），"凭收货人指示"（TO ORDER OF CONSIGNEE）或"凭银行指示"（TO ORDER OF ×× BANK）。

（三）被通知人（NOTIFY PARTY）

这是船公司在货物到达目的港时发送到货通知的收件人，有时即为进口人。在信用证项下的提单，如信用证上对提单被通知人有权具体规定时，则必须严格按信用证要求填写。如果是记名提单或收货人指示提单，且收货人又有详细地址的，则此栏可以不填。如果是空白指示提单或托运人指示提单则此栏必须填列被通知人名称及详细地址，否则船方就无法与收货人联系，收货人也不能及时报关提货，甚至会因超过海关规定申报时间而被没收。

（四）提单号码（B/L NO.）

提单号码一般列在提单右上角，以便于工作联系和核查。发货人向收货人发送装船通知（SHIPMENT ADVICE）时，也要列明船名和提单号码。

(五)船名(NAME OF VESSEL)

船名应填列货物所装的船名及航次。

(六)装货港(PORT OF LOADING)

装货港应填列实际装船港口的具体名称。

(七)卸货港(PORT OF DISCHARGE)

卸货港填列货物实际卸下的港口名称。如属转船,第一程提单上的卸货港填转船港,收货人填二程船公司;第二程提单装货港填上述转船港,卸货港填最后目的港如由第一程船公司出联运提单(THROUGH B/L),则卸货港即可填最后目的港,提单上列明第一和第二程船名。如经某港转运,要显示"VIA ××"字样。在运用集装箱运输方式时,目前使用"联合运输提单"(COMBINED TRANSPORT B/L),提单上除列明装货港、卸货港外,还要列明"收货地"(PLACE OF RECEIPT)、"交货地"(PLACE OF DELIVERY)以及"第一程运输工具"(PRE-CARRIAGE BY)、"海运船名和航次"(OCEAN VESSEL,VOY NO.)。填写卸货港,还要注意同名港口问题,如属选择港提单,就要在这栏中注明。

(八)货名(DISCRIPTION OF GOODS)

在信用证项下,货名必须与信用证上规定的一致。

(九)件数和包装种类(NUMBER AND KIND OF PACKAGES)

件数和包装种类要按箱子实际包装情况填列。

(十)唛头(SHIPPING MARKS)

信用证有规定的,必须按规定填列,否则可按发票上的唛头填列。

(十一)毛重、尺码(GROSS WEIGHT,MEASUREMENT)

除信用证另有规定者外,一般以公斤为单位列出货物的毛重,以立方米列出货物体积。

(十二)运费和费用(FREIGHT AND CHARGES)

运费和费用一般为预付(FREIGHT PREPAID)或到付(FREIGHT COLLECT)。如CIF或CFR出口,一般均填上运费预付字样,千万不可漏列,否则收货人会因运费问题提不到货。虽可查清情况,但拖延提货时间,也将造成损失。如是FOB出口,则运费可制作"运费到付"字样,除非收货人委托发货人垫付运费。

(十三)提单的签发、日期和份数

提单必须由承运人或船长或他们的代理签发,并应明确表明签发人身份。一般标示方法有:CARRIER,CAPTAIN,或"AS AGENT FOR THE CARRIER:×××"等。提单份数一般按信用证要求出具,如"FULL SET OF"一般理解成三份正本、若干份副本。等其中一份正本完成提货任务后,其余各份失效。提单还是结汇的必须单据,特别是在跟单信用证结汇时,银行要求所提供的单证必须一致,因此提单上所签的日期必须与信用证或合同上所要求的最后装船期一致或先于装期。如果卖方估计货物无法在信用证装期前装上船，应尽早通知买方，要求修改信用证，而不应利用"倒签提单""预借提单"等欺诈行为取得货款。

提单的背面条款及其依据：在全式（LONG TERM）正本提单的背面，列有许多条款。主要如下：

（1）定义条款（DEFINITION CLAUSE）：主要对"承运人""托运人"等关系人加以限定。

（2）管辖权条款（JURISDICTION CLAUSE）：指出当提单发生争执时，按照法律，某法院有审理和解决案件的权利。

（3）责任期限条款（DURATION OF LIABILLITY）：海运提单一般规定承运人的责任期限从货物装上船舶起至卸离船舶为止。集装箱提单则从承运人接受货物至交付指定收货人为止。

（4）包装和标志（PACKAGES AND MARKS）：要求托运人对货物提供妥善包装和正确清晰的标志。如因标志不清或包装不良所产生的一切费用由货方负责。

（5）运费和其他费用（FREIGHT AND OTHER CHARGES）：运费规定为预付的，应在装船时一并支付，到付的应在交货时一并支付。当船舶和货物遭受任何灭失或损失时，运费仍应照付，否则，承运人可对货物及单证行使留置权。

（6）自由转船条款（TRANSHIPMENT CLAUSE）：承运人虽签发了直达提单，但由于客观需要仍可自由转船，并不须经托运人的同意。转船费由承运人承担。

填制提单补料 SI

任务十 海运提单的填制

一、海运提单基础认知

（一）海运提单的概念

海运提单英文名 Bill of Lading，简称 B/L，一般是指正本提单，提单上注明有"Original"字样，由承运人正式签字盖章并注明签发日期（见图 2-12）。

图 2-12 海运提单

海运提单是承运人或货运代理根据发货人的要求所签发的货物收据，在将货物收归其照管后签发，证明已收到提单上所列明的货物；提单也代表所载货物的所有权，是一种货物所有权凭证，提单持有人可据以提取货物；提单还是发货人向银行结汇货款的主要单证之一。

正本提单必须由承运人或其海运代理手写签署或用签字印章等法定方式签发。为防止流通过程中遗失或延误而使银行或收货人无法及时收到提单，正本提单通常为一式三份，各份具有同等法律效力，在卸货港凭其中一份办理提货手续后，其他各份自动失效。

（二）海运提单的类型

（1）按是否有批注，分为清洁提单与不清洁提单。

清洁提单是指承运人或船方在收到货物或装载货物时，货物或外包装没有某种缺陷或不良情况的提单。不清洁提单是指承运人在收到货物或装载货物时，发现货物或外包装有不良情况，在提单上给予相应的批注。对于不清洁提单，银行会拒绝接受，无法议付。

（2）按是否已装船时签发提单，分为已装船提单和收讫备运提单。

前者是指提单上记载的货物已经装上提单所指明的船只后签发的提单，提单上明确记载装船的日期；后者是指托运人将货物交给承运人接管，因船公司船期关系，或船只尚未到港，暂存仓库由其保管，而凭仓库收据签发的备运提单。

（3）按运输方式，分为直达提单和联运提单。

前者是指装货船只自装货港直接到达最终目的港，中途不转船的提单。后者是指货物从装运港装船后，中途转换另一条船，或中途改换其他运输方式才到达目的港或目的地的提单。

（4）按提单的抬头，分为记名提单、不记名提单和提示提单。

记名提单，具体填写特定的人或公司。不记名提单，指不填具体收货人名称，即承运人将货物交给提单的持有人，谁持有提单，谁就可以提货。提示提单，是按记名人指示或不记名人指示而交货的提单。

（5）按航运的经营方式不同，分为租船契约提单和班轮提单。

租船契约提单是一种略式提单，在提单内加批"根据×××租船合同出立"的字样。大宗货物的托运人通常包租整船，租用一个航次或来回程，船东就与租船人订立租船合同。班轮提单是指由班轮公司承运货物后所签发给托运人的提单。

（6）按运费支付方式不同，分为运费预付提单和运费到付提单。

运费预付提单是指成交价格中 CIF、CFR 条件为运费预付，按规定货物托运时，必须预付运费。在运费预付情况下出具的提单，称为运费预付提单。运费到付提单是指运费由收货人在目的港提取货物时支付的提单。这种情况下，发货人没有预先支付运费，如以 FOB 价格术语成交货物买卖。

（7）按提单的格式和条款是否全面，分为全式提单和简式提单。

前者是指提单的正面和背面都有内容，全面记载了承运人和托运人的责任、义务和权利等方面的条款；后者只有正面有条款，而背面没有任何记载内容。

海运提单的出现大大简化了提货运输的手续。承运人可以根据托运人提供的提单进行提货运输，同样收货人也可以根据提单到港口提货，从而使航海运输的手续简化了、效率提高了。

(三)海运提单的作用

1. 提单是证明承运人已接管货物和货物已装船的货物收据

对于将货物交给承运人运输的托运人，提单具有货物收据的功能。不仅对于已装船货物，承运人负有签发提单的义务，而且根据托运人的要求，即使货物尚未装船，只要货物已在承运人掌管之下，承运人也有签发"收货待运提单"的义务。所以，提单一经承运人签发，即表明承运人已将货物装上船舶或已确认接管。

提单作为货物收据，不仅证明收到货物的种类、数量、标志、外表状况，而且还证明收到货物的时间，即货物装船的时间。

本来，签发提单时，只要能证明已收到货物和货物的状况即可，并不一定要求已将货物装船。但是，将货物装船象征卖方将货物交付给买方，于是装船时间也就意味着卖方的交货时间。而按时交货是履行合同的必要条件，因此，用提单来证明货物的装船时间是非常重要的。

2. 提单是承运人保证凭以交付货物和可以转让的物权凭证

对于合法取得提单的持有人，提单具有物权凭证的功能。提单的合法持有人有权在目的港以提单相交换来提取货物，而承运人只要出于善意，凭提单发货，即使持有人不是真正的货主，承运人也无责任。而且，除非在提单中指明，提单可以不经承运人的同意而转让给第三者，提单的转移就意味着物权的转移，连续背书可以连续转让。提单的合法受让人或提单持有人就是提单上所记载货物的合法持有人。

提单所代表的物权可以随提单的转移而转移，提单中所规定的权利和义务也随着提单的转移而转移。即使货物在运输过程中遭受损坏或灭失，也因货物的风险已随提单的转移而由卖方转移给买方，只能由买方向承运人提出赔偿要求。

3. 提单是海上货物运输合同成立的证明文件

提单上印制的条款规定了承运人与托运人之间的权利、义务，而且提单也是法律承认的处理有关货物运输的依据，因而常被人们认为提单本身就是运输合同。

如果在提单签发之前，承托双方之间已存在运输合同，则不论提单条款如何规定，双方都应按原先签订的合同约定行事；但如果事先没有任何约定，托运人接受提单时又未提出任何异议，这时提单就被视为合同本身。

一般来说，海运提单最显著的作用便是作为海上运输合同的证明文件，而且在提单上还会对承运人的相关义务和权利进行详细的记载。当然，如果出现运输上的纠纷，海运提单还会是重要的证据。

(四)海运提单的提货形式

1. 正本提单提货

承运人及其代理人负有凭正本提单交付货物的义务，同样收货人或提单受让人必须凭正本提单才能提取货物。在集装箱班轮业务实践中，收货人必须凭经适当正确背书的正本提单从船公司或其代理处换取提货单，办理进口手续后，再凭提货单到堆场、仓库等存放货物的现场提取货物。

提单放货的基本原则是：若收货人不出具正本提单不放货；在收货人未付清运费或其他相关费用的情况下不放货；若承运人或代理对收货人出具的正本提单有异议，则应核对确认无误后放货；若提单为指示提单，收货人一栏内有"To Order"或"To the Order of a Shipper/or a Bank"字样，则提单背面必须有托运人背书或与收货人一栏内容相对应的那一方或银行的背书。

2. 无正本提单凭保函提货

在通常情况下，在已经签发了提单的情况下，收货人要取得提货的权利，必须以交出正本提单为前提条件。然而，有时由于提单邮寄延误，或者作为押汇的跟单票据的提单未到达进口的银行，或者虽然提单已到达进口的银行，但因为汇票的兑现期限的关系，在货物已运抵卸货港的情况下，收货人还无法取得正本提单，也就无法凭正本提单来换取提货单提货。此时，按照一般的航运习惯，收货人就会出具由一流银行签署的保证书（无正本提单提货担保函）交换提货单后提货。船公司同意凭保证书交付货物是为了能尽快地交货，而且除有意欺诈外，船公司可以根据保证书将因凭保证书交付货物而发生的损失转嫁给收货人或保证银行。但是，由于违反了运输合同的义务，船公司对正当的提单持有人仍负有赔偿一切损失责任的风险。因此，在保证书中，船公司一般都会要求收货人即时履行解除担保的责任等，即要求收货人在取得提单后及时交给船公司，以恢复正常的交付货物的条件。

3. 以电放提单提货

电放（Telex Release/Surrender）是指托运人将货物装船后不领取正本提单，或在领取提单后将已签发的全套正本提单交回承运人，由承运人以电传、电报、电邮等通信方式通知目的港承运人或其代理人，在收货人不出具正本提单的情况下交付货物。

当货物运往近洋航线时，由于到港时间快，为避免货物抵港时正本提单尚未到达收货人而无法及时提取货物的情况出现，实践中就产生了电放的做法。此外，有些货主要求电放提单也是出于节省提单递交成本的目的。使用电放需要注意的问题：承运人不能交错货；托运人（卖方）应能收到货款；收货人（买方）应能提到货物。

提单安排电放时，由于与传统的做法不同，提单签发人都会要求放弃正本提单的货主出具保函（电放保函）证明是货主自己放弃正本提单的，如果出现问题则由货主自行负责。提单电放手续安排完毕后，船公司通常会给发货人一份提单副本，或在收回的正本提单上加盖"B/L Surrendered"章。发货人可将提单副本或电放单副本通过传真、电邮等形式发送给收货人，收货人在目的港凭借提单副本和电放保函提货。

4. 以海运单提货

海运单（Seaway Bill，SWB）是证明海上货物运输合同和货物已经由承运人接管或装船，以及承运人保证将货物交给指定地点收货人的一种不可转让流通的单证。

1977年1月，联合国标准班轮运单在大西洋航线上被22家英国航运公司首用，从此这种被称为海运单的单证便为许多著名的船公司所采用并发展。我国的船公司于20世纪90年代中期开始使用海运单。海运单的主要作用有两个：它是承运人收到货物，或者货物已经转船后，签发给托运人的一份货物收据；它是承运人与托运人之间订立海上运输合同的证明。因此，海运单是一种不可转让流通的单证，它与提单最大的区别是不具备"物权凭证"的性质。在实践中，承运人要求托运人提供海运单保函。

由于海运单不是物权凭证，所以收货人在卸货港提取货物时并不需要持有和出具正本的海运单，只需要确认自己的收货人身份后就可以取得提货单提货。海运单的这种特征使其能够适应海上运输时间缩短后对单证的要求，发货人可以为其客户提供更简易迅速的服务，并使承运人和收货人都能从中获得方便。与提单相比,当货主不需要转让运输途中货物的情况时,由于海运单本身所具有的特点以及简便的单证流转程序,使用海运单提货更简便、更及时、更安全。

5. 海运单的特点

(1) 海运单只具有货物收据和运输合同证明这两种性质,它不是物权凭证。

(2) 海运单提单收货人栏不能做成指示性抬头,而必须缮制确定的具体收货人,因此不能转让流通。即海运单只能签发记名提单,而不能出现"To Order"字样。

(3) 海运单是记名提单,不可以通过背书进行转让,因此收货人提货时无须出具海运单正本给承运人,而仅凭提货通知或其身份证明即可办理提货手续。

(4) 海运单是简式单证,不用列明海运提单背面的条款。

6. 海运单流转

(1) 承运人签发海运单给托运人。

(2) 承运人在船舶抵达卸货港前向海运单上记名的收货人发出到货通知书。到货通知书表明这批货物的运输是根据海运单进行的。

(3) 收货人在目的地出示有效身份证件证明他确是海运单上记载的收货人,并将其签署完的到货通知书交给承运人的办事机构或当地代理人,同时出示海运单副本。

(4) 承运人或其代理人签发提货单给收货人。

一旦这批货物的运费和其他费用结清,同时办好海关等所有按规定应办理的手续,收货人就可以提货。需要说明的是,正是海运单不具备"物权凭证"的性质,对于那些需转让、流通的货物,或买卖双方需凭物权凭证进行付款、转让货权的货物,或双方以信用证作为结算方式时,以及合同双方对买方的偿付能力或卖方的履行合同能力与意愿有任何怀疑时,海运单都不能取代传统的提单。

二、海运提单的填制

(一) 提单正面的项目

根据1993年7月1日公布实施的《中华人民共和国海商法》第七十三条规定,提单正面应记载以下各项:

(1) 货物的品名、标志、包数或者件数、重量或者体积以及运输危险货物时对危险性质的说明。

(2) 承运人的名称和主要营业所。

(3) 船舶名称。

(4) 托运人的名称

(5) 收货人的名称。

(6) 装货港和在装货港接收货物的日期。

(7) 卸货港。

(8) 多式联运提单增列接收货物地点和文件货物地点。

(9) 提单的签发日期、地点和份数。

(10) 运费的支付。

(11) 承运人或者其代表。

提单缺少本款规定的一项或者几项的，不影响提单的性质。提单正面记载的事项，在法律上具有初步证据。

（二）注意事项

（1）托运人（SHIPPER）：一般为信用证中的受益人。如果开证人为了贸易上的需要，要求做第三者提单（THIRDPARTY B/L），也可照办。

（2）收货人（CONSIGNEE）：如要求记名提单，则可填上具体的收货公司或收货人名称；如属指示提单，则填为"指示"（ORDER）或"凭指示"（TO ORDER）；如需在提单上列明指示人，则可根据不同要求，做成"凭托运人指示"（TO THE ORDER OF SHIPPER），"凭收货人指示"（TO THE ORDER OF CONSIGNEE）或"凭银行指示"（TO THE ORDER OF XX BANK）。

（3）被通知人（NOTIFY PARTY）：船公司在货物到达目的港时发送到货通知的收件人，有时即为进口人。在信用证项下的提单，一般为信用证的申请人，如信用证上对提单被通知人有具体规定时，则必须严格按信用证要求填写。如果是记名提单或收货人指示提单，且收货人又有详细地址的，则此栏可以不填。如果是空白指示提单或托运人指示提单则此栏必须填列被通知人名称及详细地址，否则船方就无法与收货人联系，收货人也不能及时报关提货，甚至会因超过海关规定的申报时间而被没收。

（4）提单号码（B/L NO.）：一般列在提单右上角，以便于工作联系和核查。发货人向收货人发送装船通知（SHIPMENT ADVICE）时，也要列明船名和提单号码。

（5）船名（NAME OF VESSEL）：应填列货物所装的船名及航次。

（6）装货港（PORT OF LOADING）：应填列实际装船港口的具体名称。

（7）卸货港（PORT OF DISCHARGE）：填列货物实际卸下的港口名称。如属转船，第一程提单上的卸货港填转船港，收货人填二程船公司；第二程提单装货港填上述转船港，卸货港填最后目的港如由第一程船公司出联运提单（THROUGH B/L），则卸货港即可填最后目的港，提单上列明第一和第二程船名。如经某港转运，要显示"VIA X X"字样。在运用集装箱运输方式时，使用"联合运输提单"（COMBINED TRANSPORT B/L），提单上除列明装货港、卸货港外，还要列明"收货地"（PLACE OF RECEIPT）、"交货地"（PLACE OF DELIVERY）、"第一程运输工具"（PRE-CARRIAGE BY）、"海运船名和航次"（OCEAN VESSEL, VOY NO.）。填写卸货港，还要注意同名港口问题，如需选择港提单，就要在这栏中注明。

（8）货名（DESCRIPTION OF GOODS）：一般需要与货物出口时向当地海关申报的品名一致，在信用证项下货名必须与信用证上规定的一致。

（9）件数和包装种类（NUMBER AND KIND OF PACKAGES）：要按箱子实际包装情况填列。

（10）唛头（SHIPPING MARKS），信用证有规定的，必须按规定填列，否则可按发票上的唛头填列。

（11）毛重、尺码（GROSS WEIGHT, MEASUREMENT）：除信用证另有规定者外，一般以公斤为单位列出货物的毛重，以立方米列出货物体积。

（12）运费和费用（FREIGHT AND CHARGES）：一般为预付（FREIGHT PREPAID）或到付（FREIGHT COLLECT）。如CIF或CFR出口，一般均填上运费预付字样，不可漏列，否则收货人会因运费问题提不到货。虽可查清情况，但拖延提货时间，也将造成损失。如是FOB出口，则运费可制作"运费到付"字样，除非收货人委托发货人垫付运费。

（13）提单的签发，日期和份数：提单必须由承运人或船长或他们的代理签发，并应明确标明签发人身份。一般标示方法有：CARRIER，CAPTAIN，或"AS AGENT FOR THE CARRIER：×××"等。提单份数一般按信用证要求出具，如"FULL SET OF"一般理解成三份正本，若干份副本。等其中一份正本完成提货任务后，其余各份副本失效。提单还是结汇的必需单据，特别是跟单信用证结汇时，银行要求所提供的单证必须一致，因此提单上所签的日期必须与信用证或合同上所要求的最后装船期一致或先于装期。如果卖方估计货物无法在信用证装期前装上船，应尽早通知买方，要求修改信用证，而不应利用"倒签提单""预借提单"等欺诈行为取得货款。

海运提单的填制

任务十一　海运 FCR/HBL 制作

一、无船承运人提单（HBL）

（一）无船承运人提单

无船承运人提单，就是货运代理公司或者物流公司以自己作为承运人，与发货人签订货物运输合同而签发的提单。为了便于理解，可以把货运代理公司或者物流公司想象成船公司，只是他们没有自己的运输船舶，不得不以自己作为发货人，又与船公司签订货物运输合同，也就是说，有两个货物运输合同。当然，合同的双方是不同的，也就是说，提单的内容是不同的，这与我们日常生活中的转包合同性质类似。

（二）与船东提单的区别

（1）HBL 是货运代理签发的提单，不能依此来提货；MBL 是船东签发的提单，可以依此来提货。

（2）HBL 不管是到付还是预付，都可以给发货人；MBL 如果是到付一般不给，船公司要控制货物，但是预付可以给发货人；有时船务公司是客人直接指定的。

（3）HBL 的抬头一般是客人指定的货运代理的抬头，签字也是货运代理公司的；MBL 的抬头是船务公司的抬头，比如：走 YANGMING，他的抬头就是 YANGMING LING，签字也是 YANGMING。

（4）提货时，要用 HBL 来换 MBL 才能提到货物。

二、货运代理人收讫货物证明

（一）货运代理人收讫货物证明的定义

FCR（Forwarders Certificate of Receipt）是货运代理人收讫货物的证明，是国际货物运输代理协会联合会（FIATA）给其组织内部国际货运代理人推荐使用的单据。

从 FCR 的字面含义看，该单据仅是货运代理人收到货物后出具的收据而不是运输单证，但根据 FIATA 出具的 FCR 样本和 FCR 的使用情况，货运代理人均在 FCR 正面显著位置记载："我们基于不可撤销的指示将货物置于收货人控制之下或交予收货人。"在 FCR 仅记载"将货物置于收货人控制之下"时，货运代理人和收货人之间属于委托合同法律关系，货运代理人根据收货人的指示为收货人收集货物、进行拼箱、租船订舱等。此时 FCR 仅具有货物收据的功能，不是海上货物运输单证。目前，许多国际超市买家如 Wal-Mart、K-Mart 等，多采用这种方式。

但当 FCR 记载"将货物交予收货人"，即货运代理人承诺按照 FCR 记载的运输要求"运送"货物至目的地时，则货运代理人实际上处于无船承运人的法律地位，其签发的 FCR 应视为运输单证，是运输合同的证明，受《中华人民共和国海商法》的调整，应属于"提单以外的单证"。《中华人民共和国海商法》第八十条第一款规定：承运人签发提单以外的单证用以证明收到待运货物的，此项单证即为订立海上货物运输合同和承运人接收该单证中所列货物的初步证据。

常见情形：买家于出口地采购数量大，或者有代理商代理采购，或者有分公司直接下单采购的时候，货物集中运送，除可以节省运送时间外，还能节省运费。因此代理商或者分公司往往指示出口商或者供应商将货物交给承运人，由承运人预先向船公司包下若干货柜，而后由承运人负责装柜，待货物运抵卸货港或目的地时，再由承运人负责领柜或分送至不同地区的收货人，如此可以节省不少时间和费用。

（二）FCR 的特点

（1）FCR 一般只出现在 FOB 条款下；
（2）FCR 只是收据，而非提单这样的物权证明；
（3）FCR 如同货物收据（Cargo Receipt）似的，谁都可以开具；
（4）进口商不需要 FCR 就能够提货；
（5）表面上的风险承担方是承运方。

（三）区分提单

货运代理人签发的 FCR 和提单有相同之处，均是海上货物运输合同的证明和承运人接收货物的收据。但两者至少存在以下区别：

1. 提单是承运人保证据以交付货物的单证

提单是承运人保证据以交付货物的单证，而 FCR 不具有该特点。

海商法明确规定，提单中载明向记名人交付货物，或者按照指示人的指示交付货物，或者向提单持有人交付货物的条款，构成承运人据以交付货物的保证。因此，如果是记名提单，承运人应向记名的收货人交付货物；如果是指示提单，承运人应按指示人的指示交付货物；如果是不记名提单，承运人应将货物交给提单持有人。如果承运人未凭提单交付货物则应对根据提单有权提货的人因此遭受的损失负赔偿责任。而海商法未规定 FCR 等提单以外的单证也是承运人据以交付货物的保证，因此承运人不凭 FCR 将货物交付收货人不违反法律的规定。FCR 一般都在正面显著位置明确记载"货物将直接发送收货人"，只要托运人接受了该单据，即应受该项约定的约束，因此承运人不凭 FCR 将货物交付给收货人也不违反运输合同的约定。可见，在用 FCR 代替提单的运输方式下，承运人直接向收货人交付货物既不违法也不违约，无须对托运人因此受到的损失承担赔偿责任。

2. FCR 的局限性

FCR 一般只出现在 FOB 价格条款和 EXW（工厂交货）价格条款下，提单的使用则无此局限。

在 FCR 运输方式下，货物买方多为著名的国际超市或大型建筑项目的采购商，这些客户的订单一般具有量大、周期长的特点，一份订单很可能分多次运输，买方为节省时间和运费，在订立买卖合同时常常要求采用 FOB 价格条款或 EXW 价格条款，毕竟船公司给大买家的运费要比给普通客户的运费低得多。在上述价格条款下，货物运输由买方控制，买方往往指定卖方将货物交给货运代理人，由货运代理人预先向船公司包下若干货柜，而后由货运代理人负责装柜，待货物运抵目的地时，再由货运代理人在目的地的代理人负责领柜并分送至不同地区的收货人。从上述业务操作流程可以看出，与船公司签订海上运输合同的是货运代理人而不是托运人，因此托运人将货物交给货运代理人以后得到的单据是 FCR 而不是海运提单，除非托运人在签订买卖合同时不同意用 FCR 代替海运提单。而提单的适用一般与买卖合同约定的价格条款无关，只要买卖合同约定凭提单结汇，则货物由承运人接收或者装船后，只要托运人提出要求，承运人就应当签发提单。

3. 银行接受提单和 FCR 的条件有所不同

跟单信用证统一惯例（UCP500）第 30 条规定：除非信用证另有授权，银行仅接受运输行签字的在表面上注明下列内容的运输单据：注明作为承运人或多式联运经营人的运输行名称，并由作为承运人或多式联运经营人运输行的签字或以其他方式证实。或注明承运人或多式联运经营人的名称，并由作为承运人或多式联运经营人的具名代理人或代表的运输行签字或以其他方式证实。提单作为承运人签发的运输单据，是物权凭证，属于 UCP500 接受的运输单据的范畴。而 FCR 的签发人为货运代理人，FCR 只具有货物收据的作用，仅表明货运代理人将根据约定将货物发送到目的地，不代表物权，不具有"通过将纸面单据（Paper Document）交给另一方就将在途货物的权利转移给另一方"的功能，所以通常该运输单据不被银行所接受，除非开证人在信用证中明示"FCR 是可接受的"。

4. 提单和 FCR 的可转让性不同

海商法规定，除记名提单外，指示提单和不记名提单均可转让。可转让性意味着提单持有人可以在目的地通过提交单证来获得货物所有权，而不论此时的提单持有人是否是和货物托运人签订买卖合同的买方。FCR 与提单不同，在目的地交付货物并不依赖 FCR 的转递，原因在于 FCR 不具有与交付相关的固有属性即可转让性，FCR 是不可转让的单证，货物只能交给 FCR 记名的收货人。

（四）风险管理

FCR 的风险是显而易见的。但是因为采用这种方式的进口商多为著名的国际超市买家，"信誉良好"，所以出口厂商和银行也普遍接受这一条款。由于买家所选择的承运人都是颇具实力且关系良好的船代，一般也不会有什么问题。此外，在 FCR 条件下，对厂家来说，往往做 FOB 比做 CNF 的价格要划算些，毕竟船公司给大买家的运费，要比给普通厂商的低得多（欧基港几乎低 1/3，且不受季节波动影响），这对厂商具有一定的吸引力。

在实际操作中，实际上 FCR 是由出口厂商来承担风险的。因为超市买家的订单，一般都有量大、周期长的特点，一张订单很可能会分多次出货，一年多才出完也很常见。在这个过程中，一旦出现问题（很多时候还不是明显的谁对谁错的问题，而是意见分歧），买家就会掌握主动权，利用 FCR/FTBL 的特点，先行提货，不影响自己的销售，同时找个理由暂时不赎单、不给钱，让出口厂商因资金周转压力而就范。除非出口厂商与买家撕破脸打官司，但这种情况显然不太可能：劳神费力花钱不说，剩下的货物怎么办？罐头产品季节性强，资金占用多，已经为某个买家生产的货物，转卖给他人往往损失颇大。综合考虑各项因素后，出口厂家多半会选择吃点亏息事宁人。

因此，对于 FCR 要相当谨慎。特别对于那些容易出问题的单，如原料紧张、价格波动大、订单下得太晚等，宁愿承担运费波动风险，也要坚持采用 CNF。

海运 FCR、HBL

任务十二　海运出口结算业务操作

一、海运常见费用

海运价格除了纯运费外，还有各种杂费，这些杂费有些是船东收取的，有些是出货港/目的港码头收取的，还有些是货运代理自己立名目收取的。而且很多费用并无明确的标准，非常灵活。除了向发货人收取外，有些费用还会向收货人收取。这就很容易产生两个陷阱：一是某些货运代理巧立名目多收费用；二是货运代理在收货人和发货人之间调节、转移部分费用。

一般地，发货人找的货运代理，发货人就是主顾，货运代理就会尽量压低费用来取悦发货人，于是少收费用，而在目的港多收客户（收货人）的钱，反之亦然。这就是为什么同样一批货物，如果是 CIF，自己找货运代理，费用就比较低；而做 FOB，因客户指定货运代理，人民币杂费就高出很多。

由此可见，不能贪图一时便宜，以为价格越低就越好。而一定要事先确定好价格的构成，避免某些货运代理出运后乱收费转嫁给客户，影响跟客户的长期合作。

首先需要对运杂费的构成有一定了解，学会分辨行规收费项目和乱收费。

（一）常见的杂费

ORC：Origin Receiving Charge，起运港码头附加费；

DDC：Destination Delivery Charge，目的港提货费；

THC：Terminal Handling Charge，码头操作（吊柜）费；

BAF：Bunker Adjusted Factor，燃油附加费，或称 FAF（Fuel Adjusted Factor）；

CAF：Currency Adjustment Factor，货币贬值附加费；

DOC：Document，文件费；

PSS：Peak Season Surcharge，旺季附加费；

AMS：America Manifest System，美国舱单系统。

（二）CIC 费用

CIC 费用是 Container Inbalance Charge 的缩写，中文意思是"集装箱不平衡附加费"，又被翻译成"设备管理费"。CIC 费用的形成原因主要有以下几方面：

（1）世界各班轮航线货物运输的季节性变化导致货流量不平衡：年初通常是西方国家货物运输的淡季，四五月份箱量逐渐上升，贸易额数量开始增多，到圣诞节前又会引来贸易额增多的一个小高潮。

（2）航线两端国家或地区的贸易额不平衡：中国等东亚国家出口到欧洲的货物远多于从欧洲进口到中国等东亚地区的货物，远东北美航线也同样存在类似显著问题。

（3）进出口货物种类和性质的差异以及运费、装卸费标准的不同，也造成了进出口集装箱的不平衡。

其实，CIC 费用是一个继 EBS 费用后，又一霸王费用。但目前我国出口的班轮都掌握在各船公司联盟手中，为了赚取更大利润，这些船公司不断附加杂费。

（三）CFS 费用

CFS（Container Freight Station）是处理拼箱货的场所，主要办理拼箱货的交接，配载积载后，将箱子送往 CY[Container Yard，集装箱（货柜）堆场]，并接收 CY 交来的进口货箱，进行拆箱、理货、保管，最后拨给各收货人。同时也可按承运人的委托进行铅封和签发场站收据等业务。

CFS 的费用，通常是以一方支付多少费用来核算的。因为 CFS 是拼箱产生的费用，所以在装运港和目的港都可发生。在 FOB 条件下，CFS 这项费用单独列出来向出口商或工厂收取。因为在 FOB 条件下，运费是到付的，所以装运港的费用不计算在运费内。而在 CIF 条件下，装运港的 CFS 费用已经包含在货运代理报的海运价之内，所以在装运港不再单收 CFS。但进口商在目的港还是要付当地的 CFS 费用。

（四）EBS 费用

EBS 费用的全称为 Emerent Bunker Surchanges，中文意思是"紧急燃油附加费"。该费用一般是因为国际原油价格不断攀升，超过了船东的承受能力，所以船东在行情比较淡、无法增加海运费的情况下，为了减少成本损失，而增加费用。

EBS 是一个临时性的附加费，一般情况不会延续太长时间，而且 EBS 在不同时期、不同地区的收费也不同。

FOB 条件下需要支付 EBS 费用吗？答案是不需要。EBS 是海运费的一个附加费，不属于 FOB 当地费用，所以客户做 FOB 时不需要支付 EBS 费用。但是，目前一些船公司无法跟客户收到本费用，于是将 EBS 转嫁到 FOB 客户身上。

（五）Local Charge（当地费用）

Local Charge 从字面翻译就是"当地费用"，一般是指在除了国际空（海）运费以外的，在"对方国家"产生的其他费用。其中包括：报关费、检验检疫费、文件费、安检费、堆存费、仓储费、到门提（送）货费等各种费用。但"对方国家"的海关税费一般不包括在内。

在通常使用 FOB、CIF 术语中，对于我国进出口企业来讲，一般并不产生 Local Charge。

出口 CIF，Local Charge 由对方国家的收货人承担。

进口 FOB，Local Charge 由对方国家的发货人承担。

只有涉及门运输的货物，如门到门、港到门、门到港货物，才会产生 Local Charge。

如：进口 EXW，工厂提货。从对方国家生产厂家提货一直到货物起运这一段的 Local Charge 都要由我国的进口商承担。

出口 DDU 或 DDP，费用付至指定目的地。从货物到达对方国家港口，一直到送至收货人指定地点之间所发生的 Local Charge 都要由我国的出口商承担。

Local Charge（当地费用）包括以下几种（具体费用只作参考，没有实际意义）：

订舱费：一般来说，有 RMB290/20'，RMB420/40'GP/HQ。

报关费：RMB100~120/份（如果一票货有 N 家，那么报关费合计为 100N。另外，品名超过 5 个的，每增加 5 个也要加钱，我们付给报关行就是这样的 RMB30/+5 品名）。

THC：RMB370/20'，RMB560/40'GP/40'HQ（付给港区码头的）。

文件费：船公司收 RMB115/BILL。

操作费：RMB150~200（一般到付货有，预付货没）。

AMS：USD25/RMB210（美加线）。

二、几种贸易方式间的费用承担

（一）工厂交货价（EXW，Ex Works）

交货地点：出口国工厂或仓库；

运输：买方负责；

保险：买方负责；

出口手续：买方负责；

进口手续：买方负责。

（二）离岸价（FOB，Free on Borad）

交货地点：装运港；

运输：买方负责；

保险：买方负责；

出口手续：卖方负责；

进口手续：买方负责。

（三）到岸价（CIF，Cost+Insurance+Freight）

交货地点：装运港；

运输：卖方负责；

保险：卖方负责；

出口手续：卖方负责；

进口手续：卖方负责。

（四）成本加运费（CFR，Cost+Freight）

交货地点：装运港；

运输：卖方负责；

保险：买方负责；

出口手续：卖方负责；

进口手续：买方负责。

任务十三　认识海运进口流程

一、进口货运作业程序

（一）传递货运单证

以往主要由出口港在船舶开航后，寄送货运单证至到达进口集装箱管理部门。现在我国的主要集装箱码头已开始采用单证 EDI 来完成。

（二）集装箱卸船准备

船舶抵港前几天，船公司或其代理人应将下述单证送交码头业务部门：
（1）货物舱单（Cargo Manifest）；
（2）集装箱清单（Container Loading List）；
（3）积载图（Stowage Plan）；
（4）集装箱装箱单（Container Load Plan，CLP）；
（5）船舶预计到港通知书；
（6）装船货物残损报告；
（7）特殊货物表。

码头堆场根据这些单证，结合码头实际情况，安排卸货准备，并制订集装箱卸船计划、堆场计划、交货安排等。

（三）卸船与堆放

码头堆场根据制订的卸船计划、堆场计划从船上卸下集装箱，堆放到堆场指定的箱位，应注意以下事项：
（1）空箱与重箱应分开堆放；
（2）了解重箱内货物的详细情况；
（3）是否要安排中转运输；
（4）在码头堆场交货，还是在货运站交货；
（5）预定的交货日期。

（四）交　货

根据不同的交货对象，有如下主要业务：

（1）交付给收货人：当收货人或其代理人前来提取集装箱时，应出具船公司或其代理人签发的提货单，经核对无误后，码头堆场将集装箱交给收货人或其代理人。交货时，码头堆场和收货人双方在交货记录上签字交接，如对所交接货物有批注，应将该批注记入交货记录。交货记录是证明承运人责任终止的重要凭证。

（2）交给集装箱货运站：如是拼箱货，则由集装箱货运站从码头堆场上将集装箱运至货运站，并由其拆箱将货物交付给收货人。拼箱货提货前，先由船公司委托的货运站与码头堆场取得联系，凭经海关放行的交货记录从堆场领取集装箱，双方办理交接手续，在集装箱装箱单上签字，作为货箱交接的依据。收货人或其代理凭船公司签发的提货单到货运站提货，经货运站核对无误后，即可交货，双方并在交货记录上签字交接。

（3）交给内陆承运人：如集装箱原封不动运往内地交货地点，码头应与船公司或其代理取得联系后，把集装箱交给内陆承运人。如海上承运人责任终止于码头堆场，则以交货记录进行交接；如内陆承运人作为海上承运人的分包承运人，海上承运人则对全程运输负责，码头堆场和内陆承运人只需办理内部交接手续，在集装箱运至交货地点后再办理交货记录。

（五）有关费用收取

码头堆场在将集装箱交给收货人时，应核查货物是否发生了保管费、再次搬运费等费用，如发生上述各项费用，则码头堆场应在收取费用后，再交付集装箱。

（六）编制交货报告及未交货报告

码头堆场在交货结束后，编制交货报告送交船公司或其代理，作为船公司在处理收货人提出货物丢失或损坏要求赔偿的依据；如发生收货人不按时提货，应编制未交货报告送交船公司，由船公司据以催提，如收货人长期不来码头堆场提货，则应按有关规定处理。主要进口货运作业单证如下：

（1）提货单；
（2）卸箱清单；
（3）理货单证；
（4）集装箱催提单和催提进口货清单；
（5）拆箱单；
（6）交货记录；
（7）到货通知单。

二、两种海运进口方式

（一）货代自揽进口货

这种货载也分为整箱货及拼箱货，包括贸易货和内贸货，或者散杂货等。货代的进口运价成本必须由国外代理报备，所以货代向进口商报价前均需向国外代理询问并确认报价。有些实力比较强的国外代理，会定期发送其整箱的船公司约价或拼箱货的报价表给中国货代，以便中国货代能够承揽更多的FOB进口货载。所有类型进口货载的操作流程基本一致，基本操作流程如图2-13所示。

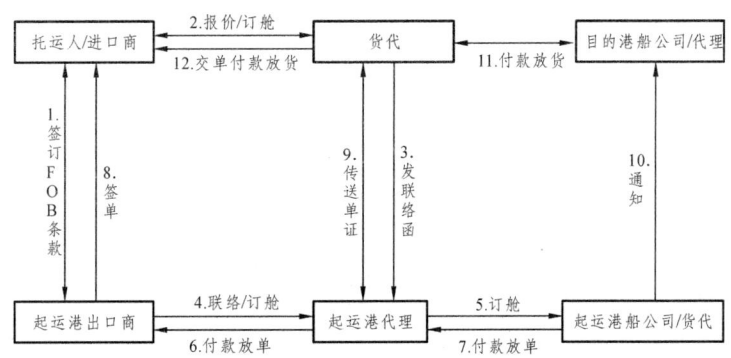

图2-13 货代自揽进口货基本操作流程

（1）中国进口商与国外出口商签订FOB贸易条款合同，由中国进口商指定货代安排货物付运相关事宜。

（2）中国货代业务员向中国进口商报价并取得其BOOKING后，要求托运人在BOOKING上注明国外出口商的详细资料、货物类型、卖价、条款、起运港、进口港、出货时间等，转交给操作人员跟进。

（3）中国货代操作人员收到BOOKING后，相应制作指定货联络函（ROUTINGORDER，以下称RO）以邮件方式发送给相应的出口地国外代理或分公司，指示其代为跟进并处理此票进口指定货。RO上需注明与中国进口商BOOKING一致的相关要求。

（4）国外代理或分公司收到RO后，会联系出口商确认出货时间，安排合适的船期，并将具体信息回复给中国货代操作人员。中国货代操作人员收到国外代理的回复后，需认真查看代理方面针对RO提出的特别要求是否可以满足及确认，船期是否符合要求，或者有无其他的特别反馈信息，如贸易条款有异、货款未结、货物有问题等，相关细节均须与进口商一一核实后方可通知国外代理安排出货。

（5）国外代理或分公司根据出口商的托运单要求相应向船公司/货代订舱，并协助出口商安排相关出货、报关、付运事宜。

（6）货物装船付运后，国外代理或分公司与出口商结清相关运杂费并发放HBL。

（7）国外代理或分公司进而与船公司/货代结算运杂费并电放或领取正本MBL。

（8）国外出口商领取正本HBI后，备齐其他所需单证如装箱单、发票、产地证等，一起递交银行议付或寄予中国收货人办理清关提货手续。

（9）货物装船付运后，国外代理需将全套单证资料（HBL、MBL、舱单、账单等）及时传送给中国货代操作人员。中国货代操作人员收到后必须再次核对单证的资料是否有误，代理、船公司提单是正本、电放或是海运单，代理账单是否正确等。

（10）货物装船付运后，起运港船公司/货代也须将货物资料及时传送给目的港船公司/代理，指示其办理相关放货事宜。

（11）货物到港前，中国货代操作人员根据文件资料相应联系进口的船公司/代理确认货物到港时间、需支付的进口杂费及提交舱单时间，及时提交舱单、付款，并领取DO。这里需要特别注意的是，一类港口与二类港口的进口舱单接收和处理方式稍有差异：一类港口是大船直靠港，所以货代公司必须在船靠港前将正确的进口舱单资料提供给船公司或其指定的船代，由其发送给进口地海关；二类港口一般经香港中转，货物在香港卸船后需换装二程船（驳船）载运到最终目的地，所以进口舱单资料须在二程船开航前提供给船公司指定的驳船公司，由其发送给进口地海关。

（12）中国货代操作人员通知进口商及时交单、付款并领取DO清关提货。

备注：货代公司承揽的进口货载，不仅包括直客货，也包括同行货，操作程序均一致。

（二）国外代理出口货

国外代理出口货是国外代理承揽的货载，出口到中国后由中国货代代为处理相关进口放货事宜。操作程序相对来说比较简单，基本操作流程如图2-14所示。

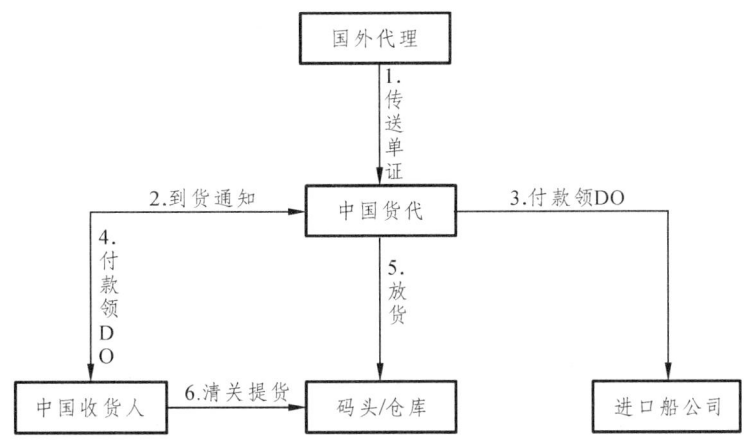

图 2-14 国外代理出口货基本操作流程

（1）国外代理于货物装船付运后将全套单证资料传送给进口地中国货代。中国货代进口操作人员收到国外代理发送的资料后，需认真查看相关单证和代理的要求，如货物属整箱货、拼箱货，还是散杂货等，进口商联系资料是否清晰准确，运费是到付或是预付，HBL 或 MBL 是电放还是正本，是否有代收费用等，务必提前和国外代理确认清楚相关细节。

（2）货物到港前，中国货代操作人员根据文件资料相应联系进口的船公司/船代，确认到港时间，发到货通知与进口商确认进口清关资料，并及时提交进口舱单给船公司/船代。

（3）中国货代预先支付船公司/船代相关进口运杂费并领取进口 DO。

（4）中国货代转而通知收货人付费并领取进口 DO。

（5）收货人付费并领取进口 DO 后，中国货代通知码头或仓库放货。

（6）收货人完成进口清关手续后提货。

备注：此类进口货物的提单收货人也有可能是同行，操作程序一致。

任务十四　海运进口报关操作

一、海运进口报关流程

海运进口报关是指将进口货物从海运港口运送至境内，并进行报关手续的过程。整个报关流程一般包括报关单填制、验放手续、商品申报和税费缴纳等环节。企业需提供正确和完整的进口商品信息、货物分类以及货值等内容，以确保报关的准确性和合规性。

（一）海运进口报关流程的详细步骤

（1）报关单填制。企业需要根据进口商品的具体情况填写报关单，包括填写货物分类、数量、价格和品牌等信息。报关单一般由进口企业或其报关代理填写，并通过电子报关系统提交给海关。

（2）验放手续。验放手续是海关对进口货物进行检验、查验和放行的环节。海关根据进口货物的情况，可能选择目视查验、抽样检验或者电子联网查验等不同的检验方式。企业需要按照海关的要求提供相应的证明材料和样品，以配合海关的检验工作。

（3）商品申报。商品申报是指海关对进口货物的申报信息等进行检验。根据不同商品的特点，对不符合要求的商品进行查扣或退运等处理。

（4）税费缴纳。海关对进口货物征收进口关税和增值税。企业在进口货物完成通关手续后，需要根据实际征收标准缴纳相关的税费。企业可以选择自行缴纳税费或委托报关代理代缴。

（二）报关流程中的专业知识

（1）进口货物的HS编码。HS编码是对进口货物进行分类的国际通用编码。企业在海运进口报关前，需要准确确定货物的HS编码，以便正确填写报关单和进行相关税费计算。

（2）报关单的填写要求。报关单的填写是整个报关流程的关键环节。企业需要了解报关单的格式和要求，并按照海关的规定填写相关信息。准确填写报关单可以避免因错误填写导致的延误和额外费用。

（3）海关政策和法规。海运进口报关涉及的政策和法规非常复杂。企业在进行报关手续前，需要了解最新的海关政策和法规，并确保自己的报关操作符合相应的要求。

（三）报关流程中容易忽视的细节

（1）进口货物的产地证明。某些进口货物需要提供产地证明，以便享受相应的关税优惠或免税政策。企业在进行报关前，需要仔细核对进口货物的产地证明是否符合海关的要求。

（2）报关材料的完整性。海运进口报关需要提供一系列的报关材料，如进口合同、发票、装箱单等。企业需要确保报关材料的完整性并符合海关的要求，以避免资料不全引发的报关问题。

（3）报关委托的选择。企业在进行海运进口报关时，可以选择委托报关代理进行代理报关。选择合适的报关代理可以有效提高报关效率和减少企业的操作成本。

二、相关单证

（一）进出口报关合同

进出口报关合同不同于进出口贸易合同。进出口贸易合同是进口商、出口商双方当事人依照法律规定，通过协商就各自在贸易上的权利和义务所达成的具有法律约束力的协议。进出口企业的进出口贸易合同是为销售产品而订立的合同，因此又被称为销售确认书（Sales Confirmation）或销售合同（Sales Contract）。

进出口报关合同是进出口贸易合同的简化形式，由进出口商根据海关进出口申报要求自行缮制，在申报货物进出口时需连同其他报关单证一起呈交给海关。进出口报关合同一般包括以下栏目：

（1）合同号与合同日期；
（2）进出口商的名称和地址；
（3）货物描述、数量、单位、单价、总值；
（4）价格条款（一般是显示FOB、CIF或CFR 3种）；
（5）交货期/装运期；
（6）运输条款（装运口岸和目的地，是否允许分批装船）；
（7）运费和保费负担；
（8）原产地条款；

（9）付款条件（汇付、托收或信用证）；

（10）进出口商盖章签名栏。

需要注意的是，进口商与出口商的盖章签名栏，由于进出口报关合同由进口商或出口商在申报货物进出口时自行缮制，所以在实践中，进出口报关合同上通常只有进口商或出口商的盖章及签名，而海关也明白此点，只有需要查证时才会要求进出口商提供正式的外贸合同做参考。

（二）进出口货物报关单

进出口货物报关单是指进出口货物收发货人或其代理人，按照海关规定的格式对进出口货物的实际情况做出书面申明，以此要求海关对其货物按适用的海关制度办理通关手续的法律文书。进出口货物报关单由中华人民共和国海关统一印制，各报关行、进出口公司、贸易公司、货代企业等均须依照法定程序向当地海关申领进出口货物报关单。

1. 进出口货物报关单的类型

报关单按货物进出口状态可分为进口货物报关单、出口货物报关单；按表现形式可分为纸质报关单、电子数据报关单；按贸易性质及海关监管方式可分为进料加工进出口货物报关单（粉红色）、来料加工及补偿贸易进出口货物报关单（浅绿色）、外商投资企业进出口货物报关单（浅蓝色）、一般贸易及其他贸易进出口货物报关单（白色）、需国内退税的出口贸易报关单（浅黄色）；按用途可分为报关单录入凭单、预录入报关单、EDI报关单、报关单证明联。

2. 进出口货物报关单的填制要求

进出口货物报关单上共有47个栏目，除"税费征收情况"及"海关审单批注及放行日期签字"两项栏目外，货物收发货人或其报关代理人必须严格按照国家和海关的相关法律法规填写剩余的45项栏目，不得伪报、瞒报、虚报和迟报。填写时须注意以下基本要求：

（1）进出口货物报关单必须真实、准确、齐全反映进出口货物的实际情况，且必须与其他随附报关单证的内容一致。

（2）不同贸易方式和不同性质的进出口货物，需对应使用不同颜色的进出口货物报关单。

（3）进出口货物报关单禁止使用铅笔或红色复写纸填写，须用电脑打印，要求字迹清晰可辨。如有更正，须在更正项目上加盖"校对章"。

（4）不同批文、不同合同的货物，同一批货物中不同贸易方式、不同运输方式的货物，同一批货物中相同运输方式但不同航次的货物，同一批货物中分开办理产地证的货物，不得合并成一份报关单，应分单填报。

（5）一张纸质报关单上最多允许打印5项商品，超过后必须分单列印。一票货物最多打印4张报关单，即最多允许申报20项商品。

（6）申报人填写完报关单后，必须在报关单签章处加盖与申报企业名称一致的报关专用章和报关员章，报关单才能生效。

3. 进出口货物报关单的功能

进出口货物报关单在对外经济贸易活动中具有十分重要的法律地位，它既是海关监管、征税、统计以及开展稽查和调查的重要依据，又是加工贸易进出口货物核销，以及出口退税和外汇管理的重要凭证，也是海关处理走私、违规案件，及税务、外汇管理部门查处骗税和套汇犯罪活动的文件。每份进出口报关单均需严格按照中国海关总署制定的《进出口货物报关单填制规范》制作。

（三）进出口商检通关单

进出口商检通关单是国家规定要法定商检的商品在进出口时必须申请的一种通行文件，即通常所说的商检单。进出口通关单是报关单证之一，属于法检目录的商品在申报进出口时一定要出具通关单，海关才给予放行。

1. 进出口商检通关单的形式

通关单通常是一式三联，一联是通关单，一联是商检留存联，一联是客户留存联。出口商检通关单一般有两种形式：原产地做商检并直接报关出口的货物由商检机构签发通关单，出口单位凭此向当地口岸报关出口；原产地做商检但异地报关出口的货物商检机构只签发换证凭条，出口商委托报关行或代理公司凭此在实际出口地向当地商检机构换取出口通关单报关出口。进口货物如果属国家法定商检产品，进口商在清关后必须向口岸商检机构报检，填写进口货物检验申请书，并提供报关单、合同、发票、提单、装箱单等有关资料和单证，商检机构对该批货物进行检验合格后出具商检通关单，并在进口货物报关单上加盖印章，海关据此放行；进口法检商品如需异地做检，进口商检通关单为四联，但商检机构只签发"入境货物调离通知单"（属通关单的其中一联），进口商凭此向目的地商检机构申请商检通关。

2. 进出口企业申领通关单的要求

（1）通关单只能有效报关使用一次，企业应确保已申领通关单项下的进出口货物可一次性报关进出口。如通关单签发后需要分成多票报关单报关的，企业应向出入境检验检疫机构申请拆分通关单。

（2）每份通关单所列的货物项数不能超过20项（含20项）。

（3）企业报检时提供的"报关地海关"应为报关地海关隶属的直属海关。特殊情况下，可为指定的报关地海关。

（4）临时注册企业应向出入境检验检疫机构提供海关制发的临时注册编码。

3. 商检通关单的申报内容要求

进出口企业在报检、报关时，必须如实申报，并保证通关单与报关单申报内容一致，具体要求如下：

（1）报关单的经营单位与通关单的收/发货人一致。

（2）报关单的起运国与通关单的输出国家或地区一致，报关单的运抵国与通关单的输往国家或地区一致。

（3）报关单上法检商品的项数和次序与通关单上货物的项数和次序一致。

（4）报关单上法检商品与通关单上对应商品的 HS 编码一致。

（5）报关单上每项法检商品的法定第一数量不允许超过通关单上对应商品的数量/重量，即通关单的商品数量/重量只能大于或等于报关单上对应商品的数量/重量。

（6）报关单上法检商品的第一计量单位与通关单上的货物数量/重量计量单位一致，即两份单证上的货物包装类型（纸箱、托盘、卷）及重量单位（千克、公斤、吨）必须保持一致。

（7）出口货物报关单上的"申报日期"必须在出境货物通关单的有效期内。

（四）装箱单

装箱单是商业发票的补充单据，是说明货物包装细节如包装方式、包装材料、件数、规格、数量、重量、体积等内容的清单。

我国出口企业不仅在出口报关时需要提供装箱单、重量单，信用证往往也将之列为必需的结汇单据。实际上，装箱单、重量单和尺码单都是商业发票的一种补充单据，是商品的不同包装规格条件、不同花色和不同重量逐一分别详细列表说明的一种单据。装箱单着重表示包装情况，重量单着重说明重量情况，尺码单则着重商品体积的描述。装箱单据是买方收货时核对货物的数量、品种、尺寸、规格和海关验收的主要依据。

装箱单的主要内容因缮制的出口单位不同，要求各异，显示的内容也大不相同。但一份完整的装箱单主要包括如下内容。

（1）抬头：出口商的英文或中英文名称、地址等详细资料。

（2）编号：由发货人自行缮制。

（3）日期：出具装箱单的日期，一般和发票的日期一致，但一定在提单装船日期之后。

（4）进口商资料：包括公司英文名称、地址及联系人等详细资料。

（5）装船信息：承载船名及集箱号，按进口商的要求显示。

（6）唛头：货物外包装的标识，包括图形或文字等。

（7）货物的品名、规格、包装单位、件数、每件的数量、每件毛净重以及包装材料、包装方式、包装规格等描述。

（8）包装及数量：注明每种货物的包装件数和合计数，以及每个包装单位的实际尺寸和体积。在单位包装货量或品种不固定的情况下，需注明每个包装单位内的包装情况，因此应对包装件编号。在每一个包装单位内，应尽可能详细地列出有关的包装细节，如规格、型号、质地、内装量等。

（9）毛重和净重：不定量包装的货物，需逐件列明每件货物的毛重和净重，最后需汇总整批货物的总毛重和总净重。

（10）总件数及描述：通常表述为 Say totai ××× packages only。

（11）装箱单缮制后务必加盖出口商的中英文印章及签名。

装箱单的作用：① 其他单据填写内容的依据。装箱单作为商业发票的补充和辅助单据，对于发票起着不可替代的作用，它与商业发票一样，都是其他国际贸易单证填写内容的信息资源和重要依据。② 便于承运人在存储、装卸、运输过程中合理安排相关事宜。③ 便于商检、海关在办理货物进出口手续时，清点、检查、核对货物。④ 海关查验货物的凭证。

装箱单缮制

（五）发 票

发票是指一切单位和个人在购销商品、提供劳务或接受劳务、服务以及从事其他经营活动时，所提供给对方的收付款的书面证明，是财务收支的法定凭证，是会计核算的原始依据，也是审计机关、税务机关执法检查的重要依据。本书该节所述的发票，是指国际贸易中发货人出具给国外收货人的标明货物价值的单证，英文称为 INVOICE 或 COMMERCIAL INVOICE，并非指国内税票。这种发票一般是用 A4 纸打印并盖上发货人的中英文印章，以供国外收货人在进口地清关纳税使用。

发票的内容主要包括以下方面：

（1）抬头：出口商的英文或中英文名称、地址等详细资料。

（2）编号：由发货人自行缮制。

（3）日期：出具发票的日期，一般和装箱单的日期一致，但一定在提单装船日期之后。

（4）收货人资料：包括公司英文名称、地址及联系人等详细资料。

（5）船名、航次，起运港、目的港（此项非强制填制资料）。

（6）货物的编号、货名、件数、小件数及每件货品对应的货值：如果一批货物含有多个品种，必须在装票中详细列出每项品种的货值。货值一般依据进口商要求缮制，这点与实际贸易结算并无关系。

（7）总货值及描述：通常为 Say total us dollars ×××。

（8）发货人的银行账户资料（此项非强制填制资料）。

（9）发货人的印章及签名。

发票在缮制后一般连同装箱单、提单、产地证等收货人要求单证一同寄给国外收货人做清关用，份数依收货人要求，一般是一份正本即可，但有时收货人也会要求出具三份正本。

商业发票

（六）出口专用发票

出口专用发票是国家税务机关监制的专用发票。不同省份的出口专用发票在样式和联数方面也会有所差异，但主要功能都是用于企业办理出口退税。

适用范围：各省、自治区、直辖市执行的标准不一样，但可以全国通用，目前主要应用于申报出口退税。

出口专用发票一式七联，分别为存根联、发票联、购货方记账凭证、出口单位记账联、税务机关存根联、海关查存联、外汇管理局存查联，第七联空白。一式七联按顺序用电脑打印，不得手写，要盖上出口发票专用章。其中，一联是要在海关留底，一联企业自己留底，一联用于以后购买新的出口发票，其余的用于申报退税。

开具出口专用发票应注意以下事项：

1. 开具时限

出口专用发票必须在货物出口、办理货款托收手续时开具，不得滞后开票，即应在出口货物报关单出口日期之前开具。

2. 填写要求

① 发票内容必须填写齐全，包括开票日期（不能早于发票领用日期）、目的地、货物名称、计算单位、数量、币种、金额和合计数。② 出口专用发票货物名称必须使用中文，对因需要使用外文的，必须中外文同时使用。③ 发票开具多项的，必须进行合计，并对数量、金额都应进行合计。

3. 注意事项

① 对于退运货物：在开具负数发票时，必须根据出口批次开具。一次退回的货物如不是同一批次出口的，须分别开具负数发票，即退回的货物如为不同批次出口的，必须根据不同批次分别开具负数发票。② 发票必须加盖发票专用章或财务专用章。

（七）商品检验检疫证

商品检验检疫证书是指进出口商品经商品检验检疫机构检验、鉴定后出具的证明检验检疫结果的书面文件。商品检验检疫证书的种类很多，在实际进出口商品交易中，进出口商往往会根据贸易货物的种类及特性在检验检疫条款中规定检验检疫证书的类别及其商品检验检疫的要求。

商品检验检疫证书的主要作用：① 进出口国家海关验放货物的主要依据文件。② 买卖双方结算货款或信用证议付的主要单据之一。③ 因为货物质量、货损、货差等问题而导致理赔、仲裁、诉讼的有效证明。

我国检验检疫机构根据进出境货物不同的检验检疫要求、鉴定项目和不同作用，签发不同的检验检疫证书、凭单、监管类单证、报告单和记录报告等近90种。比较常见的商品检验检疫证书及作用如下：

（1）品质检验证书。它指商检机构对进出口商品的质量、规格、等级等进行检验并签发的证书，通常应用于对进出口商品质量有严格规定的国家。品质检验证书是出口商品交货结汇和进口商品结算索赔的有效凭证，也是进出口商品报关进出国境的合法凭证。

（2）重量或数量检验证书。它指商检机构对进出口商品的数量或重量进行检测并证明进出口商品的数量、重量是否符合合同、信用证有关规定的证明文件。

（3）兽医检验证书。它指商检机构对进出口动物产品或食品经过检验检疫，确认合格后出具的证件，适用于冻畜肉、冻禽、禽畜罐头、冻兔、皮张、毛类、绒类、猪鬃、肠衣等进出口商品。

（4）卫生/健康证书。它指商检机构对可供人类食用的进出口动物产品、食品等经过卫生检验或检疫确认合格后出具的证件，适用于肠衣、罐头、冻鱼、冻虾、食品、蛋品、乳制品、蜂蜜等商品。

（5）消毒检验证书。它指商检机构签发的证明进出口动物产品已经过消毒处理，保证安全卫生的证件，适用于猪鬃、马尾、皮张、山羊毛、羽毛、人发等商品。

（6）熏蒸证书。它指商检机构签发的用于证明进出口粮谷、油籽、豆类、皮张等商品以及包装用木材与植物性填充物等，已经过熏蒸灭虫的证书。

（7）残损检验证书。它指用以证明进口商品残损情况的证件，适用于进口商品发生残损、短缺、水渍、毁坏等情况，可作为收货人向发货人或承运人或保险人等有关责任方索赔的有效证件。

（8）植物检疫证书。它指用以证明境外输入的植物或植物类产品已经过检验检疫并符合输入国的规定和要求。植物检疫证书还可以用于已经加工，但其性质或加工性质有可能造成限定有害生物传入的某些植物产品（如木材、棉花）。在技术上合理地证明需要植物检疫措施的其他限定物（如空集装箱、车辆和生物体）可能也需要植物检疫证书。

（9）价值检验证书。它通常用于证明出口商品的实际价值，证明发货人发票所记载的商品价值属实、正确无误。该类证书通常用于对进口商品征税计价控制较为严格的国家或地区。

（10）产地证明书。它是出口商品在进口国通关输入、享受减免关税优惠待遇和证明商品产地的凭证。

(八)进出口许可证

进出口许可证是国家相关管理部门针对特定货物进出境而签发的法律凭证,包括法律、行政法规规定的各种具有许可进口或出口性质的批准证明或文件。进出口许可证制度,是我国实行对外贸易管理的一种行政保护手段,也是世界各国管理对外贸易普遍采用的一种重要行政手段。目前我国海关在实际监管中需凭许可证件放行货物的许可证件种类有20多种,如进出口许可证、重要工业品进口登记证明、自动登记进口证明、机电产品进口证明、机电产品进口登记表、进口废物批准证书、濒危物种进出口允许证等。

出口许可证是由国家对外经贸行政管理部门代表国家统一签发的、批准某项商品出口的具有法律效力的证明文件,也是海关查验放行出口货物和银行办理结汇的依据。我国实施出口许可证管理的目的主要有3个:一是控制我国在国际市场上份额很大的商品的数量,以维持市场价格,改善贸易条件,保证外汇收入;二是防止国内市场价格远低于国际市场价格的商品(原材料和矿产品)的过度出口;三是保证纺织品等产品的出口量不超过进口国所规定的进口配额等。

进口许可证是指商务部及其授权发证机构依法对实行数量限制或其他限制的进口货物颁发准予进口的许可证件,是我国政府为了禁止、控制、限制或统计某些进口商品的需要而采取的一种行政制度。属于法定要求进口许可证的商品,进口商必须凭进口许可证向海关申报,否则一律不予进口。我国实施进口许可证管理主要有3个目的:一是为了平衡进出口贸易;二是为了保护特定的产业;三是为了更好地分配进口资源。

目前,我国执行审批并签发出口许可证的机关为:商务部及其派驻在主要口岸的特派员办事处;各省、自治区、直辖市以及经国务院批准的计划单列市的对外经贸行政管理部门,实行按商品、按地区分级发证办法。

任务十五　海运到港通知操作

在普通船运输下,船公司一般没有给收货人船舶预计到港通知的义务,也就是说可以不送。但在集装箱运输下,为使码头堆场能顺利工作,防止货物积压,使集装箱有效地利用而不发生闲置,加速周转,则有必要将货物预计到达的日期早日通知收货人,让收货人在船舶抵港前做好收货准备工作,等集装箱货物一从船上卸下即可从速提走。

一、制作相关单据

船公司或其他代理公司在收到装船港寄来的单据后,应从速制作下述有关单据寄送有关方。

(一)船舶预计到港通知书

船舶预计到港通知书是向提单副本所记载的收货人或通知方寄送的单据,其内容和提单大致相同,除货物情况外,还应记载该船预计抵港日期。

(二)交货通知

交货通知是货物具体交付日期的通知,是在确定了船舶抵港日期和时间,并且决定了集装箱的卸船计划和时间后，船公司或其代理人把货物的交付时间通知收货人的单据。货物交付通知习惯上先用电话通知，然后寄送书面通知，以防止不必要的纠纷。

（三）货物舱单

货物舱单适用于向海关申请批准卸货。

二、发送到货通知

（1）在收到进口正本舱单的当天，根据进口提货登记台账，以电话传真的形式发出到货通知，并在台账通知方式一栏中注明通知方式、日期、对方通知人。

（2）在无法按舱单等单证内容与通知方或收货人取得联系，或舱单中未注明联系电话时，应及时向船公司或其代理查询，得到答复后根据所提供的联系资料发出到货通知。

（3）对按港口规定需限时提取的危险品或其他特种货，应及时以书面或电话方式通知货主严格按要求提货，确保装卸作业正常进行。

三、货物催提通知

对货物到港后 14 天内仍无人来办理提货手续的收货人，需再次发出到货通知，在进口单证台账中做好第二次催提记录，视情况报船公司或其代理，以便其通过发货人督促收货人及早提货。

海运到港通知操作

任务十六　海运审单和提货操作

一、审核提单

如正本提单由提货人出具，需对提货人所出具的提单进行审核，具体审核内容包括：

（1）确认船公司对该票货物是否有扣货指示，如有，则及时协助收货人与船公司联系，并协助解决放货问题。

（2）检查与舱单中该票货物的有关内容是否一致。

（3）提单是否为船公司正本海运提单，如船公司或其代理提供的有关单证资料中有签发提单复印传真件，要将收货人出示的正本提单与提单复印传真件核对，以确认其真实性。

（4）对于指示提单需审核背书是否连贯、完整，海运费等费用是否到达，如是，则根据船公司的指示收取运费或其他费用。

（5）对于记名提单，由该收货人加盖公章背书、签名并填写身份证号码。第一次提货需留身份证复印件，如收货人公司的公章不便外带，需用其他印章代替公章背书的授权委托书，并用授权的其他印章背书。

（6）对于指示提单，如"CONSIGNEE"栏为"TO ORDER"，需由发货人和收货人同时背书；如"CONSIGNEE"栏为"TO ORDER OF ×××"，则须有×××的背书。最后提货人的公章背书须和货代公司签发的提货单中的收货人一致。

二、正本提单和回收

要求提货在正本提单背面加盖公章或该公司的授权章（需有授权证明书在本公司备案）、提货人签名、身份证号码及提货日期，分以下几种情况，收回正本提单，并在收回的正本提单上签字或盖核销章。

（1）一般情况下收回正本中的份数即可，在特殊情况下按船公司要求收回全套正本提单，才可签发提货单；

（2）对于改港货物，必须收回全套正本海运提单；

（3）对于转船货物，能否接收收货人出具的全程海运提单，需依据舱单上的注明或船东书面的提示。

三、签发提货单

（1）确认提单及背书完全无误后，在提货单上加盖提货单签发章，经办人和审核人审核提货单的有关内容，并在相应栏内签字；

（2）指示提单的提货单上，必须注明实际收货人的单位全称；

（3）提货留底联上，要求实际收货人签字、盖章。

四、无单放货

对所有需要无单放货的提单在无单放货登记本上登记船名航次、提单号、货名、数量、进口日期，由部门经理签字后，方可放货给收货人。无单放货有以下两种情况：

（1）电报放货。船公司或委托书有明确书面指示已收回全套正本提单，可以放货给进口收货人，并有船公司授权有关人员的签字和盖章，可直接放货给收货人。

（2）保函放货。是否接受保函，原则上要由船公司确定在接到收货人的保函，并传真给委托方签字确认后，方可放货给收货人。保函放货必须填写无单放货审核表，由部门经理或总经理审核后方可签发提货单交指定收货人。

五、归　档

待该航次所有进口货物签发提货单完毕后，将进口业务的有关单证，包括正本进口舱单、提货单留底联、有效背书的正本提单、头程正本提单（如有）等，连同与该票货物有关的往来电函等一并放入航次档案，并在档案封面上登记有关的归案资料名称。一般情况下文档保存期为3年。

任务十七　海运退运货操作

一、退运货的概念

退运货通常指由于货物质量问题或由于收货人弃货，或由于贸易双方其他方面的原因，卖方要求将货物退运回起运地,并承担由此产生的一切费用的货载。退运货需区分两种情况:如果进口商清关提货后发现货物有问题要求退运回出口商,可当成进口货处理,操作程序同上述国外代理出口货操作流程;如果进口商未清关提货,由出口商要求退运的,则为纯粹的退运货。

二、退运货的操作流程

退运货的操作程序比较复杂,基本操作流程如图 2-15 所示。

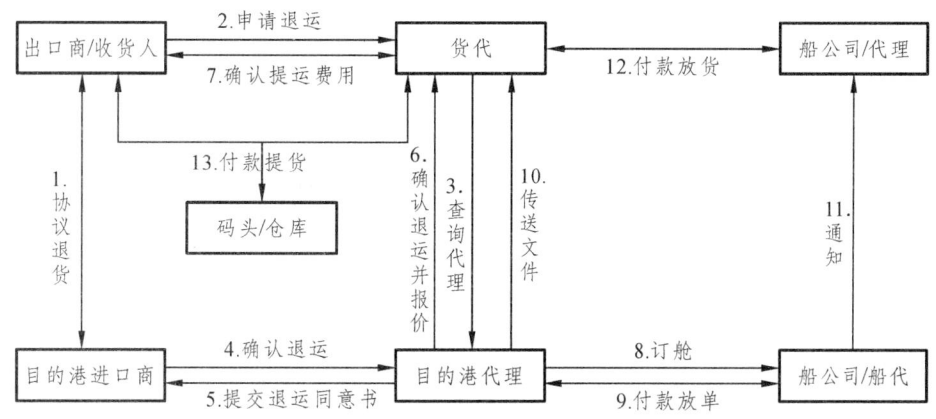

图 2-15　退运货基本操作流程

（1）出口商与进口商达成退运协议,由出口商指定原承运货代公司处理退运相关事宜。

（2）出口商向货代提出退运申请时,需提交正式的退运申请书,另需归还全套正本 HBL;如提单已寄进口商,则须要求进口商向提单上指定的货代目的港代理交还全套正本 HBL。

（3）货代收到出口商的退运申请后,需立即向目的港代理查询此票货的状况,如收货人是否已换单提货,是否已付清所有目的港费用,货物是否仍在代理的掌握中等。如货物仍在代理的有效掌控中,则通知代理联系收货人确认是否同意退运。

（4）目的港进口商与货代目的港代理确认货物必须退运回起运港,不做进口申报动作。

（5）目的港进口商按规定向货代目的港代理提交正式的退运确认书（通常为一式三份,一份代理留底,一份海关留底,一份码头或仓库留底）,以便完成货物所有权的转移。货代目的港代理只有收到进口商的退运确认书,才能办理下一步的退运手续。

（6）货代目的港代理查询并报出退运该票货物会产生的费用,电邮货代做最后确认。退运的费用一般包括货物在进口地产生的进口费、堆存费、代理操作费、海关查验费等,以及从进口地退运回出口地的出口费、码头费、海运费等。一般来说,退运的费用都比较高,而一旦超出货值,出口商也有可能采取弃货的方式处理。

（7）货代转而报价给出口商并得到其最终确认。

（8）货代目的港代理收到货代的确认通知后,即可着手向海关、港口、码头、仓库等相关单位办理相关退运手续,并根据退运时间及进程向当地船公司订舱安排合适的船期。

（9）货代目的港代理付清运杂费并制作好 HBL、MBL、舱单、账单等单证。需要注意的是,退运 HBL 的发货人既可以显示目的港代理名称,也可以显示原来的进口商,提单上会显示"RETURN CARGO"字样。退运提单基本上是电放提单或海运单,很少会出具正本提单。

（10）货物装船付运后,货代目的港代理将全套单证传送给（原起运港）货代。

（11）退运港船公司/船代会于货物装船付运后将货物装船资料（MBL、舱单等）通知（原起运港）船公司/代理，指示其办理相关放货事宜。

（12）货物到港前（原起运港）货代需及时提交舱单予（原起运港）船公司／代理，结清相关进口运杂费并领取 DO。

（13）（原起运港）货代转而按退运协议报价向原出口商收款并发放 DO，然后出口商自行按相关退运规定手续向海关申报退运并提货。

备注：各国海关均有规定，办理货物退运，收货人一定要签署退运同意书，否则海关不会允许出口商、货代或船公司单方面办理货物退运。而收货人如果拒不签署退运确认书，海关只能采取到期拍卖等方式来处理货物。

任务十八　海运事故索赔处理

一、海上货运事故的基本概念

海上货运事故主要是指从事海上货物运输的船舶在航行、停泊和作业的过程中产生的与所载货物相关的海损事故，英文用 Maritime Cargo Shipping Accident 来表示，主要包括进水、倾覆、沉没、船体断裂及结构破损、船体腐蚀、火灾、爆炸、货损货差、水域污染损害、甲板机械以及其他影响适航性的机件或重要属具的损坏或灭失等。

国际海上货物运输的时间、空间跨度都比较大，涉及的部门、作业环节众多；使用的文件、单证繁杂，运输过程中的环境条件复杂多变。因此，在国际海上货物运输过程中，可能会造成货物的灭失或损坏，即发生货损货差事故。

国际海上货物运输合同的当事人，即承运人与托运人或收货人，船舶所有人与承租人，尽管在签约时达成了一致，但在出现纠纷之后，出于各自的利益会对运输合同中的条款约定拥有不同的解释和理解，更因海运欺诈等不法行为的存在，海事纠纷形式多样，层出不穷。而处理这些事故、纠纷又涉及国际公约和各国法律法规的规定。这些规定规则繁多，因国家或地区不同、运输合同形式不同、纠纷的性质不同等，又会有不同的适用法律规定或规则。这些均增加了调查海上货损事故以及纠纷处理的难度。

可见，处理海上货损事故及纠纷是一项十分重要的工作，其基础是对这些事故及纠纷有一个正确的事实把控和适用法律的准确使用，应根据国际公约、国内法规、贸易合同，以及实际惯例，正确处理。

二、货运事故的分类

货运事故可根据其产生的原因性质、损失程度等来划分。

（一）按照货物损失的程度划分

按照货物损失的程度，可分为全部损失和部分损失。

1. 海运全部损失

全部损失又称全损，指被保险货物全部遭受损失，货物全部灭失或全部变质而不再有任何商业价值。

实际全损是海上货物运输中保险标的物完全损失，或货物已完全变质，如货物沉没海底、烟草水浸霉烂等。有的货物虽然没有完全毁坏，但其受损的程度相当严重，已无法恢复到原来状态或原有效用，亦属货物全损。发生实际全损时，被保险人无须办理任何手续，即可向保险人要求全损赔偿。

推定全损是指保险标的发生保险事故后尚未达到完全损毁或完全灭失的状态，但实际上全损已不可避免；或者修复和施救费用将超过保险价值，视为已经全损。

2. 海运部分损失

不属于实际全损和推定全损的损失为部分损失。

按照造成损失的原因可分为共同海损和单独海损。

在海洋运输途中，船舶、货物或其他财产遭遇共同危险，为了解除共同危险，有意采取合理的救难措施所直接造成的特殊牺牲和支付的特殊费用，称为共同海损。

在船舶发生共同海损后，凡属共同海损范围内的牺牲和费用，均可通过共同海损清算，由有关获救受益方（即船方、货方和运费收入方）根据获救价值按比例分摊，然后再向各自的保险人索赔。

不具有共同海损性质，未达到全损程度的损失，称为单独海损。该损失仅涉及船舶或货物所有人单方面的利益损失。

（二）按照事故的性质划分

按照事故的性质，可分为货差和货损。

货差，顾名思义是指所运输的货物在不同的交接环节上出现了数量的不一致，主要是交接的货物数少于贸易合同或提单上注明的数量。

货损是指被运输的货物在运输过程中受到了某种程度的损害，以致不能保持其原状或其失去某些功能乃至不能被利用，即货物失去了部分或全部价值。

按照货物损失程度的划分方法主要适用于保险业务，这是由保险、保赔的方式决定的。按照事故性质的划分方法则适用于海运货物纠纷的处理，如作为索赔理赔的计算依据等。

按照货运事故性质和损失程度划分的货运事故种类及其主要原因有：① 原装货物数量不足；② 货物品质与合同不符；③ 货物包装不够而造成的损失；④ 水尺计量不准；⑤ 海上欺诈等。

例如：在集装箱运输方式中，尽管集装箱起到了保护货物的作用，但在整个运输过程中，由于不适当的保管和堆存，陆路运输过程中的震动，温度、湿度控制不当等原因的存在，也会产生箱内货物损坏等。

（三）按照造成货运事故产生的责任人划分

按照货运事故产生的责任人划分，货运事故又可分为：承运人的责任事故、托运人的责任事故、第三者的责任事故（如港方的责任集装箱货运站的责任等）、不可抗力造成的事故。无论事故是何种原因造成的，在索赔时最终要将事故归类于这些事故种类。

三、海运事故的处理

（一）国际海上货运事故的确定

由于海上风险的存在和货物运输过程中涉及很多环节的作业的特点，海上货运事故的发生实属难免。虽然可根据有关合同条款、法律、公约等规定，对所发生的货损事故进行处理。但是，在实际处理过程中，受损方与责任方之间往往会发生争议。

一般而言，海运货损事故虽有可能发生于各个环节，但很大程度上是在最终目的地收货人收货时或收货后才被发现。

通常，货运单证的批注是区分或确定货运事故责任方的原始依据。特别是在装货或卸货时，单证上的批注除确定承运人对货物负责的程度外，有时还直接影响货主的利益，如能否持提单结汇、能否提出索赔等。

货运事故发生后，收货人与承运人之间未能通过协商对事故的性质和程度取得一致意见时，则应在一致同意的基础上，指定检验人对所有应检验项目进行检验，其签发的检验报告是确定货损责任的依据。

海运异常处理之货物甩柜

（二）提出索赔的程序

当收货人提货时，如发现所提取的货物数量不足、外表状况或货物的品质与提单上记载的情况不符，则应根据提单条款的规定，将货物短缺或损坏的事实，以书面形式通知承运人，或承运人在卸港的代理人，以此表明提出索赔的要求。如果货物短缺或残损不明显，也必须在提取货物后的规定时间内，向承运人或其代理人提出索赔通知。

（三）索赔金的支付

通过举证与反举证，虽然已明确了责任，但在赔偿金额上未取得一致意见时，则应根据法院判决或决议支付一定的索赔金。关于确定损失金额的标准，《海牙规则》并没有作出规定，但在实际业务中大多以货物的 CIF 价作为确定赔偿金额的标准。

四、海运索赔流程

索赔人向承运人或代理人发起索赔的程序如下：

（一）发出索赔通知

索赔人向承运人或代理人发出索赔通知的时限，我国海商法规定在货物交付的次日起连续 7 日内，集装箱货物交付的次日起连续 15 日内。索赔方在提出书面索赔通知后，应尽快备妥各种有关证明文件，在期限内向责任人或其代理人正式提出索赔要求。

（二）提交索赔申请书正式提出索赔

索赔申请书或索赔清单（Statement of Claims）是索赔人向承运人正式要求赔偿的书面文件。索赔人只有向承运人提出索赔申请书或索赔清单后，才表明索赔人正式提出索赔的要求。如果索赔方仅仅提出货损通知而没有递交索赔申请书或索赔清单，或出具有关的货运单证，则可解释为没有提出正式索赔要求，承运人不会受理货损索赔。

索赔申请书或索赔清单没有统一的格式和内容要求，主要内容如下：

（1）索赔人的名称和地址；
（2）船名、抵达卸货港日期、装船港及接货地点名称；
（3）货物名称、提单号等有关情况；
（4）短卸或残损情况、数量；
（5）索赔日期、索赔金额、索赔理由。

（三）提交索赔单证

索赔人向承运人提出索赔要求或诉讼请求时，应承担举证责任，即要举证证明他所收到的货物并不是在清洁提单上记载的良好状态下接受的。

主要单证如下：

（1）索赔申请书或索赔清单。
（2）提单：确定承运人与收货人的责任。
（3）卸货单证：证明货损或货差发生在运输过程中。
（4）重理单：收货人对货物数量有疑问时，一般要求复查或重新理货，并在证明货物溢短的单证上注明"复查"或重理的批注，以证明货物短缺。
（5）货残损检验报告：在货物受损原因不明或不易区别或无法判断受损程度时，可申请具有公证资格的检验人对货物进行检验，并由其出具"货物残损检验"报告。
（6）其他单证，如货物发票、修理单、装箱单等。

除了以上所述单证外，其他能够证明货运事故的原因、损失程度、索赔金额、责任所在的单证都应提供。总之，索赔单证必须齐全、准确，内容衔接一致，不能自相矛盾。

（四）提起诉讼

法律对涉及索赔的诉讼案件规定了诉讼时效。因此，无论是否向货损事故的责任人提出了索赔，在无望解决问题的前提下，索赔人应在规定的诉讼时效期满之前提起诉讼。否则，就失去了起诉的权利，往往也失去了索赔的权利和经济利益。

海运事故索赔处理

项目三
国际空运业务操作

 **项目导入**

在国际海运业务部门结束了干货满满的轮岗后,小陈的下一个轮岗部门是国际空运业务部门。在该部门,他需要了解国际空运及空运代理的基本特点,掌握空运代理进出口的业务流程,并学会编制业务流程中涉及的各类单证、文件,以及学会空运代理业务的各类别货物的运价运费计算并学会报价,还要了解其他特殊业务——动植物运输业务的相关要求和规定,学会处理空运代理业务流程中可能会出现的异常情况。

 **学习目标**

能力目标:
- ◇ 能够根据空运代理业务要求核对客户的委托并填制委托书;
- ◇ 能够根据客户要求审核单证和预配舱;
- ◇ 能够根据客户要求进行线路规划和订舱;
- ◇ 能够根据客户要求安排货物的空运进出口代理业务;
- ◇ 能够对不同货物完成空运代理业务报价;
- ◇ 能够处理空运代理业务中的常见异常情况。

知识目标:
- ◇ 了解空运代理业务的基本特点和流程;
- ◇ 了解国际空运代理各类货物的运价和运费计算;
- ◇ 掌握国际航空货运代理进出口业务流程;
- ◇ 了解空运特殊业务处理相关要求和规定;
- ◇ 了解空运代理异常情况及其处理方法。

素养目标:
- ◇ 具备自主学习新知识、新技术的能力;
- ◇ 做事细心、严谨,具备从事职业活动所必需的基本能力和管理素质;
- ◇ 脚踏实地、严谨求实、勇于创新。

【知识学习】

任务一　认识航空货物运输

一、航空货运业的产生和发展

（一）世界航空货运业的发展历史

1903 年 12 月 17 日，莱特兄弟的第一架飞机试飞成功，是人类历史上第一架有动力、载人稳定、可操纵的、重于空气飞行器的首次成功飞行，为人类征服天空揭开了新的一页，也标志着民用航空的诞生。此后，航空运输业迅速发展起来。第一次世界大战中，飞机就已经开始在侦察、战斗和运输中发挥巨大作用。1919 年 2 月，在巴黎和伦敦间首次出现了国际客运航班飞行，同年 8 月英国正式开通了伦敦至巴黎间的定期客运航班。此后，德国、美国、丹麦、荷兰和瑞士等国家相继开通了通往其他国家的航线。第二次世界大战中，飞机在设计、性能和可靠性上取得很大的提升，同时开始广泛应用于邮件和紧急物资的运送。

第二次世界大战后，大批军用飞机转入民用运输。西方发达资本主义国家开始大力发展航空工业，开辟国际航线，逐步建立起全球性的航空运输网络。一方面，随着战后国际贸易的迅速发展，航空运输作为国际贸易运输的一种方式被越来越广泛地采用，在国际贸易运输中所占比重越来越大。据国际民航组织统计，从 1962 年到 1971 年，国际航空货运总量年均增长 17%，几乎每 4 年增长 1 倍。另据美国 1969 年的统计，美国航空运输进口货物占全部进口货物的 8.8%，空运出口货物占全部出口货物的 13.8%。其中，在电子产品、计算机设备等高科技产品的进出口运输中，航空运输所占比重更大。另一方面，随着宽体飞机的出现和全货机的不断发展，航空货运在经济中的地位越来越重要。据不完全统计，近 20 年来全世界航空货运总量以年均 10% 左右的速度递增，20 年来几乎增加了 13 倍。

（二）世界航空货运业的发展状况

了解世界航空货运的发展现状和发展趋势，有助于航空货运代理企业更加深刻地认识航空货代业的内在发展规律。

1. 定期运营

2004 年国际民航组织 188 个缔约国航空公司的定期航班共完成旅客运输量 18.9 亿人次（2003 年为 16.57 亿人次）、货物 3 800 万吨（2003 年为 3 500 万吨）。所完成的客货邮运输总周转量比 2003 年增长 13%，其中国际周转量约增长 14%。

2004 年总运力的增长低于运输量的增长，因此，总的定期航班（国内和国际）的平均旅客载运率为 73%，货物载运率为 62%。

从 1991 年到 2002 年，世界航空运输的货运周转量处于一个缓慢增长态势，但据当时的权威国际咨询公司预测，从 2002 年到 2021 年，世界航空货运呈现的发展速度为 7.8%，虽然速度不算太快，但绝对值将达到 6 000 亿吨千米，所以，航空货运业的发展空间相当大。

就地区而言，北美地区完成世界运输总周转量的 32%，亚太地区 29%，欧洲 27%，中东 5%，拉丁美洲/加勒比地区 4%，非洲 2%。

2004 年单个国家的数据显示，定期航班运输总周转量约 42%，是由美国、德国和中国的航空公司承运的（分别为 32%、5% 和 5%）。

国际航班方面，运输总周转量约 31%，是由美国、德国和英国的航空公司承运的（分别约占 16%、8% 和 7%）。中国航空运输总周转量仅次于美国和德国，排名第三位。

2. 不定期商业运营

据估算，2004 年国际不定期旅客运输周转量比 2003 年增长了约 9%，国际航空旅客运输总量中不定期运输的份额仍保持在 12%。在世界范围内，国内不定期客运量约占总不定期客运总量的 7%，约占国内旅客运输总量的 1%。

3. 机场运营

据初步估算，2020 年我国排名前 10 的机场旅客吞吐量约超过 2 800 万人次，上海浦东机场的货邮吞吐量最高达到 368.66 万吨，起降架次广州白云机场最高为 37.34 万架次（见表 3-1）。

表 3-1　2020 年我国机场各类业务指标排名前十的机场

游客吞吐量/万人次		货邮吞吐量/万吨		起降架次/万架次	
广州/白云	4376.04	上海/浦东	368.66	广州/白云	37.57
成都/双流	4074.05	广州/白云	175.93	上海/浦东	32.57
深圳/宝安	3791.61	深圳/宝安	139.88	深圳/宝安	32.03
重庆/江北	3493.78	北京/首都	121.04	成都/双流	31.18
北京/首都	3451.38	杭州/萧山	80.20	北京/首都	29.15
昆明/长水	3298.91	郑州/新郑	63.94	重庆/江北	27.47
上海/虹桥	3116.56	成都/双流	61.85	昆明/长水	27.44
西安/咸阳	3107.39	重庆/江北	41.12	西安/咸阳	25.57
上海/浦东	3047.65	南京/禄口	38.64	杭州/萧山	23.74
杭州/萧山	2822.43	西安/咸阳	37.63	上海/虹桥	21.94

（三）中国民航运输业的发展历程

中国民航运输事业创办于 1918 年，1921 年开通了北京至济南的邮政传递，后因各种原因于 1924 年停业。1929 年 5 月，我国与美国泛美航空公司合资成立中国航空公司；我国 1931 年与德国汉莎航空公司合资成立欧亚航空公司；1933 年广东省政府联合广西、福建、贵州、云南 4 省合办西南航空公司；1940 年我国又与苏联合资设立中苏航空公司，后来经合并、改组或停航；到 1948 年，我国仅保留中国航空公司和中央航空公司两家规模较大的航空公司。

1949 年 11 月 2 日，中国民用航空局成立，揭开了我国民航事业发展的新篇章。从此，新中国的民航从无到有，由小到大，由弱到强，经历了不平凡的发展历程，特别是十一届三中全会以来，我国民航事业无论在航空运输、通用航空、机群更新、机场建设、航线布局、航行保障、飞行安全、人才培训等方面都持续快速发展，取得了举世瞩目的成就。主要经历了以下 4 个阶段：

第一阶段（1949—1978 年）。1949 年 11 月 2 日，中国民用航空局成立。1962 年 4 月，中国民用航空局扩编为中国民用航空总局，下设各省、市、自治区民航局和民航站。这一时期，由于民航领导体制几经改变，航空运输发展受政治、经济影响较大。1978年，航空旅客运输量仅为231万人，运输总周转量3亿吨千米。

第二阶段（1978—1987年）。1980年中国民航局从隶属于空军改为国务院直属机构，实行企业化管理。这期间，中国民航局政企合一，既是主管民航事务的政府部门，又是以"中国民航"（CAAC）名义直接经营航空运输、通用航空业务的全国性企业，下设北京、上海、广州、成都、兰州（后迁至西安）、沈阳6个地区管理局。1980年，全民航只有140架运输飞机，且大多是伊尔14、伊尔18、安24等小型飞机，载客量仅20多人或40人，载客量100人以上的中大型飞机只有17架，机场只有79个。当年完成旅客周转量仅39.6亿人千米，货邮周转量1.4亿吨千米，分别占各种运输方式总运量的1.7%和0.01%。全年货运总周转量居新加坡、印度、菲律宾、印尼等国之后，列世界民航第35位。

第三阶段（1987—2002年）。1987年，我国民航系统实行政企分开，除中国民航总局行使行业管理职权外，在北京、上海、广州、成都、西安和沈阳分别设立国际、东方、南方、西南、西北和北方6家国家骨干航空公司，具体经营客货运输业务。此外，以经营通用航空业务为主并兼营航空运输业务的中国通用航空公司也于1989年7月成立。

1998年8月18日，东方航空公司和中远集团公司共同成立了中国第一家专业航空货运公司——中国货运航空有限公司（简称"中货航"）。20世纪90年代末期，除专门从事航空货运的中货航外，还成立了专门从事航空快递和航空邮件运输业务的民航快递有限责任公司和中国邮政航空公司，在北京、上海、深圳等国际机场建立航空货运中心。在这一时期，根据《合同法》和《民航法》，我国率先颁布了《民用航空运输销售代理业管理规定》《中国民用航空货物国内运输规则》《中国民用航空快递业管理规定》等与航空货运相关的法规和规章，规范和促进了航空货运的发展。

1999年，我国货运周转量在世界的位次上升到第9位，全年货邮周转量占全行业运输总周转量的比重为39.6%，占全球航空货运周转量的3%。连续20年来，我国民航运输总周转量、旅客运输量和货物运输量年均增长分别达18%、16%和16%，高出世界平均水平两倍多。2002年，民航行业完成运输总周转量165亿吨千米、旅客运输量8594万人、货邮运输量202万吨，国际位次进一步上升，成为令人瞩目的民航大国。

第四阶段（2002年至今）。2002年3月，中国民航业再次进行重组，主要内容为：

① 组建六大集团公司，分别是：中国航空集团公司、东方航空集团公司、南方航空集团公司、中国民航信息集团公司、中国航空油料集团公司、中国航空器材进出口集团公司。成立后的集团公司与民航总局脱钩。

② 民航政府监管机构改革民航总局下属7个地区管理局和26个省级安全监督管理办公室，对民航事务实施监管。

③ 机场实行属地管理。按照政企分开、属地管理的原则，对90个机场进行了属地化管理改革，民航总局直接管理的机场下放所在省（区、市）管理，相关资产、负债和人员一并划转；民航总局与地方政府联合管理的民用机场和军民合用机场，属民航总局管理的资产、负债及相关人员一并划转所在省（区、市）管理。首都机场、西藏自治区区内的民用机场继续由民航总局管理。2004年7月8日，随着甘肃机场移交地方，机场属地化管理改革全面完成，也标志着民航体制改革全面完成。

2004年10月2日，在国际民航组织第35届大会上，中国以高票首次当选该组织第一类理事国。

(四)中国民航业的发展现状和特点

1. 现 状

民航局发布《2023年全国民用运输机场生产统计公报》显示,2023年,我国境内运输机场(港澳台地区数据另行统计,下同)共有259个,完成旅客吞吐量125 976.6万人次、货邮吞吐量1 683.3万吨、飞机起降1 170.8万架次,较2022年分别增长142.2%、15.8%、63.7%。年旅客吞吐量1 000万人次以上的运输机场有38个,较2022年净增加20个。2023年,我国境内运输机场共有259个,均为定期航班通航运输机场,定期航班通航城市(或地区)255个。年内定期航班新通航运输机场有湖南湘西边城机场、河南安阳红旗渠机场、四川阆中古城机场、山西朔州滋润机场、西藏阿里普兰机场等。年内定期航班新通航的城市(或地区)有湖南湘西、河南安阳、四川阆中、山西朔州、西藏普兰。济宁曲阜机场迁至济宁大安机场。

从主要生产指标来看,2023年,我国民用运输机场完成旅客吞吐量125 976.6万人次,比2022年增长142.2%,恢复到2019年的93.2%。其中,国内航线完成121 244.8万人次,国际航线完成4 731.8万人次。完成货邮吞吐量1 683.3万吨,比2022年增长15.8%,恢复到2019年的98.4%。其中,国内航线完成967.7万吨,国际航线完成715.6万吨。完成飞机起降1 170.8万架次,比2022年增长63.7%,恢复到2019年的100.4%。其中,国内航线完成1126.1万架次,国际航线完成44.7万架次。旅客吞吐量方面,各运输机场中,年旅客吞吐量1 000万人次以上的运输机场有38个,较2022年净增加20个,完成旅客吞吐量占全部境内运输机场旅客吞吐量的81.3%。北京、上海和广州3大城市运输机场旅客吞吐量占全部境内运输机场旅客吞吐量的20.0%。年旅客吞吐量200万~1 000万人次的运输机场有36个,较2022年增加6个,完成旅客吞吐量占全部境内运输机场旅客吞吐量的11.6%。年旅客吞吐量200万人次以下的运输机场有185个,较2022年减少21个,完成旅客吞吐量占全部境内运输机场旅客吞吐量的7.0%。货邮吞吐量方面,各运输机场中,年货邮吞吐量10 000吨以上的运输机场有63个,较2022年增加12个,完成货邮吞吐量占全部境内运输机场货邮吞吐量的98.7%,占比较2022年上升0.2个百分点。北京、上海和广州3大城市运输机场货邮吞吐量占全部境内运输机场货邮吞吐量的42.7%。年货邮吞吐量10 000吨以下的运输机场有196个,较2022年减少7个,完成货邮吞吐量占全部境内运输机场货邮吞吐量的1.3%。

从分布情况来看,国际航空枢纽、区域枢纽、非枢纽机场分别完成旅客吞吐量55 404.2万人次、49 423.3万人次、21 149.1万人次,分别完成货邮吞吐量1 085.7万吨、490.3万吨、107.3万吨。京津冀机场群、长三角机场群、粤港澳大湾区机场群珠三角九市、成渝机场群分别完成旅客吞吐量12 293.8万人次、24 070.5万人次、13 105.1万人次、13 026.7万人次,分别完成货邮吞吐量155.0万吨、566.8万吨、367.5万吨、118.5万吨。国内各地区中,华东地区在旅客吞吐量和货邮吞吐量上均占比最高,占比分别为28.3%和40.0%。2023年,旅客吞吐量、货邮吞吐量保持正增长的省(区、市)分别有31个、28个。

2. 特 点

我国航空货运业的发展特点:① 货物运输周转量长期高速发展,运距不断延长。② 直属航空公司在我国民航货邮的运输中占绝对领先地位,但地方航空公司发展速度加快。③ 中国国际航空货运增长迅猛,竞争加剧,专业航空货运公司纷纷出现。④ 外国航空公司纷纷涌入中国国内市场。

二、航空货运相关概念和术语

（一）航空货运市场（Air Cargo Market）

认识航空货物运输

航空运输业属于交通运输业，是借助飞机实现人员或货物空间位移的一种劳务活动，它本身不生产产品，而是提供服务。因此，航空运输就是公共航空运输企业使用民用航空器经营的旅客、行李或者货物的运输，包括免费运输。这里的公共航空运输企业，即航空公司，是指以营利为目的，使用民用航空器运送旅客、行李、邮件或者货物的企业法人；这里的货物，根据 IATA 定义，是飞机上运载的任何东西，包括凭航空货运单或装运记录的行李，但不包括邮件或乘客机票及行李票下所携带的行李。

根据运输对象，航空运输市场可以分为航空客运市场和航空货运市场。航空货运就是承运人根据货主的需求，在规定的时间内，利用民用航空器将货物运送到指定目的地，并收取相关费用的运输行为。这种货主与航空公司之间就任何两地之间空运货物所构成的航空业务就是航空货运市场。具体可以分为 4 类：① 城市派对市场，即连接两个城市航线，如上海—纽约；② 国家派对市场，由连接两个国家所有城市派对的航线组成，如美国—中国；③ 区域派对市场，包括连接两个区域的所有航线，如北美—欧洲的北大西洋航空市场；④ 连接全球所有通航地点的全球航线网络市场。

（二）航线（Airline）

经过批准开辟的飞行路线称为空中交通线，简称航线。飞机的航线不仅确定了飞机飞行的具体方向、起讫点和经停点，而且还根据空中交通管制的需要，规定了航线的宽度和飞行高度，以维护空中交通秩序，保证飞行安全。

飞机航线的确定除了安全因素外，还要考虑经济效益和社会效益。一般情况下，航线安排以大城市为中心，在大城市之间建立干线航线，同时辅以支线航线，由大城市辐射至周围小城市。航线按起讫点的归属不同分为国际航线和国内航线。国内航线是指飞机的起讫点和经停点均在一国国境内的航线，一般由国家民用航空管理机构指定，又可分为干线航线和支线航线。干线航线是指连接北京和各省会、直辖市或自治区首府或各省、自治区所属城市之间的航线，如北京—上海航线、上海—南京航线、青岛—深圳航线等。支线航线则是指一个省或自治区内的各城市之间的航线，如昆明—丽江。此外，由于我国的特殊情况，目前我国还有地区航线的提法，主要是针对往返内地和香港地区，内地和澳门地区的航线。

国际航线是指飞机的起讫点和经停点跨越一国国境，连接其他国家的航线。由于国际航线需经过其他国家的领空，因此必须经过双方或多方事先磋商，获得对方同意后方可开辟航线。

目前世界上最繁忙的区域派对航线有：

（1）西欧—北美间的北大西洋航空线。该航线主要连接巴黎、伦敦、法兰克福、纽约、芝加哥、蒙特利尔等航空枢纽。

（2）西欧—中东—远东航空线。该航线连接西欧各主要机场至远东香港、北京、东京等机场，并途经雅典、开罗、德黑兰、卡拉奇、新德里、曼谷、新加坡等重要航空站。

（3）远东—北美间的北太平洋航线。这是北京、香港、东京等机场经北太平洋上空至北美西海岸的温哥华、西雅图、旧金山、洛杉矶等机场的航空线，并可延伸至北美东海岸的机场，太平洋中部的火奴鲁鲁是该航线的主要中继加油站。

（4）其他，如北美—南美，西欧—南美，西欧—非洲，西欧—东南亚—澳新，远东—澳新，北美—澳新等重要国际航空线。

(三) 航班 (Flights)

根据班期时刻表在规定的航线上使用规定的机型,按照规定的日期、时刻进行的营运飞行称航班。从航空公司基地站出发的飞行称为去程航班,返回基地站的飞行称为回程航班。《芝加哥公约》第96条定义:航班指以航空器从事乘客、邮件或货物的公共运输的任何定期航班,国际航班指经过一个以上国家领土之上的空气空间的航班。

航班根据时间是否固定分为定期航班和不定期航班两种。定期航班公布运价和班期,向公众提供运输服务,对公众承担义务。不定期航班按包机合同单独申请,个别营运,不对公众承担义务。航班按照一定方法在各个航班编排不同号码,前面加航空公司代码就构成了航班号。

航班在单位时间内飞行的次数称为班次,包括去程和回程,通常以一周时间为期限即飞行的班次。

(四) 航空港 (Airport)

航空港是指民用航空机场和有关服务设施构成的整体,是保证飞机安全起降的基地和空运旅客、货物的集散地,包括飞行区、客货运输服务区和机务维修区3个部分。

1. 飞行区

飞行区指为保证飞机安全起降的区域,内有跑道、滑行道、停机坪和无线电通信导航系统、目视助航设施及其他保障飞行安全的设施,在航空港内占地面积最大。飞行区上空划有净空区,是规定的障碍物限制面以上的空域,地面物体不得超越限制面伸入。限制面根据机场起降飞机的性能确定。

2. 客货运输服务区

客货运输服务区是为旅客、货主提供地面服务的区域。主体是候机楼,此外还有客机坪、停车场、进出港道路系统等。货运量较大的航空港还专门设有货运站。客机坪附近配有管线加油系统。

3. 机务维修区

机务维修区是飞机维护修理和航空港正常工作所必需的各种机务设施的区域。区内建有维修厂、维修机库、维修机坪和供水、供电、供热、供冷、下水等设施,以及消防站、急救站、储油库、铁路专用线等。

世界上较大的航空港有英国伦敦希思罗航空港、法国巴黎戴高乐航空港、美国芝加哥国际航空港等。中国最大的航空港是北京国际航空港。在我国,目前主要在北京、上海、天津、沈阳、大连、哈尔滨、青岛、广州、南宁、昆明和乌鲁木齐等机场接办国际航空货运任务。

(五) 开放天空 (Open Sky)

根据国际法,国家主权是一个国家独立自主地处理对内对外事务的最高权力。一个国家有权对其本国领土和领空范围内的国内外所有从事航空活动的人员和组织进行管理,同时对本国航空运输公司在国外的航空运输事务进行管理。《芝加哥公约》第1条"主权"中规定:"缔约各国承认每一国家对其领土之上的空气空间享有完全的和排他的主权。"明确了国家对一国领空拥有主权的原则。通常，一个国家对本国航空公司在本国领域内不进行管制和限制，而对他国航空公司在本国领域内则实施管制或限制。

（六）航权（Traffic Rights）

航权，是世界航空业通过国际民航组织制定的一种国家性质的航空运输权，按国际惯例又称国际航空运输的业务或"空中自由权"（Freedoms of the Air），是指国际航空运输中的过境权和运输业务权。它是国家重要的航空权益，必须加以维护。在国际航空运输中交换这些权益时，一般采取对等原则，有时候某一方也会提出较高的交换条件或收取补偿费以适当保护本国航空企业的权益。九大航权图示如图3-1所示。

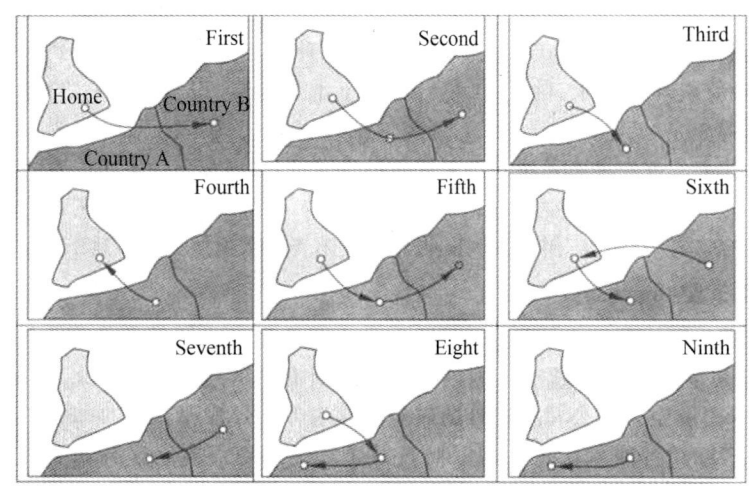

图 3-1　九大航权图示

第一航权：领空飞越权。

一国或地区的航空公司不着陆而飞越他国或地区领空的权利。例如：北京—巴黎（PEK—PAR）中间途经俄罗斯领空，北京—东京（PEK—TYO）中间经过朝鲜领空，北京—旧金山（PEK—SFO）中途飞越日本领空，这样要与所有途经的国家分别签订领空飞越权，获取第一航权，否则只能绕道飞行，增加燃料消耗和飞行时间。

第二航权：技术经停权。

一国或地区的航空公司在飞至另一国或地区途中，为非商业性降落或经停其他国家或地区的权利，诸如维修、加油或天气原因备降，但不得做任何业务性工作如上下客、货、邮。例如：北京—纽约（PEK—NYC），如果由于距离太远无法从始发地直接飞到目的地，需要在日本降落中途加油或清洁机舱等技术工作，那么日本就是技术经停地。此时，如果和日本只签订了技术经停权，是不允许在日本机场上下旅客和货物的。

第三航权：目的地下客和货权。

一国或地区的航空公司自其登记国或地区载运客货至另一协议国或地区，在其境内卸下乘客、邮件或货物的权利。例如：北京—东京（PEK—TYO），如获得第三航权，中国民航飞机承运的旅客、货物可在东京进港，但只能空机返回。

第四航权：目的地上客和货权。

一国或地区的航空公司自另一个国家或地区载运客货返回其登记国或地区，卸下乘客、邮件或货物的权利。例如：北京—东京（PEK—TYO），如获得第四航权，中国民航飞机能载运旅客、邮件或货物搭乘原机返回北京。第三航权和第四航权经常绑定在一起签署，因为如果 A 国的航空公司只拥有第三航权的话，就会造成从 B 国回程时空驶；而只拥有第四航权的话，就会造成去 B 国的航程空驶。

第五航权：中间点权或延远权。

可以先在第三国的地点作为中转站上下客货，第五航权则要与两个或两个以上的国家进行谈判。例如：我国政府现在对新加坡开放了南京和厦门货运的第五航权，随之出现了这样的货运航线：新加坡—厦门/南京—芝加哥（SIN—XMN/NKG—CHI）新航承运，新航就可以在厦门或南京经停，上下客货。

第六航权：桥梁权。

一国或地区的航空公司在境外两国或地区间载运客货往返，但途中必须经过其登记国或地区。这种航权是一种组合航权，A 国政府只和 B 国签署第四航权，并和 C 国政府签署第三航权，就可以完成 3 个航段（B—A，B—C，A—C）的飞行，提高了效率。在中美之间，这样飞行的例子有很多，如北京—东京—洛杉矶（BJS—TYO—LAX）日本全日空承运；上海—新加坡—夏威夷（SHA—SIN—HNL）新航承运。又如伦敦—首尔—东京，大韩航空将源自英国的旅客运经首尔后再运到东京。

第七航权：基地权或完全第三国运输权。

一国或地区的航空公司完全在其本国或地区领域以外经营独立的航线，在境外两国或地区间载运客货的权利。这种航线是 A 国的航空公司完全以 B 国的城市为基地，把 B 国看作像他自己的国家一样，从 B 国开始经营完全在 A 国境外的运输业务。比如，第二次世界大战后，美国将日本当作自己在海外的基地，拥有日本的第七航权，进行以日本为基地的运输业务，如北京—大阪（BJS—OSA）美联航承运。再如，随着欧盟一体化进程的深化，欧盟各国家开始相互向欧盟内其他国家开放第七航权，如德国拥有了法国巴黎的第七航权，如巴黎—伦敦（PAR—LON）德国汉莎航承运。

第八航权：国内航空权。

一国或地区的航空公司在他国或地区领域内两地间载运客货的权利。此航权一般很难拿到，因为这对于授权国国内的民航业冲击较大。我国政府正在和美国谈这样的协议，如果我们向美国开放了第八航权，则可能有这样的航线：北京—成都（BJS—CTU）美西北航承运，上海—西安（SHA—SIA）美联航承运等。

这是目前刚刚出现的一种航权。第八航权又可以分为连续的和非连续的两种，如果是"连续的国内载运权"即为第八航权，此时航空公司必须以登记国或地区为始发站，只能是从自己国家的一条航线在别国的延长；如果是"非连续的国内载运权"即为第九航权，此时航空公司可以是完全在另外一个国家开设航线。

第九航权：单纯境内运输权。

本国航机可以到协议国做国内航线运营。

三、国际航空货运概述

（一）国际航空货运的概念

国际航空货运是以飞机为主要工具、以集装器为主要设备，在两个或两个以上国家之间运送货物的一种运输方式，其速度快、安全、空间跨度大的优势使交货周期大幅缩短，充分体现了时间的独特价值，尤其适合科技含量高、附加价值高、市场敏感性强、时效性强、交货期短、批量较小的产品。因此，它在交通运输的大系统中具有特殊的地位。国际航空货运服务拥有强劲的市场潜力和广阔的发展前景，在国际贸易中发挥越来越重要的作用。

严格来说，国际航空货运包括国际航空普通货运与国际航空快递，就业务比例和货量规模而言，前者明显大于后者。

（二）航空货运市场的特点

经济全球化要求以"贸易自由化"为基本原则，推动生产要素的自由流动，实现资源在全球范围内的优化配置。而国际运输，特别是国际航空运输，是生产要素得以自由流动不可缺少的重要手段。实践证明，开放的市场环境，是航空货物运输得以发展的必要条件，这是由航空货物运输的特性所决定的。

（1）航空货运具有不同于客运服务的特点。航空货运的流向一般是不平衡的，甚至是单向的。许多时候，一个方向的流量比另一个方向的流量要大数倍。货物一般是从制造中心向分销中心流动，或者从生产中心向消费中心流动。此外，这种不平衡可能是地方性的，因为同时还受国家或地区之间进出口贸易不平衡的深刻影响。因此，三角运送、经枢纽运送和频繁地调整航线就成了在商业上经营货运的必要手段，航空货运价格也会因运送方向不同而不同。为了满足这些需要，市场开放政策，包括为全货运航班规定开放的航线结构、等量的定期航班和包机的权利，以及第一至第九种航权自由，是必要的。

（2）货物在属性上通常对始发地和目的地之间所用的时间（快件除外）、航线和经停点不像旅客那样敏感。货物经常可以等候，可以经不同航线运送并做许多经停。因此，货物可在枢纽集中整合以便更快捷地运送。出于这一理由，第五和第七种自由航权、充分换机型的权利、窜飞、在单一航空器运行时合并航班号、不限机型或运力以及航线灵活性，对于货运承运人迅速回应市场需求和仅靠自有的货运量不能支持的多点航线运营而言是至关重要的。

（3）航空货运倾向使用多种运输方式，与其他运输方式相结合，这样可以利用偏远和较少拥挤的机场进行航空货运。此外，货物要求从包装点运往交付点，对于航空货运提供人来说，拥有有效的地面服务和多式联运权，使其能提供用户所要求的无间隙货运服务就显得十分必要。

鉴于上述理由，越来越多的人士已经认识到，现行双边体制是航空货运网络和服务理想效率及经济运行的主要障碍，因此不少国家和航空货运行业纷纷要求推行航空货运自由化。

（三）国际航空货运的特点

航空货运虽然起步较晚，但发展异常迅速，原因之一就在于它在开拓新市场，适应市场需要与变化等方面有其他运输方式不可比拟的优越性。据测算，航空货运虽然只占全球贸易运输量的2%，但其货物总价值超过了全球贸易货运总值的40%。其优点主要如下：

1. 速度快

速度快是国际航空货运最主要的特点。随着现代航空技术的发展，这一特点也越来越突出。现代喷气式飞机时速一般为600～800千米，比其他运输工具要快得多，普通火车时速一般为100～140千米，汽车在高速公路上的时速为120～140千米。空运快捷的特点适应了越来越多对运输速度要求高的货物的需求。随着全球经济一体化的发展，需要企业对国际市场的变化做出快捷灵敏的反应，及时抓住商机是竞争制胜的重要因素，如缩短国际贸易订单的交货期、新产品在海外及时上市而获取更高的利润等，都需要国际航空货运的有力支持才更容易实现。因此，从速度的角度来看，国际航空货运适合时效要求高、市场敏感性强、交货期短等货物（如活动物、新鲜易腐货物、紧急物资、部分危险品）的运输。

2. 安　全

这里所说的安全有两方面的含义：一是指由于飞机在运输途中发生事故的概率是 0.05‰~0.1‰，远低于地面或水上运输，即运输工具本身的安全系数比较高。二是由于现代喷气式飞机的飞行高度一般在 1 万米以上，不受低空气流的影响，飞行平稳，可以减少运输过程中由于挤压碰撞等原因造成的货物损坏现象，而且航空货物运输的中间环节少，运输过程中的遗失、被盗机会相应要少得多。所以，从安全的角度来看，航空货运尤其适合精密仪器、价值高、易碎易破损等货物的运输。

3. 空间跨度大

空间跨度大是国际运输区别于国内运输的主要特征。在有限的时间内，飞机的空间跨度是最大的，宽体飞机的航程一般在 7 000 千米以上。目前最先进的 B747-8F 货机即使在最大载重（140 吨）情况下，航程仍可达到 8 275 千米，足以完成跨洋飞行和运输。

4. 载量小

由于飞机本身载重和容积的限制，国际航空货运的载量比海运小得多，目前最大的货机安-225 最大载重才 250 吨，相对于海运几万吨、十几万吨的载重，两者相差很大。

5. 运价高

速度快、安全的优势和载量小的缺点，加上航空燃油价格持续上涨、碳排放限制等诸多因素，导致国际航空货运的运价较高。尽管如此，对于相当一部分货物来说，它具有的优势是其他运输方式所无法替代的。对于用户来说，航空运费偏高的不利因素往往被综合经济效益显著提高所抵消。

6. 节约包装、保险、利息等费用

由于航空运输速度快，货物在途时间短、周转速度快，所以可以相应减少企业存货。一方面，有利资金的回收，减少利息支出；另一方面，也可以降低企业仓储费用。又由于航空货物运输安全准确、货损货差少、保险费用较低，所以航空运输的包装可相对简化，从而减少包装成本和保险费用，使企业经营成本下降，收益增加。

7. 适用于某些特殊商品的运输

航空运距较长，因此适用于需要中、长距离运输的商品；又由于空运计算运费的起点比海运低，运送快捷准点，所以适宜于小件货物、鲜活商品、季节性商品和贵重商品的运输。

（四）航空货运的局限性

（1）运输费用偏高，不适合低价值货物；
（2）受重量和舱容限制，载量有限，不合适大件货物或大批量货物；
（3）飞机飞行安全容易受恶劣气候的影响等；
（4）货物不能离机场太远。

（五）选择航空运输的货物种类

目前，在我国的进口商品中，采用航空运输的主要有通信设备、电脑、成套设备中的精密部件、电子产品和其他精密的高科技产品；出口商品主要有服装、丝绸、棉针织品、工艺品、海鲜农副产品、鲜花、水果和蔬菜、电子和机械产品等。

可以看出，一般选择空运的货物主要有以下几个大类：

（1）鲜活易腐货物。由于这类货物的自身特性，所以对时效性要求比较高，往往选择最快捷便利、环节最少的运输方式来进行运输。如：每年从中国运往日本的海鲜是根据到达日本的时间来确定卖价的，所以必须采用最快捷的运输方式。

（2）高科技精密电子仪器和电子产品。这类产品因为附加价值高，所以对于运输途中的安全性要求很高，因此环节少、运输时间短的航空运输就成了必然选择。

（3）其他原因不得不采用空运的货物。例如：因为工厂生产周期跟不上而交货期临近，因为原定的运输方式出现问题（港口工人大罢工，使港口陷入困境，很多海运货物不得不改为空运）。

（4）随着新兴技术更广泛的应用，产品更趋向薄、轻、短、小、高价值，管理者更重视运输的及时性、可靠性，可以预料，航空货运将会有越来越大的发展空间。

（六）航空运输货物分类

（1）依据货物的形态划分：包装货物、裸装货物、散装货物。
（2）依据货物的性质划分：普通货物、特种货物。
（3）依据货物的重量划分：重量货物、体积货物（轻泡货物）。
（4）依据货物的运量划分：大宗货物、件杂货物、长大笨重货物。

四、航空货运管理部门及相关组织

（一）国际航空运输协会

国际航空运输协会（International Air Transport Association，IATA，简称"国际航协"）是各国航空运输企业之间的联合组织，会员必须是有国际民用航空组织的成员国颁发的定期航班运输许可证的航空公司。它的前身是6家航空公司参加的国际航空业务协会（International Air Trafic Association），处理航空公司之间的业务及其他方面的关系问题。1944年，当各国政府筹建国际民航组织时，航空公司也开始建立他们新的组织——国际航空运输协会；1945年4月在哈瓦那审议了协会章程，58家航空公司签署了文件；1945年10月，国际航空运输协会正式成立。同年12月18日，加拿大议会通过特别法令，同意赋予其法人地位。IATA总部设在加拿大蒙特利尔，执行机构设在瑞士日内瓦。

1. 宗旨和目标

（1）为了世界人民的利益，促进安全、正常和经济的航空运输，扶植航空交通，并研究与此有关的问题。
（2）为直接或间接从事国际航空运输服务的各航空运输企业提供协作的途径。
（3）与国际民航组织及其他国际组织协力合作。

协会的目标是调解有关商业飞行上的法律问题，简化和加速国际航线的客货运输，促进国际航空运输的安全和世界范围内航空运输事业的发展。

2. 成　员

国际航空运输协会的会员分为正式会员和准会员两类。截至 2002 年 5 月，IATA 共有 264 家会员，其中北美 16 个，北大西洋 1 个，欧洲 100 个，中东 21 个，非洲 36 个，亚洲 49 个，南美 21 个，太平洋 6 个，中美洲 14 个。国际航空运输协会正式会员身份向直接从事国际经营的航空公司开放，而国际航空运输协会准会员身份向仅从事国内经营的航空公司开放。国际航空运输协会现有两百多家会员航空公司。

（二）国际民用航空组织

国际民用航空组织（International Civil Aviation Organization，ICAO，简称"国际民航组织"）是协调各国有关民航经济和法律义务，并制定各种民航技术标准和航行规则的国际组织，是各国政府组成的国际航空运输机构，也是联合国的一个专门机构。主要活动是研究国际民用航空的问题，制定民用航空的国际标准和规章，鼓励采取安全措施、统一业务规章和简化国际边界手续。

1. 成　立

为解决第二次世界大战后民用航空发展中的国际性问题，1944 年 11 月 1 日至 12 月 7 日在美国芝加哥召开了由 52 个国家参加的国际民航会议，签订了《国际民用航空公约》（简称《芝加哥公约》），并按国际民用航空临时协定设立了"临时国际民航组织"（简称 PICAO）。1947 年 4 月 4 日，公约正式生效，国际民航组织也因之正式成立，并于当年 5 月 6 日召开了第一次大会。同年 5 月 13 日，成为联合国的一个专门机构，总部设在加拿大的蒙特利尔。截至 2004 年 6 月，国际民航组织共有 188 个成员国。

2. 宗旨和目的

《芝加哥公约》第 44 条规定，国际民航组织的宗旨和目的在于发展国际航行的原则和技术，促进国际航空运输的规划和发展，以便实现下列各项目标：

（1）确保全世界国际民用航空安全和有秩序地发展；

（2）鼓励为和平用途的航空器的设计和操作技术；

（3）鼓励发展国际民用航空应用的航路、机场和航行设施；

（4）满足世界人民对安全、正常、有效和经济的航空运输的需要；

（5）防止因不合理的竞争而造成经济上的浪费；

（6）保证缔约各国的权利充分受到尊重，每一缔约国均有经营国际空运企业的公平的机会；

（7）避免缔约各国之间的差别待遇；

（8）促进国际航行的飞行安全；

（9）普遍促进国际民用航空在各方面的发展。

以上 9 条共涉及国际航行和国际航空运输两个方面的问题。前者为技术问题，主要是安全；后者为经济和法律问题，主要是公平合理，尊重主权。两者的共同目的是保证国际民航安全、正常、有效和有序地发展。

（三）国际航空电讯协会

1. 成　立

国际航空电讯协会（Society International de Telecommunication Aeronautiques，SITA，简称"国

际电协")是一个专门承担国际航空公司通信和信息服务的合资性组织,是联合国认可的一个非营利组织,是世界航空运输业领先的电信和信息技术解决方案的集成供应商。1949 年 12 月 23 日,由荷兰、法国、英国、瑞士等 11 家欧洲航空公司的代表在比利时的布鲁塞尔创立。目前在航空运输业各大领域拥有超过 700 多家合作会员,共计 1 800 家客户,拥有世界上最大的语音数据网络,覆盖 220 多个国家,超过 2 100 个地点。同时拥有 7 000 余名分属于多达 165 个国籍的职员,有全球 100 多个大型航空公司和飞机制造商加盟。SITA 不仅为各国航空公司提供网络通信服务,还提供共享系统,如机场系统、行李查询系统、货运系统、国际票价系统等。为适应航空运输的快速发展,SITA 的发展策略由原来的网络提供者转变为一个整体方案的提供商,为航空运输企业提供互联网与企业内部网之间的整合性解决方案。

2. 发展目标

SITA 的发展目标是带动全球航空业使用信息技术的能力,并提高全球航空公司的竞争能力。SITA 不仅为航空运输领域提供网络通信服务,还为其提供共享系统。如构建世界上第一个航空业界企业联合网络 AeroNet,为全球六大洲的 500 余个机场提供服务,还提供针对票务、旅客、货运和航务等系统的航空业务支持,为航空公司提供维修与保养服务,以及全天候提供全球电话咨询与技术支持服务。

(四)中国航空运输协会

中国航空运输协会(China Air Transport Association,CATA),是依据我国有关法律规定,以民用航空公司为主体,由企事业法人和社团法人自愿参加,不以营利为目的,经中华人民共和国民政部核准登记注册的全国性社团法人,由中国航空集团公司牵头,中国东方航空集团公司、中国南方航空集团公司,海南航空股份公司、上海航空股份公司、中国民用航空学院(中国民航大学前身)、厦门航空有限公司、深圳航空有限责任公司和四川航空股份公司 9 家单位发起,成立于 2005 年 9 月。

中国航空运输协会的基本宗旨是遵守宪法、法律法规和国家的方针政策。按照社会主义市场经济体制要求,努力为航空运输企业服务,为会员单位服务,为旅客和货主服务,维护行业和航空运输企业的合法权益,促进中国民航事业健康、快速、持续发展。

CATA 航空运输资质是指由中国航空运输协会颁发的经营民用航空旅客运输和货物运输的销售代理资格,是正规代理商所必备的资质。代理资格根据经营航线分为一类资格与二类资格。一类航空运输销售代理资格,是指经营国际航线或者中国香港、澳门、台湾地区航线的民用航空旅客运输和货物运输销售代理资格。二类航空运输销售代理资格,是指经营除香港、澳门、台湾地区航线外的国内航线的民用航空旅客运输和货物运输销售代理资格。

(五)中国民用航空局

2008 年 3 月,原中国民用航空总局并入交通部,组建交通运输部,原中国民用航空总局改名为中国民用航空局(Civil Aviation Administration of China,CAAC,简称"民航局"),负责对全国民用航空活动实施统一监督管理;根据法律和国务院的规定,在交通运输部授权范围内,制定有关民用航空活动的规章和标准。

地区民用航空管理机构是经中国民用航空局授权,管理该地区民用航空活动的行政机构。目前,民航局根据需要设置了华北、中南、华东、西北、西南、东北、乌鲁木齐 7 个跨省、自治区、直辖市的地区管理局和 24 个省、自治区、直辖市管理局。

（六）国际货运代理协会联合会

1. 成　立

国际货运代理协会联合会（International Federation of Freight Forwarders Associations，FIATA，简称"菲亚塔"），由 16 个国家的货运代理协会于 1926 年 5 月 31 日在奥地利维也纳成立，首席主席是哥本哈根的 P. Lenman 先生，总部设在瑞士苏黎世，是一个非营利性的国际货运代理行业组织，并分别在亚太、欧洲、美洲、非洲和中东 4 个区域设立了地区办事处，任命有地区主席。其中亚洲和太平洋地区秘书处设在印度孟买。

2. 宗旨和目的

该联合会创立的宗旨是保障和提高国际货运代理在全球的利益并促进行业的发展。工作目标是团结全世界的货运代理行业；以顾问或专家身份参加国际性组织，处理运输业务，代表、促进和保护运输业的利益；通过发布信息，分发出版物等方式，使贸易界、工业界和公众熟悉货运代理人提供的服务；提高制定和推广统一货运代理单据、标准交易条件，改进和提高货运代理的服务质量，协助货运代理人进行职业培训，处理责任保险问题，提供电子商务工具。

3. 成员与组织结构

该联合会的会员分为 4 类：① 一般会员。代表某个国家全部或部分货运代理行业的组织和在某个国家或地区独立注册的唯一国际货运代理公司，可以申请成为一般会员。② 团体会员。代表某些国家货运代理行业的国际性组织、代表与该联合会相同或相似利益的国际性货运代理集团、其会员在货运代理行业的某一领域比较专业的国际性协会，可以申请成为团体会员。③ 联系会员。货运代理企业或与货运代理行业密切相关的法人实体，经其所在国家的一般会员书面同意，可以申请成为联系会员。④ 名誉会员。对该联合会或货运代理行业作出特殊贡献的人士，可以成为名誉会员。FIATA 的成员不仅局限于国际货运代理行业，而且包括报关行、船舶代理、仓储、包装、卡车集中托运等运输企业。目前，FIATA 共有 86 个国家和地区的 96 个一般会员。其中，亚洲地区有 30 多个国家和地区货运代理协会是 FIATA 的国家级会员，165 家个体会员。

任务二　认识空运代理职能岗位

一、航空货运服务链

航空货运服务链描述的是在航空货物运输服务中，以客户（货物拥有者）为中心，从货源的组织开始，经过地面运输服务、机场货站服务以及空中运输服务，最终将货物送到客户（收货人）手中，由货运销售代理企业、地面运输企业、机场货物处理企业、航空货运企业及客户所组成的一个有机的网络整体。在这个有机整体中，各企业之间的关系并不是一一对应的，而是网状的，如图 3-2 所示。

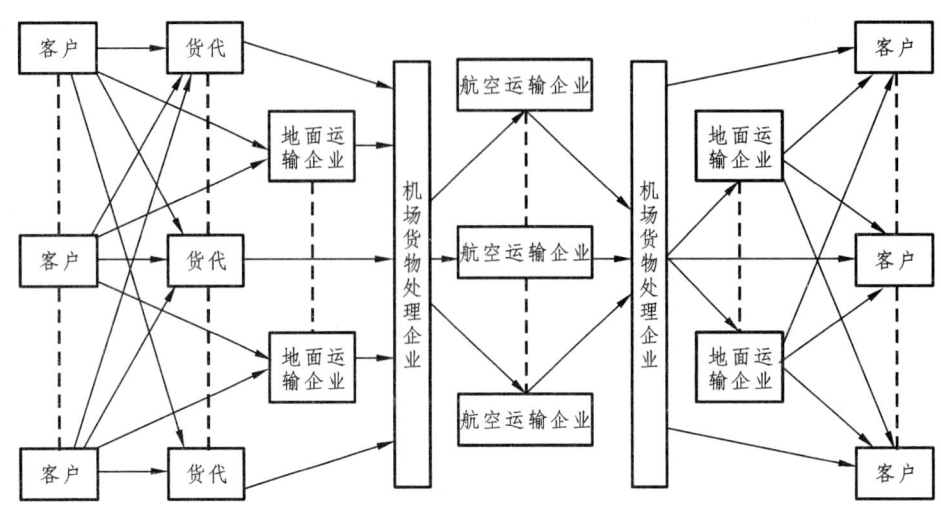

图 3-2 航空货运服务链

这个服务链可以有效地实现货物的流动、货物保管责任的转移以及相互之间信息的交流。从航空货运服务的作业流程来看，航空货运服务可以看作是一个从货物运输计划开始，到货源的组织、货物出港、空中运输、货物进港、货物储存及最终的货物配送的完整的作业服务链，如图 3-3 所示。

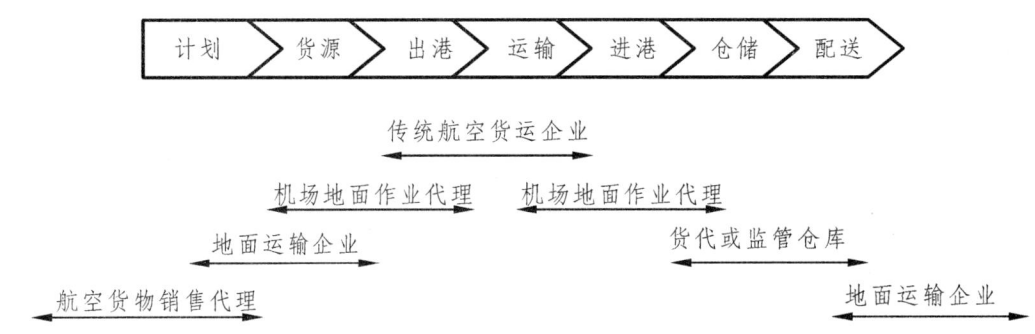

图 3-3 从作业流程角度描述的航空货运服务链

如果从企业价值的创造与实现来看，航空货运服务链就是由众多航空货运服务企业所组成的一条价值链、一条增值链，如图 3-4 所示。在这个价值链中，各企业共同合作，通过一系列的主要作业活动与辅助作业活动，在保证服务链中各企业服务效益获取的同时，实现客户效益的最大化。

辅助活动

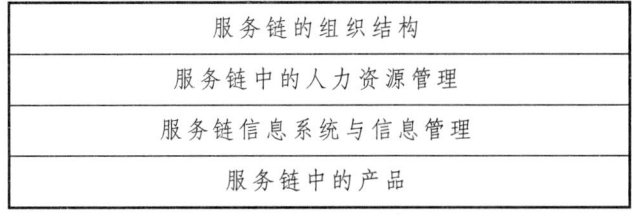

主要活动

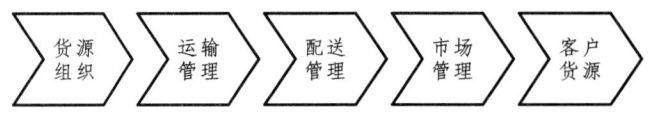

图 3-4 从价值链角度描述的航空货运服务链

因此，从上述定义来看，航空货运服务链具有以下特点：

（一）复杂性

航空货运服务链之所以复杂，主要是因为：首先，服务链是由众多的独立企业组成的，各企业之间的服务与被服务的关系比较复杂。例如，对于货源的组织，客户、航空货运企业及货运销售代理企业之间，当航空货运企业自己销售的比例较小时，它就必须更多地依靠货运销售代理企业，与客户的接触就必然减少；相反，当航空货运企业自己销售的比例较大时，它对货运销售代理企业的依赖就要小得多，与客户的接触自然也就多了。其次，服务链中服务对象的种类繁多，既有快件，也有普通货物；既有危险品，也有冷藏品。最后，服务链不但要实现实体的转移，还要实现保管责任主体的转移及信息跟踪等，必然造成货运服务链的复杂性。

（二）动态性

这一特点又被称为"牛鞭效应"，就是指在服务过程中，由于中间环节的作用，处于服务链条末梢的节点发生的一些变化被放大后，传递给服务链中核心企业的结果，可能是一个较大的变化。在航空货运服务中，各环节之间是紧密联系的，对于服务链中的核心企业——航空货运企业来说，客户需求的细微变化，传递反映到航空货运企业时，就可能产生很大的需求变化。同样，航空货运企业在服务方面的一些即使是细小的差错，表现在客户面前，也可能是一个较大的差错，甚至可能会导致服务的失败。例如，客户托运的是件贵重物品，但是销售代理企业为了获得较大的非法利益，会采取普通的包装方式，并且在交运时进行瞒报。如果航空货运企业在收货时，检验控制不够严格，就有可能收运。这样，一旦出现问题，不仅在经济上对航空货运企业造成较大的损失，还可能导致航空公司失去这个客户，甚至是部分市场。

（三）面向客户需求

航空货运服务链是一个典型的客户需求驱动式服务链。没有客户，各个环节的服务就没有了对象，也就不能发生。因此，航空货运服务链必然是以客户的需求为中心，直接面向客户的需求而构建的。也就是说，在航空货运服务链中，整个服务活动是从对客户需求的了解和预测开始的。

（四）交叉性

对于服务链而言，链中的每个节点相互之间的关系是相对的。比如说，航空货运企业与机场货物处理企业、地面运输企业与其他航空货运企业等之间的关系，相互之间就表现为一种互为客户的关系。

二、航空货运服务链管理

要实现对航空货运服务链的整体管理，不是一个简单的过程，而是一个系统工程。航空货运服务链管理，就是指通过计划、协调和控制，对航空货运服务链中各个环节所涉及的货物移动、单据生成、保管责任转移等活动进行合理调控，以期达到最佳组合，发挥最大的效率，以最小的成本为客户提供方便、快捷、安全的服务，如图 3-5 所示。也就是说，通过对航空货运市场的分析与预测，制订航班计划，安排运力；根据客户的需求与收益管理的控制进行舱位销售、货源组织；通过货物安全检查、货物集中与派送、地面处理、地面运输及空中运输等活动，完成客户服务。为客户创造产品的市场竞争优势、时空效应，并为客户创造最大价值，取得良好的股东投资回报。

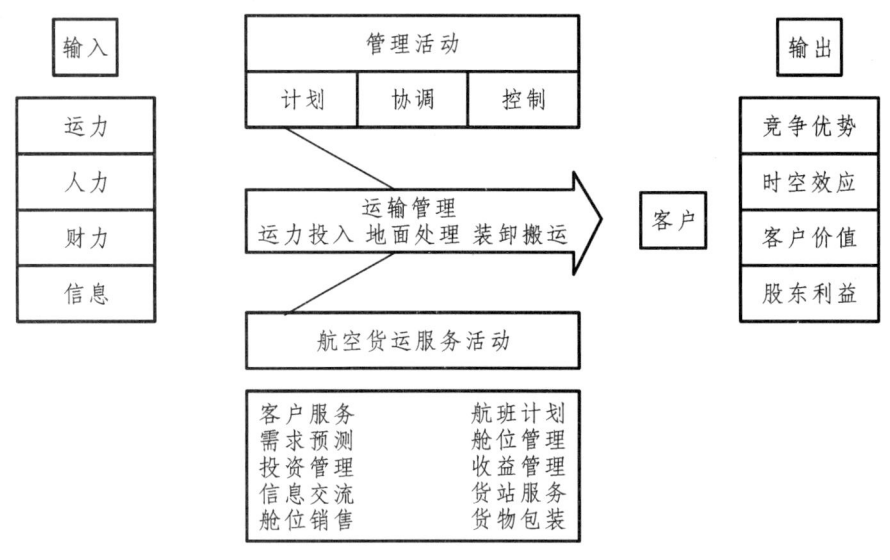

图 3-5　航空货运服务链管理

在整个服务链管理中，各独立企业都有自己的利益要求，因此，如何保证服务链内企业之间的利益平衡，实现服务链整体效益的最大化，成为航空货运服务链管理的关键。在实现航空货运服务链管理时，必须遵循以下原则：

（一）长期性原则

在服务链中，航空货运企业、货主企业、货运销售代理企业、地面货物处理企业及地面运输企业之间的关系，随着航空货运市场竞争的加剧，变化越来越快，格局也越来越不稳定。正如著名营销学专家唐·舒尔茨所说的那样："市场的权力结构正在发生变迁，市场权力开始从过去的厂商，过渡到后来的渠道（销售商）和现在的消费者（客户）手中。"处在航空货运服务链核心位置的航空货运企业要想在激烈的竞争中取胜，必须真正做到以服务客户的理念来对待服务链中的其他企业，积极主动地与这些企业建立长期的、相对稳定的关系。不是简单的降低运输价格，而是要通过提高运输效率、优化服务流程、综合服务环节、控制运输成本等全方位的服务，充分考虑服务链的整体效益，为服务链中的各个企业实现公平的共享利益。尤其是对于货运销售代理企业的管理，航空货运企业与销售代理企业之间是一种典型的博弈关系：代理企业规模较小或是其创业初期时，对航空货运企业的依附性较强；而当代理企业实力增强，在地区市场上占有相当的份额甚至形成垄断时，对航空货运企业就有了较强的议价能力，甚至有时航空货运企业还有可能受制于代理企业。在这种博弈环境下，只有建立了长期稳定的客户式的合作关系，才能实施有效的服务链管理，才能在较大程度上优化服务链效益。

（二）动态性原则

在传统的航空货运服务中，机场地面货物处理企业由于其资源的独特性，具有一定的垄断性，提供地面服务的质量与价格几乎没有什么讨价还价的余地。未来，机场特许经营体系的引入，将会形成竞争性的场面，会有越来越多的地面服务代理专业公司参与竞争。因此，对于服务链中的机场地面服务代理企业，也应该应尽可能地引入竞争机制，定期对这些企业进行质量跟踪与考核，并建立优胜劣汰的淘汰机制与补充机制。同样，对于服务链中的其他企业，如地面运输企业，也应该引入这种竞争机制，实现服务链的动态管理。

（三）共赢性原则

航空货运注重的是服务的时效性，而时效性的实现，除了依靠完善的硬件与良好的管理外，更为重要的是要拥有健全的网络。航空货运企业网络覆盖范围的大小与完整性，是直接制约航空货运企业竞争能力的关键因素。如果说要在短时间内，举一家之力，形成一个健全的网络，显然是不可能的。这就需要借助服务链的力量，以网络的建设与扩展为核心，以同质的较高水平服务为标准，与其他航空货运企业或地面运输企业建立合作关系。当然，所有的合作都必须是建立在共赢的基础上，才能顺利达成企业的战略目标，实现货运网络的完整。例如，多年来，DHL利用国泰航空的客机腹舱，完成东南亚及东北亚的快件运输服务，一直保持着友好互惠的共赢合作关系。近年来，大韩航空、德国汉莎货运等世界航空货运企业纷纷通过资本运作的方式进入我国航空货运服务市场，与国内的航空货运销售代理企业或是地面运输企业共同成立合资企业，从而将触角伸到我国的内陆地区，占领更多的市场，这也是基于服务链管理的共赢性原则进行的。

三、航空出口代理业务岗位分析

航空出口代理业务岗位分析如图3-6所示。

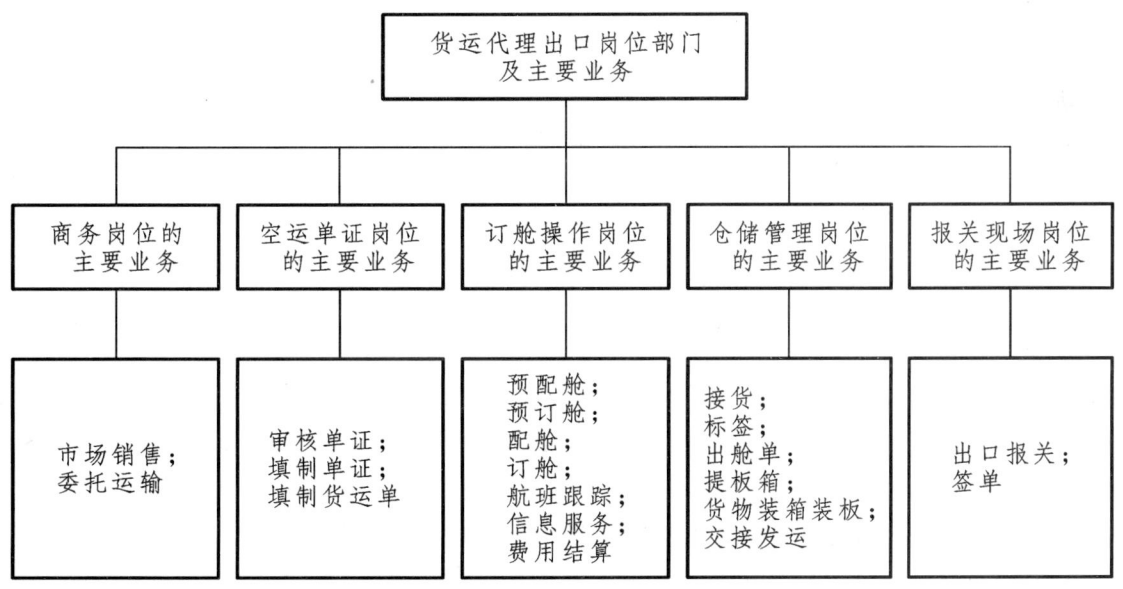

图3-6 航空出口代理业务岗位分析

任务三　认识空运代理业务流程

一、空运业务流程的参与主体

国际航空货运业务流程以集运人为核心企业，参与主体主要有货主、集运人、航空公司（如专用货运站、货运部门）、报关行、国际机场（如公共货运站、地面代理）及相关政府机构（如海关、检验检疫局），如图3-7所示。

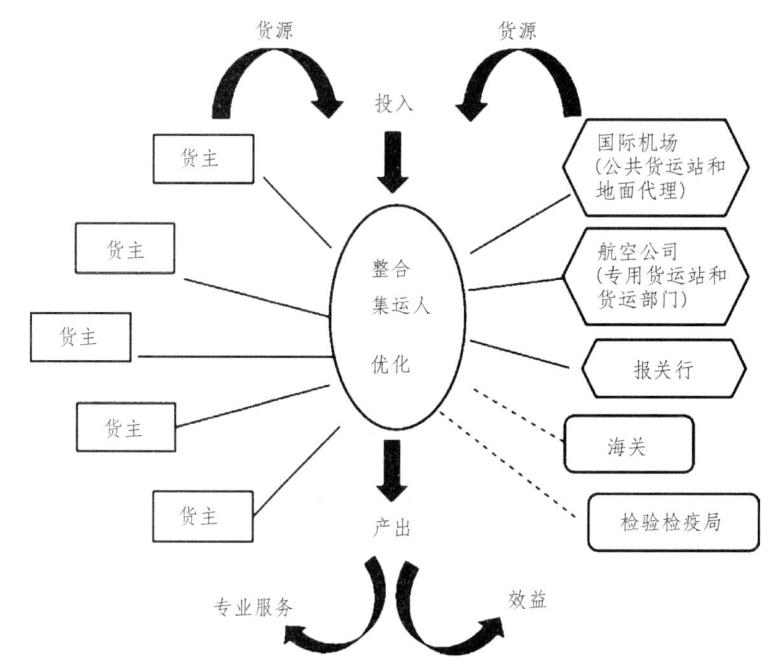

图 3-7　国际航空货运业务流程的参与主体

（一）核心企业——集运人

集运人（Consolidator）是集中托运人的简称，相当于国际海上货运中的无船承运人（NVOCC），也就是"无机承运人"。而航空公司就是"有机承运人"，相当于海运业务中的船公司。

国际航空货运代理（International Air Freight Forwarder）主要有两种：一种是集运人，另一种是代理人。前者的法律身份是当事人（Principal），业务身份是无机承运人；后者的法律身份是代理人（Agent），业务身份是中间人。由于代理人在责任承担、业务规模、服务水平、综合实力等方面均不如集运人，当前国际航空货代行业以集运人型货代为主流，代理人型货代在逐渐减少，甚至呈现逐渐被市场边缘化的趋势。

集运人是国际航空货运业务流程中的核心企业，是整个运作链条中的组织者和协调者。一方面，集运人通过开拓客户（货主）、投入规模化货源，成为业务流程的驱动者、发动机；另一方面，集运人通过与各方建立战略合作伙伴关系，有效整合、优化航空公司、报关行、机场等参与主体的分散资源，提供专业服务，获取预期效益。

(二) 集运人的业务职能部门及关系

集运人的业务职能部门一般包括营销部、操作部、客户服务部和财会部，中大型企业可能会把营销部再细化为市场部和销售部（业务部）。此外，企业通常还设有人力资源部、行政部或总经理办公室等非业务职能部门。集运人业务职能部门的设置如图 3-8 所示。

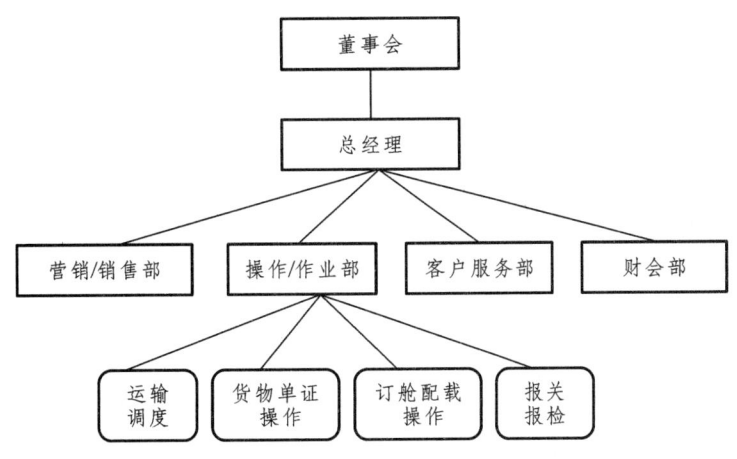

图 3-8　集运人业务职能部门的设置

集运人业务职能部门之间是紧密合作的，单靠某个职能部门无法向任何一个客户提供完整的国际航空货运服务，无法就任何一票货物实施完整的国际航空货运业务流程。

就开发与维护客户的整体工作而言，各职能部门的活动相互支撑，"你中有我，我中有你"。营销部门通常是业务流程的火车头，也就是说营销人员成功获取订货后，由操作部实施订单、由客户服务部提供售后服务、由财会部跟进费用结算工作。但是其他部门也可能成为业务的驱动者，如：客户服务部根据客户来电的内容向营销部提供重要的揽货信息，操作部通过派送进口货物时发现的动态向营销部传达客户希望与我司合作的信息。

就围绕单票货物提供的服务而言，各职能部门的活动在业务流程中存在一个大致的先后顺序：营销揽货—空运操作—客户服务—费用结算。但此流程及顺序并非一成不变，尤其是在特殊情况下。例如，在空运操作活动的订舱配载、报关、起运等环节出现意外的情况下，客户服务部往往早已把信息传递给了货主，而不会等到空运操作完全结束后才进行滞后性的沟通；临时托运货物的不固定客户的运费通常在受理托运时就已经结算完毕，不会留到最后一个环节以赊销月结的形式进行结算。

二、空运出口代理业务流程

(一) 市场销售

货代企业需及时向出口单位介绍本公司的业务范围、服务项目、各项收费标准，特别是向出口单位介绍本公司的优惠运价、服务优势等。

(二) 委托运输

由托运人自己填写货运托运书。托运书应包括下列内容栏：托运人、收货人、始发站机场、目的地机场、要求的路线/申请订舱、供运输用的声明价值、供海关用的声明价值、保险金额、处理事项、货运单所附文件、实际毛重、运价类别、计费重量、费率、货物的品名及数量、托运人签字和日期等。

（三）审核单证

单证应包括发票、装箱单、托运书、报送单、外汇核销单、许可证、商检证、进料/来料加工核销本、索赔/返修协议、到付保函和关封。

（四）预配舱

代理人汇总所接受的委托和客户的预报，并输入计算机，计算出各航线的件数、重量、体积，按照客户的要求和货物情况，根据各航空公司不同机型对不同板箱的重量和高度要求，制订预配舱方案，并对每票货配上运单号。

（五）预订舱

代理人根据所制订的预配舱方案，按航班、日期打印出总运单号、件数、重量、体积，向航空公司预订舱。

（六）接收单证

接收托运人或其代理人送交的已经审核确认的托运书及报送单证和收货凭证。将收货记录与收货凭证核对，制作操作交接单，填上所收到的各种报关单证份数，给每份交接单配一份总运单或分运单。将制作好的交接单、配好的总运单或分运单、报关单证移交制单。

（七）填制货运单

航空货运单包括总运单和分运单。填制航空货运单的主要依据是发货提供的国际货物委托书，委托书上的各项内容都应体现在货运单项式上，一般用英文填写。

（八）接收货物

接收货物，是指航空货运代理公司把即将发运的货物从发货人手中接过来并运送到自己的仓库。

接收货物一般与接单同时进行。对于通过空运或铁路从内地运往出境地的出口货物，货运代理按照发货提供的运单号、航班号及接货地点日期，代其提取货物。如货物已在始发地办理了出口海关手续，发货人应同时提供始发地海关的关封。

接货时应对货物进行过磅和丈量，并根据发票、装箱单或送货单清点货物，核对货物的数量、品名、合同号或唛头等是否与货运单上所列的一致。

（九）标记和标签

标记：包括托运人、收货人的姓名、地址、联系电话、传真；合同号等；操作（运输）注意事项；单件超过150千克的货物。

标签：航空公司标签上前三位阿拉伯数字代表所承运航空公司的代号，后八位数字是总运单号码。分标签是代理公司对出具分标签的标识，分标签上应有分运单号码和货物到达城市或机场的三字代码。一件货物贴一张航空公司标签，有分运单的货物，再贴一张分标签。

（十）配舱

核对货物的实际件数、重量、体积与托运书上预报数量的差别。对预订舱位、板箱的有效利用、合理搭配，按照各航班机型、板箱型号、高度、数量进行配载。

（十一）订舱

接到发货人的发货预报后，向航空公司吨控部门领取并填写订舱单，同时提供相应的信息：货物的名称、体积、重量、件数、目的地；要求出运的时间等。航空公司根据实际情况安排舱位和航班。货运代理订舱时，可依照发货人的要求选择最佳的航线和承运人，同时为发货人争取最低、最合理的运价。

订舱后，航空公司签发舱位确认书（舱单），同时向装货集装箱发放凭证，以表示舱位订妥。

（十二）出口报关

首先将发货人提供的出口货物报关单的各项内容输入计算机，即计算机预录入；再在计算机填制的报关单上加盖报关单位的报关专用章；然后将报关单与有关的发票、装箱单和货运单综合在一起，并根据需要随附有关的证明文件。以上报关单证齐全后，由持有报关证的报关员正式向海关申报；海关审核无误后，海关人员即在用于发运的运单正本上加盖放行章，同时在出口收汇核销单和出口报关单上加盖放行章，在发货人用于产品退税的单证上加盖验讫章，贴上防伪标志，完成出口报关手续。

（十三）出舱单

配舱方案制订后就可着手编制出舱单：出舱单的日期、承运航班的日期、装载板箱形式及数量、货物进舱顺序编号、总运单号、件数、重量、体积、目的地三字代码和备注。

（十四）提板箱

向航空公司申领板箱并办理相应的手续。提板箱时，应领取相应的塑料薄膜和网。对所使用的板箱要登记、销号。

（十五）货物装箱装板

注意事项：不要用错集装箱、集装板，不要用错板型、箱型；不要超装箱板尺寸；要垫衬，封盖好塑料纸，防潮、防雨淋；集装箱板内货物尽可能配装整齐，结构稳定，并接紧网索，防止运输途中倒塌；对于大宗货物、集中托运货物，尽可能将整票货物装入一个或几个板箱内运输。

（十六）签单

货运单在盖好海关放行章后还需要到航空公司签单，只有签单确认后才允许将单、货交给航空公司。

（十七）交接发运

交接是向航空公司交单交货，由航空公司安排航空运输。

交单就是将随机单据和应由承运人留存的单据交给航空公司。随机单据包括第二联航空运单正本、发票、装箱单、产地证明和品质鉴定证书。

交货即把与单据相符的货物交给航空公司。交货前必须粘贴或拴挂货物标签，清点和核对货物，填制货物交接清单。对于大宗货物、集中托运货物，以整板、整箱称重交接；对于零散小件货物，按票称重，计件交接。

（十八）航班跟踪

需要联程中转的货物，在货物运出后，要求航空公司提供二程、三程航班中转信息，确认中转情况。及时将上述信息反馈给客户，以便遇到不正常情况时能及时处理。

（十九）信息服务

从多个方面做好信息服务：订舱信息、审单及报关信息、仓库收货信息、交运称重信息、一程二程航班信息、单证信息。

（二十）费用结算

发货人结算费用：在运费预付的情况下，收取航空运费、地面运输费、各种服务费和手续费。

承运人结算费用：向承运人支付航空运费及代理费，同时收取代理佣金。国外代理结算主要涉及付运费和利润分成。

国际航空货运出口代理业务流程

三、空运进口代理业务流程

航空货物进口运输代理业务程序，是指代理公司对于货物从入境到提取或转运整个流程的各个环节所需办理的手续及相关单证的全过程。

（一）代理预报

在国外发货前，国外代理公司将运单、航班、件数、重量、品名、实际收货人及其地址、联系电话等内容发给目的地代理公司。到货预报的目的是使代理公司做好接货前的所有准备工作。此时应注意的事项有：① 注意中转航班。中转点航班的延误会使实际到达时间和预报时间出现差异。② 注意分批货物，从国外一次性运来的货物在国内中转时，由于国内载量的限制，往往采用分批的方式运输。

（二）交接单、货

航空货物入境时，与货物相关的单据也随之到达，运输工具及货物处于海关监管之下。货物卸下后，将货物存入航空公司或机场的监管仓库，进行进口货物舱单录入，将舱单上总运单号、收货人、始发站、目的站、件数、重量、货物品名、航班号等通过计算机传输给海关留存，供报关用。

同时根据运单上的收货人地址寄发取单、提货通知。航空公司的地面代理人向货运代理公司交接的有国际货物交接清单、总运单、随机文件及货物。

（三）理货与仓储

代理公司自航空公司接货后，即短途驳运进自己的监管仓库，组织理货及仓储。

（四）理单与到货通知

理单：集中托运，总运单项下拆单；分类理单、编号；编制种类单证。

到货通知：尽早、尽快、尽妥地通知货主到货情况。

正本运单处理；计算机打制海关监管进口货物入舱清单一式五份，用于商检、卫检、动检各一份，海关两份。

（五）制单与报关

1. 制单、报关、运输的形式

货代公司代办制单、报关、运输；货主自行办理制单、报关、运输；货代公司代办制单、报关，货主自办运输；货主自行办理制单、报关后，委托货代公司运输；货主自办制单，委托货代公司报关和办理运输。

2. 进口制单

制单指按海关要求，依据运单、发票、装箱单及证明货物合法进口的有关批准文件，制作"进口货物报关单"。货运代理公司制单时的一般程序如下：

（1）长期协作的货主单位，有进口批文、证实手册等放于货代处的，货物到达，发出到货通知后，即可制单、报关，通知货主运输或代办运输。

（2）部分进口货，因货主单位缺少有关批文、证实，也可将运单及随机寄来的单证、提货单以快递形式寄货主单位，由其备齐有关批文、证实后再决定制单与报关事宜。

（3）无须批文和证实的，可即行制单、报关，通知货主提货或代办运输。

（4）部分货主要求异地清关，在符合海关规定的情况时，制作"转关运输申报单"，办理转关手续。报关单上需由报关人填报的项目有进口口岸、收货单位、经营单位、合同号、批准机关及文号、外汇、进口日期、提单或运单号、运杂费、件数、毛重、海关统计商品编号、货品规格及货号、数量、成交价格、价格条件、货币名称、申报单位、申报日期等，转关运输申报单内容少于报关单，也需按要求具体填列。

3. 进口报关

报关大致分为初审、审单、征税和验放4个主要环节。

报关期限与滞报金：进口货物报关期限为自运输工具进境之日起的14日内。超过这一期限报关的，由海关征收滞报金；征收标准为货物到岸价格的万分之五。

开验工作的实施：客户自行报关的货物，一般由货主到货代监管仓库借出货物，由代理公司派人陪同货主一并协助海关开验。客户委托代理公司报关的，代理公司通知货主，由其派人前来或书面委托代办开验。开验后，代理公司须将已开验的货物封存，运回监管仓库储存。

（六）发货与收费

海关在报关单和航空运单加盖放行章后，就可以到海关监管仓库提取货物。

（七）送货与转运

国际航空货运进口
代理业务流程

出于多种因素，或考虑便利，或考虑节省费用，或考虑运力所限，许多货主要求将进口到达货由货运代理人报关、垫税、提货后直接运输到直接收货人手中。

任务四　揽货营销操作

企业的营销能力是企业盈利的根本保证。如果产品或服务的需求不足，那么，财务、运营和其他方面的努力也只不过是虚无缥缈的东西，因为只有足够的需求，企业才能真正获得利润。由于市场营销是一切活动的基础，所以几乎每家的国际货运企业都设置了营销团队，越来越多的企业设立了营销总监或首席营销官（CMO），享有重要的业务地位。对国际航空货运企业而言，成功揽货并满足客户对空运及相关物流服务的需求，是营销活动的基本任务。集运人只有成功承揽到货物、飞机舱位只有配载了货物，才有利润源泉。因此可以说，营销揽货处于业务流程的龙头位置，该职能部门业绩的高低对集运人的持续发展影响重大。

一、营销揽货的总体思路

市场营销是一个复杂而微妙的过程。国际航空货运企业首先应制订营销战略与计划，确定目标市场，结合自身的资源和实力选择适合的经营领域，形成自己的核心竞争力。具体到日常营销活动，一方面，营销经理必须及时策划设计出新服务（把何种属性纳入新服务之中）、为客户设定合理的价格、确定更有效的营销渠道、考虑花多少钱来做广告和进行促销或推广。同时，与有形产品有所不同，服务是无形的，在人员和有形展示方面通常比产品更为重要。另一方面，企业最大的风险之一就是既未能持续开发新客户、维护老客户，也未能监视和遏制竞争对手的活动，因此营销人员开发新客户的系统活动和维护发展老客户的过程管理就颇为重要。

二、确定营销战略与目标市场

战略是企业长期发展和实现目标的策略与途径，也是企业较长远的、统领性的及全局性的计划。营销战略是企业为实现其经营目标，对一定时期内市场营销活动的总体设想和规划。一般而言，国际航空货运企业制定营销战略，应根据国际航空货运市场与竞争环境的变化，紧密结合本身的资源和实力选择适合的目标市场，设计符合客户需求的国际空运及物流服务，形成自己的核心竞争力，并通过差异化策略在竞争中取胜。营销计划是营销战略的主要组成部分，是指导和协调营销活动的核心工具。一般而言，营销计划包括战略营销计划和战术营销计划。战略营销计划是在市场调研和客户行为分析的基础上确定目标市场并提出目标市场竞争策略。战术营销计划则反映了特定时期的营销战术，包括服务、价格、渠道、促销、人员和有形展示等，即无形服务的6P营销组合。

三、开展营销组合活动

国际航空货运企业营销部门的主要任务之一是设计营销活动，以便为客户创造、传播国际空运服务的价值。有形产品的营销活动包括产品（Product）、价格（Price）、渠道（Place）、促销（Promotion）。现代营销理论认为无形服务的营销活动须在有形产品的4P基础上增加人员（People）和有形展示（Physical Evidence），即6P。在营销组合中，每个P都包含若干特定的变量，国际航空货运服务营销活动 6P 的常见变量和主要价值如表 3-2 所示。营销者需要就如何设计、组合诸多变量做出决策，以便为客户创造、传播有竞争力的价值，乃至对市场产生积极的影响。

营销者可以根据目标市场的需求特征，为一般客户群体设计普通的服务，为重点客户量身定做专门的服务或提供有针对性的综合解决方案，在此基础上制定符合市场水平的、科学合理的价格体系，构建有利于高效获取客户的营销渠道，开展系列促销活动，建立专职开发与维护客户的营销员梯队，通过有形展示获得强有力的营销辅助效应。

表 3-2 国际航空货运企业 6P 的常见变量和主要价值

	常见变量	主要价值
营销组合	航线网络覆盖面	交货范围广、可到达性强
	运输速度	省时、交货快捷
	运输安全性与可靠性	损失最小化
服务	代理进出口报关	无须为烦琐的报关手续耗时耗力
	货物仓储与库存管理	储存灵活、节省库存管理成本
	货物交接方式（机场—机场，门—门）	因地制宜、货物交接便利
	货物查询的便利性与跟踪的实时性	实时监控货运动态
	空铁/空海/空卡联运能力	享受较快的速度、支付较少的费用
价格	与市场竞争联动的价格体系	提高服务性价比
	基于重量分段的价格折扣	有利于大宗货物的运费控制
	临时与固定客户的区别折扣	有利于长期固定合作的运费控制
	便利的报价与收费方式	结算简便
	预付/到付/第三方付等多样化付款方式	消除垫付和汇率转换的麻烦
	账单准确性与及时性	对账与支付快捷
	常见变量	主要价值
渠道	人员营销	开发与维护大中型客户
	电话营销	开发与维护小型客户
	服务中心与门店营销	推广品牌、赢得上门客户
	非直控区域的代理营销	用有限资源获取非直控区域的市场份额
	互联网营销与订单处理	有力延伸营销渠道，节省交易成本
促销	广告	传播服务与价值，提高品牌知名度
	网络促销	有力促进网上与网下营销
	营业推广（积分制、折扣券、抽奖赛事、展会等）	有效鼓励、激发客户的购买行为
	公关（新闻发布、赞助、庆典、谈判、危机处理）等	塑造组织形象，建立与公众的良好关系

续表

	常见变量	主要价值
人员	区域营销人员的活动	开发与维护各市场区域的普通客户
	重点客户经理的活动	管理与本土重点客户的关系并扩展合作
	全球客户经理的活动	管理与跨国公司客户的关系并扩展合作
	操作、客户服务和财会职能部门人员的活动	营销无处不在，各部门配合促进全民营销
有形展示	参观空运货站、服务中心、企业驻地等实体环境	展示雄厚实力、增强客户对服务的信心
	参观专业装卸搬运设备、车辆、飞机等设备设施	引导客户对服务保障产生积极的期望
	赠送车辆飞机模型、荣誉宣传册等有形物传递信息	在客户群体中持续地推广、树立品牌

四、营销人员开发与维护客户

服务与产品不同，服务是无形的，除了进行有形展示外，对人员推销的依赖性通常比有形产品更强。前面讲到，国际航空货运企业最大的风险之一就是未能持续开发新客户、维护老客户，因此对新老客户的系统营销活动至关重要，而营销活动的核心行为就是拜访客户。一般来说，无论是开发新客户的业务还是扩展与老客户的合作，拜访客户的活动都包括拜访准备、接触阶段、资讯阶段、说服阶段、签约阶段、维护与发展阶段。

（一）拜访准备

该阶段的主要工作是按照"拜访前计划表"做好拜访计划（见表3-3）。

表3-3 拜访前计划表

客户公司名称	客户联系人	联系人职位
您的拜访目标是什么？ 拜访类型：开发新客户的业务（　　）；扩展与老客户的合作（　　）		
接触阶段 与客户面谈时，您将如何开场？		
资讯阶段 您将提出哪些CORK问题？		
说服阶段 您将用哪些关键的服务优势和利益说服客户？		

续表

可能会出现哪些反对异议/障碍？ 您将如何应对客户的异议和可能出现的障碍？
签约阶段 您将如何与客户达成协议？

（二）接触阶段

无论是回访还是初次拜访，其开场方式都应该吸引客户足够的注意力，并把谈话导向特定的拜访目标。短暂的题外话、寒暄一般是必要的（并不总是），但必须较快地回到正题，谈话的内容必须和客户的公司相关，而不是关于自己或公司，尽量多听少说。

（三）资讯阶段

资讯是指被及时地获得并利用能在较短时间内带来价值的信息，在这里是指客户对国际空运服务的需求密切相关的信息。营销员在咨询阶段的根本任务是通过向客户提出一系列问题，全面收集、分析客户的需求资讯。

这些问题大致可以归纳为4类：① 处境问题；② 障碍问题；③ 后果问题；④ 关键问题。这些问题简称 CORK 问题（Circumstance, Obstacle, Repercussion, Key for Solution），如表3-4所示。营销人员可以按照这种先后顺序向客户提出4类问题，也可以根据客户的业务情况、自己关注的重点和拜访时间的限制有所侧重地提出某一两类问题，只要能准确把握住客户的实际需求即可。

表 3-4 资讯阶段的 CORK 问题

项目类型	处境问题	障碍问题	后果问题	关键问题
目的	了解客户的业务及货物空运方面的信息	了解客户空运货物面临的困难及不满意的方面	了解障碍、困难造成的后果，包括对客户业务和客户本人的	了解客户所期待的解决方案和改进效果，将其作为自己方案的蓝本，对于获得客户的认同很有利
举例	"目前贵公司怎样安排进出口货物的空运？"	"货物的空运存在哪些困难？""货物空运到哪些国家不太顺利？"	"对你的业务会产生哪些不好的影响？""这种情况会不会使实际的总费用增加？"	"你希望到法兰克福的空运效率改进到什么程度？""如果采取……的方案，你觉得怎么样？"
影响	问题的数量要适当，不宜提出过多处境问题，否则容易让客户厌烦	通常有效，可让客户把思路集中在他们真正关心的问题上	直接了解客户面临的影响、后果，有利于在后面有的放矢地提出解决方案	产生正面积极的影响，引导客户自己说出有效的改善方法
建议	如对方是关键人物，尽量少提此类问题，所需信息就应在拜访前尽量收集好	拜访前应事先了解和列出客户可能存在的障碍，并在拜访中随时验证、修正	提出后果问题后，考虑如何使用本公司的服务为客户解决问题	提出这类问题，有利于引导客户认同我方空运服务和解决方案

(四)说服阶段

在这一阶段,营销员有针对性地向客户介绍本公司国际空运服务的特色(Feature)、优势(Advantage)及其带给客户的实际利益(Benefit),目的是说服客户同意或尝试合作。

首先确定客户需求和本公司满足客户需求的服务特色和优势。这些特色和优势必须准确、具体,而且可以量化、可以衡量。例如,空运速度更快的具体时间、上门收货范围更大的具体区域、舱位更充足的新型货机机型、可实时查询货物的详细网址或工具、收费更简便的具体方式等。然后把服务的特色和优势转化为给客户带来的利益,目的是不仅使客户认识到我方服务不错,更重要的是让客户的公司受益,同时提高客户自己的工作业绩(既满足业务的需求也满足个人的需求)。例如,节省运输时间,降低运输成本,提高安全可靠性,处理业务更方便、更省心等。

报价是本阶段另一项重要的工作。只有说服客户接受了服务的价格,才有可能说服客户同意签约合作。结合国际航空货运行业的实践情况,报价须遵循以下原则:

1. 知　己

知己是知道自己的价值,即明确本公司的服务带给客户的切实利益,进行最有利的价值定位。报价前紧密结合客户的需求,突出我方服务的FAB,尤其是带给客户的每一点利益,将价格谈判的重点放在价值上而不是价格上,因为有高价值才能有高价格。

2. 知　彼

一般来说,决定报价有5个因素,即客户(货量和价格期望)、对手(服务与价位)、行情(市价走势)、供应商(采购成本)和本公司内部(利润目标)。后两种因素通常由公司高层和专职人员关注及把握,营销人员需直接关注的是前3种因素。知彼的"彼"首先是谈判对手——客户,然后是竞争对手。一方面,准确收集客户的货量和目的地等信息,分析判断客户的谈判风格和期望价格,对报价和折扣的把握才能更加有的放矢;另一方面,关于竞争对手的价格和服务竞争力的信息无疑是越多越有利。在此基础上,结合当前市场的价位行情进行分析,报价才会更合理、更科学。

3. 知策略

价格谈判须讲究专业套路和章法,须制定合理的报价目标;如果让步,须有让步的计划并按计划行事。下列要点可供参考:

(1)合理的、较高的价格目标对客户认同本公司的服务有正面的影响。

(2)低目标会将谈判局限在低层次,目标定得越低,成交的价格也越低。

(3)价格总是可以降低,但再想提高就非常困难,因此初次报价不能过低。

(4)让步的速度和态度会向对手传递正面或负面信息,一般来说,缓慢极不情愿地让步比快速及过分热情地让步更加有利。

(5)让步不要局限于价格,服务的各种可变因素也是丰富的交换筹码,尤其要大力发掘那些对本公司代价较小但对客户较有价值的可变因素。例如,适当扩大接货或交货的地理范围、推迟截止接货的时间、定期提供空运服务报告、免费加固货物包装、稍微延长付款期限等。这些筹码都可以有力地缓解降价压力,达到双赢。

总而言之,报价可谓技术活,切不可草率和轻视,营销人员需在实践中不断总结经验与教训,不断提高报价能力。

（五）签约阶段

选择签约的时机非常重要。营销员可能急于求成也可能因为没把握时机而未能达成协议。识别一些典型的"购买信号"是必要的，可能是一些肢体动作，如拿起协议书仔细地看条款、对着报价表点头等；也可能是口头语言，如"怎么样向你们下订单？""怎样填写货物托运书"等。如果收到这样的购买信号，营销员可以更进一步回答上述问题，并及时向客户提出达成协议、签约的主张。

至少有下列 7 种技能（各种之间可组合和变化）有助于与客户达成协议：

（1）假定。要对客户的肯定回答和购买信号保持积极的态度，假定客户已经明确了购买的意向，把谈话导向成交。例如，"您希望我们什么时候开始合作？""你会什么时候试用我们的服务？"

（2）选择。在时间、支付方式、发货等方面提供两个（或以上）正面的选项。例如，"您希望在星期一还是星期二发货？""这一次空运的运费是预付还是到付？"

（3）总结。简单地总结一下刚才讨论和陈述的要点，聚焦在与客户的业务需求、个人愿望及关键问题有关的利益上；可以通过与竞争对手的比较（不要刻意贬低对手），强调本公司服务的优势所在，即与其他公司相比有哪些优势。

（4）实例。选取若干个有影响力的客户实例，介绍和他们已经合作的情况，描绘本公司在实例中的 FAB，有利于树立客户的信心，同时表明也可以为该客户提供同样或类似的 FAB。案例必须是真实的，提供相关文件、图片、客户赞赏或推荐的书面材料等可以明显提高可信度，如果以当地名气较大的客户为例，效果更佳。

（5）让步。借让步引导客户尽快做出决定。这种让步要么是时间上的限制（如马上订购可以略降价格），要么是该客户的重要性值得为之提供特别待遇（如在条款上有所变动而无须花费额外费用）。让步必须到最后不得已而为之，如果太早就让步，或者是看似每个客户都能，效果就会大打折扣。

（6）告诫。说明不达成协议的损失来提醒客户。例如，"如果过两周再签协议就错过了这条航线的价格优惠期""马上进入旺季，如果合同在下个月才签订和生效的话，我们无法申请调低燃油附加费的费率"。

（7）隔离。对于客户在签约前提出进一步要求的情况，可以和客户确认还有没有其他因素妨碍签约。例如，"要是我们能满足你的这条要求，那你决定使用我们的服务了吗？""如果我们解决你在这方面的问题，我们可以达成协议吗？"采用隔离技巧，可防止陷入客户要求的无底洞。

（六）维护与发展

"开源节流"是客户管理的基本准则。一方面，要赢取新客户，不断开发业务和利润的源泉，为"开源"；另一方面，所有新客户经历一段合作时间后都会成为老客户，而维护发展老客户更是任重道远。这里有两个层次：第一个是维护层次，做好既有客户的关系管理，通过与各部门协作为客户提供优质服务，培育客户的满意度和忠诚度，严防客户流失到竞争对手那里，为"节流"；第二个是发展层次，也叫"深耕"层次，有计划、有策略地扩展与老客户的业务合作，从航线、货物种类、服务方式、服务创新等方面延伸合作领域。尤其对于重点客户，当合作模式与本企业的长期发展战略契合时，双方须努力形成战略联盟关系。

任务五　空运普通货物报价

一、认识国际航空运价及运费

1975年之前，一些航空公司各自出版运价手册，但是运价水平和格式相差甚远。为了减少冲突和浪费，并使运价手册更具有实用性，国际航空运输协会决定出版一本通用的运价手册，即TACT（The Air Cargo Tariff，空运货物运价表）。由此，在国际航空货运业界具有里程碑意义的指导手册诞生了。TACT 主要分为 3 个部分：TACT Rules，TACT Rates—North America，TACT Rates—World wide。其中，TACT Rules 每年出版两期，TACT Rates 每两月出版一期，结合并遵守 TACT Rules 共同使用。

运价与运费体系是支撑国际空运业务的核心部分，是航空公司与集运人实现营业收入的根本保证。科学合理地核算运费是国际航空货运业务的核心工作，而运价与运量是决定运费的主要变量。一方面，为了在全球范围内有效协调运价水平、统一运价规则，IATA 制定了 TACT，包括多种运价及其使用规则，组成了严谨的运价体系，为承运人和集运人在实践中合理制定协议运价提供了根本依据。另一方面，确定货物的计费重量不仅需考虑毛重，还要考虑货物的体积，以及两者之间的关系，为此 IATA 还制定了确定计费重量的统一规则。

（一）航空货运运价的基本概念

国际航空货运运价（Rate），指承运人对每一重量单位货物（千克或磅）所收取的自一国始发地机场至另一国目的地机场的航空运输费用。

国际航空货运运价一般以始发地的本国货币公布，一些国家以美元代替其本国货币公布，视美元为当地货币的以美元公布运价。

国际航空货运运价须规定有效期，航空运单所使用的运价应为填制运单之日的有效运价，即在航空货运运价有效期内适用的运价。

运价是调节国际航空货运市场的重要经济杠杆。如果运价过高，可能造成空运市场供应增加，运力过剩，需求减少，从而使现有运输设备得不到充分利用，导致资源浪费。如果运价过低，需求过量，造成运力紧张，也同样不利于资源的合理配置和有效利用，造成不合理运输，制约国民经济的发展。所以，制定科学合理的运价体系意义重大。

当前，国际航空货运运价按制定的途径划分，主要分为协议运价和 IATA 运价。

（二）国际航空货运运价

国际航空货运运价，指将货物从一国始发地机场航空运输至另一国目的地机场所应收取的费用。国际航空货运运价主要受两个因素的影响，即货物适用的运价与货物的计费重量。首先，因航空运输货物的种类繁多、运输的起讫地点所在航空区域不同，每种货物所适用的运价亦不同。其次，因飞机业载能力受最大起飞重量和货舱容积的限制，货物的计费重量需要同时考虑货物毛重和货物体积。另外，数量折扣原则和运距因素也会影响货物运价的计算。

1. 协议运价

协议运价（Contract Rate，CR），指航空公司与航空货运代理（通常为集运人）签订协议，后者保证在一定时期内向前者交运一定数量的货物，前者因此向后者提供的优惠运价。根据协议方式，协议运价可分为 3 种，各种协议运价及其特征如表 3-5 所示。

表 3-5 各种协议运价及其特征

协议运价	长期协议运价	包箱	硬包	达标返还	货量达标返还
	短期协议运价	包板	软包		运费达标返还
	临期协议运价	对大宗货物或特种货物，单独、临时商定的协议运价			

长期协议：航空公司同航空货运代理签订的协议期限通常是一年或一年以上。

短期协议：航空公司同航空货运代理签订的协议期限通常是一季以上、一年以下。

包箱、包板：航空货运代理在一定航线上按约定数量包用航空公司的集装箱或集装板开展航空货运业务。

硬包：航空货运代理无论是否向航空公司交付货物，都必须支付协议规定运费的包箱包板方式。

软包：航空货运代理须按规定时间在航班起飞前（如 72 小时前）确定承包、超时由承运人自由支配的包箱包板方式。为降低运营风险，通常航空公司对软包的总量有一定控制。

货量达标返还：如果航空货运代理在协定期限内达到协定的货量，航空公司按一定的比例返还运费给货代。

运费达标返还：如果航空货运代理在协定期限内达到了协定的运费，航空公司按一定的比例返还运费给货代。

临时协议运价：对大宗货物或特种货物，单独、临时商定的协议议价，通常为一票一价方式。

2. IATA 运价

（1）IATA 运价体系。

为了在全球范围内有效协调运价水平、统一运价规则，IATA 制定了完整的运价体系，以空运货物运价表（The Air Cargo Tariff，TACT）的形式公布，因此 IATA 运价又称 TACT 运价。按照 IATA 在 TACT 上公布的形式将运价划分为公布直达运价、非公布直达运价，并以公布直达运价为主。IATA 运价体系如表 3-6 所示。

表 3-6 IATA 运价体系

IATA 运价体系	公布直达运价	普通货物运价（General Cargo Rate）
		指定商品运价（Specific Commodity）
		等级货物运价（Commodity）
	非公布直达运价	比例运价（Construction Rate）
		分段相加运价（Combination of Rate and Charges）

IATA 运价是国际航协通过运价手册向全世界公布的，主要目的是协调各国的航空货运运价。但从实际操作来看，各国从竞争角度考虑，少数航空公司会完全遵照 IATA 运价执行，大多数航

空公司以它为主要基础推行折扣运价，但不能说这种运价没有实际应用价值。首先，它将世界上各主要城市之间的航空运价通过手册公布出来，每个航空公司都能找到参照运价，航空公司在制定本公司运价时参照了 IATA 运价标准；其次，IATA 对特种货物运价进行了合理分类，航空公司在运输特种货物时通常直接适用 IATA 运价；最后，IATA 运价是全世界范围内的标准运价，使国际航空货物运输价格有了统一标准，规范了这个庞大的市场。

国际货物运价按下列顺序使用：

① 协议运价；

② 公布直达运价；

③ 非公布直达运价。

（2）IATA 运价遵循的原则。

① 运价与重量段对应原则。在每一个重量段内对应设置一个运价，如表 3-7 所示。

表 3-7 广州—巴塞罗那航空运价表

GUANGZHOU BARCELONA		CN ES kg	CAN BCN CNY
	M		260.00
	N	−45	32.35
	Q	+45	28.66
		+100	27.88
		+300	27.10
		+500	26.62
		+1000	26.12

以 Q 运价（数量折扣运价）为例，不同的运价水平对应不同的重量段，+45 kg 运价表示重量在 45 kg 以上的运价，为 CNY28.66/kg，也就是说 CNY28.66/kg 适用的重量范围是 45 kg 以上，在此范围内使用同一个运价。

② 数量折扣原则。随着货物重量的增加，运价越来越低。这实际上应用了定价的数量折扣原则，激励托运人交付更多货物，提高飞机舱位的配载率。由表 3-5 可知，+45 kg 以上运价是 CNY28.66/kg，+100 kg 以上运价是 CNY27.88/kg，+300 kg 的运价是 CNY27.10，+500 kg、+1 000 kg 以上则更低一些，重量越大运价越优惠。

③ 运价与运距对应原则。这是定价的基本因素之一，一般来讲，运距越长运价越高，因为运距越长则运输资源的消耗越大。然而，运价与运距不是绝对成正比的，小部分运距较短的航线由于航班少、舱位资源紧缺，其运价往往比运距较长但航班多且舱位资源充足的航线更高。

④ 运价与货物种类对应原则。IATA 根据一定的标准将运价分为普通货物运价、指定商品运价、等级货物运价等几类。普通货物运价的使用规则最为简单；指定商品运价指 IATA 按照特定的标准划出 10 组指定商品并进行编码，对各组给予不同程度的运价优惠；等级货物运价指 IATA 按照特定的标准划定等级货物的范围，按照一定的运价使用规则，在普通货物运价的基础上附加或附减一定的百分比。例如，对活动物、贵重物品等货物采取运价附加的方式；对书报杂志、作为货物运输的行李等采取运价附减的方式。

（三）国际航空货物运费

运费是根据每票货物所适用的运价和计费重量计算得出的。每票货物是指使用同一份航空运单的货物。运价是指运输起讫地点之间的航空运价，因此运费指将货物从一国始发地机场空运至另一国目的地机场的费用，在此不包括空中运输外的其他费用（如地面运输和相关服务、报关报检、仓储等费用）。

1. 计费重量

> 小资料：计费重量的最小重量单位
>
> IATA 规定，计费重量以 0.5 kg 为最小重量单位，重量尾数不足 0.5 kg 的按 0.5 kg 计算；超过 0.5 kg 不足 1 kg 的，按 1 kg 计算；恰好等于 0.5 kg 的，则按 0.5 kg 计算。例如，108.4 kg 按 108.5 kg 计算，108.6 kg 按 109.0 kg 计算，108.5 kg 按 108.5 kg 本身计算。

计费重量（Chargeable Weight）是指用以计算货物运费的重量，既和货物的毛重有关，也和货物的体积重量有关。

（1）毛重（Gross Weight，GW）。

包括货物包装在内的货物重量，称为货物的毛重。在实践中，受飞机货运业载重量的限制，高密度货物的计费重量通常就是货物的毛重。

航空运费-计费重量舍入实操

（2）体积重量（Volume Weight，VW）。

① 定义。按照 IATA 规则，将货物的体积按一定的比例折合而成的重量，称为体积重量。在实践中，受飞机货运业载容积的限制，低密度货物（轻泡货物）的计费重量通常就是货物的体积。

② 计算规则。先计算货物的体积然后再折算体积重量；不论货物形状是否为规则的长方体或正方体，以厘米为单位，取最长、最宽、最高的数值，三边的小数部分按四舍五入取整数；体积重量的折算标准为每 6 000 cm³ 折合 1 kg。因此体积重量的计算公式为：

体积重量（kg）=货物体积（cm³）÷6 000（cm³/kg）

（3）计费重量（Chargeable Weight，CW）。

按照 IATA 规则，以货物毛重与体积重量两者之中较高者为计费重量（取高）。

当使用同一份分运单、收运两件以上适用同一种运价的货物时，计费重量为货物总毛重与总体积重量的较高者。

同理，当使用同一份总运单，集运两份以上分运单项下适用同一种运价的货物时，计费重量为货物的总毛重与总体积重量的较高者。

航空运费-计费重量

2. 最低运费和其他费用

（1）最低运费。

最低运费（Minimum Charge）是指将一票货物从一国始发地机场空运至另一国目的地机场最低限额的运费。按货物适用运价与计费重量算得的运费，应与最低运费相比，取高者。

（2）其他费用。

其他费用（Other Charges）是指除了运费外，由承运人、代理或其他相关部门收取的相关费用。一票货物的国际航空运输过程，除了航空运输外，还包括地面运输及其相关服务、进出口报关报检、仓储、制单等环节，提供这些服务的部门所收取的费用统称为其他费用。

> 小资料：运价与运费的货币进整
>
> 国际航空货运运价及运费的货币进整，因货币的种类而异。TACT 将各国货币进整单位的规则公布在 TACT Rules 中，详细规则可参考 TACT Rules 中的"Currency Table"。以 0.01、0.1、1、10 等为进位单位的货币，进位方法就是常说的四舍五入法。TACT 对我国货币（CNY）的进位规定为：运价及运费的进位单位为 0.01，保留两位小数点，进位方法为四舍五入。货币进整的方法规范了国际航空货运运价及运费金额的表示方式。

二、普通货物运价与运费计算

（一）普通货物运价概述

1. 普通货物运价的概念

普通货物运价（General Cargo Rate，GCR）是指除了指定商品和等级货物外，适用于普通货物的国际航空运价，是应用最为广泛的一种运价。该运价一般公布在 TACT Rates Section 4 中。

2. 运价表的内容（见图 3-9）

运价表的内容包括：始发国城市全称；始发站国家的二字代码；始发站城市的三字代码；始发站国家的当地货币；重量单位；目的站城市全称；目的站国家的二字代码；运价的生效或截止日期/集装器种类代号；备注；适用的指定商品品名编号；以当地货币表示的每千克的运价数额；最低运价；低于 45 kg 的运价。

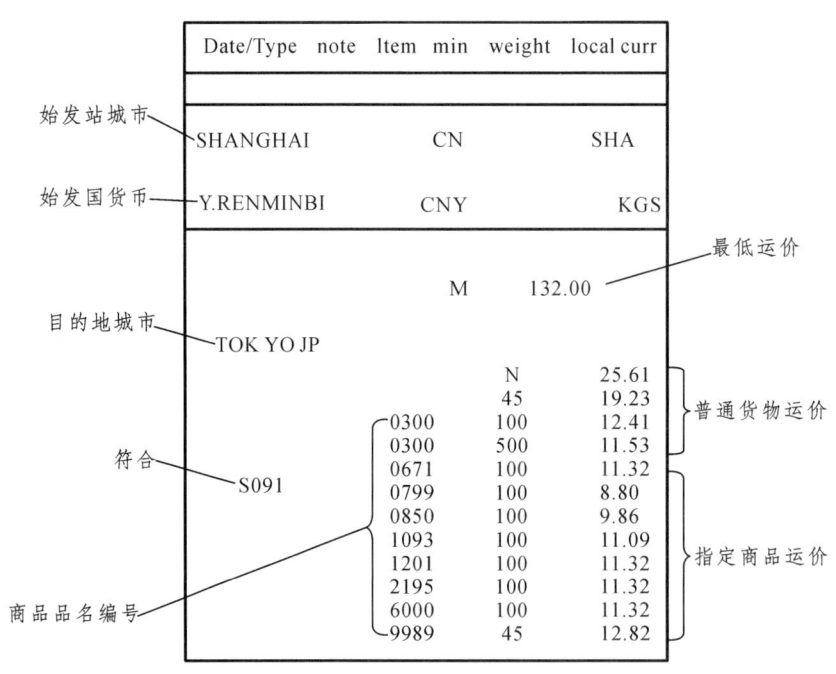

图 3-9 IATA 运价表样式

3. 普通货物运价重量段

普通货物运价根据货物重量等级分为若干个重量段运价,航空公司公布的 GCR 如表 3-8 所示。

表 3-8 航空公司公布的 GCR

GLANGZHOI		CN	CAN
AMSTERDAM		NL	AMS
		kg	CNY
	M		220.00
	N	−45	30.37
	Q	+45	28.43
		+100	27.20
		+300	26.90
		+500	25.42
		+1 000	24.71

在表 3-7 中,M 表示 GCR 的最低运费,以计费重量和适用运价计算所得的普通货物运费不得低于 M,即 CNY220。

N 表示 GCR 的标准运价,通常适用于 45 kg 以下的普通货物;一些 GCR 不存在−45 和+45 的运价,在 M 之后直接就是−100 的运价。此时,标准运价 N 适用于 100 kg 以下的普通货物。

Q 表示 GCR 的数量运价,适用于 45 kg 以上(含 45 kg)不同重量段的普通货物,+45、+100、+300、+500、+1 000 分别表示不同的重量段,对应不同的运价。有些 GCR 没有公布+1 000 的重量段运价,或者+100 与+500 重量段之间没有+300 重量段,这通常与航空公司的航线及价格策略、运力供求关系等因素密切相关。

国际航空公司承运的货物大多数来自国际航空货运代理,航空公司公布的 GCR 设置多层重量段。运价随重量段的递增而逐步降低,目的是向货代争取更多货源,鼓励货代更积极地开发业务,从而更充分地利用飞机运力,保证货舱有更高的利用率。当然,在实践中,航空公司会在 GCR 公布价的基础上向各个货代企业提供不同程度的优惠折扣。

作为承运人型的航空货运代理,集运人通常在航空公司 GCR 的基础上向广大客户公布自己的运价,采取相同或相似的递增重量段结构。运价随重量段的递增而逐步降低,同样是为了提高客户托运货物的积极性,获得更大货量。集运人公布的 GCR 如表 3-9 所示。

表 3-9 集运人公布的 GCR

GENERALCARGORATE,FROMCANTOEUROPE,CNY/kg

DEST.	M	N	+45	+100	+300	+500	+1 000
AMS	300.00	30.00	28.00	27.00	26.50	26.00	25.00
CDG	280.00	28.00	26.00	25.50	25.00	24.50	24.00
FRA	290.00	29.00	27.00	27.00	26.00	26.00	25.00
BCN	—	—	35.00	31.00	31.00	30.00	29.00

> 小资料：航空公司与集运人的运价进位单位
>
> 虽然航空公司和集运人公布的运价小数点通常都保留两位，但因成本核算制度、定价策略等方面的区别，两者的进位单位有所不同。航空公司运价的进位单位为 0.01，如 CNY28.43/kg，CNY28.00/kg；多数集运人运价的进位单位为 0.50，小数点为 "00" 或 "50"，如 CNY32.50/kg，CNY31.00/kg。在实践中，集运人这种简便归整的运价数目受到广大客户的欢迎。

（二）经济分界点

经济分界点（Economical Point，EP）是经济地使用普通货物运价的重要常量，在实际工作中得到了普遍应用。下面结合实例介绍。

A、B 两个货主委托某集运人从广州各空运一票普通货物至法兰克福，货物 A 的计费重量为 980 kg，货物 B 的计费重量为 1 000 kg；集运人公布的 GCR 如表 3-7 所示，则适用运价（Applicable Rate，AR）分别为 CNY26.00/kg 和 CNY25.00/kg。

计算集运人应收取的运费：

货物 A 运费=26.00×980=25 480.00（CNY）

货物 B 运费=25.00×1000=25 000.00（CNY）

虽然货物 A 比货物 B 轻了 20 kg，但运费反而多了 480 元。显而易见，原因在于货物 A 的适用运价高于货物 B 的适用运价。

假设货物 A 的计费重量为 950 kg，算的运费为 24700（CNY），这时却又低于货物 B 的运费。可见，存在一个计费重量的分界点，当计费重量大于（或等于）分界点，以较高分段重量（1 000 kg）和适用运价（CNY25.00/kg）算得的运费更经济；当计费重量小于分界点，以原重量（950 kg）和适用运价（CNY26.00/kg）算得的运费更经济。这个分界点即计费重量的经济分界点。经济分界点 EP 的公式如下：

$$EP = \frac{较高分段重量 \times 适用运价}{较高分段重量适用运价}$$

运用此公式求上例中的经济分界点：

EP=（1 000×25.00）≈961.54≈962.0（kg）

当货物 A 的计费重量≥962.0 kg 时，适用较高分段重量 1 000.0 kg 可节省运费。

> 小资料：在实践中应用 EP 的方法
>
> 方法 1：当 CW≥EP，将 CW 增加至较高分段重量。可以增加货物本身的数量，也可以增加货物的内外包装（如为内包装添加有效的填充物、为外包装添加合适的托盘等）。这种方法实际上是支付更少的运费却托运了更多的货量，或提高了货物运输的安全性和可靠性。
>
> 方法 2：当 CW≥EP，将 CW 申报至较高分段重量。当集运人向航空公司交货采取这种方式时，应用 EP 是否可行还取决于航空公司的制度。
>
> 各航空公司的规定有所不同，常见的情况有两种：一种情况是对比复查重量与申报重量，取较高者，则方法 2 有效；另一种是以复查重量为准，则方法 2 无效。按行业惯例，当以较高分段重量和适用运价计算的运费较低时（即 CW≥EP），可以以较高分段重量作为计费重量。

（三）普通货物运费的计算

1. 术语简称

Gross Weight：毛重，简称 GW。
Dimensions：货物的尺寸，简称 DIMS。
Number of Pieces：货物件数，简称 NOP。
Volume：体积。
Volume Weight：体积重量，简称 VW。
Chargeable Weight：计费重量，简称 CW。
Applicable Rate：适用运价，简称 AR。
Weight Charge：重量运费（强调以货物重量 Weight 为直接变量算的空运费用，目的是区别于不以 Weight 为直接变量的运杂费，如燃油附加费、航空运单费、声明价值附加费等），简称 WC。
Routing：航线。
Commodity：商品、货物。
Carrier：承运人。
Consolidator：集运人。
Airline：航空公司。

2. 计 算

【例 3-1】Carrier：Consolidator；
Routing：Guangzhou（CAN），China to Amsterdam（AMS），Netherlands；
Commodity：Garments；
NOP：1pc；
GW：28.0kg；
DIMS：（62cm×58cm×42cm）/pc。

公布的 GCR 同表 3-7。计算该票货物的航空运费并填制分运单（HAWB）的货物综合栏。

解：GW=28.0 kg
　　VW=（62×58×42）÷6 000=25.2（kg）
　　∵ GW>VW
　　∴ CW=GW=28.0（kg）
　　AR=GCR N=CNY30.00/kg
　　WC=28.0×30.00=840.00（CNY）

分运单货物综合栏的填制如表 3-10 所示。

表 3-10　分运单货物综合栏的填制

No. of Pieces RCP	Gross Weight	kg/lb	Rate Class		Chargeable Weight	Rate Charge	Total	Nature and Quantity of Goods（incl. Dimensions or Volume）
				Commodity Item No.				
1	28.0	K	N		28.0	30.00	840.00	GARMENTS DIMS：62×58×42（cm）

【例 3-2】Carrier：Airline；

Routing：Beijing（PEK），China to Frankfurt（FRA），Germany；

Commodity：Toys；

NOP：10pc；

GW：21.0kg/pc；

DIMS：（61cm×52cm×55cm）/pc。

计算该票货物的航空运费和填制总运单（MAWB）的货物综合栏。公布的 GCR 如表 3-11 所示。

表 3-11 公布的 GCR

BEIJING		CN	PEK
FRANKFURT		DE	FRA
		kg	CNY
	M		175.00
	N	-45	25.23
	Q	+45	22.10
		+100	21.28
		+300	20.10
		+500	19.62
		+1 000	18.82

解：GW=21.0×10=210.0（kg）

VW=（61×52×55）×10÷6 000=290.8≈291.0（kg）

∵ VW>GW

∴ CW=VW=291.0（kg）

因 291.0kg 接近较高分段重量 300.0kg，所以先计算 EP 再进行比较。

EP=（300.0×20.10）÷21.28=283.4（kg）

∵ CW>EP

∴ AR=GCR Q+300=CNY20.10/kg

WC=300.0×20.10=6030.00（CNY）

总运单货物综合栏的填制如表 3-12 所示。

表 3-12 总运单货物的综合栏填制

No. of Pieces RCP	Gross Weight	kg/lb	Rate Class		Chargeable Weight	Rate Charge	Total	Nature and Quantity of Goods（incl. Dimensions or Volume）
			Commodity Item No.					
10	210.0	K		Q	300.0	20.10	6030.00	TOYS DIMS：62×52×55（cm）×10

【例 3-3】Carrier：Consolidator；
Routing：Guangzhou（CAN），China to Paris（CDG），France；
Commodity：Instrument Parts；
NOP：1pc；
GW：9.0kg/pc；
DIMS：（21cm×32cm×43cm）/pc.

公布的 GCR 同表 3-7。计算该票货物的航空运费并填制分运单的货物综合栏。

解：GW=9.0（kg）

VW=（21×32×43）÷6 000=4.816（kg）

∵ GW>VW

∴ CW=GW=9.0（kg）

WC=9.0×28.0=252.00（CNY）

∵ M=280.00（CNY）

∴ WC<M

∴ WC=M=280.00（CNY）

分运单货物综合栏的填制如表 3-13 所示。

表 3-13　分运单货物综合栏的填制

No. of Pieces RCP	Gross Weight	kg/lb	Rate Class		Chargeable Weight	Rate Charge	Total	Nature and Quantity of Goods（incl.Dimensions or Volume）
				Commodity Item No.				
1	9.0	K	M		9.0	280.00	280.00	INSTRUMENT PARTS DIMS：21×32×43（cm）

航空运费-运费计算实操（上）

航空运费-运费计算实操（下）

任务六　空运特殊货物报价

一、指定货物运价与运费计算

（一）指定商品运价概述

1. 指定商品运价的概念

指定商品运价（Specific Commodity Rate，SCR），指适用于指定商品的、自指定始发地机场至指定目的地机场的国际航空运价。

2. 指定商品运价的特点

一般情况下，指定商品运价低于对应的普通货物运价。就其性质而言，它是一种优惠性质的运价。因此，在使用指定商品运价时，货物的起讫地点、运价使用期限、货物最低重量起点等均有特定的条件。

指定商品运价产生的原因主要有两方面：一方面，在某些特定航线上，一些货源较为稳定的货主频繁或定期托运指定品名的商品，货主要求承运人提供一个较低的优惠运价；另一方面，航空公司为了更充分地利用飞机运力，争取更充足的货源，保证舱位有更高的配载率，主动向市场推出更有针对性和竞争力的优惠运价。

3. 我国常用的指定商品编码

从总体上看，IATA 指定商品编码数量非常多。下面是我国常用的指定商品编码。

0007 FRUIT，VEGETABLES 水果，蔬菜；

0008 FRUIT，VEGETABLES（FRESH）新鲜的水果，蔬菜；

0300 FISH（EDIBLE），SEAFOOD 鱼（可食用的）、海鲜、海产品；

1093 WORMS 沙蚕；

2195A YARN，THREAD，FIBRES，CLOTH（NOT FURTHER PROCESSED OR MANUFACTURED）：EXCLUSIVELY IN BALES，BOLTS，PIECES 成包、成卷、成块未进一步加工或制造的纱、线、纤维、布；

2195B WEARING APPAREL，TEXTILE MANUFACTURES 服装、纺织品；

2199A YARN，THREAD，FIBRES，TEXTILES 纱、线、纤维、纺织原料；

2199B TEXTILE MANUFACTURES 纺织品；

2199 CWEARING. APPAREL 服装（包括鞋、袜）；

7481 RUBBER TYRES，RUBBER TUBES 橡胶轮胎、橡胶管。

（二）指定商品运价的使用规则

在国际航空货运业务中，只要满足以下 3 个条件，就可以直接使用指定商品运价：

（1）始发地机场至目的地机场之间有公布的指定商品运价。

（2）交运的货物品名与指定商品运价的商品品名吻合。

（3）货物的计费重量满足指定商品运价的最低重量要求。在使用指定商品运价时，航空运单的运价类别（Rate Class）栏目应填写字母 C。

（三）运费计算与运单填制

1. 运费计算的步骤

（1）查找 TACT Rates Books Section 2 的指定商品品名表，找出与货物品名相吻合的指定商品编码。

（2）如果计费重量达到指定商品运价的最低重量要求，则使用指定商品运价。

（3）如果计费重量未达到指定商品运价的最低重量要求，则须分别计算 SCR 运费和 GCR 运费进行比较，取低者。该货物同时又属于等级货物的除外。

航空运费计算-指定货物运费计算

2. 运费的计算

【例3-4】Routing：Beijing（PEK），China to Osaka（KIX），Japan；

Commodity：Fresh Apples；

NOP：5pc；

GW：65.2kg/pc；

DIMS：（102cm×44cm×25cm）/pc。

公布的SCR如表3-14所示。计算该票货物的航空运费并填制航空运单货物综合栏。

表3-14 公布的SCR

BEUING		CN	PEK
OSAKA		JP	KIX
		kg	CNY
	M		230.00
	N	−45	37.51
	Q	+45	28.13
	0008	+300	18.80
	0300	+500	20.61
	1093	+100	18.43
	2195	+500	18.80

解：查找指定商品品名表，货物品名符合指定商品编码0008，重量符合最低重量300kg的要求，运费计算如下：

GW=65.2×5=326.0（kg）

VW=（102×44×25）×5÷6000=93.5（kg）

∵ GW>VW

∴ CW=GW=326.0（kg）

AR=SCR0008=18.80（CNY/kg）

WC=326.0×18.80=6 128.80（CNY）

航空运单货物综合栏的填制如表3-15所示。

表3-15 航空运单货物综合栏的填制

No. of Pieces RCP	Gross Weight	kg/lb	Rate Class		Chargeable Weight	Rate Charge	Total	Nature and Quantity of Goods（incl. Dimensions or Volume）
				Commodity Item No.				
5	326.0	K	C	0008	326.0	18.80	6 128.80	FRESHAPPLES DIMS：102×44×25（cm）×5

注：（1）在运价类别（Rate Class）栏目须填写指定商品运价的代码C。

（2）在商品项目编号（Commodity Item No.）栏目须填写指定商品的编码（0008）。

【例3-5】Routing：Beijing（PEK），China to Nagoya（NGO），Japan Commodity：Fresh Asparagus；

NOP：6pc；

GW：47.8kg/pc；

DIMS：（128cm×42cm×36cm）/pc。

公布的 SCR 如表 3-16 所示。计算该票货物的航空运费并填制航空运单货物综合栏。

表 3-16 公布的 SCR 运价

BEIJING		CN	PEK
NAGOYA		JP	NGO
		kg	CNY
	M		230.00
	N	−45	37.51
	Q	+45	28.13
	0008	+300	18.80
	0300	+500	20.61
	1093	+100	18.43
	2195	+500	18.80

解：GW=47.8×6=287.0（kg）

VW=（128×42×36）×6÷6 000=194.0（kg）

∵GW>VW

∴CW=GW=287.0（kg）

因未满足 0008 的最低重量 300kg 的要求，需计算比较 GCR 运费和 SCR 运费取低者。

（1）计算 GCR 运费。

GCR WC=287.0×28.13=8 073.31（CNY）

（2）计算 SCR 运费。

AR=SCR 0008=18.80（CNY/kg）

SCR WC=300.0×18.80=5 640.00（CNY）

∵SCR 运费 < GCR 运费

∴WC=5640.00（CNY）

航空运单货物综合栏的填制如表 3-17 所示。

表 3-17 航空运单货物综合栏的填制

No. of Pieces RCP	Gross Weight	kg/lb	Rate Class	Chargeable Weight	Rate Charge	Total	Nature and Quantity of Goods（incl. Dimensions or Volume）
			Commodity Item No.				
5	326.0	K	C 0008	300.0	18.80	5 640.80	FRESH ASPARAGUS DIMS：128×42×36（cm）×6

【例 3-6】Routing：Beijing（PEK），China to Nagoya（NGO），Japan；

Commodity：Fresh Strawberries；

NOP：4pc；

GW：47.8kg/pc；

DIMS：（128cm×42cm×36cm）/pc。

公布的 SCR 如表 3-18 所示。计算该票货物的航空运费并填制航空运单货物综合栏。

表 3-18 公布的 SCR

BEIJING		CN	PEK
NAGOYA		JP	NGO
		kg	CNY
	M		230.00
	N	−45	37.51
	Q	+45	28.13
	0008	+300	18.80
	0300	+500	20.61
	1093	+100	18.43
	2195	+500	18.80

解：GW=47.8×4=191.2≈191.5（kg）

　　VW=（128×42×36）×4÷6 000=129.02≈129.5（kg）

　　∵GW>VW

　　∴CW=GW=191.5（kg）

因未满足 0008 的最低重量 300 kg 的要求，需计算比较 GCR 运费和 SCR 运费取低者。

（1）计算 GCR 运费。

　　GCR WC=191.5×28.13=5 386.90（CNY）

（2）计算 SCR 运费。

　　AR=SCR 0008=18.80（CNY/KG）

　　SCRWC=300.0×18.80=5 640.00（CNY）

　　∵GCR 运费<SCR 运费

　　∴WC=5 386.90（CNY）

航空运单货物综合栏的填制如表 3-19 所示。

表 3-19 航空运单货物综合栏的填制

No of Pieces RCP	Cress Weight	kg/lb	Rate Class		Chargeable Weight	Rate Charge	Total	Nature and Quantity of Goods（incl. Dimensions or Volume）
			Commodity Item No.					
4	191.5	K	Q	0008	191.5	28.13	5 386.90	FRESH ASPARAGUS DIMS：128×42×36（cm）×4

注：（1）在运价类别（Rate Class）栏目须填写实际适用的 GCR 数量运价的代码 Q。
（2）在计费重量（Chargeable Weight）栏目须填写适用 GCR 运价的计费重量。

二、等级货物运价与运费计算

（一）等级货物运价概述

1. 等级货物运价的概念

等级货物运价（Commodity Classification Rate，CCR），指在 IATA 规定的业务区内或业务区

之间空运特别规定的等级货物的运价。

> 小资料：IATA 对等级货物的规定
> IATA 规定，等级货物包括活动物、贵重货物、书报杂志类货物、作为货物运输的行李等。前三种等级货物的运价在普通货物运价的基础上附加一定的百分比或不附加也不附减，后两种等级货物的运价在普通货物运价的基础上附减一定的百分比。

2. 等级货物运价的使用规则

等级货物运价是以普通货物运价为基础，以附加或附减一定的百分比或不附加也不附减的形式制定的。如何附加或附减须根据特定的规则，这一规则公布在 TACT Rules 部分。因此，使用等级货物运价须结合规则表和适用的普通货物运价一同使用。

填制航空运单时，适用附加或不附加也不附减的等级货物运价（Surcharged Commodity Classification Rate，SCCR）的，在运价类别（Rate Class）栏目填写代码 S；适用附减的等级货物运价（Reduced Commodity Classification Rate，RCCR）的，须填写代码 R。

（二）活动物的运价与运费

活动物（Live Animals）的运价可参看 TACT Rules 3.7.2 的内容。

1. 活动物运价规则表

活动物运价规则表如表 3-20 所示。

表 3-20 活动物运价规则表

IATA AREA（see Rules 1.2.2 Definition of Areas）

	Within Area 1	Within Area 2	Within Area 3	Between Area 1&2	Between Area 2&3	Between Area 3&1
All LIVE ANIMALS Except: Baby poultry less than 72 hours old	175% of Normal GCR	175% of Normal GCR	150% of Normal GCR Except:（1）below	175% of Normal GCR	150% of Normal GCR Except:（1）below	150% of Normal GCR Except:（1）below
BABY POULTRY Less than 72 Hours old	Normal GCR	Normal GCR	Normal GCR Except:（1）below	Normal GCR	Normal GCR Except:（1）below	Normal GCR Except:（1）below

注：（1）Within and from the South West Pacific Sub-area（在西南太平洋次区之内或从该区始发）：200%, of the applicable GCR。

（2）活动物的最低运费为 200% of Minimum GCR。

（3）不适用于 ECAA（Europe Common Aviation Association）国家之间。

2. 对活动物运价规则表的说明

（1）当表中出现"Normal GCR"时，表示使用 GCR 的标准运价，即适用 45 kg 以下的 N 运价（当不存在 45 kg 以下 GCR 时，N 运价表示 100 kg 以下 GCR）。此时运价高低与计费重量大小无关。

（2）当表中出现"Normal GCR 的百分比"时，如"150% of Normal GCR"，表示在 GCR 的 N 运价基础上乘以这个百分比。此时运价高低与计费重量大小无关。

（3）计算活动物的计费重量时须包含活动物的容器及食物等。

3. 运费计算与运单填制（货物综合栏）

【例 3-7】Routing：Guangzhou（CAN），China to Barcelona（BCN），Spain；
Commodity：Live Dog；
NOP：1pc；
GW：40.0kg（dog+kennel）/pc；
DIMS：（90cm×50cm×68cm）/pc。

GCR 与运价规则表如表 3-21 和表 3-22 所示。计算该票货物的航空运价并填制航空运单货物综合栏。

表 3-21 GCR

GUANGZHOU		CN	CAN
BARCELONA		ES	BCN
		kg	CNY
	M		260.00
	N	−45	32.35
	Q	+45	28.66
		+100	27.88
		+300	27.10
		+500	26.62
		+1000	26.12

表 3-22 运价规则表

IATA AREA（see Rules 1.2.2 Definition of Areas）

All LIVE ANIMALS Except: Baby poultry less than 72 hour sold	Within Area 1	Within Area 2	Within Area 3	Between Area 1&2	Between Area 2&3	Between Area 3&1
	175% of Normal GCR	175% of Normal GCR	150% of Normal GCR Except:（1）below	175% of Normal GCR	150% of Normal GCR Except:（1）below	150% of Normal GCR Except:（1）below

解：GW=40.0（kg）

VW=（90×50×68）÷6 000=51.0（kg）

∵VW>GW

∴CW=VW=51.0（kg）

∵CAN—BCN between Area 2&3

∴AR=150% N GCR=150%×32.35=48.53（CNY）

WC=51.0×48.53=2475.03（CNY）

航空运单货物综合栏的填制如表 3-23 所示。

表 3-23　航空运单货物综合栏的填制

No. of Pieces RCP	Gross Weight	kg/lb	Rate Class		Chargeable Weight	Rate Charge	Total	Nature and Quantity of Goods（incl. Dimensions or Volume）
				Commodity Item No.				
1	40.0	K	S	N150	51.0	48.53	2 475.03	DOG DIMS：90×50×68（cm） LIVE ANIMAL

注：（1）在"运价类别"（Rate Class）栏目填入 S，表示适用附加的等级货物运价。
（2）在"商品项目编号"（Commodity Item No.）栏目填入 N150，表示使用了 150%NGCR。
（3）在"运价/运费"（Rate Charge）栏目填入 48.53，表示适用 N GCR32.35 的 150%运价。
（4）在"货物品名和数量"（Nature and Quantity of Goods）栏目加填"LIVE ANIMAL"，表示特别声明货物为"活动物"（按相关操作要求）。

【例 3-8】Routing：Beijing（PEK），China to Singapore（SIN）；

Commodity：Day Old Chicks；

NOP：30pc；

GW：2.4kg/pc；

DIMS：（50cm×18cm×20cm）/pc。

GCR 与运价规则表如表 3-24 和表 3-25 所示。计算该票货物的航空运价并填制航空运单货物综合栏。

表 3-24　GCR

BEUING		CN	PEK
SINGAPORE		SG	SIN
		kg	CNY
	M		175.00
	N	−45	20.23
	Q	+45	16.10
		+100	15.68
		+300	14.50
		+500	13.56
		+1000	12.51

表 3-25 运价规则表

IATAAREA（see Rules 1.2.2 Definition of Areas）

All LIVE ANIMALS	Within Area 1	Within Area 2	Within Area 3	Between Area 1&2	Between Area 2&3	Between Area 3&1
BABY POULTRY Less than 12 hours sold	Normal GCR	Normal GCR	Normal GCR Except：（1）below	Normal GCR	Normal GCR Except：（1）below	Normal GCR Except：（1）below

解：GW=30.0×2.4=72.0（kg）

VW=（50×18×20）×30÷6 000=90.0（kg）

∵ VW>GW

∴ CW=VW=90.0（kg）

∵ PEK—SIN within Area 3

∴ AR=N GCR=20.23（CNY）

WC=90.0×20.23=1 820.70（CNY）

航空运单货物综合栏的填制如表 3-26 所示。

表 3-26 航空运单货物综合栏的填制

No. of Pieces RCP	Gross Weight	kg /lb	Rate Class		Chargeable Weight	Rate Charge	Total	Nature and Quantity of Goods（incl. Dimensions or Volume）
			Commodity Item No.					
30	72.0	K	S	N100	90.0	20.23	1 820.70	DAYOLDCHICKS DIMS：50×18×20（cm）×30 LIVE ANIMAL

【例 3-9】Routing：Shanghai（PVG），China to Los Angeles（LAX），USA；

Commodity：Parrot；

NOP：1pc；

GW：3.0kg；

DIMS：（40cm×30cm×30cm）/pc。

GCR 与运价规则表如表 3-27 和表 3-28 所示。计算该票货物的航空运价并填制航空运单货物综合栏。

表 3-27 GCR

SHANGHAI		CN	PVG
LOSANGELES		US	LAX
		kg	CNY
	M		245.00
	N	−45	30.22
	Q	+45	26.13

		+100	25.68
	+300	24.59	
		+500	23.56
	+1000	22.91	

表 3-28 运价规则表
IATA AREA（see Rules 1.2.2 Definition of Areas）

All LIVE ANIMALS Except: Baby Poultry less than 72 hours old	Within Area 1	Within Area 2	Within Area 3	Between Area 1&2	Between Area 2&3	Between Area 3&1
	175% of Normal GCR	175% of Normal GCR	150% of Normal GCR Except: （1）below	175% of Normal GCR	150% of Normal GCR Except: （1）below	150% of Normal GCR Except: （1）below

解：GW=3.0（kg）

VW=（40×30×30）÷6 000=6.0（kg）

∵ VW>GW

∴ CW=VW=6.0（kg）

∵ PVG—LAX between Area 3&1

∴ AR=150% N GCR=150%×30.22=45.33（CNY）

WC=6.0×45.33=271.98（CNY）

Minimum Charge=200%MGCR=200%×245.00=490.00（CNY）

∵ WC<Minimum Charge

∴ 运费=Minimum Charge=490.00（CNY）

航空运单货物综合栏的填制如表 3-29 所示。

表 3-29 航空运单货物综合栏的填制

No. of Pieces RCP	Gross Weight	kg /lb	Rate Class		Chargeable Weight	Rate Charge	Total	Nature and Quantity of Goods（incl. Dimensions or Volume）
			Commodity Item No.					
1	3.0	K	S	M200	6.0	490.00	490.00	PARROT DIMS：40×30×38（cm） LIVE ANIMAL

注：（1）在"运价类别"（Rate Class）栏目填入 S，表示适用附加的等级货物运价。

（2）在"商品项目编号"（Commodity Item No.）栏目填入 M200，表示使用了 200% M GCR。

（3）在"运价/运费"（Rate Charge）栏目不填运价而填运费金额（490）。

（三）贵重货物的运价与运费

> 小资料：贵重货物的定义
> 凡交运的一批货物中含有下列物品中的一种或多种的，称为贵重货物（Valuable Cargo）。
> • 声明价值为毛重每公斤≥1 000美元的任何物品。
> • 黄金、混合金、金币、各种形状的黄金制品、白金类稀有贵重金属等（但上述金属以及合金的放射性同位素则不属于贵重货物，而属于危险品，应按危险品运输的有关规定办理）。
> • 钻石（包括工业钻石）、各种宝石、珍珠以及镶有上述物品的饰物。
> • 金、银、饰物和表等。

1. 贵重货物运价规则表

贵重货物运价规则表如表3-30所示。

表3-30　贵重货物运价规则表

AREA	RATE
All Areas	200% of Normal GCR

注：（1）Area 1和Area 3之间且经北或中太平洋（除朝鲜半岛至美国本土外），1 000 kg或1 000 kg以上贵重货物的运费，按150% of Normal GCR收取。
（2）贵重物的最低运费为200% of Minimum GCR，同时不低于50美元或等值货币。

2. 运费计算与运单填制（货物综合栏）

【例3-10】Routing：Guangzhou（CAN），CHINA to Amsterdam（AMS），NL；
Commodity：Gold Watch；
NOP：1pc；
GW：32.0kg；
DIMS：61cm×51cm×42cm/pc。
公布的GCR如表3-31所示。计算该票货物的航空运价并填制航空运单货物综合栏。

表3-31　公布的GCR

GUANGZHOU	CN	CAN
AMSTERDAM	NL	AMS
	kg	CNY
M		220.00
N	−45	30.37
Q	+45	28.43
	+100	27.20
	+300	26.90
	+500	25.42
	+1 000	24.71

解：GW=32.0（kg）

　　VW=（61×51×42）÷6 000=22.0（kg）

　　∵ GW>VW

　　∴ CW=GW=32.0（kg）

　　AR=200% N GCR=200%×30.37=60.74（CNY）

　　WC=32.0×60.74=1 943.68（CNY）

航空运单货物综合栏的填制如表3-32所示。

表3-32　航空运单货物综合栏的填制

No. of Pieces RCP	Gross Weight	Rate Class		Chargeable Weight	Rate Charge	Total	Nature and Quantity of Goods（incl. Dimensions or Volume）
		\multicolumn{2}{c}{Commodity Item No.}				
1	32.0	K	S	N200	32.0	60.74	1 943.68	GOLD WATCH DIMS：61×51×42（cm）

（四）书报杂志的运价与运费

书报杂志包括图书、报纸、杂志、期刊、目录、盲人读物及设备等。

1. 书报杂志运价规则表

书报杂志运价规则如表3-33所示。

表3-33　书报杂志运价规则表

AREA	RATE
Within Area 1	67% of Normal GCR
Between Area1and2	67% of Normal GCR
All Other Areas	50% of Normal GCR

注：（1）书报杂志的最低运费按GCR最低运费M收取。

（2）书报杂志的CCR运费可以与GCR运费比较，然后取低者。

2. 运费计算与运单填制（货物综合栏）

【例3-11】Routing：Beijing（PEK），China to London（LHR），United Kingdom；

Commodity：Books；

NOP：20pc；

GW：49.0kg/pc；

DIMS：（70cm×50cm×40cm）/pc。

公布的GCR如表3-34所示。计算该票货物的航空运价并填制航空运单货物综合栏。

表3-34　公布的GCR

BEIJING		CN	PEK
LONDON		GB	LHR
		kg	CNY
	M		320.00

续表

	N	−45	63.19
	Q	+45	45.22
		+100	41.42
		+500	33.42
		+1000	30.71

解：分别求书报杂志的 CCR 运费和 GCR 运费，然后取低者。

（1）CCR WC。

　　GW=49.0×20=980.0（kg）

　　VW=（70×50×40）×20÷6 000=467.0（kg）

　　∵ GW>VW

　　∴ CW=GW=980.0（kg）

　　AR=50% N GCR=50%×63.19=31.60（CNY）

　　CCR WC=980.0×31.60=30 968.00（CNY）

（2）GCR WC。

　　GCR WC=980.0×33.42=32 751.60（CNY）

980.0kg 接近较高分段重量 1 000kg，可对比两者运费取低者。

　　∵ 1 000.0×30.71=30 710.00<32 751.60（CNY）

　　∴ GCR WC=30 710.00（CNY）

（3）WC。

　　∵ GCR WC<CCR WC

　　∴ WC=30 710.00（CNY）

航空运单货物综合栏的填制如表 3-35 所示。

表 3-35　航空运单货物综合栏的填制

No. of Pieces RCP	Cross Weight	kg/lb	Rate Class		Chargeable Weight	Rate Charge	Total	Nature and Quantity of Goods (incl. Dimensions or Volume)
			Commodity Item No.					
20	980.0	K	Q		1 000.0	30.71	30 710.00	BOOKS DIMS：70×50×48（cm）×20

（五）作为货物运输的行李的运价与运费

1. 作为货物运输的行李运价规则表

作为货物运输的行李运价规则表如表 3-36 所示。

表 3-36　作为货物运输的行李运价规则表

AREA	RATE
Within Area 2	50% of Normal GCR
Within Area 3	50% of Normal GCR
Between Area 1and2	50% of Normal GCR
Between Area 2and3	50% of Normal GCR

注：（1）上述运价不适用的范围：在2区内全部航程为欧洲分区；在3区内至或从美国领地；在1区与2区之间至或从美国、美国领地至或从格陵兰岛；在2区与3区之间至或从美国领地。

（2）由此可见，在3区（含中国）与1区之间、在1区内空运此类货物，不属于该等级货物的范畴，不能使用上述折扣运价，而应采用普通货物运价或指定商品运价。

（3）最低运费：以10 kg为最低计费重量与适用运价计算的运费，与GCR最低运费M比较，取高者。

（4）作为货物运输的行李CCR运费可以和GCR运费比较，然后取低者。

2. 计算运费与填制运单（货物综合栏）

【例3-12】Routing：Beijing（PEK），China to Tokyo（NRT），JAPAN；
Commodity：Personal Effects；
NOP：1pc；
GW：25.0kg/pc；
DIMS：（70cm×47cm×35cm）/pc。

公布的GCR如表3-37所示。计算该票货物的航空运价并填制航空运单货物综合栏。

表 3-37　公布的GCR

BEIGING		CN	PEK
TOKYO		JP	NRT
		kg	CNY
	M		230.00
	N	−45	37.51
	Q	+45	28.13

解：GW=25.0（kg）

　　VW=（70×47×35）÷6 000=19.2≈19.5（kg）

　　∵GW>VW

　　∴CW=GW=25.0（kg）

　　AR=50% N GCR=50%×37.51=18.76（CNY）

　　WC=25.0×18.76=469.00（CNY）

航空运单货物综合栏的填制如表3-38所示。

表 3-38 航空运单货物综合栏的填制

No. of Pieces RCP	Gross Weight	kg/lb	Rate Class		Chargeable Weight	Rate Charge	Total	Nature and Quantity of Goods (incl. Dimensions or Volume)
			Commodity Item No.					
1	25.0	K	R	N50	25.0	18.76	469.00	PERSONAL EFFECTS DIMS：70×47×35（cm）

三、混合托运货物运费的计算

（一）混合托运货物的定义

混合托运货物（Mixed Consignment）是指使用同一份航空运单的货物中，包含有不同运价、不同运输条件的货物。

禁止混合托运的物品：① TAC Trules 3.7.6 中规定的任何贵重物品；② 活动物；③ 尸体/骨灰；④ 外交信袋；⑤ 作为货物运输的行李；⑥ 机动车辆。

等级货物运价与运费计算

（二）申报与计算规则

（1）申报整批货物的总重量（或体积）。

计算规则：混运的货物被视为一种货物（普货），将其总重量确定为一个计费重量。运价采用适合的普通货物运价。

注：如果混运货物使用一个外包装将所有货物合并运输，则该包装物的运费按混运货物中运价最高的货物的运价计算。

小资料：混运货物的整批申报

整批申报仅仅是视全部货物为普通货物进行申报，在操作中并未改变货物的外包装。如果混合托运操作中使用一个新的外包装（不包括集装箱）将所有货物进行合并，使货物件数变成 1，则该批货物的运费须按照混运货物中最高的货物运价计收。混运货物只能按整票货物声明价值，不得以部分货物的价值进行声明，因此须按照整票货物的总毛重计算混运货物的声明价值费。

（2）分别申报每种货物的件数、重量、体积及货物品名。

计算规则：① 按不同种类货物适用的运价与其相应的计费重量分别计算运费；② 按整批申报计算；③ 两者取低。

（3）声明价值。

混运货物只能按整票（整批）货物办理声明价值，不得办理部分货物的声明价值，或办理两种以上货物的声明价值，所以，混运货物声明价值附加费应按整票货物的总毛重计算。

（4）最低运费。

混运货物的最低运费，按整票货物计算，即无论是分别申报或整批申报的混运货物，按其运费计算方法计算得到的运费与起讫地点间公布的最低运费比较。

（三）混运货物运费的计算

【例 3-13】Routing：Beijing（PEK），China to Osaka（K1X），Japan；

Commodity：Books，Handicrafts and Fresh Apples；

NOP：4pc，1pc，2pc；

GW：100.0kg/total，42.0kg/total，80.0kg/total；

DIMS：（70cm×47cm×35cm）/pc，（100cm×60cm×42cm）/pc，（90cm×70cm×32cm）/pc。

公布的 GCR 如表 3-39 所示。计算该票货物的航空运价并填制航空运单货物综合栏。

表 3-39 公布的 GCR

BEIJING		CN	PEK
OSAKA		JP	KLX
		kg	CNY
	M		230.00
	N	−45	37.51
	Q	+45	28.13
	0008	+300	18.80
	0300	+500	20.61
	1093	+100	18.43
	2195	+500	18.80

解：这是一票混运货物（图书属等级货物，手工艺品属普通货物，新鲜苹果属于指定商品），须比较整批申报和分类申报的运费，然后取低者。

（1）整批申报 WC。

  GW=100.0+42.0+80.0=222.0（kg）

  VW=（70×47×35×4+100×60×42×1+90×70×32×2）÷6 000=186.0（kg）

  ∵ GW>VW

  ∴ CW=GW=222.0（kg）

  AR=28.13（CNY）

  WC=222.0×28.13=6 244.86（CNY）

（2）分类申报 WC。

① Books。

  GW=100.0（kg）

  VW=（70×47×35）×4÷6 000=77.0（kg）

  ∵ GW>VW

  ∴ CW=GW=100.0（kg）

  AR=RCCR=50% N GCR=50%×37.51=18.76（CNY）

  WC=100.0×18.76=1 876.00（CNY）

② Handicrafts。

  GW=42.0（kg）

  VW=（100×60×42）÷6 000=42.0（kg）

  ∵ GW=VW

  ∴ CW=42.0（kg）

  AR=GCR=37.51（CNY）

  WC=42.0×37.51=1 575.42（CNY）

42.0 kg 接近较高分段重量 45.0 kg，比较两者运费取低者。

45.0×28.13=1265.85<1575.42（CNY）

WC=1 265.85（CNY）

③ Fresh Apples。

GW=80.0（kg）

VW=（90×70×32）×2÷6 000=67.5（kg）

∵GW>VW

∴CW=GW=80.0（kg）

由于 CW 远未达到 SCR 的最低重量 300.0 kg，只能适用 GCR。

AR=GCR=28.13（CNY）

WC=80.0×28.13=2 250.40（CNY）

Total WC=1 876.00+1 265.85+2 250.40=5 392.25（CNY）

（3）分类申报。

∵分类申报 WC5392.25（CNY）<整批申报 WC6244.86（CNY）

∴混运 WC=5392.25（CNY）

航空运单货物综合栏的填制如表 3-40 所示。

表 3-40　航空运单货物综合栏的填制

No. of Pieces RCP	Gross Weight	kg/lb	Rate Class		Chargeable Weight	Rate Charge	Total	Nature and Quantity of Goods（incl. Dimensions or Volume）
			Commodity Item No.					
4 1 2	100.0 42.0 80.0	K K K	R Q Q	N50	100.0 45.0 80.0	18.76 28.13 28.13	1 876.00 1 265.85 1 250.40	BOOKS DIMS：70×47×35（cm）×4 HANDICRAFTS DIMS：100×60×42（cm）×1
							5 392.25	FRESH APPLES DIMS：90×70×32（cm）×2

四、运价的使用顺序实例

（一）各种运价的使用顺序

国际航空货物运输的各种运价归纳如表 3-41 所示。

表 3-41　国际航空货物运输的各种运价

运价种类	英文全称	英文缩写
协议运价	Contract Rate	CR
普通货物运价	General Cargo Rate	GCR
指定商品运价	Specific Commodity Rate	SCR
附加或不附加也不附减的等级货物运价	Surcharged Commodity Classification Rate	SCCR
附减的等级货物运价	Reduced Commodity Classification Rate	RCCR

在相同航程、相同承运人、有公布直达运价的条件下，国际航空货运各种运价的使用顺序一般为 CR、SCR、CCR、GCR。

使用顺序的详细说明如下。

（1）如果有承运人和托运人之间的协议运价 CR，则优先使用 CR。

（2）如果没有 CR 则使用 SCR，在不满足 SCR 使用条件时，才使用 CCR 和 GCR。

（3）如果可以使用 SCR 但重量未达到 SCR 的最低重量时，SCR 的最低重量运费可以和 GCR 运费比较然后取低者。

（4）如果该指定商品同时又属于附加运价（SCCR）的等级货物，则允许 SCR 运费和 SCCR 运费比较然后取低者，但不能与 GCR 运费比较再取低者。

（5）如果货物属于附减运价（RCCR）的等级货物，则 RCCR 运费可以和 GCR 运费比较然后取低者。

（二）按运价使用顺序计费并填制运单

【例 3-14】Routing：Beijing（PEK），China to Osaka（KIX），Japan；

Commodity：Live Worms；

NOP：1pc；

GW：45.0kg/pc；

DIMS：（70cm×47cm×35cm）/pc。

公布的 GCR 如表 3-42 所示。计算该票货物的航空运价并填制航空运单货物综合栏。

表 3-42　公布的 GCR

BEIJING OSAKA	CN JP		PEK KIX
		kg	CNY
	M		230.00
	N	−45	37.51
	Q	+45	28.13
	0008	+300	18.80
	0300	+500	20.61
	1093	+100	18.43
	2195	+500	18.80

解：沙蚕既属于等级货物（活动物）也属于指定商品（编码 1093），既可使用 SCCR 也可使用 SCR，因此须比较 SCR 与 SCCR 运费，然后取低者。

（1）SCCR WC。

　　GW=45.0（kg）

VW=（70×47×35）÷6 000=19.2≈19.5（kg）

∵ GW>VW

∴ CW=GW=45.0（kg）

AR=150% N GCR=150%×37.51=56.27（CNY）

SCCR WC=45.0×56.27=2 532.15（CNY）

（2）SCR WC。

CW=100.0（kg）

AR=18.43（CNY）

SCR WC=100.0×18.43=1 843.00（CNY）

（3）WC。

∵ SCR WC<SCCR WC

∴ WC=SCRWC=1 843.00（CNY）

航空运单货物综合栏的填制如表 3-43 所示。

表 3-43 航空运单货物综合栏的填制

No. of Pieces RCP	Gross Weight	kg lb	RateClass		Chargeable Weight	Rate Charge	Total	Nature and Quantity of Goods（incl. Dimensions or Volume）
				Commodity Item No.				
1	45.0	K	C	1 093	100.0	18.43	1 843.00	LIVE WORMS DIMS：70×50×40（cm）

任务七　接受空运出口委托

一、航空货运代理委托书的填制

（一）国际货物托运书的含义及作用

国际货物托运书（Shipper's Letter of Instruction）是托运人委托承运人或其代理人（航空货运代理）填开航空货运单的一种表单。表单上列有填制航空货运单所需的各项内容，因此国际货物托运书填写得正确与否，将直接影响航空运单的填写是否正确。

国际货物托运书由托运人填写并加盖公章，并应印有授权于承运人或其代理人代其在航空货运单上签字的文字说明。国际货物托运书是托运人委托航空货运代理承办航空货运的依据，是货运代理填制航空货运单的依据，是货运代理与托运人结算费用的依据。

国际货物托运书是一份非常重要的法律文件。

（二）国际货物托运书的内容

国际货物托运书的样例如表 3-44 所示。

表 3-44　国际货物托运书　　货运单号码：
SHIPPER'S LETTER OF INSTRUCTION　NO. OF AIR WAYBILL：

托运人账号 SHIPPER'S ACCOUNT NO	托运人姓名及地址 SHIPPER'S NAME ADDRESS		供承运人用 FOR CARRIER USE ONLY	
^	^		航班日 FRIGHT/DAY	航班日期 FRIGHT/DAY
收货人账号 CONSIGNEE'S ACCOUNT NO	收货人姓名及地址 CONSIGNEE'S NAME ADDRESS		已预留吨位 BOOKED	
另请通知 ALSO NOTIFY				
代理人的名称和城市 ISSUING CARRIER'S AGENT NAME AND CITY			运费 CHARGE	
始发站 AIRPORT OF DEPARTURE			^	
到达港 AIRPORT OF DESTINATION			^	
要求的路线/申请订舱 REQUESTED ROUTING/REQUESTING BOOKING			^	
托运人声明价值 SHIPPER'S DECLARED VALUE		保险金额 AMOUNT OF INSURANCE	所附文件 DOCUMENT TO ACCOMPANY AIR WAYBILL	
供运输用 FOR CARRIAGE	供海关用 FOR CUSTOMS	^	^	
件数和包装方式 （NUMBER AND KIND OF PACKAGES）	实际毛重 ACTUAL GW （KG）	运价类别 RATE CLASS	计费重量 CHARGEABLE WEIGHT	货物品名及数量 NATURE AND QUANTITY OF GOODS
货物不能交与收货人时，托运人指示的处理方法 SHIPPER'S INSTRUCTIONS IN CASE OF INABILITY TO DELIVER SHIPMENT AS CONSIGNED				
处理事项（包括包装方式、货物标志及号码） HANDLING INFORMATION （INCLUDING METHOD OF PACKING IDENTIFYING MARKS AND NUMBERS ETC）				
托运人证实以上所填全部属实并遵守承运人的一切运载章程 SHIPPER CERTIFIES THAT THE PARTICULAR ON THE FACE HEREOF IS CORRECT AND AGREES TO THE CONDITIONS OF CARRIAGE OF THE CARRIER				
托运人签字： SHIPPER'S SIGNATURE：		日期： DATE：	经手人： AGENT：	

（1）托运人账号（Shipper's Account No.）：本栏填写托运人的银行账号，用于结算费用。

（2）托运人姓名及地址（Shipper's Name and Address）：本栏填写托运人姓名和详细地址（街名、城市名称、国名），以及便于联系的电话号码、电传号或传真号。

（3）收货人账号（Shipper's Account No.）：本栏填写收货人的银行账号，用于结算费用。

（4）收货人姓名及地址（Consignee's Name and Address）：本栏填写收货人姓名和详细地址（街名、城市名称、国名），以及便于联系的电话号码、电传号或传真号。由于航空货运单不能转让，因此本栏内不得填写"Order"（凭指示）或"To Order of the Shipper"（凭托运人指示）等字样，也不能空白不填。

（5）另请通知（Also Notify）：除填收货人之外，如托运人还希望在货物到达的同时通知其他人，请另填写通知人的全名和地址。

（6）代理人的名称和城市（Issuing Carrier's Agent Name and City）：本栏填写航空货运代理的名称和地址。

（7）始发站（Airport of Departure）：本栏填写始发站机场的全称。

（8）到达站（Airport of Destination）：本栏填写到站机场的全称。

（9）要求的路线/申请订舱（Requested Routing/Requesting Booking）：本栏用于航空公司安排运输路线时使用，但如果托运人有特别要求，也可填入本栏。

（10）托运人的声明价值（Shipper's Declared Value）：指对每批货物在交货时特别声明的价值，供运输用的声明价值。《华沙公约》对由于承运人自身疏忽或故意造成的货物损坏、残缺或延误规定了最高赔偿责任限额，为货物毛重每公斤不超过20美元或其等值货币。

如果货物价值超出了上述价值，托运人就需要向承运人声明货物的价值，并支付声明价值附加费，否则不需要声明价值。若无须声明价值，则本栏空着不填或填写NVD（No Value Declared）字样。供海关用的声明价值：用于海关征税，即海关根据此栏所填数额征税，若未办理此声明价值，则填写NCV（No Commercial Value）字样。

（11）保险金额（Amount of Insurance）：本栏填写国际航空货物保险金额。中国民航各空运企业暂未开展国际航空货物运输代理保险业务，本栏可空着不填。

（12）所附文件（Document to Accompany Air Waybill）：本栏填写随附航空货运单运往目的地的文件名称，如发票、装箱单，托运人的动物证明等。

（13）处理事项（Handing Information）：本栏填写货物外包装上标记或操作要求等。

（14）件数和包装方式（Number and Kind of Packages）：本栏填写该批货物的总件数并注明包装方式，如包裹（Package）、纸板盒（Carton）、盒（Case）、板条箱（Crate）、袋（Bag）、卷（Ro1）等，如货物没有包装，则填写散装（Loose）。

（15）实际毛重（Actual Gross Weight）：本栏应由承运人或航空货运代理称重后填入。如托运人已填写，则承运人或航空货运代理必须复核。

（16）计费重量（Chargeable Weight）：本栏应由承运人或航空货运代理量出货物尺寸、计算出计费重量后填入。如托运人已填写，则承运人或航空货运代理必须复核。

（17）货物品名及数量（Nature and Quantity of Goods）：本栏详细填写货物的品名、数量和尺寸。若一批货物中有多种货物，则应分别填写，危险品应填写适用的准确名称及标贴的级别。

（18）托运人签字（Shipper's Signature）：托运人必须在本栏内签字。

（19）日期（Date）：填写托运人交货的日期。

（20）其他所有项目均由承运人或航空货运代理确定相关事宜后填入。

二、单证的审核

航空货运代理接受发货人的委托后,应按照委托书或委托代理协议的内容审核发货人交付的各种单证,或接受发货人的委托代理发货人制作所需要的各种单证。

(一)航空货运出口需要准备的主要单据

委托书:托运人与航空货运代理签订的托运书。托运书中应注明目的站名称或所在城市名称,运费预付还是到付,货物毛重、体积,以及收发货人名称、地址、电话等主要内容,并一定要有托运人的签字和盖章。

商业发票(包括无价样品的发票):应标明价格术语和货物价格。

装箱单(货物交接清单):列明详细的货物名称、货物数量、装箱方式、包装件数、净重、毛重及体积等。

许可证、配额:仅针对属于国家许可或配额管理的商品。许可证、配额中的合同号、出口口岸、贸易国别、有效期等一定要与其他单证相一致。

到付保函:对于FOB成交的合同,出口商向航空公司出具保证函,保证进口商能够如期支付运费,否则,表示出口商愿意为进口商承担其未支付的运费。

加工贸易手册:指加工贸易进出口货物使用的手册,一般贸易不需要加工贸易手册。

产地证书:指原产地证,按贸易合同或信用证要求,到贸促会或检验检疫局申领。

外汇核销单:出口收汇核销用。

报验单及报关单:如托运人委托航空货运代理为其办理报验和报关手续,需要托运人出具报验委托书和报关委托书并加盖公章。

(二)航空货运代理审核单据

航空货运代理应审核以下内容:① 单证种类是否齐全。② 货物品名是否规范,不能泛指,如"机器零件""VCD"的提法不规范。③ 是否需要做危险品(DGM)鉴定,如药品、磁性物质、化工品、车辆等。④ 各单证之间相互对应一致。

三、接货操作

营销员与客户磋商达成合作协议后,客户委托集运人空运货物,通过电话、网络沟通工具等向集运人客户服务部门下单,通知其上门接货;客服部须要求客户提供详细的接货地址、联系人、电话、接货时间等相关信息,然后通过信息系统将订单信息传输给操作部的运输调度人员;调度员根据当前人车运行状态,及时安排人员与车辆前往客户指定地点上门接货,并将详细的接货信息发送给接货员。

也存在客户主动要求自行送货的情况。客服部收到客户的委托信息后,需向客户提供具体的送货地址、联系人、电话、时间等相关信息,以便客户及时送货到集运人操作中心的仓库。实践中,此种方式较为少见,总体上,以集运人在始发地上门接货、目的地上门送货为主(门到门D/D方式)。

（一）接货准备

1. 审查货物

集运人必须对操作、客服、营销等业务部门开展有关禁运品和限运品的培训，尤其是操作部员工。有关禁运、限运品的具体规定也通常被作为重点内容列入集运人的国际航空货运服务手册（或称服务指南），接货员必须严格按照服务手册的规定，初步审查货物的合法性和安全性，拒收禁运品（包括被禁运的一部分危险品），正确处理限运品。如果有疑问，应及时联系本公司相关人员，咨询清楚再接货。

2. 索要单证

接货员应向客户索要全套报关单证，并初审单证的完整性。根据贸易方式、信用证的要求而不同，常见单证包括报关单、报关委托书、贸易合同、发票、装箱单、外汇核销单、许可证、进料/来料加工核销本、返修协议、到付保函（凡运费到付都应提供）。

> **小资料：商检简介**
>
> 凡列入实施检验检疫的进出境商品目录表的出口商品和其他法律法规规定须经检验的出口商品，或合同规定必须经由检验检疫机构检验出证的商品，在货主完成备货后，最迟应于报关或装运前7天（目前的规定）向检验机构申请检验。对于个别检验检疫周期较长的货物，应留有足够的检验时间，凭出入境检验检疫机构签发的出境货物通关单和检验证书验放货物。
>
> 假设货物必须商检，如果客户自行安排报检，则此时接货员应向客户索要商检机构签发的单证以便海关验放；如果客户委托集运人代理报检且集运人可提供代报服务，则接货员应向客户索要代理报检委托书和报检所需的各种单证；接货员回到操作中心后须立即和报检人员交接，马上启动代理报检工作。

（二）入库理货

集运人一般在机场附近或合适地点建有处理和储存货物的操作中心（或称物流中心、货运站）。入库是指将货物接入操作中心仓库，通常分为临时入库和固定入库。

临时入库是指货物在仓库短暂停留，一旦理货、制单、订舱等工作完成，马上出库运往机场货运站办理后续手续。

固定入库，是指货物在仓库做较长时间的停留，时间短则几周、长则几个月甚至更久，在此期间，集运人受客户委托提供货物储存、库存控制、流通加工、信息处理等物流服务。在这种情况下，货物入库批量一般较大。此时，仓库实际上发挥了物流中心的功能，集运人此时担任了国际航空物流企业的角色。此后，一旦接收到客户空运出口货物的订单指令，操作员按照操作流程马上启动后续各环节的工作，按订单要求安排货物出库并完成国际空运任务。

在临时入库方式下，仓库储存通常免费，仅收取空运费用；但在固定入库方式下，除了空运费用，集运人还将计收仓储费等物流服务费用。

不管是临时入库还是固定入库，操作中心都要在出库前进行理货，然后安排客户领取入库单（如果是临时入库也可用分运单代替）。理货工作一般包括复查货物与单证、检查货物包装、称量重量和体积、查标记贴标签等环节。

1. 复查货物与单证

① 由操作员复查货物的合法性和安全性，对于违规货物应移交客服部联系客户办理退货或其他手续。② 复查单证完整性、准确性与单单之间的一致性。除了检查所需单证是否齐全、正确外，认真核查以上单证之间的一致性也非常重要。例如，核查各种单证中货物的名称、价值、数量等信息是否一致，如果出现差异需联系客户询问并更正。③ 复查单货一致性。理货时应仔细对照实际货物，检查单证的货物名称、价值、数量等信息与实物是否一致，如有差异，必须与客户核实并及时纠正。以上第②、③项的工作，由于专业性较强，通常须联合报关方面的审单人员共同完成。

2. 检查货物包装

理货时应检查货物的外包装是否符合运输要求。对包装的基本要求有：① 包装坚固、完好、轻便；② 不得用木屑、草末等材料进行包装；③ 包装上详细写明收货人和托运人的名称、地址；④ 在包装出现轻微破损的情况下，须在航空运单的"Handing Information"栏目中详细注明；⑤ 液体类货物的瓶装、灌装或桶装的容器内至少有 5%~10% 的空隙，除要求封盖严密，还须外加装有内衬物和吸湿材料的木箱包装，并在木箱上加贴易碎物品标签。⑥ 易碎物品每件毛重不超过 25 kg，确保包装上贴有易碎物品标签。⑦ 精密仪器和电子管须采用多层包装，内衬物如有一定弹性，包装上贴易碎物品标签和不可倒置标签。⑧ 混运货物须分别包装，但不得包含下列货物：贵重货物、动物、骨灰、外交信袋、行李等。

3. 称量重量和体积

在实践中，由于算法不同、操作误差等多种原因，客户声明的重量和体积经常与实际情况有偏差，操作员既要将受托货物过磅、仔细称重（复查毛重），也要认真丈量货物外包装尺寸（用以确定体积、体积重量和计费重量）。这是向航空公司准确订舱、向客户正确计收运费的依据。

> **小资料：自动化称量系统**
>
> 一些大型集运人企业在操作中心流水线上安装了自动化称量平台系统，只需将货物接入或搬上流水线，经过该平台的称量和三维扫描，系统即可自动获取每票货物的毛重和体积重量的数据。该系统破解了人工称量缓慢和误差多的难题，大大提高了货物称量的效率和准确性。
>
> 如果托运人是临时客户（未签约、合作不固定的客户），由于已经确认计费重量，此时通常由操作部直接向客户收取运费，包括可预计、将在后续环节产生的其他费用；临时客户的费用通常只能按公开价目计收，即使货量较大也只能享受较低的折扣，除非短期内转换成签约客户。如果是固定客户（已签约的常规客户），则在整个空运操作过程结束后，由财会部门按照营销人员在合同中与客户约定的协议运价和付费周期进行结算，无须操作部门负责。

4. 查标记贴标签

应由托运人注明的货物外包装标记包括托运人和收货人的公司名称、联系人、地址、电话、唛头、合同号等。如果有操作或储运注意事项，如小心轻放（Handle With Care）、保持向上（This Side Up）、不要暴晒（Don't Expose to Sunlight）、防潮（Keep Dry）等，须检查托运人是否粘贴对应的操作标签。操作标签如图 3-10 所示。

图 3-10 操作标签

根据标签的作用，通常分为识别标签、特种货物标签、操作标签等。

（1）识别标签：包括集运人标签和航空公司标签，如图 3-11 所示。为避免识别混乱，一般不能同时粘贴这两种标签。集运人标签是集运企业自行印制和粘贴的识别标签，由集运人收运的货物必须贴此标签。标签内容包括分运单号、目的地/机场代码、始发地/机场代码、件数序号/总件数、总重量等信息。航空公司标签是航空公司印制和粘贴的识别标签，货主向航空公司或其代理人办理直接托运（不经过集运人）的货物必须贴此标签，标签的格式和内容与集运人标签基本一致。

（2）特种货物标签：用以说明特种货物性质的各类标签，分为活动物标签、危险品标签和鲜活易腐物品标签等。

（3）操作标签：用以说明货物操作或储运注意事项的各类标签，一般应由托运人粘贴或印制在外包装上。这里的理货环节只是查漏补缺，即如果发生了操作标签遗漏、脱落或模糊不清等现象，才由操作员补齐。

图 3-11 航空公司标签（左）和集运人标签（右）

任务八　预配舱与预订舱操作

一、预配舱

（一）预配舱的概念

预配舱指代理人汇总所接受的委托，制订预配舱方案。

(二)预配舱的流程

操作部根据客户委托数据、要求和航班情况预配舱,具体流程如下:

(1)销售汇总客户委托和预报信息,输入电脑出口操作系统,给每票货配上运单号。

(2)计算出各航线的件数、重量、体积,按照客户的要求和货物重、高情况,根据航空公司不同机型对不同板箱的重量和高度要求,制订预配舱方案。

(3)配载。确定箱型箱量,如某票货物毛重780 kg,总体积2.094 m³,为拼箱货。

二、预订舱

(一)预订舱的概念

预订舱指代理人根据所制订的预配舱方案,按航班、日期打印出总运单号、件数、重量、体积,向航空公司预订舱。

(二)预订舱的操作

(1)货代根据预配舱方案向航空公司或其代理订舱。

(2)订舱部根据系统反映的订舱信息、预配舱方案,按航班、日期打印出总运单号、件数、重量、体积。

(3)与航空公司确认舱位。舱位初步确认后才可以接单接货。

(三)预订舱的注意事项

(1)此时货物还没入仓库,预报和实际的件数、重量、体积等都会有差别,留待配舱时再做调整。

(2)选择合适的机型,从重量限制、容积限制、舱门限制、飞机货舱的地板承受力4个方面来选择,使货物安全快速到达目的地。否则,易导致货物装载不成功、无法储运等。

(3)注意托盘货物的尺寸、现场操作要求,核实货物情况。中转货物应提前确认二程舱位。

(4)实际订舱时没有舱位,立即与订舱单位或承运人联系,争取舱位;同时,和客户商量能否改配其他承运人或延期出运。

(5)一般在装运日期一周前订舱,舱位紧张时需适当提前。

任务九　出口订舱操作

订舱是国际航空货运代理向航空公司申请运输并预订舱位的行为,包括配舱和订舱两部分,通常是同时进行的。

一、配　舱

配舱就是国际航空货运代理汇总所接受的同一航线各发货人委托的货物情况,根据与航空公司确定的舱位容量,按照已受理委托货物的重量和(或)体积、数量及货物类别,参照航空公司航班的机型、箱板型号、高度规定，合理安排装箱或装板装载，以提高箱或板的使用效率，最大限度地利用空间和舱位。航空货运代理在配舱时，应该掌握航空公司对重量、容积、地板承受力和舱门尺寸等的限制，以满足航空公司对货运安全的要求。

在实际业务中，配舱和订舱通常是同时进行的。航空货运代理在接受发货人委托时，应该对航空公司的舱位情况以及航空公司的箱板规格都了解清楚，以保证业务顺利进行。

二、订　舱

国际航空货运代理接到托运人的委托后，应按照委托书内容以及发货人的要求，选择最佳的航线和最佳的承运人，同时为发货人争取最低、最合理的运价。确定了航空公司后，应采取合适的方式向航空公司正式提出运输申请并订妥舱位。航空公司接受订舱后，签发舱位确认书（舱单），同时向装货箱板发放领取凭证，表示舱位订妥。订舱完成时，应该有确定的航班号，并为每票货物分配运单号，以备报关使用。

对于直接发给国外收货人的单票货物，只需航空公司的运单号，即总运单号；如果是集中托运货物，则必须先为每票货分配分运单号，即国际航空货运代理的运单号，然后由航空货运代理向航空公司为集中托运的整批货物申请总运单号。

目前，在实际业务中，由于计算机网络的广泛应用，大多数航空公司的货运业务已经不再使用纸质的舱单，而是采用直接在网上确认订舱完成情况的方式。

（一）订舱时间

一般情况下，各航空公司根据托运货物本身的特点和托运人的要求规定订舱时间。

（1）一般而言，限额（如10 kg）以下货物，在航班离开前几小时提出订舱要求即可。

（2）限额以内货物（如10~100 kg），仅需在航班起飞前24小时用电话或传真方式告知有关资料申请订舱。

（3）限额以上货物（如100 kg以上）以及在中转站有特殊要求的货物、大宗货、紧急货、鲜货、易腐货、危险品、贵重货、尸体及包机货物等，应提前一周办理订舱手续。

（二）订舱应提交的资料

国际航空货运代理订舱时，应向航空公司吨控部门提供以下相应资料：

（1）货物名称。

（2）体积（必要时提供单件尺寸）。

（3）重量。

（4）件数。

（5）目的地。

（6）要求出运的时间等。

（7）其他运输要求（温度、装卸要求、货物到达目的地时限等）。航空公司根据实际情况安排航班和舱位。

（三）航空公司舱位销售原则

国际航空货运代理，应该了解各航空公司对各类货物舱位销售的基本原则，以指导其订舱业务，保证货运代理业务顺利进行。

（1）保证有固定舱位配额的货物。

（2）保证邮件、快件舱位。

（3）优先预订运价较高的货物舱位。

（4）保留一定的零散货物舱位。

（5）未订舱的货物按交运时间的先后顺序安排舱位。

对于联运货物，应该预订全程舱位，并符合承运人的有关规定，如需要变更承运人，必须重新得到续程承运人的许可。

三、客户确认

国际航空货运代理向航空公司办理订舱手续后，应及时通知发货人，确认航班信息以及空运费，核对货物的相关资料，避免货物数量、目的地等信息出现差异而导致空舱或甩货。如果货物与订舱信息相符，即可通知发货人在规定的时间内，将货物送至机场指定仓库，办理货物交接手续、装箱板等工作。

任务十 航空公司货物交接发运操作

一、交付航空公司的单证

交付航空公司的单证主要包括总运单、分运单和货物交接清单等。航空货运代理在向航空公司交付货物时，通常需要随货物一起交付货运单证。

（一）交付的单证

（1）主运单和分运单。空运代理根据托运人提供的托运委托书等单证缮制空运单。如果是直接发给国外收货人的单票货物，仅需缮制航空公司主运单即可。如果是以国外航空代理人为收货人的集中托运货物，还需要缮制分运单。

（2）航空货物清单。当一份主运单下有若干份分运单时，航空货运代理应制作航空货物清单，具体列明货物名称、件数、毛重等。

（3）出库舱单。航空货运代理在根据各航班机型，集装板或集装箱型号、高度、数量对货物进行配载后，应制作出库舱单，以用于仓库安排货物出库计划，以及供装箱、装板部门作为向仓库提货及交货的凭证。出库舱单一般包括出舱日期、承运航班日期以及装载板箱的形式及数量、货物进舱顺序编号、总运单号、件数、重量、体积、目的港三字代码及备注等项目。

（4）装箱单。此装箱单与托运人交付的装箱单并无关联，这个装箱单是指航空货运代理接收托运人货物后，将若干托运人货物装入航空集装箱而制作的装箱单。在实际业务中，经常会有一个集装箱里装着若干个托运人货物的情况，这时的装箱单就是指这个集装箱货物的装箱单，说明集装箱货物名称（可能是多个货物名称）、件数、毛重等。托运人交付的装箱单是指其货物的装箱明细，这个装箱是指其货物的外包装箱，而非集装箱。

（5）国际货物交接清单。为与航空公司办理货物交接，空运货运代理还必须依据出库舱单制作货物交接清单。

（二）交单时限

各航空公司为操作需要，一般在航班起飞前 6 小时截止接收交单。个别机场截止时间有所不同，在实际业务中，应以当地机场规定为准。

（三）航空货运代理向航空公司办理交单交货之前应该同步办理的事项

（1）检验检疫及海关申报手续。待检验检疫机构检验检疫合格后，再由海关对货物进行查验，办理放行手续，并在正本运单上加盖海关放行章。

（2）航空公司签单。航空货运代理凭加盖海关放行章的正本航空运单申请航空公司签单确认。航空公司签单的主要目的是审核运价是否正确，货物的性质是否适合空运以及有关随附单证是否齐全等。

目前，各航空公司规定，出口空运货物只有在经过签单确认手续后，航空货运代理才能将单、货交承运人。

二、与航空公司交接货物

航空货运代理接受托运人委托后，会通知托运人在规定时间内将货物送到指定机场仓库。航空货运代理在机场仓库接受由托运人或托运人指定的国内段承运人送来的货物。在实际业务中，航空货运代理为提高服务水平和服务质量，也可以安排车辆到发货人处直接接货（也称到门服务），也可按照托运人提供的运单号、航班号及接货地点、接货日期，代托运人向国内段承运人提取货物。如果货物已在起运地办理了出口海关手续，托运人应同时提供起运地海关的关封。

航空货物的托运人在发运货物时，一定要了解航空运输的有关限制，按照航空运输的规定办理，以免货物到达机场后因不符合航空运输的规定而遭拒载。

三、理 货

航空货运代理接到货物后，需进行理货工作。理货就是货运代理与托运人或托运人指定的国内段承运人一起按照托运书、装箱单或货物清单清点货物数量、过磅称重、丈量包装尺寸以及检查货物的外包装情况等工作；同时，货运代理还应核对货物配载与舱位情况、装运时间要求、货物是否要求分批等条件是否满足航空运输要求。其中，过磅称重、丈量包装尺寸是为计算计费重量做准备。过磅称重可以得到货物的实际毛重，通过丈量包装尺寸可以计算出货物的体积重量，即外包装的[长（cm）×宽（cm）×高（cm）×总件数/6 000]cm^3/kg（有些国家按 7 000 cm^3/kg），以上两者中较大者就是计费重量。

航空公司对货物包装最小尺寸的要求为（10×20×30）cm^3/件。低于这个要求，航空公司有权拒绝受理托运货物。

如果货物的各项运输要求与委托书一致，外包装符合航空运输的要求，则由航空货运代理为发货人办理交接、验收及入库手续。由于航空运输的特殊性，对货物的外包装有着更为严格的要求，所以在理货环节，航空货运代理应对托运人提供的货物包装认真检查，保证货物的外包装坚固、完好、轻便，能满足运输中各操作环节的正常操作要求，保证货物可以完好地运达目的站；同时，保证不因包装问题而损坏其他货物和设备设施。因此，在航空运输中，对货物的外包装有着特殊的要求。

（一）基本要求

（1）包装不破裂，内装物不泄漏，填塞要牢固，内装物互相不摩擦、不碰撞，没有异味散发，不因气压、气温变化而引起货物变质，不会对机上工作人员和地面操作人员造成伤害，不会对飞机、设备以及机上其他装载货物造成污损，便于装卸。

（2）为了不使密封机舱的空调系统堵塞，不得使用带有碎屑、草末等材料做包装，如草袋、草绳、粗麻包等，包装的内衬物，如谷糠、锯末、纸屑等不得外漏。

（3）包装内部不能有突出的棱角，也不能有钉、钩、刺等。包装外部需清洁、干燥，没有异味和油腻。

（4）托运人应在每件货物的包装上详细写明收货人、另请通知人、托运人的名称和地址。如包装表面不能书写，可写在纸板、木牌或布条上，再拴挂在货物上，填写时字迹必须清楚、明晰。

（5）包装用的材料要好，不得用腐朽、虫蛀、锈蚀的材料。无论木箱还是其他容器，为了安全起见，必要时可用塑料带或铁箍加固。

（6）如果包装件有轻微破损，填写货运单时应在"HANDLING INFORMATION"栏里标注出详细情况。

（二）对包装材料的具体要求

下述要求适用于木箱、结实的纸箱（塑料打包带加固）、皮箱、金属或塑料桶等。

（1）液体类货物包装规范。液体、袋装货物必须保证不能渗漏，不论瓶装、罐装或桶装，容器内至少要有 5%~10%的空隙，封盖严密，容器不得渗漏。用陶瓷、玻璃容器盛装的液体，每一容器的容量不得超过 500 mL，并需外加木箱包装，箱内应装内衬物和吸湿材料，内衬物要装填牢实，以防内装容器碰撞破碎。用陶瓷、玻璃容器盛装的液体货物，外包装上应加贴"易碎物品"标贴。

（2）易碎物品。对于易碎物品，须用木箱包装，而且要用内衬物将物品填塞牢实。每个包装的重量不得超过 25 kg，包装上应贴上"易碎物品"标贴。

（3）精密仪器。需要多层次包装，内衬物要有一定的弹性，但不得使货物移动位置和互相碰撞摩擦；对于悬吊式包装，应用弹簧悬挂在木箱内；应加大包装底盘，不使货物倾倒；包装上应加贴"易碎物品"和"不可倒置"标贴。

（4）裸装货物。不怕碰压的货物（如轮胎），可以不用包装。但不易清点或容易碰坏飞机的仍须妥善包装。

（5）木制包装。木制包装或垫板的表面应清洁、光滑，不携带任何种类的植物虫害。有些国家要求在"HANDLING INFORMATION"栏目中注明"THE SOLID WOOD MATERIALSARE TOTALLY FREE FROM BANK AND APPARENTLY FREE FROM LIVE PLANTPEST"；大多数国家对实木包装要求做木质熏蒸，但手续简化，不需要出熏蒸证，只需要在木包装上加盖已熏蒸标识。

（6）混装货物。一票货物中包含不同物品则为混装货物。这些货物可以装在一起，也可以分别包装，但不能包含下列物品：贵重货物、动物、尸体、骨灰、外交信袋、作为货物运送的行李。

四、标　签

在货物理货入库的同时，航空货运代理工作人员应根据航空公司的运单号码，制作主标签和分标签，并分别粘贴或拴挂在货物的外包装上；对散装货物，可以直接粘贴或拴挂在货物上。在航空货运中，粘贴标签的主要目的是便于起运港及目的港的货主、货代、海关、航空公司、检验检疫机构以及收货人识别查找。

（一）根据标签的作用划分

1. 识别标签

识别标签是说明货物的货运单号码、件数、重量、始发站、目的站、中转站等信息的一种运输标志，分为挂签和贴签两种。识别标签的使用要求如下：① 在使用标签之前，清除所有与运输无关的标记和标签。② 体积较大的货物需对贴两张标签。③ 袋装、捆装、不规则包装除使用两个挂签外，还应在包装上写清楚货运单号码和目的站。

2. 特种货物标签

特种货物标签是说明特种货物性质的各类识别标志，分为动物标签、危险品标签和鲜活易腐物品标签。

3. 操作标签

操作标签是说明货物储运过程中应注意事项的各类标志，如易碎物品、请勿倒置等标志。

（二）根据标签的类别划分

1. 航空公司标签（主标签）

航空公司标签是对其所承运货物的标识。各航空公司的标签虽然在格式、颜色上有所不同，但内容基本相同。标签上前三位阿拉伯数字代表承运货物的航空公司代号，后八位是总运单号码。另外，标签上还有起运地、目的地、件数及总毛重等。

2. 航空货运代理标签（分标签）

航空货运代理标签是其对所代理货物的标识。凡出具分运单的货物都要制作分标签，填制分运单号码和货物到达城市或机场的三字代码。一件货物贴一张航空公司标签，有分运单的货物，再贴一张分标签。

五、装货（装箱板）

除特殊情况外，航空货运均是以"集装箱""集装板"的形式装运的。因此，航空货运代理在完成订舱手续后，航空公司的吨控部门根据订舱货量出具"发放航空集装箱板凭证"，航空货运代理凭此凭证向航空公司箱、板管理部门领取与订舱货量相应的集装箱板。提箱板时，应同时领取相应的塑料薄膜和网。对所使用的箱板在领取时需要登记，与航空公司交接货物时需要向航空公司销号。

一般而言，体积在 $2\ m^3$ 以上并已预订舱位的大宗货物或集中托运货物，货运代理人自己安排装箱、装板，$2\ m^3$ 以下货物作为小件货物交给航空公司拼装或单件运输。

在实际业务中，航空货运代理接到货物后，应视货物情况，及时安排货物的装箱、装板，保证货物及时装机。对于大宗货物、集中托运货物可以在航空货运代理自己的仓库、场地或货棚装箱、装板，也可以在航空公司指定的场地装箱、装板。

装箱、装板时应注意以下事项：

（1）不要用错集装箱板，也不要用错箱型、板型。每个航空公司为了加强本航空公司箱板的管理，都不许可本公司的箱板为其他航空公司的航班使用。不同航空公司的集装箱板因型号、尺寸有异，所以如果用错会出现装不上飞机的情况。

（2）货物外包装尺寸不要超过箱板的尺寸。一定型号的箱板用于一定型号的飞机，箱板都有具体的尺寸规定。一旦超过箱板的尺寸，就无法装上飞机。因此装箱板时，一定要注意货物的尺寸，既不能超装，又要在规定的范围内用足箱板的可用体积。

（3）要垫衬、封盖好塑料膜，以便防潮、防雨。

（4）集装箱板内的货物尽可能配装整齐，结构稳定，并接紧网索，防止运输途中倒塌。

（5）对于大宗货物、集中托运货物，尽可能将整票货物装在一个或几个箱板内运输。已装妥整个箱板后剩余的货物要尽可能地拼装在同一箱、同一板内，以防止散乱、丢失。

六、安 检

目前，世界各地机场对发运的货物都要求通过机场安检仪器进行检查，安检人员对安检合格货物进行登记后，方允许货物入库待发运。

任务十一 空运出口报检、报关操作

一、国际航空出境货物报关

（一）国际航空出境货物报关流程

1. 申 报

申报，表示通关工作正式开始，报关单位及其申报人必须承担相应的法律和经济责任。在申报工作中，首先由出入境货物收发货人或其代理人、出入境运载工具的负责人，在通关海关监管的口岸时，按规定填写出入境货物报关单或采用电子数据传送向海关进行申报，并呈交海关要求的文件、单证与证明。海关接单，进行编号登录、签注申报日期，并对单证及内容进行审核（初审与复审）。通过审核，符合各项规定要求的，则接收报关。

2. 征 税

海关就单证货物进行审价，核定税率和计征关税，若属减免货物，则依法予以减免。海关按规定计征关税并开出银行缴款书给申报人，申报人凭海关开出的缴款通知书及时到指定银行缴纳税款。

3. 查 验

海关凭申报人银行缴款书的回执进行验货，以查验单、货是否一致。查验结果是海关放行的重要依据与条件。

4. 放　行

海关按规定完成应办事项，在报关单、有关货运单证和文件、证明上加盖海关放行章。

（二）国际航空出境货物报关单的填制

国际航空出口货物报关单与海运出口货物报关单相比，有以下不同之处。

（1）出口口岸：机场海关的全称。
（2）运输方式：填航空运输。
（3）运输工具名称：填航班号/起飞日期（八位数字）。
（4）提运单号：航空运单号，如果有分运单，填"主运单号"+"分运单号"。
（5）指运港：目的机场名称或目的机场所在城市名称。

二、国际航空出境货物报检

（一）国际航空出境货物报检流程

（1）准备报检所需单证。一般货物报检所需文件：合同、发票、装箱单、报关单、提单、报检委托书。特殊货物需要相关特殊文件：如卫生证、3C证明、备案书等。
（2）预录入报检信息：根据货物实际情况录入报检系统。
（3）申报：报检员对入境报检单据检查无误后，到报检前台递单申报。
（4）缴费：缴纳入境货物检验检疫费。
（5）放行：检疫放行的货物出具入境货物通关单，需要调离到使用地检疫的出入境电子报检受理凭条。
（6）验货：需要调离检的货物收货人在收货后不能自行拆开货物，需要与受理凭条上所调离的检疫局约检，由调离后的检疫局施检。木质包装产品，一般要求在场站实施木质包装检疫。无IPPC标识的，需要进行熏蒸处理或对包装销毁。进口货物在海关放行之后，应尽快办理商检验货等手续。商检未办理验货放行前，不得擅自使用及销售。

（二）国际航空出境货物报检单

航空出境货物和海运出口货物一样，也需要向检验检疫机构出具报检单，只有法定检验合格，才能签发通关单，凭此办理出口报关。

国际航空出境货物报检单的主要内容如下：

（1）报检单位：航空货运中的报检单位应该是在检验检疫机构登记注册的航空货运代理公司，应该填写公司名称并加盖"报检专用章"。
（2）报检单位登记号：航空货运代理公司在检验检疫机构的登记号。
（3）联系人：航空货运代理公司报检员的姓名。
（4）电话：航空货运代理公司报检员的联系电话。
（5）发货人：托运人。
（6）收货人：国外的进口商。
（7）运输工具名称号码：填写运输本批货物的航班号，预报检时可填"×××"。
（8）启运地：装运本批货物离境的交通工具的启运机场城市名称。

（9）到达口岸：装运本批货物的交通工具最终抵达目的地停靠的机场城市名称。国际航空出境货物报检单的其他内容与海运出口中的出境报检单内容基本相似，这里不再重复。

出境货物报检单缮制

任务十二　航空运单的签发

根据《华沙公约》《海牙议定书》和承运人运输条件的条款规定，承运人为托运人准备航空运单，托运人有责任填制航空运单。托运人或其代理人对运单所填各项内容的正确性、完备性负责。

一、航空运单的基础认知

（一）航空运单的概念

航空运单（Air Waybill）是承运人签发给发货人表示已收妥货物，接受发货人托运的货运单据。它仅是一种收据，并不是货物的物权证明，是不可转让的运输单据。

（二）航空运单的性质

（1）航空运单是发货人与航空承运人之间的运输合同。与海运提单不同，它不仅证明航空运输合同的存在，而且本身就是发货人与航空运输承运人之间缔结的货物运输合同，在双方共同签署后产生效力，并在货物到达目的地交付给运单上所记载的收货人后失效。

（2）航空运单是承运人签发的已接收货物的证明，也是货物收据。在发货人将货物发运后，承运人或其代理人就会将其中一份交给发货人（发货人联），作为已经接收货物的证明。除非另外注明，它是承运人收到货物并在良好条件下装运的证明。

（3）航空运单是承运人据以核收运费的账单。航空运单分别记载着属于收货人负担的费用、属于应支付给承运人的费用和应支付给代理人的费用，并详细列明费用的种类、金额，因此可作为运费账单和发票。承运人往往也将其中的承运人联作为记账凭证。

（4）航空运单是报关单证之一。出口时航空运单是报关单证之一，在货物到达目的地机场进行进口报关时，航空运单也通常是海关查验放行的基本单证。

（5）航空运单可作为保险证书。如果承运人承办保险或发货人要求承运人代办保险，则航空运单也可用来作为保险证书。

（6）航空运单是承运人内部业务的依据。

由此可见，航空运单与海运提单不同，它是由承运人或其代理人签发的重要货物运输单据，是承托双方的运输合同，其内容对双方均具有约束力；但航空运单不是物权凭证，不可转让，持有航空运单也并不能说明可以对货物要求所有权；托运人只可以凭此向银行办理结汇。货物到达目的地后，收货人凭承运人的到货通知提取货物，并不要求收货人一定要提交航空运单才能提取货物。这一点是航空运单和海运提单的本质区别。

采用信用证支付方式时，卖方可要求将航空运单的收货人填写为开证行。这样货物到达后提货权就掌握在银行手中，可以避免收货人凭到货通知提货后不付款或买方拒付。但这种做法一定要提前征得开证行的同意后才能实行，否则是无效的。

航空运单随货同行，证明了货物的身份。运单上载有有关该票货物发送、转运、交付的事项，承运人会据此对货物的运输做出相应安排。

二、航空运单的内容及缮制

航空运单样例如图 3-12 所示。

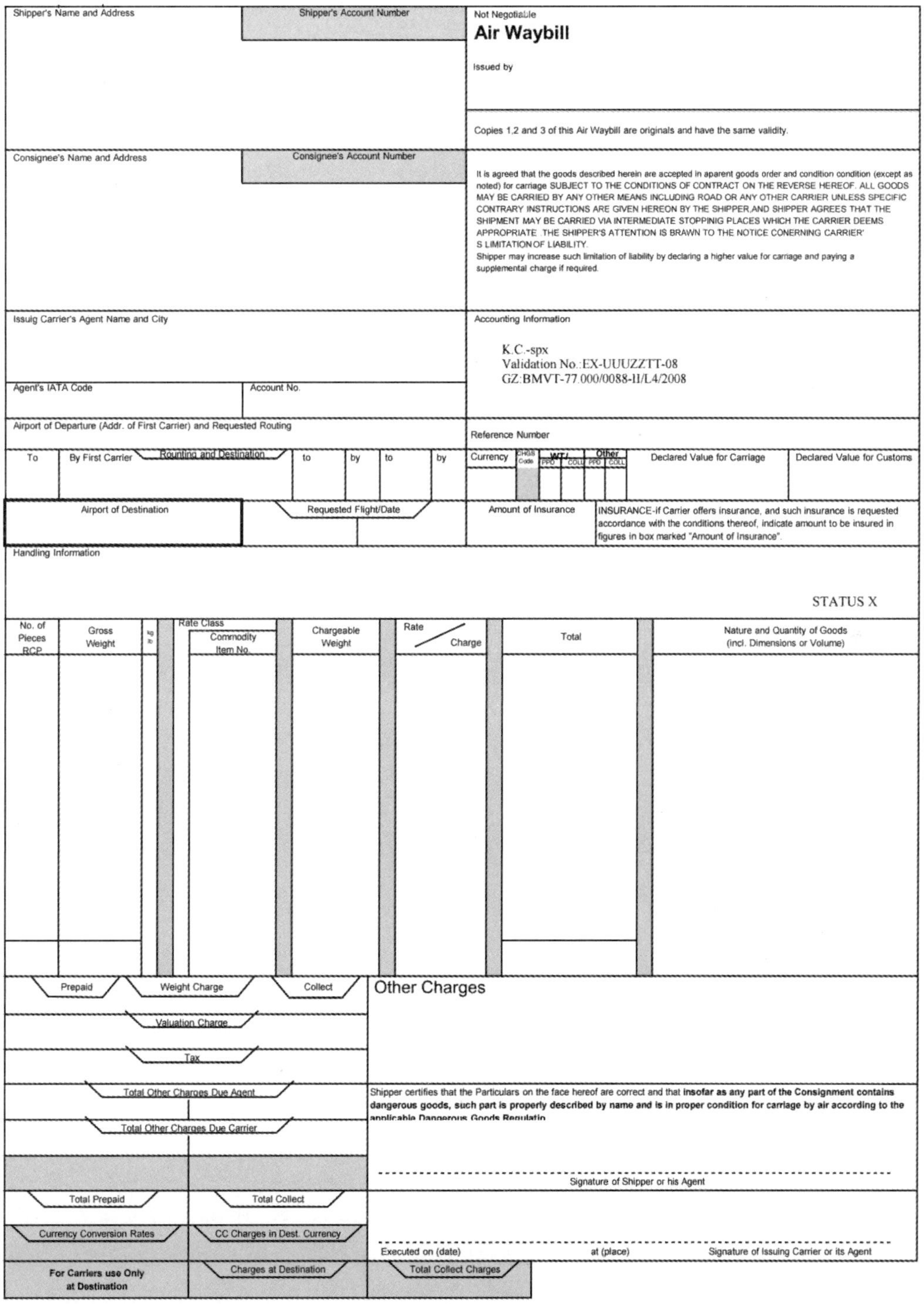
Shipper's Name and Address
Shipper's Account Number
Not Negotiable
Air Waybill
Issued by
Copies 1,2 and 3 of this Air Waybill are originals and have the same validity.
Consignee's Name and Address
Consignee's Account Number
It is agreed that the goods described herein are accepted in apparent goods order and condition condition (except as noted) for carriage SUBJECT TO THE CONDITIONS OF CONTRACT ON THE REVERSE HEREOF. ALL GOODS MAY BE CARRIED BY ANY OTHER MEANS INCLUDING ROAD OR ANY OTHER CARRIER UNLESS SPECIFIC CONTRARY INSTRUCTIONS ARE GIVEN HEREON BY THE SHIPPER,AND SHIPPER AGREES THAT THE SHIPMENT MAY BE CARRIED VIA INTERMEDIATE STOPPING PLACES WHICH THE CARRIER DEEMS APPROPRIATE. THE SHIPPER'S ATTENTION IS BRAWN TO THE NOTICE CONERNING CARRIER'S LIMITATION OF LIABILITY.
Shipper may increase such limitation of liability by declaring a higher value for carriage and paying a supplemental charge if required.
Issuig Carrier's Agent Name and City
Accounting Information
K.C.-spx
Validation No.:EX-UUUZZTT-08
GZ:BMVT-77.000/0088-II/L4/2008
Agent's IATA Code
Account No.
Airport of Departure (Addr. of First Carrier) and Requested Routing
Reference Number
To | By First Carrier | Rounting and Destination | to | by | to | by
Currency | CHGS Code | WT/VAL PPD COLL | Other PPD COLL | Declared Value for Carriage | Declared Value for Customs
Airport of Destination
Requested Flight/Date
Amount of Insurance
INSURANCE-if Carrier offers insurance, and such insurance is requested accordance with the conditions thereof, indicate amount to be insured in figures in box marked "Amount of Insurance".
Handling Information
STATUS X
No. of Pieces RCP | Gross Weight | kg lb | Rate Class Commodity Item No. | Chargeable Weight | Rate / Charge | Total | Nature and Quantity of Goods (incl. Dimensions or Volume)
Prepaid | Weight Charge | Collect
Other Charges
Valuation Charge
Tax
Total Other Charges Due Agent
Shipper certifies that the Particulars on the face hereof are correct and that **insofar as any part of the Consignment contains dangerous goods, such part is properly described by name and is in proper condition for carriage by air according to the applicable Dangerous Goods Regulatio**
Total Other Charges Due Carrier
Signature of Shipper or his Agent
Total Prepaid | Total Collect
Currency Conversion Rates | CC Charges in Dest. Currency
Executed on (date) | at (place) | Signature of Issuing Carrier or its Agent
For Carriers use Only at Destination | Charges at Destination | Total Collect Charges

图 3-12　航空运单样例

（1）航空运单编号（Airway Bill Number）：航空运单最上方的编号由航空公司填写。编号前三位一般是各国航空公司的代号，如中国国际航空公司的代号为999，日本航空公司的代号为131等。

（2）承运人（Carrier）：航空公司。UCP500第27条规定，若信用证要求空运单据，银行将接受表面标明承运人名称的单据。对于分运单，承运人为航空货运代理公司，这里应是航空货运代理公司的名称。

（3）发货人名称及地址（Shipper's Name and Address）：信用证结算方式一般填写受益人名称；托收结算方式一般填写合同卖方的名称及地址。如果信用证另有规定，则按信用证要求填写。

（4）发货人账号（Shipper's Account Number）：一般可以不填写。

（5）收货人名称及地址（Consignee's Name and Address）：此栏在托收结算中一般填写合同中的买方。在信用证结算方式下，有的以买方为收货人，有的以开证行为收货人，根据信用证的规定填写。因为空运单是不可转让的，所以空运单的收货人不能做成"凭指示"。

（6）收货人账号（Consignee's Account Number）：一般可不填写。

（7）签发运单的承运人的代理人名称及城市（Issuing Carrier's Agent Name and City）：本栏若运单由承运人的代理人签发，可填写实际代理人名称及城市名；如果运单直接由承运人本人签发，此栏可不填写。

（8）代理人国际航空运输协会代号（Agent's IATA Code）：一般可不填写。

（9）代理人账号（Account No.）：可填写代理人账号，供承运人结算时使用，一般不填写。

（10）起飞机场和指定航线（Airport of Departure and Requested Routing）：一般填写起航机场名称即可。

（11）会计事项（Accounting Information）：与费用结算的有关事项，如运费预付、到付或发货人结算使用的信用卡号、账号以及其他必要的情况。

（12）转运机场/首程船/路线及目的地（To/by First Carrier/ Routing and Destination）：货物运输途中需转运时按实际情况填写。

（13）目的地机场（Airport of Destination）：货物运输的最终目的地机场。

（14）航班/日期（仅供承运人使用）（Flight/Date）：飞机航班号及实际起飞日期。但本栏所填内容只能供承运人使用，因而该起飞日期不能视为货物的装运日期（一般以航空运单的签发日期作为装运日期）。UCP500第27条规定，就本条款而言，在空运单据的方格内（注有"仅供承运人使用"或类似意义的词语）所表示的有关航班和起飞日期的信息，将不视为发运日期的专项批注。

（15）货币及费用代码（Currency and Chgs Code）：支付费用使用的货币的国际标准电码，如USD、HKD等。费用代码可以不填。

（16）运费/声明价值及其他费用（Wt/Val and Other）："声明价值费"（Valuation Charge），是指下列第17栏向承运人声报价值时，必须与运费一起交付声明价值费。

若该栏费用是预付，则在"PPD"（PREPAID）栏下打"×"。若是到付，则在"COLLECT"栏下打"×"。此栏应注意与第17栏保持一致。

（17）供运输使用的声明价值（Declared Value for Carriage）：托运人向承运人声明其托运货物的实际价值，此价值是承运人赔偿责任的最高限额。如果所交运的货物毛重每千克不超过20美元（或等值货币），则无须填写声明价值金额，只填写"NVD"（NO VALUE DECLARED，无声明价值）；如果货物毛重每千克超过20美元（或等值货币），应该填写实际价值；如果本栏目未填写，承运人或其代理可以视为货物无声明价值。

（18）海关声明价值（Declared Value for Customs）：此栏所填价值是提供给海关的征税依据。当以出口货物报关单或商业发票作为征税依据时，本栏可空白不填或填"AS PER INVOICE"，如果货物是样品等数量少且无商业价值的，可填"NCV"（NO COMMERCIAL VALUE）。

（19）保险金额（Amount of Insurance）：在航空公司提供代理保险业务时，如发货人根据本运单背面条款要求保险的，则在本栏内填保险金额；若无，可空白或填"NIL"。

（20）处理情况（Handling Information），有的也称为操作信息：可利用本栏填写所需要注明的内容：被通知人；飞机随带的有关商业单据名称；包装情况；发货人对货物在途时的某些特别指示或承运人对货物处理的有关注意事项；对第二承运人的要求等。

（21）货物件数和运价组成点（No. of Pieces RCP，Rale Combination Point）：填报货物包装件数及包装方式。例如，10包，填"10 BAGS"。当需要组成比例运价或分段相加运价时，在此栏填入运价组成点机场的IATA代码。

（22）毛重（Gross Weight）：填货物总毛重。

（23）重量单位：选择千克（kg）或磅（lb）。

（24）运价等级（Rate Class）：航空运价共有6种代码。

M（Minimum），起码运费；

N（Normal under 45 kg rate），45千克以下普通货物费率；

Q（Quantity over 45 kg rate），45千克以上普通货物费率；在45千克以上又分100、250、300、500、1 000、2 000千克等多个档次，不同的档次有不同的运费优惠。

上述以45千克为计算运费的界限，又称为重量分界点（Weight Break Point）。

C（Specific Commodity Rates），特种货物运价：对于某些特种货物，在一定的航线上规定了特定的费率；

S（Surcharge Class Rate More Than Normal Rate），加价费率：对某些少数货物，按照"N"费率加一定的百分比；

R（Reduced Class Rate More Than Normal Rate），减价费率：对某些少数货物，按照"N"费率减一定的百分比。

（25）商品代码（Commodity Item No.）：属于"C"运价分类代号者，标明其商品编号；属于"R"和"S"运价分类代号者，填写其运价加或减的百分比。

（26）计费重量（Chargeable Weight）：此栏填入航空公司据以计算运费的计费重量。

（27）运价（Rate/Charge）：填该货物适用的实际费率。如果是"M"运价，填起码运费。

（28）运费总额（Total）：填写运费总额。

航空运费-空运单运费部分填写

（29）货物品名、数量（包括尺寸和体积）（Nature and Quantity of Goods incl. Dimensions or Volume）：填写货物品名应详细准确。货物的尺码应以厘米或英寸为单位，尺寸分别以货物最长、最宽、最高边为基础，体积则是上述3边的乘积，单位为立方厘米或立方英寸。

（30）运费总额（Weight Charge）：同（28）项。如果是预付的，填在"Prepaid"下，如果

是到付的，填在"Collect"下。

（31）声明价值附加费：声明价值附加费=（声明价值−实际毛重×最高赔偿额）×0.5%。应根据预付还是到付分别填在相应位置。

（32）付给货运代理人（Due Agent）的费用：根据 IATA 规则各项费用分别用三个英文字母表示，其中前两个字母是某项费用的代码，如运单费表示为 AW（Air Waybill Fee），第三个字母是 A，表示费用应支付给货运代理人（Agent）；第三个字母是 C，表示承运人收取的运单费。同样按预付还是到付分别填写。

（33）付给承运人（Due Carrier）的费用：第三个字母是 C 表示费用应支付给承运人。例如，AWC 表示承运人收取的运单费。同样按预付还是到付分别填写。

（34）其他费用（Other Charges）：如危险品费、起运地仓储费等，同样按预付还是到付分别填写。

任务十三　航空公司进港货物操作

国际航空公司进港货物的操作程序是指从飞机到达目的地机场，承运人把货物卸下飞机直到交给代理人的整个操作流程。

一、进港航班预报

进港航班预报是指填写航班预报记录本，以当日航班进港预报为依据，在航班预报册中逐项填写航班号、机号、预计到达时间。

二、办理货物海关监管

办理货物海关监管的要求：业务袋收到后，首先检查业务袋的文件是否完备。业务袋通常包括货运单、货邮舱单、邮件路单等运输文件。检查完毕后，将货运单送到海关办公室，由海关人员在货运单上加盖海关监管章。

三、分单业务

在每份货运单的正本上加盖或者书写到达航班的航班号和日期，认真审核货运单，注意运单上所列的目的港、代理公司、品名和运输保管注意事项。联程货运单交中转部门。

四、核对运单和舱单

若有分批货物，则应该把分批货物的总数标在运单号之后，并且注明分批标志，圈出舱单上列出的特种货物、联程货物。根据分单情况，在整理出的舱单上标明每一票运单的去向，核对运单份数与舱单份数是否一致，做好多单、少单记录，将多运单号码加在舱单上，多单交运单查询部门。

五、计算机输入

根据标好的一套舱单,将航班号、日期、运单号、数量、重量、特种货物、代理商、分批单、不正常情况输入计算机,打印国际进口货物航班交接单。

六、交　接

交接是中转货物和中转运单,将舱单交出港操作部门,邮件和邮件路单交邮局。

任务十四　进口接单、接货操作

一、接　单

航空公司的地面代理人向货运代理公司交接时要求做到单单核对,即交接清单与总运单核对;单货核对,即交接清单与货物核对。核对后,出现问题的处理方式如表 3-45 所示。

表 3-45　处理方式

总运单	清单	货物	处理方式
有	无	有	清单上加总运单号
有	无	无	总运单退回
无	有	有	总运单后补
无	有	无	清单上划去
有	有	无	总运单退回
无	无	有	货物退回

另外,还需注意分批货物,做好空运进口分批货物登记表。

总之,货代在与航空货站办理交接手续时,应根据运单及交接清单核对实际货物。若存在有单无货或有货无单的情况,应在交接清单上注明,以便航空公司组织查询并通知入境地海关。

二、接　货

发现货物短缺、破损或其他异常情况,应向民航索要商务事故记录,作为实际收货人交涉索赔事宜的依据,也可以接受收货人的委托,由航空货运代理公司代表收货人向航空公司办理索赔。

货运代理公司请航空公司开具商务事故证明的情况有以下几种:

(1)包装货物受损。① 纸箱开裂、破损,内装货物散落(含大包装损坏,散落为小包装,数量不详)。② 木箱开裂、破损,有明显受撞击迹象。③ 纸箱、木箱未见开裂、破损,但其中液体漏出。

(2)裸装货物受损。① 无包装货物明显受损,如金属管、塑料管压扁、断裂、折弯。② 机器部件失落、仪表表面破裂等。

（3）木箱或精密仪器上防振、防倒置标志泛红。

（4）货物件数短缺。部分货损不属于运输责任，因为在实际操作中，部分货损是指整批货物或整件货物中极少或极小一部分受损，是航空运输较易发生的损失。因此，航空公司不一定愿意开具证明，即使开具了"有条件、有理由"证明，货主也难以向航空公司索赔，但可据以向保险公司提出索赔。对货损责任难以确定的货物，可暂将货物留存机场，商请货主单位一并到场处理；或由收货人或受收货人委托，由航空货运代理公司向国家出入境检验检疫部门申请检验，根据检验结果，通知订货公司联系对外索赔。

在实际中，航空货运代理通常拥有自己的海关监管车和监管库，可在未报关的情况下先将货物从航空公司监管库转至自己的监管库。

任务十五 进口理货、理单操作

一、理货内容

（1）逐一核对每票件数，再次检查货物破损情况。

（2）按大货、小货，重货、轻货，单票货、混载货，危险品、贵重品，冷冻品、冷藏品，分别堆存、进仓理货。堆存时应注意：货物箭头朝向；总运单、分运单标志朝向；重不压轻，大不压小。

（3）登记每票货储存区号，并输入计算机。

二、仓储注意事项

鉴于航空进口货物的贵重性、特殊性，其仓储要求较高，须注意以下几点：

（1）防雨淋、防受潮。货物不能置于露天，不能无垫托置于地上。

（2）防重压。纸箱、木箱均有叠高限制，纸箱受压变形，会危及箱中货物安全。

（3）防温升变质。生物制剂、化学试剂、针剂药品等部分特殊物品，有储存温度要求，要防止阳光暴晒。一般情况下：冷冻品置于$-20\ ℃\sim-15\ ℃$冷冻库，冷藏品置放于$2\ ℃\sim8\ ℃$冷藏库。

（4）防危险品危及人员及其他货品安全。空运进口仓库应设置独立的危险品库。易燃品、易爆品、毒品、腐蚀品、放射品均应分库安全放置。以上货品一旦出现异常，应及时通知消防安全部门处理。放射品出现异常时，还应请卫生检疫部门重新检测包装，以便保证人员及其他物品安全。

（5）为防止贵重品被盗，贵重品应设专库，由双人制约保管，防止出现被盗事故。

三、理单内容

（一）集中托运，总运单项下拆单

将集中托运进口的每票总运单项下的分运单分出来，审核与到货情况是否一致，并制成清单输入计算机；将集中托运总运单项下的分运清单输入海关计算机，以便按分运单分别报关、报验及提货。

（二）分类理单、编号

总运单是直单、单票混载，这两种情况一般无清单；多票混载有分运清单，分运单件数之和等于总运单上的件数；货物的种类有指定货物、非指定货物、单票、混载、总运单到付、分运单到付、危险品和冷冻冷藏货物等，随机文件中有分运单、发票、装箱单和危险品证明等。按照已标有舱位号的交接清单编号并输入计算机，内容有总运单号、分运单号、发票号、合同号、航班、日期、货物分类、贸易性质、实到件数、已到件数、实到重量、计费重量、舱位号、收货单位、代理人、预付、到付、币种、运费和金额等。

运单分类，一般采用以下几种分类法：分航班号理单，便于区分进口方向；分进口代理理单，便于掌握、反馈信息，做好对代理的对口服务；分货主理单（指重要的经常有大批货物的货主），将其运单分类出来，便于联系客户，制单报关和送货、转运；分口岸、内地或区域理单，便于联系内地货运代理，便于集中转运；分运费到付、预付理单，便于安全收费；分寄发运单、自取运单客户理单。

分类理单的同时，须将各票总运单、分运单编上各航空货运代理公司自己设定的编号，以便内部操作及客户查询。

（三）编配各类单证

货运代理人将总运单、分运单与随机单证、国外代理人先期寄达的单证（发票装箱单、合同副本、装卸、运送指示等）、国内货主或经营到货单位预先交达的各类单证等进行编配。代理公司理单人员须将其逐单审核、编配。其后，凡单证齐全、符合报关条件的即转入制单、报关程序。否则，应与货主联系，催齐单证，使之符合报关条件。

任务十六　进口货物交接操作

一、到货通知

（一）通知到货要求

货物到目的地后，货运代理人应从航空运输的时效出发，为减少货主仓库费，避免海关滞报金，尽早、尽快、尽妥地通知到货情况，提请货主配齐有关单证，尽快报关。

早：到货后，第一个工作日内就要设法通知货主。

快：尽可能用传真、电话通知客户，单证需要传递的，尽可能使用特快专递，以缩短传递时间。

妥：一星期内须保证以电函、信函形式第三次通知货主，并应将货主尚未提货情况，告知发货人的代理人。

两个月时，再以电函、信函形式第四次通知货主。

三个月时，货物可能需交海关处理，此时再以信函形式第五次通知货主，告知货主货物将被处理，提醒货主采取补救办法。

（二）到货通知内容

运单号、分运单号、货运代理公司编号；件数、重量、体积、品名、发货公司、发货地；运单、发票上已编注的合同号、随机已有单证数量及尚缺的报关单证；运费到付数额，货运代理公司地面服务收费标准；货运代理公司及仓库的地址（地理位置图）、电话、传真、联系人；提示货主；海关关于超过十四天报关收取滞报金及超过三个月未报关货物上交海关处理的规定。

到货通知单如图 3-13 所示。

提 货 通 知 单

流水号：LKF-0000000007　　　　　　　　　　到货日期：2018-08-17
运单号：999-00000008　　　　　　　　　　　　单位电话：86574256
收货人：▓▓▓▓▓进出口贸易有限公司
单位地址：美国纽约市南山区福山路▓▓▓号　　　联系人：▓▓▓
件数：20　　　　　　　计费重量：244.00　　　实际重量：244.00
有关事项说明：
 1. 请您先到检验检疫机关办理报检、查验、放行手续。
 2. 请到机场海关监管仓库办理报关手续。
 3. 请添妥提货证明，并加盖收货单位公章，提货人需持本人有效身份证和海关报关员证。
 4. 请持上述单证到机场海关办验放手续后到机场货运公司仓库提货。
 5. 普通货物自到货之日起三天内本公司免费保管，逾期未提货则将按有关规定收取保管费。
 6. 根据海关规定逾期三个月未提货物将移交海关处理。
 7. 提货时间每周一至周五 9:30-17:30。

提 货 通 知 单

兹有我单位▓▓▓▓　　　同志，前来机场海关监管仓库办理手续。
经办人签章：▓▓▓　　　　身份证号码：
收货单位盖章：

提货日期	报关单号
海关签章　　货站签章	检验签章

注意事项：无放行签章，不得办理出库手续。本页黑线以上为货代流地位，下联为货站留底。（骑缝章）

航班号：CZ3103　　　　　　　　　　　　　　　到货日期：2018/8/17 13:33:04

库 房 提 货 联

流水号：LKF-0000000007
运单号：999-00000008　　　　　件数：20　　　　　重量 224.00
报关单号：　　　　　　　　　　检验检疫编号：
经办人：　　　　　　　　　　　经办人：

提货日期：　　　　　　　　　　提货日期：
海关检验　　　　海关放行　　　检验查验　　　检验检疫

图 3-13　到货通知单

二、收费与发货

（一）收　费

货运代理公司仓库在发放货物前，一般先将费用收妥。收费内容有：到付运费及垫付佣金；单证、报关费；仓储费（含冷藏、冷冻、危险品、贵重品的特殊仓储费）；装卸、铲车费、航空公司到港仓储费；海关预录入、动植检、卫检报验等代收代付费用；关税及垫付佣金。

除了每次结清提货的货主外，业务往来频繁、信誉好的货主可与货运代理公司签订财务付费协议，实施先提货，后付款，按月结账的付费方法。

（二）发　货

办完报关、报检等进口手续后，货主须凭盖有海关放行章、检验检疫章（进口药品须有药品检验合格章）的进口提货单到所属监管仓库付费提货。

仓库发货时，须再次检查货物外包装情况，遇有破损、短缺，应向货主做出交代。分批到达的货物，应收回原提货单，出具分批到达提货单，待后续货物到达后，即可通知货主再次提取；航空公司责任的破损、短缺，应由航空公司签发商务记录；货运代理公司责任的破损、短缺，应由代理公司签发商务记录；遇有货代公司责任的破损事项，应尽可能商同货主、商检单位立即在仓库做商品检验，确定货损程度，以避免后面运输中加剧货损的发展。

发货时，应协助货主装车，尤其遇有超大超重、件数较多的情况，应指导货物（或提货人）合理安全装车，以提高运输效率，保障运输安全。

三、送货与转运

货运代理公司在代理客户制单、报关、垫税、提货运输到直接收货人手中的一揽子服务时，因工作熟练、衔接紧密、服务到位，而受到货主的欢迎。

（一）送货上门业务

送货上门业务主要指进口清关后，将货物直接运送至货主单位，运输工具一般为汽车。

（二）转运业务

转运业务主要须由内地货运代理公司协助收回相关费用，同时口岸货运代理公司也应支付一定比例的代理佣金给内地代理公司。

（三）进口货物转关及监管运输

进口货物转关，是指货物入境后不在进境海关办理进口报关手续，而运往另一设关地点办理进口海关手续。在办理进口报关手续前，货物一直处于海关监管之下，因而转关运输也称监管运输。

1. 转关条件

进口货物办理转关运输必须具备下列条件：

（1）指运地设有海关机构，或虽未设海关机构，但分管海关同意办理转关运输，即收货人所在地必须设有海关机构，或邻近地区设有分管该地区的海关机构。

（2）向海关交验的进境运输单据上列明到达目的地为非首达口岸，须转关运输。

（3）运输工具和货物符合海关监管要求，并具有加封条件和装置。海关规定，转关货物采用汽车运输时，必须使用封闭式的货柜车，由进境地海关加封，指运地海关启封。

（4）转关运输的单位必须是经海关核准、认可的航空货运代理公司。一般运输企业，尤其个体运输者，即使拥有货柜车，也不能办理转关运输。

办理转关运输还应遵守海关的其他有关规定，如转关货物未经海关许可，不得开拆、改装、调换、提取、交付；对海关加封的运输工具和货物，应当保持海关封志完整，不能擅自开启，必须负责将进境地海关签发的关封完整并及时交指运地海关，并在海关规定的期限内办理进口手续。

2. 转关手续

转关货物无论采用飞机运输、汽车运输、火车运输，转关申请人（或货运代理）均须先向指运地海关申请"同意接收××运单项下进口货物转关运输至指运地"的关封。

办理进口货物转关运输手续时，应向进境地海关递交：指运地海关同意转关运输的关封；"转关运输申报单"；国际段空运单、发票。

进境地海关审核货运单证同意转关运输后，将货物运单号和指运地的地区代号输入计算机进行核销，并将部分单证留存；将运单、发票、转关货物各准备一份装入关封内，填妥关封号加盖验讫章；在运单正本上加盖放行章；在海关配发给各代理公司的转关登记簿上登记，以待以后收回回执核销；采用汽车转关运输需在海关颁发的货运代理监管运输车辆的"载运海关监管货物车辆登记簿"上登记、待销。

转关货物无论以何种运输方式，无论将货物监管运输至指运地民航监管仓库、货运代理公司监管仓库或收货人单位，等货物转关进入指定地海关监管之下时，指运地海关应将"转关运输货物准单"回执联填妥，盖章后，即还给入境地海关核销。货运代理公司再据以核销自己的转关登记簿上的有关项目，以完成整个转关运输程序。

任务十七　活体动物进出口运输操作

一、活体动物进出口要求

《中华人民共和国进出境动植物检疫法实施条例》第三十一条规定：货主或者其代理人依法办理动植物、动植物产品和其他检疫物的出境报检手续时，应当提供贸易合同或者协议。

第三十二条规定：对输入国要求中国对向其输出的动植物、动植物产品和其他检疫物的生产、加工、存放单位注册登记的，口岸动植物检疫机关可以实行注册登记，并报国家动植物检疫局备案。

第三十三条第一款规定：输出动物，出境前需经隔离检疫的，在口岸动植物检疫机关指定的隔离场所检疫。

第三十四条规定：输出动植物、动植物产品和其他检疫物的检疫依据：输入国家或者地区和中国有关动植物检疫规定；双边检疫协定；贸易合同中订明的检疫要求。

动植物检疫是防止动物传染病、寄生虫病和植物危险性病、虫、杂草以及其他有害生物传入、传出国境，保护农、林、牧、渔业生产和人体健康，保障动物、动物产品及食品安全，促进对外经济贸易发展的重要手段。

目前，我国有关进出境的动植物检疫相关法律法规主要包括《中华人民共和国进出境动植物检疫法》《中华人民共和国进出境动植物检疫法实施条例》以及海关总署和原国家质量监督检验检疫总局发布的部分检验检疫方面的部门规章和相关文件。

二、活体动物运输报关有关规定

活体动物运输必须符合国家和航空公司的有关规定。活体动物的收运和操作必须符合国际航协《活体动物规则》的有关规定。

托运人托运活体动物必须符合下列条件：

（1）动物健康状况良好，无传染性疾病。

（2）托运属于检疫范围的动物，应提供当地县级（含）以上检疫部门出具的"出县境动物检疫合格证明"（简称"动物检疫证明"）。动物检疫证明至少一式两份，一份收运部门留存，一份随货物运至目的站。

（3）托运属于国家保护的动物，应提供省部级政府主管部门出具的准运证明；托运濒危动物及物品，应提供国家有关部门提供的准运证明；托运属于市场管理范围的动物，应提供当地县市级市场管理部门出具的证明。

（4）应预先订妥航班、日期、吨位。

（5）托运人必须向承运人提供动物喂食、饮水、清扫以及操作时间的指示说明。

（6）托运人必须填写"活体动物国内运输托运证明书"一式两份。一份由收运部门留存，一份随货物运至目的站。

（7）托运人应按与承运人约定的时间、地点办理托运手续，并负责通知收货人前往目的站机场等候提货。

三、入境动物报关时应提供的单证

在办理进境动物、动物产品及其他检疫物报关手续时，除填写货物报关单外，还需按检疫要求出具下列有关证单：

（1）外贸合同、发票、装箱单、海运提单或空运单、产地证等基本单证。

（2）中华人民共和国进境动植物检疫许可证，分批进口的还需要提供许可证复印件。

（3）输出国家或地区政府出具的检疫证书（正本）。

（4）输入活动物的应提供隔离场审批证明。

（5）输入动物产品的应提供加工厂注册登记证书。

（6）输入来自美国、日本、韩国以及欧盟（15个）国家的检疫物，按规定提供有关包装情况的证书和声明。

动物检疫合格证如图 3-14 所示。

图 3-14 动物检疫合格证

任务十八　空运代理异常情况处理

一、空运代理异常情况

（一）空运事故概述

国际航空货物运输的空间跨度大、作业环节多、单证文件多、跨国环境和条件多变，因此在接收、运输、仓储保管、报关报检、交付等过程中，不可避免地会发生各种货运事故。货运事故主要包括货物损坏、短少、灭失、延迟甚至错误交付等问题。

1. 国际航空货运事故的概念

国际航空货运事故，是指国际航空货物运输过程中产生货损、货差或货失，以及不正常运输中所有涉及货物的不正常情况。狭义上的事故包括国际航空货物运输中发生的货损、货差或货失事故；广义上的事故还包括国际航空货物运输中发生的单证差错事故、货物迟延交付事故。

（1）不正常运输的货物的种类和代号（见表3-46）。

表3-46　不正常运输的货物的种类和代号

英文名称	中文名称	代号
Offloaded	卸下，拉货	OFLD
Short Shipped	漏（少）装	SSPD
Over Carried	漏卸（运过境）	OVCD
Mislabeled Cargo	贴错标签货物	

续表

英文名称	中文名称	代号
Missing Label	标签脱落	
Missing Cargo	少收货物	MSCA
Found Cargo	多收货物	FDCA
Missing AWB	少收货运单	MSAW
Found AWB	多收货运单	FDAW
Damage	破损	

（2）货物破损。

破损：货物的外部或内部变形，因而使货物的价值可能或已遭受损失，如破裂、损坏或短缺。

内损：货物包装完好而内装货物受损，只有收货人提取后或交海关时才能发现。

货物破损的处理方法如表3-47所示。

表3-47 货物破损的不同处理方法

发现时间	货物破损处理方法
收运时	拒绝收运
出港操作时	破损（内物未损坏）——加固包装，继续运输
	严重破损（内物损坏）——停止运输，通知发货人
	始发站，征求处理意见
进港操作时	填开不正常运输记录
	拍发电报通知装机站和始发站
交接中转货物时	轻微破损——在TRM的备注栏内说明破损情况
	严重破损——拒绝转运

（3）无法交付货物。

① 货物到达目的地14天后，由于下列原因之一，即被视为无法交付货物：货运单所列地址无此收货人或收货人地址不详；收货人对提取货物通知不予答复；收货人拒绝提货或拒付应付的费用；出现了其他一些影响正常提货的问题。

② 如货物到达目的站后60日内仍无人提取，又未获始发站的任何处理意见，根据航空运输规定对该货物予以处置。

（4）到付运费的收取。

目的站填开CCA，向始发站结算所有费用；始发站负责向托运人收取到付运费和目的站产生的其他所有费用。

（5）无人提取货物的通知。

对于无人提取的货物通常发出无法交付货物通知单（Notice of Non-delivery, IRP）。IRP应交给始发站的出票航空公司或其当地代理人。填开IRP的单位，出票承运人的财务部门应有副本。

2. 航空货运事故发生的原因

（1）航空货运事故发生的主要原因。

由于对飞机的飞行安全要求高，对货物的货舱装载要求也高，所以货物在飞行阶段遭受灭失、损坏的可能性大大减小。但是在货物接收、保管、装卸、交付等地面操作活动中，容易产生差错而发生货运事故，主要原因包括以下几个方面。

① 货物在承运人掌管期间内发生盗窃、遗失等造成货物丢失事故。

② 承运人的原因造成货物包装或容器质量不符合运输要求，发生包装破损、货物泄漏等情况，导致货物短缺。

③ 承运人不适当地装卸搬运造成货损、货差等事故。

④ 承运人未按照货物标签或标记操作造成货损、货差等事故。

⑤ 承运人保管货物不当造成货损、货差等事故。

⑥ 承运人的原因造成迟延交付货物等事故。

（2）非货运事故。

除由于承运人的原因会造成货运事故外，还有一些情况也会使货物发生损失。但是，这些情况的发生不属于运输合同下承运人所应承担的责任，而是要根据买卖合同等条款的规定才能确定责任方。因此，此时虽然发生了货损事故，但不能认定是货运事故。以下两种情况是很典型的例子。

① 如果贸易合同规定了货物买卖的数量，但卖方在货物包装件内所装的货物数量不足，而承运人又无法知道包装件内实际所装的货物数量，就会造成所谓的"原装货物数量不足"。这种情况不属于货运事故，承运人只要在包装件外表状况良好的情况下交付货物，就不承担任何责任。"原装货物数量不足"的问题，应该由买卖双方事先在贸易合同中作出相应的规定才能解决。

② 如果卖方托运的货物与贸易合同规定的货物品质不符，承运人显然无法确切知道货物的品质情况，造成承运人在目的地向收货人交付的货物"品质与买卖合同不符"。这种情况也不属于货运事故，除特别约定外，承运人只要在外包装状况良好的情况下交付货物就不承担任何责任。"货物品质与合同不符"的问题是贸易合同问题，所以也应该由买卖双方事先在贸易合同中作出相应的规定才能解决。

（3）其他情况造成的货物损失。

在国际航空货运中，不可抗力等原因也会造成货物数量、质量上的损失，承运人通常可以免责。承运人不承担赔偿责任的情况还包括货主未对货物妥善包装、国际贸易欺诈等行为造成的货物损失。

（二）空运事故的责任划分

航空货物运输中发生货运事故的原因很多，其中大部分是承运人的原因。但是，实践中还有一些货运事故是货方（托运人、收货人）、第三方（如机场货运站等），或不可抗力所致。不同原因所导致的货物损失将由不同的当事人承担。这里的当事人可能是运输合同、买卖合同、保险合同当中的当事人。就运输合同而言，主要当事人是承运人和托运人，只有了解当事人各自承担的责任，才能明确划分货运事故的责任。有关国际航空货运承运人及托货人应承担的义务和责任，适用《华沙公约》的有关规定。

1. 承运人的责任

（1）承运人的责任期间和责任。

原则上，在承运人的责任期间以外发生的货运事故，承运人不承担责任。在承运人的责任期间内发生的货运事故，除由于托运人原因、不可抗力等原因外，原则上都由承运人承担责任。承运人的责任期间是指承运人对货物应负责任的期间，承运人在这段时间内，对由于他不能免责的原因造成货物受到各种损失，应当负赔偿责任。

> 【小知识】
>
> 航空运输期间也就是承运人的责任期间，《华沙公约》第十八条规定，对于任何已登记的行李或货物因毁灭、遗失或损坏而产生的损失，如果造成这种损失的事故发生在航空运输期间，承运人应负责任。航空运输期间是指在机场内、飞机上或机场外降落的任何地点，货物处于承运人掌管之下的全部期间。航空运输期间不包括机场外的陆运、海运、河运，但是如果这种运输是为了履行航空运输合同，是为了装载、交货或者转运，任何损失应该被认为是在航空运输期间发生事故的结果，除非有相反证据。我国民航法对航空承运人的责任期间作出与华沙公约相同的规定。
>
> 在实践中，集运人作为当事人型的国际航空货运代理、无机承运人，与作为有机承运人的航空公司不同，集运人通常提供门到门运输服务，其责任期间除了航空运输，恰恰还包括上述"陆运"期间（收、发货人与机场之间的地面运输期间），并且此种"陆运"是"为了履行航空运输合同而装载、交货或者转运"。因此，集运人的责任期间实际上是门到门的范围，在这段时间发生的货运事故，除由于托运人原因、不可抗力等原因外，原则上都由集运人承担责任。

（2）承运人的免责。

承运人对货物在责任期间发生的损失应该承担责任，但是国际公约和各国法律又都规定了一系列关于承运人在责任期间发生的货物损失免于承担责任的事项，也就是法定免责事项，承运人可以通过合同减少或者放弃，但不能增加免责事项。在国际航空运输中，对货物在承运人责任期间发生的损失，如果承运人证明他和他的代理人为了避免损失已经采取了一切必要措施，或不可能采取这种措施时，承运人不承担责任。如果承运人证明受害人自己的过失是造成损失的原因或原因之一，法院可以按照法律规定，免除或减轻承运人的责任。

（3）承运人的责任限制。

即使承运人根据合同或者法律应当对货损负责，国际货物运输的有关公约和各国法律又赋予了承运人一项特殊的权利，即赔偿责任限制，承运人可以将赔偿责任限制在一定数额以内。《华沙公约》规定，承运人对国际航空运输货物的赔偿责任以毛重每千克250金法郎为限（公约通过时折合20美元）。在两种情况下，赔偿责任限制不适用：一种情况是托运人在向承运人交运货物时，事先声明了较高价值并按要求缴付了声明价值附加费；另一种情况是承运人丧失了享受赔偿责任限制的权利，如经证明损失是承运人及其雇佣人员或代理人员故意造成或明知可能造成而漠不关心的行为或不行为所致，则赔偿责任限制的规定不适用。

2. 托运人的责任

（1）正确提供货运资料。

托运人应提供各种必需的资料，除非由于承运人或其代理人的过失，这种资料或单证的缺乏、不足或不合规定所造成的任何损失，应由托运人负责。托运人须保证提供的资料正确无误，对于因货物的品名、件数、重量、体积、价值等申报内容的不实所造成的承运人的损失，由托运人承担赔偿责任。

（2）妥善包装货物。

包装货物是托运人的基本义务，妥善的包装应该是在正常的运输和照管条件下，能够保护货物避免大多数轻微的损害。如果托运人对货物的包装不良、标识欠缺或不清或其他包装缺陷引起货物损失，承运人可免责。

（三）空运事故的责任判断

1. 国际航空货运事故的发现

货运事故可能发生在运输的任何环节中，但是货运事故往往是收货人在最终目的地收货时或者收货后才发现的。当然，一些货运事故也可能在运输途中就会被发现。

货运事故的第一发现人负有及时报告事故的责任。收货人提货时，一旦发现货物包装件数量不足、货物外表状况不良等情况，应将货损事实以书面的形式通知承运人或其代理人，即使货损不明显，也必须在收货后的规定时间内，向承运人或其代理人通报事故情况，作为以后索赔的重要依据。

无论索赔工作日后如何进行，记录、保留有关事故的原始记录和单证资料都十分重要。运单、商业发票、装箱单、事故签证、事故记录、检验报告、双方电子或书面往来文件等资料均是日后处理货运事故和确定责任方的重要依据，必须妥善保管。如果收货人与承运人不能对事故的性质和损失程度取得一致意见，则应在彼此同意的条件下，由双方共同指定检验人（如商检等中间机构）进行检验，检验人签发的检验报告也是日后处理货运事故的重要依据。

2. 国际航空货运事故的责任判断

就运输合同而言，货运事故的主要当事人是承运人和托运人，不同当事人的责任可以通过事故实际情况，根据法律规定进行判断。

（1）托运人责任的判断。

首先，托运人将货物交给承运人之前发生的损失由托运人负责。其次，货物交给承运人后处于承运人责任期间，也并不是说托运人就能100%地免除货损责任。例如，托运人对货物的包装不善，托运人对货物申报内容的不实等原因造成货损时，由托运人负责。

（2）承运人责任的判断。

货物在承运人责任期间发生的损坏、毁灭、遗失等事故，除免责事项和托运人原因、不可抗力等原因引起的损失外，其他损失由承运人承担责任。当托运的货物外表（外包装）状况不良或存在缺陷时，承运人应在航空运单上做出批注，则承运人可以在批注的范围内对收货人免除责任。当承运人未在运单上做出批注时，表明货物外表状况良好，则承运人须向收货人交付外表状况良好的货物，否则，承运人应承担责任。

（3）第三方责任的判断。

严格来讲，如果货物在运输过程中处于承运人和托运人的监管之下，尽管货损事故可能是第三方的责任，承运人或托运人都不能免责。只不过承运人与托运人根据运输合同解决了损失赔偿问题之后，再根据事故责任的划分追究第三方责任。

总的来说，国际航空货运事故的判断思路是，先判断事故发生在谁的责任期间，再根据事故的具体原因划分责任，才能确定最终的责任方。从事故处理程序上来说，一般首先是货方（托运人或收货人）与承运人之间赔偿问题的解决，然后才是货方或承运人与第三方之间追偿问题的解决。

二、空运代理异常案例解析

（一）空运事故的索赔

货物在国际航空运输过程中发生了货损、货差、货失、延误等事故，受损方向承运人等责任方提出赔偿要求的行为，称为索赔（Claims）。责任方受理受损方的索赔申请、处理受损方提出的赔偿要求的行为，称为理赔（Settlement of Claims）。

1. 国际航空货运事故的索赔原则与条件

（1）索赔的原则。

① 实事求是原则。实事求是是双方沟通的基础，也是解决纠纷的关键。实事求是就是根据事故所发生的实际情况，深入分析事故原因，确定责任人及其责任范围。

② 有根有据原则。在提出索赔时，应掌握造成货损事故的有力证据，并依据合同有关条约、国际公约、法律规定以及国际惯例，有根有据地提出索赔。

③ 合情合理原则。根据事故发生的事实，准确地确定损失程度和金额，合理地确定责任方应承担的责任。根据不同情况，采用不同的解决方式、方法，使事故尽早得到合理的处理。

④ 注重实效原则。注重实效是指索赔应注重实际效益。如果已不可能得到赔偿，而仍然长期纠缠在法律诉讼中，则只会浪费时间和财力。如果能收回部分损失，切不可因等待全额赔偿而放弃。

（2）索赔对象的确定。

发生货运事故后，受损方在提出索赔要求之前，须根据相关合同正确确定索赔对象。

① 根据货物运输合同，确定索赔对象为承运人的常见情况主要有以下几种：承运人在目的地交付的货物包装件数量少于航空运单等运输单证中记载的数量。承运人在运单上未对货物外表状况做出批注，但在目的地交付货物时收货人发现货物外表状况不良且内装物发生残损、短少。承运人的原因且非不可抗力因素、承运人免责事项造成的货物损失。

② 根据货物买卖合同，确定索赔对象为卖方的常见情况主要有以下几种：包装件内所装货物的数量不足。包装件内所装货物的品质与买卖合同规定不符。包装不善导致货物受损。未在合同规定的装运期内装运货物。

③ 根据货物保险合同，确定索赔对象为保险人的常见情况主要有以下几种：在承保责任范围内，自然灾害、意外事故等原因引起的货物损失；其他在承保责任范围内保险人应予赔偿的货物损失。

（3）索赔必须具备的条件。

一项合理的索赔必须具备以下4个基本条件：

① 索赔方必须具有索赔权。提出索赔的人原则上是货物所有人，或是提单上记载的收货人或合法的提单持有人。但是，根据收货人提出的权益转让书，也可以由有代位求偿权的货物保险人或其他有关当事人提出索赔。货运代理接受货主的委托后，也可以办理货运事故的索赔事宜。

② 责任方必须负有实际赔偿责任。收货人作为索赔方提出的赔偿应在承运人免责范围之外，或在保险人承保责任范围之内，或在买卖合同规定由买方承担的责任范围之内。

③ 索赔金额必须合理。合理的索赔金额应以实际货损程度为基础。要注意，在实践中，责任人经常受到赔偿责任限额规定的保护。

④ 索赔必须在规定期限内提出。索赔必须在规定的期限内即"索赔时效"内提出，否则时效过后就难以获得赔偿。

2. 国际航空货运事故的索赔程序

国际航空货运事故多数是承运人的原因。下面以承运人为索赔对象，介绍索赔程序。

（1）发起索赔的期限。

索赔程序的第一个环节是索赔方向承运人发出索赔通知。关于发出索赔通知的期限，《华沙公约》第二十六条第二款规定："如果有损坏情况，收件人应该在发现损坏后，立即向承运人提出异议，如果是行李，最迟应该在行李收到后三天内提出，如果是货物，最迟应该在货物收到后七天提出。如果有延误，最迟应该在行李或货物交由收件人支配之日起十四天内提出异议。"第三款规定"任何异议应该在规定期限内写在运输凭证上或另以书面提出。"

（2）提交索赔的文件。

索赔申请书（索赔函）和有关单证是索赔方向承运人正式要求赔偿所需的书面文件，提交索赔申请书和单证意味着索赔方向承运人正式提出了赔偿要求。因此，如果索赔方仅仅发出了索赔通知，却没有提交索赔申请书及有关单证，则可解释为没有正式提出索赔要求，承运人不会受理索赔。

① 索赔申请书的内容。索赔申请书或索赔函没有统一的格式和内容要求，内容主要包括承运人及索赔方的名称、货物名称和运单号、航班号及日期、货物损失情况及相关信息、索赔理由、索赔金额、索赔日期、联系人及其联系方式等。索赔申请书示例如下。

索赔申请书

致：××××航空公司货运部

自：××××有限公司

关于：航空运单×××—86789399项下货物损失的赔偿

日期：____年____月____日

××××航空公司货运部：

贵司承运的上述运单项下货物在目的地交付时外包装发生了明显破损，内装货物严重受损并已丧失使用价值，具体情况详见贵公司签发的"货物运输事故签证"。现本着实事求是、合理有据、维护双方共同利益的原则，我方就货物的实际损失向贵公司提出赔偿申请。此票货物价值3 150美元，请按原价给予赔偿，价值证明详见本函随附发票。

请贵公司以尽快办理为盼，谢谢合作。

顺颂商祺！

（联系人、联系方式）附注：随附单证包括运单、发票、装箱单、货物运输事故签证。

---

② 索赔函所需的有关单证。除了索赔申请书外，索赔方须提供能够证明货运事故的原因。具有索赔权利的单证，包括但不限于以下单证：运单正本或副本、商业发票、装箱单、货物运输事故签证或事故相关记录、检验报告（由商检等中间机构签发的货损鉴定报告）、电子或书面往来文件。

小资料：货物运输事故签证

"货物运输事故签证"是承运人针对货运事故签发的证明文件，通常在目的地交付货物时签发。在承运人填写这份签证之前，收货人须与承运人的操作人员共同检查货物损失情况，认真、全面确认货物的具体受损程度。"货物运输事故签证"须客观详尽地描述货物受损的状况，不能使用模糊的字眼或笼统的措辞。签证由承运人签字后，再由收货人签字，其中一份由承运人留存，另一份交收货人留存。

（3）提起诉讼或仲裁。

当通过当事人双方之间的协调协商或非法律机关的第三人调停无法解决索赔问题时，双方最终可能只有通过法律手段解决争议，即提起诉讼，进入司法程序。另外，双方还可以仲裁解决争议。

法律对涉及索赔的诉讼案件规定了诉讼时效。在解决赔偿问题没有希望的情况下，索赔方应在规定的诉讼时效届满之前提起诉讼，否则就失去了起诉的权利。《华沙公约》第二十六条第四款规定，除非承运人方面有欺诈行为，如果在规定期限内没有提出异议，就不能向承运人起诉。诉讼应在航空器到达目的地之日起，或应该到达之日起，或运输停止之日起两年内提出，否则就丧失了要求赔偿的起诉权。

3. 国际航空货运事故的理赔

对于承运人来说，在受理索赔申请前后，首要的工作是判断自己是否应承担责任且如何划分责任。如果事故发生在承运人的责任期间，须进一步调查和分析事故发生的具体原因，判断是托运人责任、第三方责任，还是承运人自身责任。承运人须承担责任且不属于免责事项的，承运人应予以赔偿。第三方须承担责任且受雇于承运人的，通常是承运人先向货方赔偿，然后再向第三方追偿。

有关赔偿的法律依据，在国际航空货运领域的主要是华沙体制。在此强调其中两条。

（1）托运人没有向承运人办理货物价值声明手续的，承运人按照实际损失的价值赔偿，赔偿责任限额为毛重每公斤 20 美元。

（2）托运人已向承运人声明货物价值并缴付了声明价值附加费的，承运人按照声明价值赔偿。国内航空货运的主要法律依据是《中华人民共和国航空法》《中国民用航空货物国内运输规则》等。

（二）空运事故处理案例

1. 未发生运输的承运人责任的认定

案情：一票从广州到首尔的空运货物，品名为"花鼠"（活动物），共 2 件，毛重 30 kg，计费重量 46 kg，价值 1 606 美元，托运人未向承运人办理货物价值声明手续。事故结果：活动物死亡。调查情况：当天航班起飞时间为上午 9：45，操作人员已将所有货物提前运到停机坪准备装机，后因飞机发生故障推迟了起飞时间，装机时间也推迟到当天下午 2 点，但是操作人员一直到中午才将货物运回货运站。当时气温三十四五摄氏度，花鼠因遭受日晒时间太长，受热过度，全部死亡。

问题：如何认定承运人的责任？

分析：此批货物虽然未发生运输，但根据《华沙公约》第十八条第一款："对于任何已登记的行李或货物因毁灭、遗失或损坏而产生的损失，如果造成这种损失的事故发生在航空运输期间，承运人应负责任。"第二款："上款所指航空运输的意义，包括行李或货物在承运人保管的期间，不论是在航空站内、在航空器上或在航空站外降落的任何地点。"此票货物显然在承运人的保管期间，而且事故发生地点在航空站内，因此适用国际公约。

发货人未事先声明货物价值，未缴付声明价值附加费。先比较赔偿限额和实际损失再取低者。应按照毛重每千克 20 美元的责任限额赔偿。

2. 国际航空运输货物丢失的处理

案情：一票从法兰克福空运至上海的货物，总毛重 250 kg，品名为"尼龙粉"，价值 3 000 欧元，托运人未向承运人办理货物价值声明手续。事故结果：货物丢失 25 kg。调查情况：2 月 7 日，承运人操作人员在上海机场卸货时发现有粉末散落，但未对此引起重视，继续卸货搬运，造成货物散落丢失 25 kg，货损价值为 303 欧元，折合人民币 2 418 元（按当时的汇率）。

问题：如何处理国际航空运输货物丢失事故？

分析：此批货物为国际航空运输货物，适用国际公约，承运人应赔偿。

先比较赔偿限额和实际损失再取低者。赔偿限额为 500 美元，折合人民币 3 060 元；实际损失人民币 2 481 元。按后者赔偿。

3. 国际航空运输货物延误的处理

案情：有一批服装从北京经巴黎空运到马耳他，毛重共 256 kg，价值 16 600 美元，托运人未向承运人办理货物价值声明手续。操作人员未能安排第一程（北京至巴黎）的最早航班，货物几天后才抵达巴黎，又由于各种原因在机场停留过长时间后才转运到马耳他，比约定的到达日期延误了 9 天，造成收货人错失销售商机。收货人要求承运人按货值赔偿损失。

问题：如何处理国际航空货物运输延误事故？

分析：此批货物属于国际运输，根据《华沙公约》第十三条第三款："如果承运人承认货物已经遗失或货物在应该到达的日期七天后尚未到达，收货人有权向承运人行使运输合同所赋予的权利。"第十九条规定："承运人对旅客、行李或货物在航空运输过程中因延误而造成的损失应负责任。"因此，承运人应对此案货物延误负责，须比较赔偿限额和实际损失，再按低者（5 120 美元）予以赔偿。

4. 国际航空运输货物部分受损的处理

案情：有一批干酪从墨尔本空运到深圳，共 846 kg，托运人未办理货物价值声明手续。货物运抵深圳机场后，承运人发出到货通知，收货人办完海关手续前来提货时，发现因货物没有放在冷库保管而受损，收货人当即提出异议并索赔。调查发现，货运单的"操作信息"栏注明"KEEP COOL"字样，但操作人员疏忽了这个重要的操作注意事项。经过挑选与核查，受损货物的比例为 60%。

问题：如何处理国际航空运输货物部分受损事故？

分析：此批货物属于国际运输，根据《华沙公约》第二十二条第二款第二项："如果载运登记的行李和载运货物的一部分或者行李、货物中的任何物件发生遗失、损坏或延误，用以确定承运人责任限额的重量，仅为有关包装件的总重量。但如果行李、货物的一部分或者任何物件发生的遗失、损坏或延误影响同一份航空运单所列另一包装件或其他包装件的价值，则在确定责任限额时，另一包装件的总重量也应当考虑在内。"

这批货物的 60%损失，并不影响其他 40%货物的价值，因此确定赔偿金额的重量是总毛重的 60%，即 847×60%=508.2（千克），按照每千克 20 美元的限额，赔偿限额是 1 018 美元。

5. 陆运期间货物受损的处理

案情：有一批成套生产设备由德国法兰克福进口到江苏昆山，货主与承运人签订了航空运输合同，服务范围为门到门。货物毛重为 1 646 kg，价值为 86 500 美元，货主向承运人办理了货物价值声明手续。承运人将货物先空运到上海，再用卡车陆运到昆山。不幸在路上发生严重车祸，货物遭受全损。货主因此向承运人提出索赔。

问题：如何处理陆运期间货物受损事故？

分析：虽然事故发生在国内陆运期间，但是根据《华沙公约》第十八条第三款："航空运输的期间不包括在航空站以外的陆运、海运或河运。但是如果这种运输是为了履行空运合同，是为了装货、交货或转运，任何损失应该被认为是在航空运输期间发生事故的结果，除非有相反证据。"

因此，事故发生地区段属于航空运输期间，仍然适用《华沙公约》，承运人须按每千克20美元限额赔偿32 920美元。但是货主向承运人办理了价值声明手续，应按声明价值86 500美元予以赔偿。

6. 多个主体参与的国际航空货运事故的处理

案情：有10箱、价值10 000美元的丝织品从杭州空运到法国巴黎，货主委托航空货运代理人A公司订舱。A公司于8月1日转交了航空运单一份。运单注明：第一承运人为B航空公司，第二承运人为C航空公司，货物毛重为250 kg，未办理货物价值声明手续。8月20日，B航空公司将货物从杭州运抵北京，8月3日准备将货物转交给C航空公司承运时，发现货物灭失。B航空公司马上通知A公司货物已灭失。之后货主向A公司递交索赔申请书和有关单证，要求A公司全额赔偿。

问题：

（1）本案中，A、B、C公司的法律地位分别是什么？

（2）谁应当对货物的灭失承担责任？

（3）本案是否适用《华沙公约》？

（4）货主要求全额赔偿有无依据？应赔偿多少？

分析：

（1）A是B航空公司的代理人；B既是缔约承运人，也是第一区段的实际承运人；C是第二区段的实际承运人。

（2）B航空公司应当承担责任，因为货物灭失发生在转交到C航空公司之前，即货物灭失发生在B公司的航空运输期间（责任期间）。

（3）适用。此案始发站是杭州，经停站是北京，目的站是巴黎，中国和法国都参加了《华沙公约》。根据《华沙公约》第一条第三款的规定："几个连续的航空承运人所办理的运输，如被合同各方认为是一个单一的运输业务，则无论是以一个合同或一系列的合同的形式订立的，就本公约的适用来说，应作为一个单一的运输，并不因其中一个合同或一系列的合同完全在同一缔约国的主权、宗主权、委任统治权或权力管辖下的领土内履行而丧失其国际性质。"

因此，即使杭州—北京段在中国境内，但也是国际航空运输的组成部分。

（4）货主要求全额赔偿无依据。由于托运人未办理货物价值声明手续，所以赔偿额不应超过限额（5 000美元）。

（三）索赔案例分析

案例1：一票从罗马经北京中转至大连的货物，一程航班XY940/05FEB02，二程航班XY951/08FEB02，货运单号888-34783442，1件320 kg，品名：尼龙粉，收货人：某市保税区贸易公司。赔偿原因：内物丢失16 kg。

案例分析：此批为国际货物，适应国际公约。

调查时发现，2月7日装卸人员在倒板时发现有绿色粉末散落，并告知保管员。但保管员没有理会这些，随口说就这么装，也没有填开事故记录。

货物价值：13 070马克，每公斤38马克，约折合人民币2 403元；假如按照每公斤20美元折合人民币赔偿，应赔偿2 646.40元。在此取低者，因为能够证明其价值低于最高赔偿责任限额。

案例2：一票从北京到东京的货物，货运单号666-89783442，1件105 kg，计费重量117 kg，品名：花鼠。赔偿原因：死亡。

案例分析：

（1）调查情况。

1996年6月16日收运，并订妥当日航班，起飞时间9：30。由于飞机发生故障，推迟起飞时间，定于下午2：00装货。当天上午已经将这批货物拖到客机坪，当天气温33 ℃，中午时分才将货物拉回仓库。由于花鼠经日晒太久，运至目的地的成活率太低，所以决定拉下。当通知发货人提回时，发现已经死亡过半。取回后，由于受热过度，已经全部死亡。

（2）分析。

此批货物属于国际运输，虽然没有发生运输，但根据《华沙公约》第十八条第一款："对于任何已登记的行李或货物因毁灭、遗失或损坏而产生的损失，如果造成这种损失的事故是发生在航空运输期间，承运人应负责任。"第二款规定："上款所指航空运输的意义，包括行李或货物在承运人保管的期间，不论在航空站内、在航空器上或在航空站外降落的任何地点。"

此票货物显然在承运人的保管期间，而且地点在航空站内，因此适应国际公约。

由于发货人没有保险，所以，只能按照每公斤20美元折合人民币赔偿，应赔偿2 010元人民币。

案例3：一票从北京运往巴黎中转马耳他的货物，货运单号666-89639942，24件256 kg。2000年1月26日XX958航班运往巴黎，KM456/20FEB00转运目的地。品名：服装。赔偿原因：延误。

案例分析：此批货物属于国际运输，根据《华沙公约》第十三条第三款："如果承运人承认货物已经遗失或货物在应该到达的日期七天后尚未到达，收货人有权向承运人行使运输合同所赋予的权利。"第十九条："承运人对旅客、行李或货物在航空运输过程中因延误而造成的损失应负责任。"第二十四条第一款："如遇第十八条、十九条所规定的情况，不论其根据如何，一切有关责任的诉讼只能按照本公约所列条件和限额提出。"

因此，这票货物可以按照货物的价值和每公斤20美元折合人民币比价赔偿。

案例4：一票从悉尼到北京的货物，货运单号777-89783442，1件847 kg，航班XY767/21MAY，货物价值3 300美元，品名：干酪。赔偿原因：解冻后受损。

案例分析：

（1）调查情况。

当天上午9：45发出货到通知，收货人当天提取货运单，办理海关手续。5月25日，收货人办完海关手续后前来提货时，发现这件货物没有放在冷库保存，收货人当时提出异议。因为在货运单的操作注意项栏中明显注明"keep cool"字样，但工作人员在分拣时没有看到。经过挑选，最终损失60%左右。

（2）分析。

此批货物属于国际运输，根据《华沙公约》第二十二条第二款（B）："如交运的行李或货物的一部分或者货物中任何物件发生灭失、损坏或延误，用以确定承运人有限责任赔偿金额的重量，仅为有关包件的总重量。如交运的行李或货物的一部分或者货物中任何物件发生遗失、损坏或者延误，以致影响同一份货运单所列的另一包装件或者其他包装件的价值时，在确定责任限额时，另一包装件的总重量也应当考虑在内。"

这批货物的 60%左右损坏，并不影响其他包装件的货物，因此赔偿的金额量为总重量的 60%，即 847kg×60%=508.2 kg，照每公斤 20 美元折合人民币赔偿，应赔偿 10 164 美元，折合人民币 84 127 元。

案例 5：某保险公司诉 A 航空公司、B 航空公司货物运输赔偿。

1991 年 12 月 6 日，原告某保险公司接受某公司（托运人）对其准备空运至米兰的 20 箱丝绸服装的投保，保险金额为 73 849 美元。同日，由被告 A 航空公司的代理人 B 航空公司出具了航空货运单一份。该航空货运单注明，第一承运人为 A 航空公司，第二承运人为 C 航空公司，货物共 20 箱，重 750 kg，该货物的"声明价值（运输）"未填写。A 航空公司于 1991 年 12 月 20 日将货物由杭州运抵北京。12 月 28 日，A 航空公司在准备按约将货物转交 C 航空公司运输时，发现货物灭失。1992 年，原告对投保人（托运人）进行了全额赔偿并取得权益转让书后，于 1992 年 5 月 28 日向 B 航空公司提出索赔请求。B 航空公司将原告索赔请求材料转交 A 航空公司。A 航空公司表示愿意以每公斤 20 美元限额赔偿原告损失，原告要求进行全额赔偿，不接受被告的赔偿意见，遂向法院起诉。

法院分析与判决：

法院认为，航空货运单是航空运输合同存在及合同条件的初步证据。该合同的声明及合同条件是合同的组成部分，并不违反 1955 年《海牙协议书》的规定，且为 IATA 规则所确认，故应属有效，对承运人和托运人具有相同的约束力。托运人在将货物交付运输时向原告进行了保险，该批货物在 A 航空公司承运期间发生灭失，A 航空公司应负赔偿责任。原告在赔偿后取得代位求偿权。由于托运人在交托货物时，未对托运货物提出声明价值并交付必要的附加费，所以 A 航空公司在责任范围内承担赔偿责任是合理的。被告 B 航空公司作为签发人，应对合同下的货物运输负有责任，但鉴于被告 A 航空公司承诺赔偿，B 航空公司可不再承担责任。

法院同时认为，该案是原告拒绝被告 A 航空公司承诺按责任限额赔偿而引起的，故责任在原告。

法院判决如下：

（1）航空公司赔偿原告 15 000 美元；

（2）航空公司给付原告自 1993 年 2 月 1 日至判决生效日 15 000 美元的活期存款利息；

（3）诉讼费用由原告承担。

评析：本案中，首先托运人和保险公司之间是保险合同关系。根据《中华人民共和国保险法》的规定，因第三者对保险标的的损害而造成保险事故的，保险人自向被保险人赔偿保险金之日起，在赔偿金额范围内代位行使被保险人对第三者请求赔偿的权利。因此，在保险人对托运人理赔后，保险人取得了代位权。

本案是国际航空货物运输。始发地点为中国杭州，经停地点为北京，目的地为意大利米兰，中国和意大利都是《华沙公约》缔约国。因此，根据《华沙公约》的规定，该国际航空货物运输是《华沙公约》意义上的国际航空货物运输。

该航空货运单注明，第一承运人为 A 航空公司，第二承运人为 C 航空公司。可见，A 航空公司既是缔约承运人又是实际承运人，因为航空货运单是由被告 A 航空公司的代理人 B 航空公司出具的。

《华沙公约》第十八条第一款规定：对于任何已登记的行李或货物因毁灭、遗失或损坏而产生的损失，如果造成这种损失的事故发生在航空运输期间，承运人应负责任。那么，该由哪一家航空公司承担责任呢？

A航空公司和B航空公司之间是委托代理关系。《民法通则》第六十三条第二款规定："代理人在代理权限内，以被代理人的名义实施民事法律行为。被代理人对代理人的代理行为，承担民事责任。"因此，应由A航空公司承担赔偿责任。

《海牙议定书》第1条第2款规定：由几个连续的航空承运人所办理的运输，如经合同当事人认为是一个单一的运输业务，则无论它是以一个合同或一系列合同的形式约定的，在本公约的意义上，都应视为一个不可分割的运输，并不因其中一个合同或一系列的合同完全在同一国家的领土内履行而丧失其国际性质。因此，即便杭州至北京段是在中国境内，它也是一个国际航空货物运输合同。

《华沙公约》第三十条对连续承运人之间的相互关系和规则如下："（1）符合第一条第（3）款所规定的由几个连续承运人办理的运输，接受旅客、行李或货物的每一个承运人应该受本公约规定的约束，并在合同中由其办理的一段运输的范围内，作为运输合同的订约一方。（2）如果是这种性质的运输，旅客或他的代表只能对发生事故或延误的一段运输的承运人提出诉讼，除非有明文约定第一承运人应该负全程的责任。（3）至于行李或货物，旅客或托运人有向第一承运人提出诉讼的权利，有权提取行李或货物的收货人也有向最后承运人提出诉讼的权利。此外，托运人和收货人都可以对发生毁灭、遗失、损坏或延误的一段运输的承运人提出诉讼。这些承运人应该对托运人和收货人负连带责任。"

由此可以看出，A航空公司和C航空公司在其办理的一段运输的范围内，作为运输合同的订约一方，托运人和收货人既可以起诉A航空公司，也可以起诉C航空公司。A航空公司和C航空公司之间是连带责任关系。但是，由于C航空公司根本没有承运该批货物，并且货物是在A航空公司运至北京准备移交时丢失的，责任在A航空公司。所以，根据上述第三款的规定，原告无权起诉C航空公司，C航空公司不承担赔偿责任。

项目四
国际铁路业务操作

 项目导入

　　结束了在国际空运业务部门的充实轮岗后，小陈来到了新的轮岗部门——国际铁路业务部门。在该部门，他需要了解国际铁路货运的特点、基本条件及作用，掌握国际铁路货运代理进出口业务流程，学会铁路运输的运费计算和报价，了解铁路运输中涉及的相关责任及赔偿。

 学习目标

能力目标：
- 能够根据客户要求安排货物的国际铁路货运进出口代理业务；
- 能够完成对货物的铁路货运代理业务报价；
- 能够处理铁路货运代理业务中的各类责任划分及赔偿。

知识目标：
- 了解国际铁路货运代理的基本特点、条件和作用；
- 掌握国际铁路货运代理进出口业务流程；
- 掌握国际铁路运输中的运价和运费计算；
- 了解国际铁路运输中的责任及赔偿。

素养目标：
- 具有良好的职业态度和职业道德修养；
- 具备良好的心理素质和克服困难的毅力；
- 具备国际视野和家国情怀；
- 具有良好的思想品德、社会公德和职业道德。

【知识学习】

任务一　国际铁路货运代理概述

国际铁路货物联运是国际货物运输的重要运输方式之一。在国际上，通过有关国家铁路之间的协商，订立国际铁路货物联运协议，相关国家铁路在货物运输组织上相互衔接为国际贸易货物的交流提供了一种经济便捷又安全的运输方式。新中国成立以来，我国与欧亚有关国家开展的国际铁路货物联运，在我国对外政治、经济和文化交流中发挥着重要的作用。

一、国际铁路货物联运的特点与作用

国际铁路货物联运是指国际贸易货物经铁路由启运地发送路经国境口岸站按规定办理手续和经过技术处理后进入他国境内或过境路直至运抵目的地的跨及两个及两个以上国家铁路的货物全程联运。这种方式，货物在两个或两个以上国家之间进行铁路联运，使用一份联运单据，并以连带责任办理货物的全程运送。货物从一国铁路向另一国铁路移交时，无须发收货人参加。多式联运条件下，全程运输经营人按照多式联运要求组织运输，协调多式联运各方之间的货运和业务关系，保证铁路联运的顺利进行。

（一）国际铁路货物联运的特点

（1）货物必须由两个及以上的国家铁路参加运送。国际铁路货物联运是涉及多个国家铁路运输的一种国际联合运输形式。货物在运送中要涉及各参加国铁路的设备条件、运输组织方式和相关的法规制度，从而也决定了该业务的复杂性，特别是有关国际联运的规章条款既繁多又复杂，在办理国际联运时，其运输票据、货物、车辆及有关单证都必须符合有关规定和一些国家的正当要求。

（2）使用一份铁路联运票据完成货物的跨国运输。在国际铁路货物联运中，参加联运国铁路作为统一的承运人使用一份运输票据对发货人即托运人，按照《国际铁路货物运送协议》办理从一国铁路始运站至另一国铁路终到站的全过程运输。即使是在由一国铁路向另一国铁路移交货物时，其交接工作也纯属联运国铁路之间的内部作业而无须发货人或收货人参加。

（3）在运输责任方面采用统一责任制。自铁路承运货物起到交付货物或到达某一转发送站时止的全部运送过程，无论国际铁路联运货物的灭失、毁损、短件等或延迟交付的责任是发生在哪一个参加联运国铁路区段，均按联运国铁路共同签署的国际统一公约或协议对发货人或收货人负责。

（4）仅使用铁路一种运输方式。国际铁路货物联运不涉及其他运输方式，因而在具备铁路运输一般特点的基础上，该种运输形式在国际运输的连贯性、持续性等方面有其特有的优势，货物甚至可以不经换装就可实现长距离的陆上跨国运输而运抵目的地。

（二）国际铁路货物联运的作用

（1）简化手续，方便发货人（收货人）。国际铁路货物联运为参加联运的国家开辟了一条对外经济、文化交流的重要渠道。虽然货物在全程运送中要经过多个国家，涉及多次交接甚至多次换装等作业，但作为发货人只需在始发站办理一次性托运手续即可将货物运抵另一个国家的铁路站点，发货人或收货人无须在国境站重复办理托运的烦琐手续，大大方便了发货人或收货人。

（2）便于在国际贸易中充分利用铁路运输的优势。铁路运输具有成本较低、运输连续性强、运输风险小和不易受天气季节变化的影响等优势。实行国际联运后，参加联运国铁路联成一体，形成国际铁路运输网络，便于发货人根据货物的运输要求，充分利用铁路运输优势和选择运输径路，既可加快其送达速度，又能节省有关费用。

（3）可及早结汇。发货人利用国际联运办理完出口货物的托运手续后，即可凭车站承运后开具的有关联运凭证和其他商务单证办理结汇，而无须等待货物到达目的地后才办理。这样既能保证发货人收取货款，又加速了资金的周转，便于国际贸易的开展，对贸易双方均有利。

（4）促进铁路沿线外向型经济及铁路运输企业的发展。开展国际联运，为铁路沿线的外向型经济的开发提供了有利的条件，特别是亚欧第二铁路大陆桥的贯通，为沿线的我国东西部地区及中亚国家的经济发展又提供了一次良好的机遇。此外，国际联运将各国铁路联成一体，促进了国与国铁路之间各方面的交流，对提高有关国家的铁路运输水平产生了积极的影响；同时，办理国际联运进出口及过境运输，为铁路自身增加运输收入和赚取外汇拓展了途径。

二、国际铁路货物联运的基本条件

（一）国际铁路联运的范围

1. 参加《国际货协》的铁路或适用《国际货协》规定的铁路间的货物运送

与《国际铁路货物联运协定》（简称《国际货协》）有关的国家有两类：一类是参加《国际货协》的国家；另一类是没参加但适用《国际货协》规定的国家。在参加或适用《国际货协》的国家间的货物运送，可按《国际货协》的运送条件开展国际铁路货物联运。

参加《国际货协》的各国铁路（个别国家除外）开办国内货运营业的所有各站间，都可办理国际铁路货物联运。我国各站的营业办理限制按国内《铁路货物运价规则》的规定办理。由于阿尔巴尼亚铁路与其他国家铁路不连接，我国运往阿尔巴尼亚的货物，可发至东欧某一国家铁路车站，由发货人或收货人委托的代理人领取后，以其他运输工具继续运往阿尔巴尼亚。

在参加或适用《国际货协》的国家铁路之间的铁路货物运送，全程均可采用《国际货协》运单办理。

2. 参加《国际货协》的国家同未参加并且不适用《国际货协》规定的国家铁路间的货物运送

从参加《国际货协》的国家铁路办理发送，按《国际货协》的运送条件运至某一国家铁路国境站，在该国境站由其站长或与发货人预先签有收转合同的收转人办理转发送。国境站站长或相应的收转人即根据运送票据上的有关记载，以发货人全权代理人的资格负责用接续施行的运输法的运送票据，将货物转发送至最终到站。相反方向的货物运送亦如此。例如，我国铁路通过保加利亚铁路向土耳其或希腊运送货物时，用《国际货协》运单办理至保加利亚铁路国境站斯伦格勒或库拉塔站，继续运送时，由该国境站站长或代理人办理转发送。

3. 通过港口的货物运送

我国铁路可通过爱沙尼亚铁路及其港口塔林或拉脱维亚铁路及港口向芬兰、瑞典、挪威和丹麦等国发运货物。参加或适用《国际货协》的国家通过我国铁路及其大连、新港和黄浦等港口往日本、韩国等国及相反方向运送货物时，发站（或到站）与港口间用《国际货协》运单办理，由发货人或收货人委托的代理人在港口站办理转发送。

4. 我国过境朝鲜铁路的运输

由我国铁路经我方国境站过境朝鲜铁路向云蜂发电厂（中朝合办，在中方国境线一侧）及相反方向运送的货物，视为国际铁路联运货物，按《国际货协》的规定办理。发货人应按每一货物运单填制"中华人民共和国经朝鲜民主主义人民共和国过境转运清单"一式四份，没有随附清单的货物，发站拒绝承运自我国铁路通过图们国境站过境朝鲜铁路经由清津东港站运送的我国进出口货物，按《国际货协》规定办理各发站和出口国境站对装运过境朝鲜铁路运输的货物车辆，应尽量连挂在一起。

（二）运输限制

1. 不准运送的货物

（1）属于参加运送的铁路的任一国家禁止运送的物品。

（2）属于参加运送铁路的任何一国邮政专运的物品。

（3）炸弹、弹药和军火，但体育和狩猎用的除外。

（4）爆炸品、压缩气体、液化气体、在压力下溶解的气体、自燃品和放射性物质。

（5）一件重量不足 10 kg，并且体积不超过 $0.1 \mathrm{~m}^3$ 的零担货物。

（6）在换装联运中，使用货车运送的一件重量不足 100 kg 的零担货物，但不适用于《国际货协》附件 2《危险货物运送规则》规定的一件最大重量不足 100 kg 的货物。

（7）在换装联运中，使用不能揭盖的棚车运送的一件重量超过 5 t 的货物。

（8）用棚车运往伊朗的货物，每件超过 500 kg（成卷纸张每卷超过 1 000kg）。

2. 不准在一辆车内托运和承运的货物

（1）数批整车货物。

（2）整车货物与一批或数批零担货物。

（3）整车货物与大吨位集装箱货物。

（4）大吨位集装箱货物与一批或数批零担货物。

3. 不准按一份或数份运单在一辆车内混装运送的货物

（1）一种易腐货物同照管方法不同的另一种易腐货物。

（2）按《国际货协》附件 4 规定需要遵守保温制度或特殊照管的易腐货物同非易腐货物。

（3）危险货物同按照《国际货协》附件 2 的规定禁止在一辆车内混装的其他货物。

（4）发货人装车的货物同铁路装车的货物。

（5）根据发送路国内规章不准许在一辆车内混装运送的货物。

（6）堆装运送的货物同其他货物。

（三）运到期限

1. 运到期限的定义和组成

货物运到期限是指铁路运输部门在现有技术设备条件和组织工作水平下，对按照一定种类办理承运的货物，从起运地点运送至目的地点所需最大限度的期限。它是反映货物运输质量的指标之一。

国际铁路货物联运的运到期限由发送期间、运送期间、换装或换车辆转向架作业期间组成。

2. 运到期限的计算与确定

（1）计算标准（见表 4-1）。发运期间由发送路和到达路平分；运送超限货物时，运到期限（算出整天数后）延长100%。实际运到期间从承运货物的次日零时起算，到铁路通知收货人货物到达后可以将货物交给收货人处理时止；若承运的货物在发送前需预先保管，则运到期间应从指定装车的次日零时起算。货物在国境站换装时，若一部分货物用补送运行报单补送，则运到期限按随原运单到达的部分货物计算。

表 4-1　货物运到期限的计算标准

运送速度	发送期间	运送期间			换装或车辆转向架期间
		零担	整车或大吨位集装箱	随旅客列车挂运的整车和大吨位集装箱	
慢运	1 天	每 150 运价千米计 1 天	每 200 运价千米计 1 天		每次作业计 2 天
快运	1 天	每 200 运价千米计 1 天	每 320 运价千米计 1 天	每 420 运价千米计 1 天	

（2）运到期限的最终确定。运到期限除按上述方法计算求得后，若在运送途中发生下列情况，还需根据货物运单上的有关记载相应延长其时间。

① 为履行海关和其他规章所需的滞留时间。
② 非因铁路过失而造成的暂时中断运输的时间。
③ 因变更运输合同而发生的滞留时间。
④ 因检查而发生的滞留时间（即检查货物同运单记载是否相符，或检查按特定条件运送的货物是否采取了预防措施，而在检查中确实发现不符时）。
⑤ 发货人的过失而造成多出重量的卸车、货物或其容器与包装的修整以及倒装或整理货物的装载所需的滞留时间。
⑥ 因饮水、溜放或检查而造成的站内滞留时间。
⑦ 发货人或收货人的过失发生的其他滞留时间。

凡铁路有权据以延长运到期限的货物滞留原因和滞留时间，均应记入运单"运到期限延长"。

3. 货物运到逾期的罚款

若货物全程实际运送天数超过所确定的总运到期限天数，则该批货物运到逾期。货物运到逾期后，铁路应按表 4-2 的标准向收货人支付运到逾期罚款。

表 4-2　运到逾期罚款计算标准

逾期百分率	罚款率
$s=10\%$	6%
$10\% < s = 20\%$	12%
$20\% < s = 30\%$	18%
$30 < s = 40\%$	24%
$40\% < s$	30%

$$逾期百分率=\frac{全程实际运送天数-总运到期限天数}{总运到期限天数}\times100\%$$

$$罚款额=运到逾期发生路运费\times罚款率$$

如果是在数条铁路上发生货物运输逾期，则应按所有铁路的总逾期日数，确定计算罚款的统一百分率。每一逾期铁路按各自所收运费和统一百分率支付罚款。

运到逾期罚款是铁路运输部门执行运送合同，保证收发货人权益的体现。但是，如果自铁路通知收货人货物到达和可以将货物移交收货人处理时起一昼夜内，收货人未将货物领出，便失去领取货物运到逾期罚款的权利。

任务二　国际铁路货运进出口业务流程

一、国际铁路出口货物运输

（一）国际货协运单

1. 运单及补充运行报单

国际货协运单是指参加国际货协的各国之间办理铁路联运时所使用的单据。运单由6张带编号的运单正本和需要补充的运行报单组成。

各联别的名称和主要作用分述如下：

（1）第一联：运单正本（给收货人）。

此联运单随同货物至到达站，并连同第六联和货物一起交给收货人。

（2）第二联：运行报单（给向收货人交付货物的承运人）。

此联运单随同货物至到达站，并留存到铁路目的地。

（3）第三联：货物交付单（给向收货人交付货物的承运人）。

此联同第二联一样，随同货物至到达站，并留存到铁路目的地。

（4）第四联：运单副本（给发货人），运输合同缔结后，交给发货人。

此联用于运输合同签订、外汇核销等，是我们平时业务操作最常见的一联。

（5）第五联：货物接收单（给缔约承运人）。

一般是发运承运人，即是发运铁路。

（6）第六联：货物到达通知单（给收货人）。

此联随同货物运至到达站，并连同第一联和货物一起交给收货人。

除了以上事项外，在必要时，运单中还可添加下列内容：接续承运人名称；发货人有关货物的声明；港口附近的铁路车站和移交水运的港口；《货物运送规则》所规定的其他事项。

特别说明：运单的填写，应采用铁组工作语言（中文、俄文）中的一种。以中俄为例，由中国运送至俄罗斯的，采用中文，俄罗斯发往中国的，采用俄文。在此基础上，均可附其他语言的译文。

另外，根据发货人的报销需要以及铁路内部交接、清算和统计等需要，还需要在发送站和过境站（或港口站）填制"补充运行报单"。"补充运行报单"分带号码的和不带号码的两种。

2. 运单的随附单据

按国际联运运送的出口货物通过国境站时，国家的有关职能机构需履行海关、商品检验、卫生检疫等法定手续，对出口货物实行监管。为此，发货人可将出口所需法定文件和有关商务票证随附在运单上。这些文件主要有出口货物报关单或海关关封、出口货物明细单，根据货物性质的需要可能还有出口许可证、品质证明书、原产地证书、商品检验证书、植物检验证书或普医证明书等。

自1991年起，凡在发站未办妥海关手续而需在出口国境站办理报关的我国国际联运外贸出口货物，发货人还必须在运单上添附我国外汇管理部门印发的"出口收汇核销单"和有核销单编号的"出口货物报关单"。其他的有关随附单据及份数，则视发、收货人的不同要求而定在运单上所附的一切文件，应由发货人将其名称和份数记入运单"发货人添附的文件"栏内，并牢固地附在运单上随货同行。发送站应核对运单上添附的文件与运单上所记载的内容是否相符，铁路应负责添附在运单上的有关单证的交接传递。但铁路没有义务检查所附单据是否齐全与正确，固所附单据不齐全或不正确而使货物在国境站产生滞留的损失，一概由发货人自负。

（二）出口货物的发运

1. 托运货物的有关要求

（1）对货物包装的要求。货物包装应能充分保证防止货物在运输中灭失和腐坏，并防止毁损其他货物、运输工具和伤害人员。各种货物的包装和容器应符合《国际货协》的有关要求。

（2）按规定制作货物的标志。发货人应在货件上做字迹清晰、不易擦掉的标记，或拴挂货签。拴挂货签时，货签应用坚韧材料（木板、金属板、胶合板或坚固的纸）制成，以保证在长途运输中不致脱落。

（3）对货物数量和件数的要求。使用散车类货车运送不盖篷布或苫盖篷布而不加封印的整车货物，若总件数不超过100件时，发货人必须在运单上记载货物的件数和重量；若总件数超过100件时，只记载货物的重量，在运单"件数"栏内记载"堆装"字样。

（4）须声明价格的货物。发货人在托运货物时声明价格，其目的在于保证货物发生货损货差时，能够得到铁路按照货物的声明价格的赔偿。按《国际货协》规定，发货人在托运金银和白金及其制品、宝石、贵重毛皮及其制品、摄制的电影片、画、雕像、艺术制品、古董和家庭用品时，应声明货物价格，并以瑞士法郎的单位记入运单。

发货人还可根据自愿的原则，在发站办理出口货物自发站到出口国境站间我国国内段的保价运输（进口货物亦可在进口国境站办理国内段保价运输）。此外，由我国出口过境蒙古国、俄罗斯等国铁路的货物，发货人在托运前必须办妥委托我方指定代理公司代付过境运送费用的手续，并在运单的第4栏"发货人特别声明"内记载被委托公司的名称。该代理公司还要在该栏内加盖其专用章记，并要在运单第20栏"发货人负担下列过境铁路的费用"内记载其过境费用与过境路的某一指定代理公司清算等内容。发送站凭此才能承运，若未办妥上述手续，货物将在国境站被对方铁路拒收，铁路对此不承担责任。

2. 货物的托运与承运过程

货物的托运与承运的过程即为承运方（铁路）与托运方（发货人）缔结运输合同的过程。托运是发货人向铁路提出委托运输的行为；承运则是铁路接受发货人所提出的货物运输委托的行为。

对于国际联运出口货物的托运，发货人应在具有必备手续的基础上（如整车货物须有批准的运输计划）向发站提交《国际货协》采用的运单作为托运的书面申请。车站接到运单后，应进行认真审核，检查运单上填写的各项内容是否正确、完整。若确认可以承运，车站在运单上登记货物搬入车站的日期或装车日期，即表示车站已受理托运。对托运的集装箱货物，须审核发站过境路、到达路和到站是否办理所申报吨位的集装箱。另外，在国境站需换装又要采用特种平车装运的货物或专用罐车装运的化学货物，需在征得有关国家铁路同意后才能受理和承运发货人按车站指定日期将货物搬入车站或指定货位，经车站根据运单的记载事项查核，确认符合国际联运的有关规定后即予以接收。

二、国际铁路进口货物运输

（一）进口货物的发运

1. 发运前的准备工作

（1）编制和使用运输标志。运输标志一般印刷在货物外包装上。按我国规定，联运进口货物在订货工作开始前，由外经贸部统一编制向国外订货的代号，作为"收货人唛头"分别通知各订货部门使用，各进出口公司（中国技术进出口总公司除外）必须按照统一规定的收货人唛头对外签订合同。

（2）审核联运进口货物的运输条件。联运进口货物的运输条件是指应使托运的进口货物符合国际联运及有关国家铁路规章所规定的条件，具体审核内容主要包括：收货人审核商品品名是否准确，货物性质是否符合办理站的营业范围，货物包装是否符合有关运输包装的规定等。

（3）向驻国境站的代理人寄送订货合同资料。合同资料是国境站核放货物的重要依据，各进出口公司签订对外合同后，要及时将一份合同的中文抄本或复印件寄给进口国境站的代理人。对于需由代理人接收分拨的小额订货还必须添附货物分类表。

2. 发运手续和方式

国际联运进口货物与出口货物在货物与单据的流程上基本相同，只是方向相反。从国外进口的货物，由国外发货人根据合同规定向该国铁路办理，根据不同的情况可采用以下方式办理。

从参加或适用《国际货协》国家的铁路向我国铁路发运进口货物时，国外发货人向该国铁路办理发运的一切手续，均按《国际货协》和该国国内铁路规章办理。

从未参加且不适用《国际货协》国家的铁路向我国铁路发运进口货物时，通常有两种方法：一是由发货人通过发送国铁路将货物办理至参加《国际货协》国家铁路的第一个过境路进口国境站或适用《国际货协》国家铁路的出口国境站，然后由该国境站站长以发货人全权代理人的资格填制《国际货协》运单，并随附原运单，将货物运送至我国终到站；二是由发货人把货物发往参加或适用《国际货协》的国家铁路，委托该国的有关货运代理人代收后，再由代理人按《国际货协》和该国国内铁路规章办理托运至我国终到站。

海运货物通过《国际货协》参加国的港口站向我国发送时，可委托所在港口站的收转人办理转发送，并从该港口站起，以《国际货协》运单运至我国终到站。

（二）进口货物的到达交付

货物到达到站后，到站应通知运单上所记载的收货人领取货物。在收货人付清运单所载的一切应付运送费用后，铁路必须将货物连同"运单正本"和"货物到达通知单"交付收货人，收货人必须支付运送费用并领取货物。收货人领取货物时，应在运单"货物交付收货人"栏内填记货物领取日期并加盖收货章。截至货物运到期限期满后 30 天内若未将货物交付收货人，以及到站在收货人提出的"运单副本"或"运单正本"与"货物到达通知单"的"货物名称"栏内已记载"货物未到"，并有到站日期章证明，则收货人可认为货物已灭失。但货物在上述期限期满后到达到站，到站应通知收货人。若在运到期限期满后 4 个月内到达，则收货人应予领取，并将铁路已付的货物灭失赔款、运送费用退款和有关货物运送的其他费用退还铁路；若货物灭失赔偿和运送费用偿还款额已付给发货人则发货人必须将该款退还铁路。在这种情况下，收货人对货物运到逾期以及对于找到货物的部分灭失、重量不足、毁损、腐坏或因其他原因降低质量，有保留向铁路提出赔偿请求的权利。

任务三　国际铁路货运报价

一、计收运送费用的原则和规定

国际铁路货物联运的运送费用包括发送路运送费用、过境路运送费用和到达路运送费用，这 3 个路段的运送费用的计算和核收办法各不相同。采用国际铁路货物联运的方式运送货物，必须了解和掌握其运送费用计算、核收的有关方法和规定。

（一）一般原则

参加《国际货协》《铁路和适用国际货协》铁路间运送货物时，运送费用（货物运费、押运人乘车费、杂费和其他费用）按下列规定计算和核收：

发送路运送费用：按承运当日发送路国内规章规定计费，以发送国货币在发站向发货人核收。

过境路运送费用：对参加《统一货价》的铁路，按承运当日《统一货价》规定计费，以瑞士法郎算出的款额，按支付当日规定的兑换率折成核收运送费用国家的货币，根据运单第 20 栏的记载，在发站向发货人或在到站向收货人或直接向其代理人核收；对未参加《统一货价》铁路的过境运送费用，由该铁路直接向发货人或收货人或其代理人核收。

到达路运送费用：按承运当日（我国进口货物按进口国境站在运单上加盖日期当日）到达路规章规定，以到达国货币在到站向收货人核收。

（二）我国过境其他国家铁路的货物过境运送费用的计收

目前，我国铁路指定有关国际货运代理公司（如中国铁路对外服务公司、中铁国际货运代理有限责任公司和中国对外贸易运输总公司）作为其代理人，办理过境蒙古国、俄罗斯等国家的铁路和其他国家的铁路。我国出口货物过境运送费用以及其他国家过境我国铁路的货物过境运送费用的代收代付业务。

对于过境上述国家铁路的我国出口货物，发货人在发站办理托运前必须办妥向我方指定代理公司委托的手续。我方代理公司向发货人按《统一货价》或过境路报价计收的过境运送费用，由其转付给有关过境路的指定代理公司。

对于过境其他国家铁路到达我国铁路的进口货物，各到站不向收货人或其代理人核收过境路段的运送费用。

但我国过境朝鲜铁路的进出口货物的过境运送费用，均按《统一货价》在我方发、到站分别向发、收货人核收，其过境运送费用通过中朝铁路双方直接办理清算。

（三）过境我国铁路的货物运送费用计收

过境我国铁路的货物运送，必须委托我方指定国际货运代理公司办理。通过我国的国境站与国境站之间或者国境站与港口站之间的过境货物，除大吨位集装箱货物外，均按《统一货价》规定计费，由我方指定代理公司直接与铁路主管部门的国际联运清算中心清算。

经由我国港口站发运的货物，如果发货人或其代理人不能向港口站提出能证明货物属我国的出口货物的证据（如出口货物报关单），均视为过境运输。对这种过境货物，港口站仅核收在车站发生的杂费。而对港口站至国境线的运送费用则按《统一货价》计费后记入运单和不带号码的补充运行报单内。到达港口的过境货物，仅向收货人或其代理人核收在港口站发生的杂费。

（四）在国境站将货物换装到另一种轨距的车辆或更换车辆转向架时，货物换装费、更换车辆转向架费和加固材料费的计收

（1）货物属两邻国间运送的货物时，若换装货物或更换车辆转向架在发送路国境站办理时，按《统一货价》的费率计费；在到达路国境站办理时，按到达路国内规章计费。费用均在到站向收货人核收。

（2）货物属过境运送的货物时，若换装货物或更换车辆转向架在发送路和过境路办理时，按《统一货价》的费率计费，根据其运单第20栏的记载，向发货人或收货人或其代理人核收；在到达路国境站办理时，按到达路国内规章计费，在到站向收货人核收。

（五）铁路垫付费用的核收

铁路垫付的费用，如装载整修费、倒装费、容器和包装修理费等，均应偿还铁路。这些费用应分批确定记入运单内，附以相应的证明文件，根据该批货物运单第20栏的记载，向发货人或收货人或其代理人核收。

二、国内铁路段运送费用的计算

（一）计算货物运输费用的流程

（1）按《铁路货物运价规则》的附件"货物运价里程表"计算出发站至到站的运价里程。

（2）根据货物运单上填写的货物名称查找价规的附件"铁路货物运输品名分类与代码表"和"铁路货物运输品名检查表"，确定适用的运价号。

（3）整车、零担货物按货物适用的运价号，集装箱货物根据箱型、冷藏车货物根据车种分别在《铁路货物运价规则》的附件"货物运价率表"中查出适用的发到基价和运行基价。

（4）货物适用的发到基价，加上运行基价与货物的运价里程相乘之积后，再与按《铁路货物运价规则》确定的计费重量（集装箱为箱数）相乘，计算出运费。

小资料：如何确定运价？

整车货物每吨运价=发到基价+运行基价×运价里程 零担货物每 10 kg 运价=发到基价+运行基价×运价里程 集装箱货物每箱适价=发到基价+运行基价×运价里程

（5）按《铁路货物运价规则》规定的费率计算杂费、电气化附加费、新路新价均摊费和铁路建设基金等的费用。

（二）多式联运国内段运送费用的问题

1. 运价里程

运价里程应按国内发（到）站至出（进）口国境站最短径路确定（但《铁路货物运价规则》的"货物运价里程表"内规定有计费径路的，应按规定计费径路计算运价里程），并将出（进）口国境站至我国与邻国国境线的运价里程计算在内：进口货物在国境站应收货人的代理人的要求受理货物运输变更时，运价里程按进口国境线至新到站的里程通算。

2. 货物运价号

货物运价号应按《铁路货物运价规则》的"铁路货物运输品名检查表"和"铁路货物运输品名分类与代码表"进行判定。当货物名称属于上述表中规定的具体名称时，适用该具体名称的类别和运价号。

不属于其具体名称的不能比照，但由于货物别名、俗名和地方名等不同，而实际属于该具体名称的，仍按具体名称确定适用的类别和运价号。当上述表中未列有该货物的具体名称，但属于概括名称范围时，则适用该概括名称类别和运价号。若在上述表中既无该货物的具体名称，又无概括名称或难以判定概括名称时，按小类、中类、大类的顺序逐层次判定其归属的收容类目以确定运价号。

3. 货物运价率

出口货物按发站承运当日实行的运价率计算；进口货物按进口国境站在运单上加盖日期章当日实行的运价率计算。一批托运的货物有多个品名的货物时，应择其运价率高者计费，同时应按《铁路货物运价规则》的有关规定确定适用其运价率的加减百分比。

4. 计费重量

货物计费重量的单位，整车货物应以吨为单位，吨以下四舍五入；零担货物以 10 kg 为单位，不足 10 kg 进整为 10 kg，集装箱以箱为单位。确定整车货物的计费重量时，除《铁路货物运价规则》中另有规定外，一律按货车标记载重量计算运费，货物重量超过其标记载重量时按货物重量计费。确定零担货物的计费重量时，应按货物重量或货物体积折合重量择其大者为计费重量，即每 1 m 体积重量不足 500 kg 的轻浮货物，按每 1 m 体积折合重量 500 kg 计算，但《铁路货物运价规则》中另有规定者除外。此外，《铁路货物运价规则》还对进口整车货物的计费重量分情况进行了规定。

三、按《统一货价》计算的过境运送费用

（一）计算过境运送费用的程序

（1）查阅《统一货价》的"过境里程表"，根据应通过的国境站或港口站确定所过境国家铁路的过境里程。

（2）查阅《统一货价》的"国际铁路货物联运通用货物品名表"，确定所适用的运价等级。

（3）查阅《统一货价》的"通过参加统一货价铁路慢运货物运费计算表"，根据过境运价里

程和运价等级查出相应的基本运费费率。

（4）确定计费重量，并将该重量折成 100 kg 的倍数作为折算后的计费重量。

（5）将折算后的计费重量与已查到的基本运费费率相乘，即为货物的基本运费。

（6）按货物运送种别确定所适用的运费加减百分率。

（7）将基本运费与其适用的加减百分率计算货物运费。

（8）计算杂费和其他费用。

（二）计算过境运送费用应注意的主要问题

1. 过境里程

过境里程应按每一过境路里程单独计算，不得通算。过境一国铁路的过境里程是指从进口国境站（国境线）到出口国境站（国境线）或以港口站为起讫的里程。《统一货价》的"过境里程表"中的过境里程已将国境线至国境站的里程加算在内，可直接作为计算所过境铁路的过境运价里程。

2. 计费重量

计算货物运费和杂费时，不论是整车或是零担货物，其计费重量原则上按货物实际重量折算成 100 kg 的倍数，其尾数不足 100 kg 的按 100 kg 计。但整车货物不得少于车辆装车的最低计费标准，四轴车的装车最低计费标准为一等货物为 20 t、二等货物为 30 t。使用集装箱运送零担或整车货物时，计算其运费的计费重量不包括集装箱的自重，但计算其杂费和其他费用时应另按《统一货价》的有关规定办理。

3. 加减百分率

按《统一货价》对过境货物运费的计算，以慢运整车货物的运费为基本运费，其他非慢运整车货物按不同的加减百分率计算。零担慢运货物需加成 50%计算其运费，快运货物需加成 100%，以客运速度运送的货物（随旅客列车挂运的整车货物）需加成 200%，超限货物（在实际超限的铁路）需加成 100%分别计算其运费。

【例 4-1】来自哈萨克斯坦铁路按整车快运发送的一批不锈钢线材共计 50 420 kg，经阿拉山口国境站进入我国铁路后运至连云港，再转海运继续运往韩国。试计算该批货物在我国铁路段依照《统一货价》确定的过境运费。

解：（1）查过境里程，自阿拉山口国境站（国境线）至连云港的过境里程为 4 143 km；

（2）"不锈铜线材"所适用的运价等级为二等；

（3）查出基本运费货率为 945 分/100 kg；

（4）将货物 50 420kg 的重量折为 100 kg 的倍数，其值为 504.2，进整后为 505；

（5）货物的基本运费：945×505=477 225（分）；

（6）快运整车货物需加成 100%，货物过境运费=(1+100%)×477 225=954 450（分），即 9 544.5 瑞士法郎。

（三）合装货物（即按一张运单运送不同名称的货物）运费计算

（1）按整车发送的合装货物运费计算。对同一运价等级的货物，按照这批合装货物的总重量计算，但不得少于车辆装车最低计费重量标准；对运价等级不同的货物，按照该批合装货物的总重量和按这批货物中最大重量货物的运价等级计算，但不得少于该批货物中最大重量货物车辆装车最低计费重量标准。同时，将实际重量最大名称相同的货物或属同一运价等级且实际总重量最大名称不同的货物作为最大重量货物。若有两种或数种相同最大重量的货物时，应按照其中具有较高运价费率的货物计算，对于整车合装货物，发货人必须在运单中记下每种名称货物的实际重量。如果发货人未予记载，则运费按照该批货物的总重量，按照为该批货物规定的较高运价等级计算，但不得少于该运价等级货物的装车最低计费重量标准。

【例4-2】有一批自我国铁路发送过境蒙古国铁路到达俄罗斯的整车合装货物，其品名和数量如下：一等运价货物"皮运动手套""皮带"和"订书机"，共计1 08t，装车最低计费总量为15 t；二等运价货物"牛皮纸"和"防冻剂"，共计18.4 t，装车最低计费重量为30t。试确定该批货物在蒙古国境内的计费重量和运价等级。

解：（1）这批货物属运价等级不同的整车合装货物。

（2）"皮运动手套""皮带"和"订书机"同属一等运价货物，共计10.8t，而"牛皮纸"和"防冻剂"同属二等运价货物，共计18.4t，所以该批货物中"牛皮纸"和"防冻剂"为最大重量货物。

（3）因该批货物中的最大重量货物的运价等级为二等，其装车最低计费重量为30t，而全批货物总重仅为29.2t，所以该批货物的计费重量应按30t计且运价等按二等确定。

（2）按零担发送的合装货物运费计算。对同一运价等级的货物，按照该批合装货物总重量计算出的运费额加50%计算。对不同运价等级的货物，如果分别注明每种货物的重量，而且货物又分别包装，则根据每种货物重量，按照对这种货物所定的运价等级计算出的运费额加50%计算，但同一运价等级货物的实际重量应合并计算。如果仅注明总重量或者这些包装为一件，则根据该批货物的总重量，按照定有较高运价等级货物的费率算出的运费额加50%计算。

【例4-3】从俄罗斯铁路发送一批合装零担货物过境中国铁路（从满洲里互丹东）运往朝鲜，各种货物分别包装并已注明，其品名和重量如下：一等运价货物"电影胶片"与"电动剃须刀"，其重量合并后为1 770 kg；二等运价货物"砂布"，其重量折成100 kg的倍数后为3 800 kg。试计算该批货物在中国段的过境运费。

解：（1）出过境里程为1 698 km。

（2）"电影胶片"与"电动剃须刀"同为一等运价货物且分别包装并注明，其重量合并后为1 770 kg，折成100 kg的倍数后为17.7，进整为18，而一等运价货物在1 698 km的运费费率为783分/100 kg，则这两种货物的过境运费为783×18×（1+50%）分，即21 141分。

（3）"砂布"为二等运价货物，其重量折成100 kg的倍数后为3.8，进整为4，而二等运价货物在递价里程为1 698 km时的运货费率为369分/100 kg，则"砂布"的过境运费为369×4×（1+50%）分，即2 214分。

（4）一批货物的过境运费为（21 141+2 214）分，即23 355分或233.55瑞士法郎。

任务四　国际铁路货运责任及赔偿

一、铁路责任

不论铁路负有何种责任,其赔偿损失的款额,在任何情况下,均不得超过货物全部灭失时的款额。

(一)铁路的免责情况

(1)由于铁路不能预防和不能消除的情况。

(2)货物质量不符合要求,或货物的特殊自然性质,以致引起自燃、损坏、生锈、内部腐坏和类似的后果;货物的自然特性致使的自然减量。

(3)发货人或收货人的过失或其要求,发货人或收货人装车或卸车的原因所造成的损失。

(4)使用不适于运输的车辆或集装箱,在承运货物时无法从其外表发现货物容器或包装的缺陷;货物没按规章要求的容器或包装,发货人用不正确、不确切或不完全的名称托运不准托运物品和托运应按特定条件承运的货物,以至于在运输途中无法保证货物的完整性。

(5)对有包装的货物,件数完全和容器或包扎完整而重量短少时;对无包装、无容器的货物,交付时件数齐全,无触及货物的外部痕迹而重量短少时;对于装入车辆或集装箱货物,交付时封印完好而货物件数或重量短少。

对于加封的汽车、拖拉机和其他自轮运行的机器向收货人交付时,如发货人的铅封完整且上述加封的机器中能拆下零件和备用零件短少时,则铁路概不负责。

(6)发生雪(沙)害、水灾、崩陷和其他自然灾害,按照有关国家铁路中央机关的指示,期限在15天以内;对延迟时间不负责任。发生其他致使行车中断或限制的情况,按照有关国家政府的指示。

(二)货物重量不足的责任范围

关于货物在运送中,因其本身的特殊性质发生自然减量时,不限货物的行径里程,铁路只对超过自然减量标准的减量部分负责。

二、铁路责任的赔偿

(一)货物全部或部分灭失的赔偿额

(1)如根据协定的规定,对全部或部分灭失的货物铁路应予赔偿时,这项赔偿额应按外国供货者账单或按这项账单摘录所列的价格计算。所凭账单摘录需按赔偿请求国规定的办法进行签认。如不能按上述办法确定全部或部分灭失的货物价格时,则货物的价格应由国家鉴定机关确定。

当声明价格的货物全部或部分灭失时,铁路应按声明价格,或相当于货物灭失部分的声明价格的款额给予赔偿。未声明价格的家庭用品全部或部分灭失时,铁路应按每公斤6瑞士法郎给予赔偿。

（2）除本条第一款规定的赔偿外，灭失货物或灭失部分货物的运送费用、海关费用和因运送发生的其他费用，如未算入货物价格内时，均应予以偿还。

（3）货物毁损时，铁路应支付相当于货物价格减低额的款额，不赔偿其他损失。本条赔偿额不应超过下列款额：如因毁损以致全批货物减低价格时，不应超过全部灭失赔偿额；如因毁损仅使该批货物的一部分减低价格时，不应超过减低价格部分的灭失赔偿额。

（二）货物运到逾期时的赔偿额

（1）铁路应按造成逾期铁路的运费，向收货人支付按逾期时间比例数额的罚款，最多不超过运费的30%。逾期罚款的数额，应根据货物总运到期限所算出的逾期时间确定。

（2）对货物全部灭失予以赔偿时，不得要求运输逾期规定的罚款。

（3）如运到逾期的货物部分灭失时，应对货物的未灭失部分，支付逾期罚款。如运到逾期的货物毁损时，除规定的赔款额外，还应加上运到逾期罚款。

（4）货损规定的赔款额，不应超过货物全部灭失所应赔偿的总金额。

（5）自铁路通知货物到达和可以将货物移交给收货人处理时起，一昼夜内如收货人未将货物领出，即失去领取货物运到逾期罚款的权利。

三、赔偿请求和诉讼时效

（一）赔偿请求

（1）发货人和收货人有权根据运送合同提出赔偿请求，赔偿请求应附有相应根据并注明款额，以书面方式由发货人向发送路，收货人向到达路提出。赔偿请求应按每批货物分别提出。

（2）关于退还按运送合同所付款额的赔偿请求，只限这项款额的支付人向核收这项款额的铁路提出。

（3）如一张运单的赔偿请求额少于23瑞士法郎，则不得提出赔偿请求，也不予满足，如提出的赔偿请求额等于或超过23瑞士法郎，而经审查后承认的应赔款额少于23瑞士法郎，则这项赔款也不付给赔偿请求人。

（4）向铁路提出赔偿请求时，应按下列规定办理：

货物全部灭失或货物部分灭失、毁损或腐坏时：由发货人或由收货人提出，同时还须提交国际货协运单副本运单和铁路在到站交给收货人的商务记录。

货物运到逾期时：由收货人提出赔偿请求，同时还须提交国际货协运单。

多收运送费用时：由发货人按其已交付的款额提出，同时还须提交国际货协运单副本或发送路国内规章规定的其他文件；或由收货人按其所交付的运费提出，同时还须提交国际货协运单。

在赔偿请求书上，除运单或运单副本外，还须添附：商务记录、能证明灭失或毁损的货物价格的文件，以及能作为赔偿请求依据的其他文件。

（二）赔偿请求的时限

（1）铁路自提出赔偿请求之日（此日应以发信邮局戳记或铁路在收到直接提出的请求书时出具的收据为凭）起，必须在180天内审查这项请求，并答复赔偿请求人，在全部或部分承认赔偿请求时，支付应付的款额。

（2）根据运输合同向铁路提出的赔偿请求和诉讼，以及铁路对发货人或收货人关于支付运送费用、罚款和赔偿损失的要求和诉讼，可在九个月期间内提出；但货物运到逾期的赔偿请求和诉讼，应在两个月期间内提出。

（三）赔偿请求与诉讼

凡有权向铁路提出赔偿请求的人，即有权根据运送合同提起诉讼。只有提出赔偿请求后，才可提起诉讼。如铁路未遵守规定的赔偿请求审查期限，或铁路在上述期间内通知请求人全部或部分拒绝赔偿请求时，则有起诉权的人才可对受理赔偿请求的铁路提起诉讼。

诉讼只可向受理赔偿请求铁路的国家适当法院提出，《铁路最高人民法院86—2号文件》和《最高法院法（交）发〔1990〕8号通知》规定：有关"国际铁路联运合同纠纷案件"是铁路运输法院的管辖范围。起诉法院应为该批货物进出境国境车站所在地的铁路中级法院。

项目五
国际多式联运业务操作

 项目导入

　　结束了在国际海运、国际空运、国际铁运等业务部门的轮岗后，小陈来到了最后的轮岗部门——国际多式联运业务部门。在该部门，他需要了解国际多式联运的特点、类型及发展现状，掌握国际多式联运进出口货代业务流程，包括海空联运、海陆联运、空陆联运、公铁联运等的业务流程，学会多式联运的运费计算和运价的制定，了解国际多式联运公约的内容，熟悉国际多式联运单据操作实务，学会处理国际多式联运事故的相关事宜。

 学习目标

能力目标：
- 能够根据客户要求安排货物的国际多式联运进出口代理业务；
- 能够完成对货物的多式联运代理业务报价；
- 能够根据客户要求制作、签发国际多式联运单据；
- 能够处理国际多式联运代理业务中的事故及索赔理赔等事务。

知识目标：
- 了解国际多式联运的基本特征、类型及发展情况；
- 掌握国际多式联运货运代理进出口业务流程；
- 掌握国际多式联运的运到期限和运价计算；
- 了解国际多式联运公约；
- 掌握国际多式联运单据操作实务；
- 熟悉国际多式联运成本管理；
- 了解国际多式联运代理事故处理流程。

素养目标：
- 具有良好的团队协作和工匠精神；
- 做事细心，严谨，每一份单据都要层层审核把关，每一条款都要认真斟酌，理解深层含义；
- 具备国际视野和家国情怀。

【知识学习】

任务一　国际多式联运概述

一、国际多式联运的概念与构成要素

（一）国际多式联运的概念

目前，关于国际多式联运（International Multimodal Transport）最具权威性和影响力的定义源于 1980 年《联合国国际货物多式联运公约》。根据该公约，国际货物多式联运（以下简称"国际多式联运"）是指："按照多式联运合同，以至少两种不同的运输方式，由多式联运经营人将货物从一国境内接管货物的地点运至另一国境内指定交付货物的地点。为履行单一方式运输合同而进行的该合同所规定的货物接送业务，不应视为国际多式联运。"

（二）国际多式联运的构成要素

根据以上定义可知，国际多式联运必须满足以下基本条件：

（1）两种方式，即必须以至少两种不同的运输方式连续进行运输。严格来讲，这里所称的运输方式是指铁路、公路、水路、航空、管道 5 种运输方式。不过，在实践中，有时会根据需要，对运输方式进行"扩大"或"缩小"的解释。例如，《海商法》中，多式联运是指由海运与其他运输方式组成的多式联运；1973 年国际商会《联合运输单证统一规则》将不同的运输方式定义为"使用两种或两种以上的运输方式，如海运、内河、航空、铁路或公路等运输货物"。显然，在该规则下，海运与内河视为两种不同的运输方式。

（2）一个合同，即一份国际多式联运合同。在实践中，合同双方当事人未必签订书面合同。在这种情况下，国际多式联运经营人所签发的国际多式联运单据就成为国际多式联运合同的证明。

（3）一人负责，即国际多式联运经营人对货物运输全程负责。1980 年《联合国国际多式联运公约》第一条第二款规定：多式联运经营人是指本人或通过其代表订立多式联运合同的人，他是事主，而不是发货人的代理人或代表或参加多式联运的承运人的代理人或代表，并且负有履行合同的责任。由此可见，国际多式联运经营人是指本人或者委托他人以本人名义与托运人订立一项国际多式联运合同并以承运人身份承担此项合同责任的人。

（4）两个国家，即接管货物地点和交付货物的地点应位于不同国家。由于国际多式联运在整个多式联运中占了绝大比例，而且大多以集装箱为载体，因此通常所称的"多式联运"往往是指国际集装箱多式联运。

值得注意的是，为履行单一方式运输合同而进行的该合同所规定的货物接送业务，如全程签发航空运输合同下的陆空联运、航空快递服务等，尽管符合国际多式联运的四大基本条件，但由于这类服务通常按单一运输方式下的国际公约或法规处理，因此《联合国国际货物多式联运公约》将这种情况排除在国际多式联运之外。

二、国际多式联运的类型

（一）以海运为核心的国际多式联运

以海运为核心的国际多式联运，是指整个国际多式联运过程是以国际海上运输作为干线运输的国际多式联运。

从运输方式的组合形式上划分，主要包括公海联运、海铁联运等。内河与海运在航行条件、船舶吨位、适用法规上有所不同，因此江海联运也可以视为两种不同运输方式之间的联运。

（二）以陆运为核心的国际多式联运

以陆运为核心的国际多式联运，是指整个国际物流过程是以铁路运输或公路运输作为干线运输的国际多式联运。从运输方式的组合划分，以陆运为核心的国际多式联运业务主要包括公铁联运、公铁—公联运、大陆桥运输（海—陆—海联运）等。

（三）以空运为核心的国际多式联运

以空运为核心的国际多式联运，是指以航空运输为干线运输的国际多式联运，主要包括海—空联运、陆—空联运等形式。

三、国际多式联运的优点及发展阻碍

（一）优　点

国际多式联运最明显的优势是将传统的海运"港到港"运输发展成为"门到门"运输。国际多式联运不仅实现了各种运输方式之间的无缝连接，充分发挥了各种运输方式的优势，而且全程采用一次托运、一次付费、一票到底、统一理赔、国际多式联运经营人全程负责的组织形式，因而国际多式联运也具有手续简便、安全可靠、提早结汇等优势。

（1）简化托运、结算及理赔手续，节省人力、物力和有关费用。在国际集装箱多式联运下，无论货物运输距离有多远，均由几种运输方式共同完成，而且不论运输途中货物经过多少次转换，所有一切运输事项均由国际多式联运经营人负责办理。托运人只需办理一次托运，订立一份运输合同，支付一次费用、一次保险，从而省去了托运人办理托运手续的许多不便。同时，由于国际多式联运采用一份货运单证，统一计费，因而也就简化了制单和结算手续，节省了人力和物力。此外，一旦运输过程中发生货损货差，由国际多式联运经营人对全程运输负责，也可简化理赔手续、减少理赔费用。

（2）缩短货物运输时间，减少库存，降低货损货差事故，提高货运质量。在国际多式联运方式下，各个运输环节和各种运输工具之间配合密切、衔接紧凑，货物中转迅速及时，大大减少了货物的在途停留时间，从根本上保证了货物安全、迅速、准确、及时地运抵目的地，因而也相应地降低了货物的库存量和库存成本。此外，国际多式联运是通过集装箱为运输单元进行直达运输的，尽管货途中须经多次转换，但由于使用专业机械装卸，且不涉及箱内货物，所以货损货差事故大为减少，从而在很大程度上提高了货物的运输质量。

（3）降低运输成本，节省各种支出。由于国际多式联运可实行"门到门"运输，因此对货主来说，在货物交由第一承运人以后即可取得货运单证，并据以结汇，从而使结汇时间提前。这不仅有利于加速货物占用资金的周转，而且可以减少利息的支出。此外，由于货物是在集装箱内进行运输的，因此从某种意义上看，可相应地节省货物的包装、理货和保险等费用的支出。

（4）提高运输管理水平，实现运输合理化。对于区段运输来说，由于各种运输方式的经营人各自为政、自成体系，因而其经营业务范围受到限制，货运量也有限。而一旦由不同的运输经营人共同参与国际多式联运，相应的经营范围会大大扩展，同时最大限度地发挥其现有设备的作用，选择最佳运输线路组织合理化运输。

（5）其他作用。从政府的角度来看，发展国际多式联运具有以下重要意义：有利于加强政府部门对整个货物运输链的监督与管理；保证本国在整个货物运输过程中获得较大的运费收入比例；有助于引进新的先进运输技术；减少外汇支出；改善本国基础设施的利用状况；通过国家的宏观调控与指导职能，保证使用对环境破坏最小的运输方式，以达到保护本国生态环境的目的。

（二）发展阻碍

目前，国际多式联运在世界各国获得了普遍发展，但同时我们也应该看到，国际多式联运在世界范围的发展过程中仍存在一些问题。

（1）地区发展不平衡。国际多式联运在发达国家已处于成熟阶段，而在发展中国家由于资金和人才的短缺，再加之起步较晚，一般处于发展阶段，少数还处于起步阶段，相应地晚了20~30年。例如，在发展中国家的换装地，各种必要的设施不配套、运输环境较差、货主拥有大量自有车辆、缺乏一流的国际多式联运经营人等。因此，这些地区已成为国际多式联运路线的薄弱环节，但由于它们的位置处于国际多式联运路线的途经地点，因而成了国际多式联运发展的重要障碍。

（2）集装箱标准化尚未取得一致。在国际多式联运实践中，集装箱标准化尚未取得一致。例如，美国集装箱的规格与ISO的规格就不一致。在美国的国内运输中，通常使用45英尺或48英尺的集装箱，同时还采用加长、加高的集装箱；而世界其他各国多采用20英尺与40英尺的国际标准集装箱，由此产生了集装箱的换装作业与衔接不畅等诸多问题。

（3）国际多式联运经营人的责任未统一。由于各国法律不同、国际多式联运经营人的规模不同，所以有关规定国际多式联运经营人责任的国际多式联运单证及其背面条款存在差异；加之《联合国国际货物多式联运公约》尚未生效，国际上尚无一个可为各国通用的、统一规范的标准国际多式联运单证，以致有关国际多式联运经营人责任的法律问题尚未取得一致。

（4）综合优势未得到充分发挥。由于各国体制、观念、管理、技术等诸多方面的原因，实践中国际多式联运所具有的综合优势往往未能充分发挥出来，这在一定程度上导致货主倾向选择单一的运输方式，从而影响了国际多式联运的发展。

任务二　国际多式联运业务操作流程

国际多式联运是在国际多式联运经营人的组织协调下，由货主、区段承运人、场站经营人、运输代理人等各方相互协作完成的。从空间上划分，其业务流程设计主要包括发送管理、中转管理、交付管理三方面的内容。至于各关联方在每个阶段所承担的业务内容，在很大程度上受制于所采用的运输方式以及集装箱交付条款等。

下面以全程由国际多式联运经营人（MTO）负责，一程是公路运输，二程是海上运输，三程是铁路运输的国际多式联运为例说明其操作流程。假设国际多式联运经营人与货主之间采用 DOOR/CY 条款、国际多式联运经营人与各区段承运人之间采用 CY/CY 条款，并使用船公司集装箱。

一、发送管理

发送管理主要包括订舱业务、箱管业务、收费业务、签发单证业务、报关报检及保险业务等。

（1）国际多式联运经营人起运地分支机构或代理接受托运申请，并向海上承运人订舱，海上承运人确认订舱后，委托公路承运人到海上承运人的起运地提箱点提取空箱（如内陆没有空箱，则需要到码头堆场提取空箱），并到工厂收货、装箱，然后由公路承运人安排将重箱送至集装箱码头。

（2）在工厂接收货物，国际多式联运经营人起运地分支机构或代理签发全程国际多式联运提单，其中的正本交给发货人，用于结汇；副本若干份交付国际多式联运经营人，用于国际多式联运经营人留底和送交目的地分支机构或代理。

（3）代办货物报关报检与保险（如货主委托的话），并向海关申报无船承运人舱单。

（4）国际多式联运经营人起运地分支机构或代理将货物交给公路承运人，支付相关运杂费后，公路承运人签发以国际多式联运经营人或其起运地分支机构或代理为托运人、以国际多式联运经营人或其分支机构或代理为收货人的公路运单，运单上应注有全程国际多式联运提单的号码。国际多式联运经营人起运地分支机构或代理在货物出运并取得运单后，应立即以最快的通信方式将公路运单副本、舱单等寄交国际多式联运经营人在装货港的分支机构或代理，以便其分支机构或代理提取货物或安排转运手续。与此同时，还应向国际多式联运经营人提供运单正本以及载运汽车的离站时间及预计抵达时间等信息，以便国际多式联运经营人能全面了解货运进展和向相关分支机构或代理发出必要的指示。

二、中转管理

当物品从起运地到目的地之间不能依靠一次运输直达时，就要经过两次或多式运输而发生中转作业。中转作业起着承前启后的作用，它既要及时接收前一程运输的物品，又要通过二程运输及时发送该物品。因此，对提高运输工作质量来说，加强中转管理极为重要。

中转管理主要涉及以下几方面的工作：

（1）衔接运输计划。国际多式联运经营人装货港的分支机构或代理必须按有关规定，提前将需要中转的运输计划通知海运承运人。此外，还要事先做好接运和中转准备工作。

（2）国际多式联运经营人装货港分支机构或代理收到运单副本后，到公路承运人或其代理处办理提货或安排转运手续，公路承运人或其代理核对身份后，将集装箱交付海运承运人或其代理指定的码头堆场。码头堆场向其签发场站收据。

（3）国际多式联运经营人装货港分支机构或代理办理货物转关及报检手续等。

（4）接收中转货物。海运承运人在收到发货预报后，应尽量衔接运力，争取站、港直拨。同时，海运承运人还应有一定的仓库货位，以保证转运货物临时受阻时，可顺利入库，不压车、船。

（5）发运中转商品。为减少货物待运期，发运中转货物应按货物到达顺序，先来先转；对救灾、易腐鲜活和市场急需的货物应优先转运；货物中转之后，应按规定将货物运单和运输交接单的留存联进行统计、归档、成册，以备查询。

（6）海运承运人或其代理凭场站收据，签发以国际多式联运经营人或其分支机构或代理为托运人，以国际多式联运经营人或卸货港分支机构或代理为收货人的提单（当然也可以是指示提单，但通知方应为国际多式联运经营人卸货港分支机构或代理），提单上应注明全程国际多式联运提单号码。国际多式联运经营人装货港分支机构或代理在货物出运并取得提单后，应立即以最快的通信方式将正本提单、舱单等寄交国际多式联运经营人卸货港分支机构或代理，以便分支机构或代理能用此提货或安排转运手续。与此同时，还应向国际多式联运经营人提供提单副本以及船舶离港报告等，以便国际多式联运经营人能全面了解货运进展和向相关分支机构或代理发出必要的指示。

（7）国际多式联运经营人目的港分支机构或代理应提前向铁路承运人申请车皮计划和办理托运，并在收到提单后，凭此从海运承运人或其代理处提取集装箱，然后交给铁路承运人或其代理。铁路承运人或其代理收到货物后，签发以国际多式联运经营人或其卸货港分支机构或代理为托运人，以国际多式联运经营人或其目的地分支机构或代理为收货人的铁路运单，运单上应注明全程国际多式联运提单号码。国际多式联运经营人卸货港分支机构或代理在货物出运并取得铁路运单后，应立即以最快的通信方式将铁路运单副本等寄交国际多式联运经营人目的地分支机构或代理，以便目的地分支机构或代理提货。与此同时，还应向国际多式联运经营人提供铁路运单正本以及火车动态等，以便国际多式联运经营人能全面了解货运进展和向目的地分支机构或代理发出必要的指示。

三、交付管理

交付管理主要包括进口换单业务、箱管业务、收费业务、货运事故索赔与理赔业务等。

（1）在收到铁路车站的提货通知后，国际多式联运经营人目的地分支机构或代理向收货人发出提货通知。

（2）收货人付款赎单后取得国际多式联运经营人签发的全套正本国际多式联运提单，凭此全套正本提单可向国际多式联运经营人目的地分支机构或代理办理提货手续。国际多式联运经营人目的地分支机构或代理经与国际多式联运经营人寄交的副本提单核对，并在收取应收取的运杂费后，向收货人签发提货单以及授权收货人到车站办理提货事宜。

（3）收货人凭提货单等办理报关报检手续。

（4）收货人向铁路承运人办理提货手续，在核对身份并收取相关运杂费后，铁路承运人可将集装箱交付收货人。

（5）收货人将集装箱运送到工厂或仓库后，应尽快拆箱，并及时将空箱返还到国际多式联运经营人指定的地点。当然，无论是国际多式联运经营人还是收货人在办理提空箱、交付或提取重箱以及返还空箱时，都应交付押金、签发设备交接单，并在滞期时交付滞期费等。

（6）如果交付时发生货运事故，国际多式联运经营人应做好签收，并及时办理货运事故的理赔与索赔事宜。

任务三 运到期限与运价计算

多式联运通常以集装箱为运输单位，将不同运输方式有机组合在一起，构成连续的、综合性的一体化货物运输。通过一次托运、一次计费、一份单证、一次保险，各运输区段的承运人共同完成货物的全程运输。

一、国际集装箱多式联运运价的制定

作为国际集装箱多式联运经营人的两种主要类型，无船承运人和有船承运人在很多方面具有不同的特征。然而，从多式联运运价表的内容结构来讲，这两种多式联运经营人却并无大的区别。任何一个多式联运经营人，在制定多式联运运价表之前，首先必须确定具体的经营线路，并就有关各运输区段的各单一运输方式做好安排。在此基础上，依据各单一运输方式的运输成本及其他有关运杂费，估算出各条营运线路的实际成本，从而制定出一个真正合理的多式联运运价表。

国际集装箱多式联运运价表从结构上讲，可采用以下两种形式：一种是城市间的门到门费率。这种费率结构可以是以整箱货或拼箱货为计费单位的货物等级费率，也可以是按 TEU 或 FEU 计费的包箱费率。这是一种真正意义上的多式联运运价。另一种形式与海运运价表相似，是港到港间费率加上内陆运费率。这种费率结构形式较为灵活，但从竞争的角度来看，这种形式将海运运价与内陆运价分开，因而对竞争不利。

在多式联运运价分为海运运价和内陆运价两部分的情况下，运价表的内陆运价部分必须包括以下内容：

（1）一般性条款，如关税及清关费用、货物的包装、无效运输以及更改运输线路与方向等。

（2）公路、铁路及内河运输的装箱时间及延滞费。

（3）额外服务及附加费的计收，如因货主原因而使用有关设备等。

内陆运价应真实反映各种运输方式的成本状况及因采用集装箱运输而增加的成本项目。同时，在确定内陆运价时，既要考虑集装箱的装载能力，也要考虑运输工具的承载能力。这在有些时候会发生货主利益与承运人利益相互冲突的情况。例如，由于集装箱载重能力或内容积的限制，承运人在运输集装箱货物时不能达到运输工具的允许最大承载能力，进而给承运人造成一定的亏载损失。

由于目前国际集装箱多式联运运价的制定倾向只限定在特定的一些运输线路上，即从海港到内陆消费中心或生产中心，所以在制定内陆运价时可以考虑在不影响整个费率结构及其水平的情况下，采用较为优惠的内陆集装箱运输费率，对处于区位劣势的港口给予一定的补偿，从而提高这些港口的竞争力，促进这些港口腹地国际集装箱多式联运的发展。

根据国际集装箱运输市场运价的变化及时调整费率水平，确保国际集装箱多式联运运价始终处于一种最新的状态，是多式联运经营人一项十分重要的任务。通常，内陆运费率及有关费用的变化，相比海上运费率要频繁得多。因此，当内陆运费率及有关费用发生变化时，多式联运运价必须尽快做出相应的变化。如果内陆运输成本上升而多式联运运价仍保持在原有的水平，那么，多式联运经营人的盈利就会减少。相反，如果内陆运输费用降低，而多式联运运价不相应降低，多式联运经营人的竞争地位就会受到影响。

为充分发挥国际集装箱多式联运的优越性，国际多式联运运价应该比分段运输的运价对货主更具吸引力，而绝对不能是各单一运输方式运费率的简单相加。因为这将使多式联运经营人毫无竞争力。众所周知，运输时间和运输成本是与多式联运经营人竞争力密切相连的两个因素。对于组织、管理水平较高的多式联运经营人来说，运输时间是比较容易控制的。在此，重要的是如何降低运输成本。目前，多式联运经营人，主要是无船承运人大多采用"集并运输"（Consolidation）方式来减少运输成本。集并运输也称"组装化运输"（Groupage），它是指作为货运代理人的无船承运人将起运地几个发货人运往同一目的地几个收货人的小批量、不足一箱的货物汇集起来，拼装成整箱货托运。货物运往目的地后，由当地集并运输代理人将它们分别交付各收货人。其主要目的是从海上承运人较低的整箱货运费率中获益，从而降低海上运输成本。多式联运经营人降低海上运输成本的另一个途径是采用前述的运量折扣费率（TVC）形式，通过与海上承运人签订TVC合同，获取较低的海运运费率。此外，多式联运经营人还可以通过向非班轮公会会员船公司托运货物的方式来降低海运成本。因为相比之下，非会员船公司的费率水平通常要比会员船公司的低。

除海上运输外，国际集装箱多式联运经营人也可采用类似的方法来降低内陆运输（包括航空运输）成本，如采用运量折扣费率。此外，还可以通过加强与公路、铁路等内陆运输承运人之间的相互合作，获得较低的优惠费率。实际上，这种有效的合作对双方都是有利的。对于公路或铁路运输承运人来说，由于采用集装箱运输，车辆在一定时期内完成的周转次数比散件运输要多得多。或者说，运输同样数量的货物，采用集装箱运输所需的车辆数量要少得多，因而可以减少公路或铁路运输承运人的资本成本。

二、国际集装箱多式联运的计费方式

如前所述，国际集装箱多式联运的全程运费是由多式联运经营人向货主一次计收的。目前，多式联运运费的计收方式主要有单一运费制和分段运费制两种。

（一）按单一运费制计算运费

单一运费制是指集装箱从托运到交付，所有运输区段均按照一个相同的运费率计算运费。在西伯利亚大陆桥（SLB）运输中采用的就是这种计费方式。1986年苏联修订了原来的7级费率，采用了不分货种的以箱为计费单位的FAK统一费率。陆桥运输开办初期，从日本任何一个港口到布列斯特（苏联西部边境站）的费率为1385卢布/TEU，陆桥运输的运费比班轮公会的海运运费低20%~30%。

（二）按分段运费制计算运费

分段运费制是按照组成多式联运的各运辖区段，分别计算海运、陆运（铁路、汽车）、空运及港站等各项费用，然后合计为多式联运的全程运费，由多式联运经营人向货主一次计收。各运输区段的费用，再由多式联运经营人与各区段的实际承运人分别结算。目前大部分多式联运的全程运费均采用这种计费方式，如欧洲到澳大利亚的国际集装箱多式联运、日本到欧洲内陆或北美内陆的国际集装箱多式联运等。

任务四　认识国际多式联运公约

在国际货物多式联运领域内，较有影响的国际公约主要有 3 个：1980 年《联合国国际货物多式联运公约》、1973 年《多式联运单证统一规则》以及 1991 年《多式联运单证规则》。但是，第一个公约至今尚未生效，而后两个则是民间规则，而非强制性的公约，仅供当事人选择适用。这 3 个公约与我国的规定相比较，主要的不同点在于多式联运经营人的责任制度方面的不同。

一、《联合国国际货物多式联运公约》

《联合国国际货物多式联运公约》于 1980 年 5 月 24 日在日内瓦举行的联合国国际联运会议第二次会议上，经与会的 84 个贸发会议成员国一致通过。《联合国国际货物多式联运公约》全文共 40 条和 1 个附件。该公约在结构上分为总则、单据、联运人的赔偿责任、发货人的赔偿责任、索赔和诉讼、补充规定、海关事项和最后条款等 8 个部分。

国际多式联运公约

（一）《联合国国际货物多式联运公约》的内容

《联合国国际货物多式联运公约》的内容主要可概括为以下 3 部分：

1. 多式联运合同双方当事人的法律地位

多式联运合同的双方当事人分别为联运人和发货人。根据公约第 1 条的规定，联运人是以"本人"的身份同发货人签订多式联运合同的当事人，他不是发货人的代理人或代表，也不是参与多式联运的承运人的代理人或代表。联运人负有履行整个联运合同的责任，并以"本人"的身份对联运的全过程负责。因此，在发货人将货物交由联运人收管后，不论货物在运输过程中的哪个运输阶段发生灭失或损坏，联运人均须以"本人"的身份直接承担赔偿责任。

2. 多式联运合同和多式联运单据

按照公约的有关规定，多式联运合同是指多式联运人凭以收取运费、负责完成或组织完成国际多式联运的合同。多式联运单据是指证明多式联运合同以及证明多式联运人接管货物并负责按照合同条款交付货物的单据。根据公约第 5 条的规定，联运人在接管货物时，应签发多式联运单据。依照发货人的选择，可以是可转让的，也可以是不可转让的。多式联运单据中应当包括 15 项内容，其中包括：货物的品类、标志、包数或件数，货物的毛重，危险货物的性质，货物的外表状况，联运人的名称和地址，发货人的名称，收货人的名称，联运人接管货物的地点和日期、交货地点，多式联运单据的签发地点和日期，联运人或其授权人的签字等。不过，多式联运单据中若缺少上述内容中的一项或数项，并不影响其作为多式联运单据的法律性质。

3. 联运人的赔偿责任

公约的第三部分是关于联运人赔偿责任的规定。联运人对多式联运单据项下货物的责任期间，是从其接管该货物之时起至交付货物时为止。公约对联运人的赔偿责任采取了"推定过失原则"，即除非联运人能证明他和他的受雇或代理人为避免损害事故的发生及其后果已经采取了一切所能合理要求的措施，否则就推定联运人对事故的发生有过失，因而应对货物在其掌管期间所发生的灭失、损坏或延迟交货，负赔偿责任。

4. 发货人的赔偿责任

公约的第四部分是关于发货人赔偿责任的规定。如果多式联运人遭受的损失是发货人的过失或疏忽，或者他的受雇人或代理人在其受雇范围内行事时的过失或疏忽造成的，发货人对这种损失应负赔偿责任。如果损失是发货人的受雇人或代理人本身的过失或疏忽所造成的，该受雇人或代理人对这种损失应负赔偿责任。

5. 索赔与诉讼

公约的第五部分是关于索赔和诉讼的规定。该部分规定的内容由灭失、损坏或延迟交货的通知，诉讼时效，管辖和仲裁等4个方面构成。

（二）国际公约对多式联运经营人的责任规定

该公约实行修正后的统一责任制。多式联运经营人对全程运输负责。不管是否能够确定货运事故发生的实际运输区段，都适用公约的规定。但是，若货运事故发生地区段适用的国际公约或强制性国家法律规定的赔偿责任限额高于公约规定的赔偿责任限额，则应该按照该国际公约或国内法的规定限额进行赔偿。

该公约实行推定过失责任制，即如果造成货物灭失、损坏或延迟交付的事故发生在联运责任期间，联运经营人就应负赔偿责任，除非联运经营人能证明其本人、雇佣人或代理人等为避免事故的发生及后果已采取了一切所能采取的措施。

（三）多式联运经营人的赔偿责任限额

该公约规定，多式联运包括水运的，每包或其他货运单位的最高赔偿额不得超过920特别提款权，或者按毛重每公斤不得超过2.75特别提款权计算，并以其中较高者为准；如联运中不包括水运，则按毛重每公斤不超过8.33特别提款权计算，单位限额不能适用。关于迟延交付的责任限额为所迟延交付的货物应付运费的总额。

如经证明，货物的灭失、损坏或迟延交付是多式联运经营人的故意或者明知可能造成的轻率作为或不作为所引起的，多式联运经营人便丧失引用上述责任限制的权利。

二、《多式联运单证统一规则》

《多式联运单证统一规则》是由国际航运商会制定、供联运经营人采用的非强制性的一般准则，于1973年制订，1975年修正，以《国际商会书目第298号》公布。规则由导言、总则等19条规则组成。规则规定联运经营人在签发联合运输单证后负责办理自收受货物起，到交付货物止的联合运输；规则适用范围及制定目的是简化国际贸易手续，便利国际贸易及其资金融通；规定了联运经营人的责任和义务、当事人的权利和义务，以及对灭失或损害及延退的赔偿责任等。

《多式联运单证统一规则》的内容如下：

（1）多式联运经营人的责任形式：规则对于多式联运经营人实行网状责任制。对于发生在多式联运经营人责任期间内的货物灭失或损坏，如果知道这种灭失或损坏发生的运输区段，多式联运经营人的赔偿责任，依据适用于该区段的国际公约或国内法予以确定；在不能确定货物发生灭失或损坏的区段时，即对于隐藏的货物损失，其赔偿责任按完全的过错责任原则予以确定。赔偿责任限额为，按灭失或损坏的货物毛重每公斤 30 金法郎计算。如果发货人事先征得多式联运经营人的同意，已申报超过此限额的货物价值，并在多式联运单据上注明，则赔偿责任限额应为所申报的货物价值。

（2）多式联运经营人的责任期间：从接管货物时起，至交付货物时止的整个运输期间。

（3）多式联运经营人对货物运输延迟的责任：只有在确知发生延迟的运输区段时，多式联运经营人才有责任支付延迟赔偿金。赔偿金的限额为该运输区段的运费。但适用于该区段的国际公约或国内法另有规定时除外。

（4）货物灭失或损坏的通知与诉讼时效：收货人应在收货之前或当时，将货物灭失或损坏的一般性质书面通知多式联运经营人。如果货物灭失或损坏不明显，应在 7 日内提交通知，否则，便视为多式联运经营人按多式联运单据所述情况交付货物的初步证据。就货物灭失、损坏或运输延迟而向多式联运经营人提出索赔诉讼的时效期间为 9 个月，自货物交付之日或本应交付之日，或自收货人有权认为货物已灭失之日起计算。

三、《多式联运单证规则》

《多式联运单证规则》的全称为《1991 年联合国贸易和发展会议/国际商会多式联运单证规则》（UNCTAD/ICC Rules for Multimodal Transport Documents，1991），是 1991 年由联合国贸易和发展会议与国际商会在《联合运输单证统一规则》的基础上，参考《联合国国际货物多式联运公约》共同制定的，是一项国际规则，供当事人自愿采纳。

《多式联运单证规则》共 13 条，主要内容如下：

（1）本规则经当事人选择后适用，一经适用就超越当事人订立的条款，除非这些条款增加多式联运经营人的义务。

（2）对一些名词做了定义。

（3）多式联运单证是多式联运经营人接管货物的初步证据，多式联运经营人不得以相反的证据对抗善意的单据持有人。

（4）多式联运经营人责任期间自接管货物时起到交付货物时止。多式联运经营人为其受雇人、代理人和其他人的作为或不作为承担一切责任。

（5）多式联运经营人的赔偿责任基础是完全责任制，并且对延迟交付应当承担责任。

（6）多式联运经营人的责任限制为每件或每单位 666.67 特别提款权，或者毛重每公斤 2 特别提款权。

（7）如果货物的损坏或灭失的原因是多式联运经营人的作为或不作为造成的，则不得享受责任限制。

（8）如果货物的损坏或者灭失是托运人的原因造成的，则多式联运经营人应先向单据的善意持有人负责，而后向托运人追偿。

（9）货物损坏明显，则收货人立即向多式联运经营人索赔，如不明显，则在 6 日内索赔。

（10）诉讼时效为 9 个月。

（11）规则对无论是侵权还是违约均有效。

（12）本规则适用于所有多式联运关系人。

任务五 国际多式联运单据操作

一、国际多式联运单据概述

（一）国际多式联运单据的概念与性质

《联合国国际货物多式联运公约》对国际多式联运单据所下的定义是：国际多式联运单据是指证明国际多式联运合同以及国际多式联运经营人接管货物并负责按照合同条款交付货物的单证。

《多式联运单证规则》所下的定义是：多式联运单据是指证明国际多式联运合同的单据，该单据可以在适用法律的允许下，以电子数据交换信息取代，而且可以：以可转让方式签发；表明记名收货人，以不可转让方式签发。

以上定义表明，国际多式联运单据可分为可转让的国际多式联运单据和不可转让的国际多式联运单据两种。

1. 可转让的国际多式联运单据

可转让的国际多式联运单据通常称为国际多式联运提单（Multimodal Transport B/L, Combined Transport B/L）。它类似于海运提单，具有国际多式联运合同的证明、货物收据与物权凭证（Document of Title）三大功能。目前，常见的国际多式联运提单格式主要由行业协会拟定。例如，国际货运代理协会联合会（FIATA）拟定的联运提单（FBL，1992）、波罗的海航运公会（BIMCO）拟定的国际多式联运提单（MTB/195）以及船公司拟定的国际多式联运提单，如中海集运的国际集装箱货物托运单。

2. 不可转让的国际多式联运单据

不可转让的国际多式联运单据通常称为国际多式联运运单，它不具有物权凭证功能，即类似于运单（如海运单、空运单），仅具有国际多式联运合同的证明和货物收据两大功能。例如，FIATA制定的FWB就是不可转让的国际多式联运单据。

表5-1显示了这两类单据的异同，从中可以看出，这两类单据的共同点是它们均具有运输合同证明和货物收据的功能。两者的最大区别在于：可转让的国际多式联运单据具有物权凭证功能，可以转让，国际多式联运经营人及其代理在交付货物时遵循"认单不认人"的原则；不可转让的国际多式联运单据不具有物权凭证功能，不具有流通性，收货人一栏必须是记名的，国际多式联运经营人及其代理在交付货物时遵循"认人不认单"的原则。

表 5-1　两类国际多式联运单据异同比较

比较项目	可转让的国际多式联运单据	不可转让的国际多式联运单据
物权凭证	是	不是
货物收据	是	是
合同证明	是	是

续表

比较项目	可转让的国际多式联运单据	不可转让的国际多式联运单据
证明效力	承、托之间为初步证据，对第三人为绝对证据	初步证据
收货人记载	记名、指示、不记名	记名
是否全套正本单据交付托运人	是	不是
是否凭正本单据提货	凭正本单据提货	不需要（仅需要核对身份）
是否需要托运人签字	不需要	需要（实际业务中例外）

如前所述，在国际多式联运业务中，既可以使用具有物权凭证的国际多式联运提单，也可以使用不具有物权凭证的其他国际多式联运单据。然而，由于多数国际多式联运都包含了海运，加之海运提单因其特有的功能和作用在众运输单据中居于核心地位，所以实务中国际多式联运主要以签发国际多式联运提单为主。

（二）国际多式联运提单与海运提单的比较

（1）责任范围：国际多式联运提单负责自收货地至交货地的运输全过程，而海运提单只负责自装货港至目的港的运输。

（2）单据性质：国际多式联运提单证明已收妥货物并负责全程运输，所以多为备运提单或收货待运提单（Received for Shipment B/L），不要求必须表明货已装船或具体的装运船舶名称，而海运提单则须证明货已装船或已装上指定船舶。

（3）签发人与签发地点：国际多式联运提单的签发人是国际多式联运经营人，未必是海运承运人，签发地点通常为收货地，而海运提单必须由海运承运人签发，签发地点通常为装货港。

（4）运输方式：国际多式联运提单通常适用于包含海运在内的多种运输方式，而海运提单只能是海运一种方式。

（5）制作与签发依据：在UCP600中，国际多式联运提单的制作与签发应符合UCP600第十九条有关国际多式联运单据的规定，而海运提单的制作与签发应符合UCP600第二十条有关提单的规定。当然，国际多式联运提单也可作为海运提单来使用，但其制作与签发必须符合UCP600第二十条有关提单的规定。

（三）国际多式联运提单与集装箱提单的比较

集装箱提单是指为集装箱运输所签发的提单，既可能是港到港的直达提单，也可能是转船提单或联运提单，还可能是海上运输与其他运输方式接续完成全程运输的国际多式联运提单。虽然习惯上常将这3种提单统称集装箱提单，甚至认为集装箱提单就是国际多式联运提单。然而，应该明确的是，由于集装箱运输并不一定都是国际多式联运，所以集装箱运输下所签发的集装箱提单也不一定都是集装箱国际多式联运提单。不过，在实务中，集装箱提单大多以"港到港或多式联运"（Port to Port or Multimodal Transport）为提单的"标题"，以表明该集装箱提单兼具直达提单和国际多式联运提单的性质，而且都在提单中设置了专门条款，并按港到港运输和国际多式联运分别为承运人规定了不同的责任。

国际多式联运单据概述

二、国际多式联运单据的制作与签发

下面主要对国际多式联运提单予以说明。在信用证结算下，国际多式联运提单的制作与签发应符合国际商会公布的《跟单信用证统一惯例》（UCP600）、《关于审核跟单信用证项下单据的国际标准银行实务（ISBP）》（目前的最新版本为2013年发布的ICC第745号出版物，即ISBP745）和《UCP600注释》（即ICC第680号出版物）等相关规定。

（一）国际多式联运提单的制作

限于篇幅，下文简要阐述运输栏目的制作。

（1）前程运输工具（Pre-carriage By）。在国际多式联运情况下，在该栏内注明铁路（Rail）、卡车（Truck）、空运（Air）或江河（River）等运输方式。

（2）收货地（Place of Receipt）。在国际多式联运情况下，此栏填写国际多式联运经营人开始接收货物的地点。

（3）海运船舶（Ocean Vessel）。此栏填写船名和航次号，但在国际多式联运情况下填写此栏时需要注意：当船名不能确定时，可填写"To Be Named"或者"×××（船名）Or Her Substitute"。

（4）装货港（Port of Loading）。此栏填写货物装船的港口名称。

（5）卸货港（Port of Discharging）。此栏填写货物卸船的港口名称。

（6）交货地（Place of Delivery）。在国际多式联运情况下，此栏填写国际多式联运经营人最终交货的地点。

（7）目的地（Final Destination for The merchant's Reference），此栏仅作为进出口商参考使用，应填写货物实际应到达的目的地。

值得注意的是，如果托运人提供了拼写错误的卸货港名称或交货地点，承运人或代理未经托运人核实不能自行更正。因为提单必须符合信用证的要求，必须与舱单相一致，故应联系托运人书面确认并进行更改，否则不接受。此外，如果信用证给出了收货地、装货港、卸货港、交货地的地理区域（如"任一欧洲港口"），则国际多式联运单据必须注明实际的收货地、装货港、卸货港、交货地，且该地点必须在规定的地理区域或范围内。

（二）国际多式联运提单的签发

根据UCP600的规定，单据的签署（Signature）应满足如下条件：

（1）签署可以用手签（Handwriting）、摹印（Facsimile Signature）、打透花字（Perforated Signature）、印戳（Stamp）、符号（Symbol）或任何其他机械或电子的证实方法。不过，有些地区可能有特殊规定，如巴西要求提单必须手签。

（2）与UCP500相比，UCP600取消了国际多式联运经营人的身份。根据UCP600第十九条的规定，不论其称谓如何，国际多式联运单证必须在表面上显示承运人名称并由承运人、船长或具名代理签署。国际多式联运单据必须按UCP600第十九条第a款第i项规定的方式签字，而且承运人的名称必须出现在运输单据表面，并表明承运人的身份。

第一，如果国际多式联运单据由代理人代表承运人签署，则必须表明其代理人身份，并且必须表明被代理人是谁，除非国际多式联运单据的其他地方已表明承运人的名称。第二，如果船长签署国际多式联运单据，则船长的签字必须表明"船长"身份。在这种情况下，不必注明船长的姓名。第三，如果由代理人代表船长签署国际多式联运单据，则必须表明其代理人身份。在这种情况下，不必注明船长的姓名。

【例5-1】一份提单的标题用粗体印刷标明公司名称为 ABCL, OGISTICS LTD. ，单据由一家署名的代理人签发，签署为"As Agent for the Carrier of B/L Title"，可否把引号中的词句解释为"As Agent for the Carrier Whose Name Appears on the Head-ig"，因此提单与 UCP600 的签署要求是相符的。这样理解正确吗？

案例评析：这样理解正确。提单上出现的承运人名称的表述方式符合 UCP600 关于承运人名称的要求。

【例5-2】C（Y国）有限公司以承运人代理的身份，代表 C（X国）有限公司签发了提单，但承运人的身份并没有在提单的正面得到证明，只是在提单的反面，定义下的第一行明确了 C（X国）有限公司为承运人。试问银行可否以此推定 C（X国）有限公司就是承运人？还是提单的正面必须明确标明承运人的身份？

案例评析：该提单没有按照 UCP600 的要求以一种合适的方式标明承运人的名称。由此可见，UCP600 提到"银行将不审核承运条款和条件的内容"，包括检查这些条款和条件以确定承运人。

【例5-3】一些运输单据上面印有预先印好的声明。出具单据后，除了那些有关"已装船""已收货"或"已被接管"的情况，其他预先印好的声明可能与附加声明不匹配。例如，预先印好的声明显示"代表船长签字"，单据通过附加批注看似由某具名代理人代表某具体承运人签字；或者预先印好的声明显示"由代理人代表承运人"，单据通过附加批注看似由某真正的承运人签字。试问此类预先印好的声明和附加声明之间的不匹配是否可以认为是矛盾的数据，或者还是以附加批注为准，简单地把它看作出单人采取的到出单日为止的实际或最终的情况？

案例评析：用以证明运输单据签署人员名称和身份的附加印戳或其他形式的批注可以取代提单上与之矛盾的预先印好的签字。如果运输单据的签署方式符合相关运输条款的要求，那么单据可以被接受。

三、国际多式联运单据的批注

（一）装船批注

国际多式联运单据的出具日期应视为发运、接管或装船的日期，除非单据上另批注有单独的注明日期，表明货物已在信用证规定的地点发运、接管或装船。在此情况下，该批注日期就被视为装运日期，而不论该日期是早于还是迟于单据的出具日期。

【例5-4】信用证要求：从美国的主要港口装运并且要提交"清洁已装运的多式联运单据"（Clean on Board Multimodal Transport Document）。受益人提交的国际多式联运单据有关运输栏目记载的收货地为孟菲斯，装货港为长滩，卸货港为中国赤湾，交货地为中国黄埔，其他方面均符合信用证的规定，只是已装船批注没有加注日期。

本案例的核心在于，当国际多式联运单据显示第一程运输为海运时，是否需要一个标注日期的装船批注？

案例评析：参阅国际商会的意见，当信用证如此要求时，无疑需要装船批注。当国际多式联运单据显示，从信用证规定地点的第一程运输为海运时，即使信用证中没有特别要求加批已装船批注，也需要装船批注。例如，信用证要求从 X 港运至内陆地点 M，假设在制作国际多式联运单据时，有关运输栏目记载方面存在以下4种情况（见表5-2）。

表 5-2 有关运输栏目记载的 4 种不同情况

栏目	Pre-carrin10ge by	Place of Receipt	Ocean Vessel	Port of Loading	Port of Discharge	Place of Receipt
例 A	空白	X Port	Vessel V	X Port	R	M
例 B	空白	X Port	Vessel A	Y Port	F	M
例 C	空白	空白	Vessel B	X Port	G	M
例 D	空白	空白	Vessel C	X Port	K	M

基于前述分析，可知答案如下：

（1）例 A，运输单据需要显示加注日期的装船批注。

（2）例 B，运输单据需要显示加注日期的装船批注，装船批注中还需注明从 X 港起航的船名和装货港"X 港"。

（3）例 C，运输单据需要显示加注日期的装船批注。

（4）例 D，运输单据需要显示加注日期的装船批注。

（二）货物外表不良状况的批注

如果承运人在提单上加注了有关货物及包装状况不良或存在缺陷等批注，则该提单构成不清洁提单（Unclean B/L，Foul B/L）；反之，则为清洁提单（Clean B/L）。

值得注意的是，根据国际航运公会（International Chamber of Shipping，ICS）的规定，下列批注不构成不清洁提单：① 没有明确表示货物或包装令人不满意的字句，如"旧箱""旧桶"等。② 强调承运人对因货物或包装性质所引起的风险不承担责任的字句。③ 承运人否认知道货物的内容、重量、体积、品质或技术规格的字句。

由此可见，只有附有明示货物或包装缺陷的附加条文或批注的提单，才构成不清洁提单。至于有关数量短少方面的批注并不构成不清洁提单。

根据 UCP600 第二十七条的规定，银行只接受清洁运输单据。此外，UCP600 进一步明确："清洁"一词并不需要在运输单据上出现，即使信用证要求运输单据为"清洁已装船"。

（1）载有明确声明货物及/或包装状况有缺陷的条款或批注的提单是不可接受的，未明确声明货物及/或包装状况有缺陷的条款或批注（如"包装状况可能无法满足海运航程"）不构成不符点，说明包装"是无法满足海运航程的"声明不可接受。

（2）如果提单下出现"清洁"字样，但又被删除，并不视为有不清洁批注或不清洁，除非提单载有明确声明货物或包装有缺陷的条款或批注。

正因为银行拒绝接受不清洁提单，因此在实践中，为了结汇，发货人往往通过出具保函以换取清洁提单。

一般来说，有两种情况托运人必须提供保函。第一种情况是当托运人与承运人之间就货物数量、重量或包装问题存在分歧时，如承运人怀疑托运人提供的情况有问题，但又没有合适的方法加以检查，或者承运人认为货物的包装不适合长途运输，而托运人此时已不可能另换包装，承运人会要求托运人出具保函，以保护承运人的利益；否则，承运人就在提单上记入不利于托运人的批注。第二种情况是托运人为了某种个人目的，要求承运人在提单上记入与实际货物情况不一致的内容，承运人为了保护自己的利益而要求托运人出具保函，凭保函签发清洁提单（包括要求承运人签发倒签提单和预借提单）就属于后一种情况。对于第一种情况下的保函，各国法律一般都采取认可的态度。这是一种为了使货物及时出口的变通做法，对收货人不存在隐瞒事实的问题。而对于第二种情况的保函，在法律上是无效的。因为这种保函的实际意义在于共同欺骗无辜的第三者。

（三）其他批注

例如，整箱货下的"不知"批注等。此外，国际多式联运单据可以另行显示不同的发运、接受监管或装载地点或者最终目的地的地点，只要显示的装运地及最后的目的地符合 L/C，银行不会介意包含"预期的"船舶、装货港或卸货港的批注。由此可知，与海运提单不同，国际多式运输单据可以显示"预期的"（Intended）船舶、装货港或卸货港，而无须另加批注。

四、运用国际多式联运单据应注意的事项

（一）海上运输中的应用

根据 UCP600 的规定，在单一运输方式中也可以签发抬头为"联合运输提单""多式联运提单""联运提单""转船提单"等的提单，但此时所签发的国际多式联运提单已不属于国际多式联运单据，因而应该符合信用证对该运输方式下运输单据的规定。例如，现行的国际集装箱多式联运提单大多"一单两用"，当它用于海上运输时，必须符合 UCP600 第二十条的规定，即提单应该是船名、装货港和卸货港都是确定的。显然，国际多式联运提单兼做海运提单时，必须符合以下条件：一是国际多式联运提单上必须加注"装船批注"。因为国际多式联运提单一般为收货待运提单，而海运提单必须是已装船提单。二是国际多式联运提单有关运输栏目的记载必须符合海运提单港到港的原则和要求。因为国际多式联运提单包括装货港、卸货港、船名和前程运输工具、收货地、交货地、最终目的地 7 个栏目。其中，前 3 个栏目既用于海上运输，也用于国际多式联运，而后 4 个栏目则是专为国际多式联运设置的。因此，当国外开来的信用证要求提供海运提单（Marine/Ocean B/L），而船公司用国际多式联运提单制作港至港提单时必须明确这两种不同性质的提单的区别。

（1）国际多式联运提单上已印就"收妥待运"（Received in Apparent Good Order and Condition for Shipment…,）字样，因此必须加上"装船批注"并加上装船日期，即装船批注为"On Board+装船日期"。

（2）如国际多式联运提单包含"预期船"（Intended Vessel）字样或类似有关限定船只的词语的，则装船批注为"On Board+装船日期+船名"。

（3）如果国际多式联运提单上的收货地点或接受监管货物地点与装货港不同，或者提单中装货港栏的记载与信用证中规定的装货港不同，或包含"预期"或类似有关限定装货港的标注的，则装船批注为"On Board+装船日期+船名+装货港"。值得注意的是，根据 UCP600 的规定，即使提单以事先印就的文字表明了货物已装载或装运于具名船舶，装船批注中仍须加批实际的船名，以证明该船舶是从信用证所规定的装货港起运的。

（4）信用证要求的装货港名称应在提单的装货港栏中标明。如果货物是由船舶从收货地运输，且有装船批注表明货物在"收货地"或类似栏名下显示的港口装载到该船，也可在"收货地"或类似栏名下标明。

（5）信用证要求的卸货港名称应在提单的卸货港栏中标明。如果货物将由船只运送到最终目的地，且有批注表明卸货港就是"最终目的地"或类似栏名下显示的港口中，也要在"最终目

地"或类似栏名下标明。

【例 5-5】信用证：全套清洁已装船海运提单，货物从任何欧洲港口发运至日本东京，并允许转船。由于地理上原因，该货首先由支线船 A 在丹麦哥本哈根装船运至德国汉堡，然后再转到远洋船 B 运至日本东京。假设选用国际多式联运提单制作上述海运提单，试问以下 4 种形式所制作的提单能否被银行所接受？

（1）第一种制单。

前程运输工具：A；收货地：COPENHAGEN；装货港：HAMBURG；船名：B；卸货港：TOKYO；交货地：TOKYO；

另在装船批注上加注 HAMBURG 的装船日期。

（2）第二种制单前程运输工具。

收货地：COPENHAGEN。

装货港：HAMBURG；船名：B；卸货港：TOKYO；交货地：TOKYO。

另在装船批注上加注 HAMBURG 的装船日期。

（3）第三种制单前程运输工具。

收货地：COPENHAGEN。

装货港：COPENHAGEN；船名：A；卸货港：HAMBURG；交货地：TOKYO。

另批注显示在汉堡转船（VIA HAMBURG）。

（4）第四种制单。

前程运输工具：A；

收货地：COPENHAGEN；

装货港：COPENHAGEN。

（二）在国际铁路联运中的应用

单证的名称并不重要，因而很多名称为联合运输单据、联运单据甚至空运单据的单据也会出现在国际多式联运之中，履行国际多式联运单证的职能。当然，如前所述，这些单证也可作为海运提单来签发，但前提是必须符合 UCP600 第二十条提单的规定。

据此推论，在国际铁路联运下，虽然仅涉及铁路运输这一种方式，但国际多式联运经营人应货主要求签发国际多式联运提单也未尝不可。然而，根据 UCP600 第十九条"涵盖至少两种不同运送方式的运送单据"可知，国际多式联运单证必须是"至少包括两种不同运输方式的运输单证"。显然，国际铁路联运下所签发的国际多式联运提单，虽有国际多式联运提单之名，却无国际多式联运提单之实。因此，国际多式联运经营人应拒绝签发国际多式联运提单；倘若必须签发，则应确保自身能成为国际铁路运单中的托运人、收货人，以便掌握提货权，否则会产生很大的风险。以《国际铁路货物联运协定》（以下简称《国际货协》）规定的国际铁路运单为例，其构成、功能及流转程序与提单有很大的区别，表现为国际铁路运单并非物权凭证，必须是记名的，各铁路车站核对收货人的身份后交付货物，即"认人不认单"。显然，国际多式联运经营人只有成为铁路联运运单上的收发货人，才有可能行使货物运输中止权和提货权，以有效地防止收货人未经允许而提走货物。

下面介绍的几个案例表明，单证的名称并不重要，其核心在于所签发的单证是否满足了国际多式联运的构成要件。

【例 5-6】6 月下旬，宁波某外贸公司（以下简称"被告"）为履行出口合同，电话委托上海某货运宁波办事处（以下简称"原告"）以海—空联运方式出运该货物。原告接受委托后，签发了空运单。该空运单载明，一程海运由"新东轮"029 航次承运，二程空运航班为 KE061，航班日期为 7 月 2 日，托运人为被告，收货人为巴西中间商 KETER，运费预付，费率按约定。随后，原告以自己的名义将货物委托中菲行空运（香港）有限公司（以下简称"中菲行公司"）进行国际多式联运。中菲行公司向原告签发编号为 SHA103932 的空运单，载明托运人为原告，收货人为原告在巴西的代理人，运费预付，按约定费率。随后，中菲行公司将货物委托新东轮船公司完成由上海至釜山的一程海运。该海运提单载明，托运人为中菲行公司上海办事处，收货人为大韩航空公司，运费预付。二程空运由大韩航空公司负责承运。该公司空运单载明，托运人为中菲行公司上海办事处，收货人为原告在巴西的代理人，运费根据安排。该货物于同年 7 月 8 日完成国际多式联运，抵达巴西圣保罗机场。后因运费未付等原因，双方诉讼至法院。

案例评析：根据涉案空运单来看，由于其记载包括一程海运与二程空运的内容，因此该空运单实质上是一份国际多式联运单证。该单证初步证明了国际多式联运合同的订立以及国际多式联运经营人收到单证项下货物的事实。至于原告与中菲行公司以及中菲行公司与新东轮船公司、大韩航空公司建立的实际承托法律关系与被告无关。依照法律规定，原告作为国际多式联运合同经营人，对国际多式联运的货物应当承担自接收货物时起至交付货物时止的全部责任。

【例 5-7】8 月，天津某进出口公司（以下简称"进出口公司"）接受了天津某商贸公司（以下简称"商贸公司"）的委托，为其做货物出口代理。随后，商贸公司又找到被告香港某船务有限公司（以下简称"某船务公司"），要求该公司通过铁路将一批羽绒服由天津运往俄罗斯莫斯科，同时提供了发货人进出口公司和收货人俄港联合企业有限公司莫斯科××公司（以下简称"莫斯科××公司"）的具体名称、地址以及所运货物的品名、数量、规格、集装箱运输方式等。船务公司接受委托后，会同其协作单位中国铁路对外服务公司（以下简称"中铁外服"）共同承担了该批货物的国际铁路运输代办托运业务。此后，商贸公司与被告中铁外服、船务公司一起，在海关等部门的监管下，将上述货物装入 40 英尺的集装箱内，运至指定地点后，由中铁外服按照商贸公司和进出口公司提供的货物品名、件数、发站、到站、发货人、收货人等项内容，于同年 9 月 3 日为进出口公司签发了 SVB/T/920941 号提单。双方对提单中所填记的上述内容均无异议。而后，被告中铁外服和华远船务公司作为国际铁路货物联运的代办托运人，又以自己的名义与天津铁路分局张贵庄车站签订了国际铁路货物联运合同，并按照提单内容填写了国际铁路货物联运运单。运单中除将上述提单中的发货人进出口公司变为中铁外服和华远船务公司外，其他项目均与提单一致。对此，双方亦无异议。铁路张贵庄车站将上述货物经由满洲里车站运往俄罗斯莫斯科车站，后因商贸公司运货前委托的国外收货代理人违约，未按委托协议约定的义务为委托人商贸公司代理领取货物，从而造成货物丢失。为此，双方产生纠纷。

案例评析：在本案中，中铁外服和船务公司虽给进出口公司签发了国际多式联运提单，但对该提单项下货物所实施的运输方式是事先与进出口公司的委托人商贸公司约定的铁路运输，不存在其他的运输方式，更无海上运输区段，因而本案实质上是铁路运输合同纠纷。

同时，法院认为该提单在本案中可作为明确双方委托代理关系和交接货物的证明，即认定商贸公司是本案的实际托运人，进出口公司是其货物的出口代理人，中铁外服和华远船务公司是其代办托运人，莫斯科××公司是其指定的收货人，而承运人则是铁路。

（三）在国际多式联运中的应用

国际多式联运提单与各区段承运人签发的运输单据（提单或运单等）在缮制和流转上既有一

定的联系，又有一定的区别（见表 5-3）。因此，在国际多式联运下，尤其在不含海运的国际多式联运下，应签发不可转让的国际多式联运单据；如果必须签发国际多式联运提单，则应确保能掌握各区段运输的中止权与提货权。例如，在区段承运人签发运单或记名提单时，应确保自己成为该运单或记名提单上的托运人、收货人，在区段承运人签发指示提单时，除了应确保自己成为提单上的托运人外，应签发"凭指示"（to Order）提示提单；如为记名指示提单，则应确保签发"凭自己指示"（to Order of…）的提单。否则，一旦货物被实际收货人提走，国际多式联运经营人将承担无单放货的责任。此外，除了有关当事人及部分运输栏目外，应确保相关栏目的记载一致，尤其不要发生加重国际多式联运经营人责任、免除区段承运人责任的现象；否则，国际多式联运经营人在赔偿了货主货损货差责任后，无法向造成货损货差责任区段的承运人追偿。

综上所述，在实际承运人签发不可转让运输单据的情况下，国际多式联运经营人固然可以通过成为该运输单据中的收、发货人而掌握各区段运输的中止权与提货权，但目前有些国家，如俄罗斯、中亚国家的海关，往往要求运输单据上的收货人必须是真正的收货人，且为当地企业，同时要有准确的收货人海关 HS 编码。显然，在这些国家，因海关的特殊要求而使其无法掌握提货权，因此国际多式联运企业应该拒绝签发国际多式联运提单。

表 5-3 国际多式联运提单与各区段承运人运输单据的区别与联系

项 目	国际多式联运提单	各运输区段承运人单据（提单、运单）
收货地	起始收货地点	区段运输工具实际收货地
装货港	一程承运船的装货港	区段运输工具（船）的实际装货港
卸货港	最末程承运船卸货港	区段运输工具（船）的实际卸货港
交货地	最终交货地点	区段运输工具的实际交货地
签单地	起始收货地点	区段运输工具的收货地（港）
托运人	依贸易合同而定	国际多式联运经营人或其代理
通知人	依贸易合同而定	国际多式联运经营人或其代理
收货人	依贸易合同而定	国际多式联运经营人或其代理
签发人	国际多式联运经营人或其代理	区段承运人或其代理
责任区间	承担全程责任	承担各自负责区段责任
主要用途	结汇与提货	货物交接与提取

【例 5-8】根据委托，2000 年 6 月 8 日 TH 运输公司负责将托运人 RH 贸易公司托运的货物由天津经海运运至大连后，经大连转公路运至丹东，然后由 TH 运输公司的丹东代理人安排货物经丹东出境，由铁路运抵朝鲜新义州。在托运人 RH 贸易公司向 TH 运输公司出具"指定朝鲜 ZC 公司为唯一收货人，提单只作议付单据"的声明后，TH 运输公司向托运人签发了国际多式联运提单。提单载明：托运人为 RH 贸易公司，收货人为凭"香港中行"指示，同时批注有"仅作议付用"（for Negotiable Only）。铁路签发的运单载明装货地为丹东，卸货地为朝鲜新义州，收货人为朝鲜 ZC 公司。货物运至朝鲜新义州后，被告 TH 运输公司在买方朝鲜 ZC 公司无货运提单的情况下，任由该公司将货物提走，使原告 RH 贸易公司不能收回货款。因此，原告请求判令被告赔偿原告货款损失 180 480 美元及利息。

本案双方当事人签订的国际多式联运合同、提单等均合法有效，货物出口委托书和 RH 贸易公司签署的声明均可以作为合同的组成部分，其中的提单为不可转让的单据。依据合同中关于朝鲜 ZC 公司为收货人、"唯一收货人为朝鲜 ZC 公司"的约定，TH 运输公司仅负有将货物交付朝鲜 ZC 公司的合同义务，故 RH 贸易公司主张 TH 运输公司负有收回正本提单的义务依据不足。

货物装船后，承运人签发了联运提单，但提单正面注明"仅作议付用"，因此该提单不再具有物权凭证的效力，承运人交付货物应凭托运人的指令。本案中，涉案提单最终未能流转，而为托运人所持有，故提单项下货物的所有权仍为托运人所享有，承运人应按照与托运人的约定交付货物。由于在提单签发前上诉人出具了声明，宣布提单只作为议付单据，而涉案货物的唯一收货人为朝鲜 ZC 公司，因而被上诉人应将货物交付给指定收货人。

案例评析：由于托运人出具了"指定朝鲜 ZC 公司为唯一收货人，提单只作议付单据"的声明，因此法院认为本案所签发的国际多式联运单证是不可转让的国际多式联运单证。但是，由于本案所涉及的海运段是国内沿海运输，并不是《海商法》中国际多式联运合同所指的"海上运输"，因此本案不属于《海商法》中规定的"国际多式联运"，故不能适用《海商法》的规定，而应适用《合同法》对"国际多式联运合同"的规定。

构成承运人因无单放货而承担责任的基础，在于提单具有承运人保证据以交付货物的物权凭证这一功能，而本案中所涉及的提单，因双方在运输合同中的约定（即提单"仅作议付用"）已丧失了作为交付凭证和物权凭证的这一功能。因此被告按照国际多式联运合同的约定，将货物交付合同指定的收货人后，原告以被告无单放货为由，要求被告对其不能收回货款承担责任，其理由显属不当，不应支持。

任务六　国际多式联运成本管理

一、国际多式联运成本的构成

国际多式联运企业开展业务时，需要借助船公司、港口、内陆运输公司、装卸仓储公司等运输供应商来完成具体的运输业务。显然，国际多式联运企业的总成本包括以下两大部分：

（一）运输总成本

运输总成本是指国际多式联运企业为获得运输、仓储等功能而需要支付给各运输供应商的运输费用。

运输总成本的构成和大小与多种因素有关，其中影响最大的因素是集装箱交接方式与运输方式的构成。表 5-4 是由海上运输方式组成的国际多式联运运输总成本的结构。

表 5-4　国际集装箱多式联运总成本的结构

交接方式		发货地				海上运输	收货地				费用组成
		A	B	C	D	E	D	C	B	A	
LCL/LCL	CFS/CFS		√	√		√		√	√		B+C+E+C+B

续表

交接方式		发货地			海上运输	收货地				费用组成
		A	B	C	D	E	D	C	B	A	
FCL/FCL	DR/DR	√		√		√		√		√	A+C+E+C+A
	DR/CY	√		√		√	√	√			A+C+E+D+C
	CY/CY			√	√	√	√	√			C+D+E+D+C
	CY/DR			√	√	√		√		√	C+D+E+C+A
LCL/FCL	CFS/CY		√	√		√	√	√			B+C+E+D+C
	CFS/DR		√	√		√		√		√	B+C+E+C+A
FCL/LCL	DR/CFS	√		√		√		√	√		A+C+E+C+B
	CY/CES			√	√	√		√	√		C+D+E+C+B

说明：字母 A、B、C、D、E 所代表的含义如下：

A 代表内陆运输费（Land Transportation Charge），包括铁路、公路、航空、内河、沿海支线运输所发生的运输费用。

B 代表拆拼箱服务费（LCL Service Charge），包括取箱、装箱、送箱、拆箱及理货、免费期间的堆存、签单、制单等各种作业所发生的费用。

C 代表码头/堆场服务费（Terminal Handle Charge，THC），包括船与堆场间搬运、免费期间的堆存及单证制作等费用。

D 代表装/卸车费（Transfer Charge），包括在堆场、货运站等地点使用港区机械从货方接运的汽车/火车上卸下或装上箱子时的费用。在实践中，该项费用通常作为装卸包干费用的一部分计入海运费之中。

E 代表海运费（Ocean Freight），与传统班轮件杂货的费用承担范围相同。

（二）经营管理费

经营管理费是指国际多式联运企业经营管理过程中自身的费用支出，包括通信费用、单证成本以及管理费用等。这部分费用既可以单独计算，也可以分别加到不同区段的运输成本中一并计算。

此外，经营管理费还涉及报关报检等费用。原则上，这些费用应由实际承运人和货主各自支付，如果国际多式联运企业代收代付了这些费用，可向相关责任人追偿。

二、国际多式联运成本控制的途径

如图 5-1 所示，除了压缩自己的经营管理费用支出之外，国际多式联运企业应采取相应的措施来控制支付给各运输供应商的费用支出。

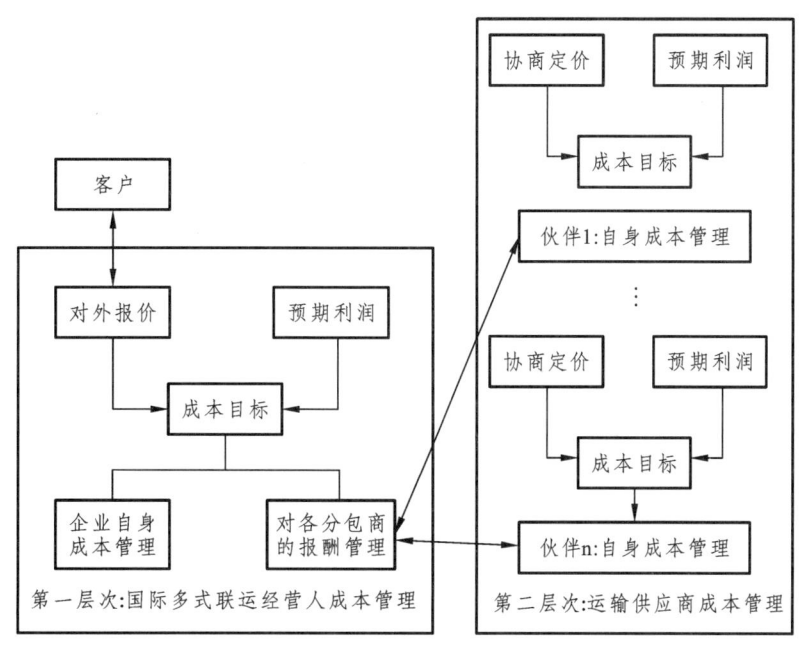

图 5-1 国际多式联运企业成本控制层次结构示意图

(一) 选择合理的计费方式

近年来,随着国际多式联运市场竞争日趋激烈,国际多式联运企业可采取灵活的费用计收方法。目前的费用计收方式主要有单一制、分段制和混合制 3 种。

(1) 单一制。它是指货物从托运到交付,所有运输区段均按照相同的运费率计算全程运费。

(2) 分段制。它是指按照组成国际多式联运的各运输区段,分别计算海运、陆运(铁路、汽车)、空运及港站等各项费用,然后合计为国际多式联运的全程运费,由国际多式联运经营人向货主一次计收,最后再由国际多式联运经营人与各区段的实际承运人分别结算。目前,大部分国际多式联运的全程运费均采用这种计费方式。

(3) 混合制。由于制定单一运费率是一件较为复杂的事情,所以作为过渡方法。目前国际多式联运经营人常尝试采取以下混合计收办法:从国内接收货物地点至到达国口岸采取单一费率,向发货人收取(预付运费);从到达国口岸到内陆目的地的费用按实际成本确定,另向收货人收取(到付运费)。

(二) 适时调整国际多式联运的运价

运输时间和运输成本是与国际多式联运企业竞争力密切相关的两个因素。对于组织、管理水平较高的国际多式联运企业来说,运输时间是比较容易控制的。然而,运输成本的高低在很大程度上受制于各区段的承运人和市场竞争状况,因此在制定运价时,应根据国际多式联运市场运价的变化及时调整费率水平,以使国际多式联运运价始终处于一种最新的状态。

(三) 减少对各运输供应商的费用支出

具体说来,可采取与运输供应商签订长期合作协议、集中托运/订舱、优化运输方式组合形式与运输路线等措施。

任务七 认识海空联运业务

一、海空联运业务的基础知识

（一）海空联运

海空联运又称空桥运输（Air-bridge Service），是指把空运货物先经由船舶运至拟中转的国际机场所在港口，然后安排拖车将货物拖至拟中转的国际机场进行分拨、装板、配载后，再空运至目的地的国际多式联运形式。在运输组织方式上，空桥运输与陆桥运输有所不同，陆桥运输在整个货运过程中使用的是同一个集装箱，不用换装，而空桥运输的货物通常要在航空港换装航空集装箱。

（二）国际海空联运线

海空联运组织形式以海运为主，只是最终交货运输区段由空运承担。目前，国际海空联运线主要如下：

（1）远东—欧洲：远东与欧洲间的航线有以温哥华、西雅图、洛杉矶为中转地，也有的以香港、曼谷、符拉迪沃斯托克为中转地，还有的以旧金山、新加坡为中转地。

（2）远东—中南美：近年来，远东至中南美的海空联运发展较快，因为此处港口和内陆运输不稳定，所以对海空运输的需求很大。该联运线以迈阿密、洛杉矶、温哥华为中转地。

（3）远东—中近东、非洲、澳大利亚：以香港、曼谷为中转地至中近东、非洲的运输服务。在特殊情况下，还有经马赛至非洲、经曼谷至印度、经中国香港至澳大利亚等联运线，但这些线路的货运量较小。

以海运为干线运输的集装箱多式联运集疏运形式如图5-2所示。

二、海空联运业务操作

（一）接受托运

多式联运经营人或其代理人根据发货人或其代理人提交的托运单或一式多联的场站收据及其副本（一般为10联单）和自己的运输路线，决定是否接受委托。若不能接受或某些要求无法满足，应及时做出反应，以免承担不必要的法律责任。

（二）提取空箱

（1）国际货物多式联运中使用的集装箱一般应由多式联运经营人提供。这些集装箱的来源：一是多式联运经营人购置的；二是从租箱公司租用的；三是由全程运输的分承运人提供的。多数情况下是由海上运输区段的分承运人根据海上运输合同而使多式联运经营人获得使用权。

（2）多式联运经营人或其代理人在与委托人签订多式联运合同并接受托运后，即签发集装箱空箱提交单，连同集装箱设备交接单一并交给托运人或其代理人。托运人或其代理人据此到指定的集装箱堆场或集装箱站提取空箱，由发货人或其代理组织装箱。

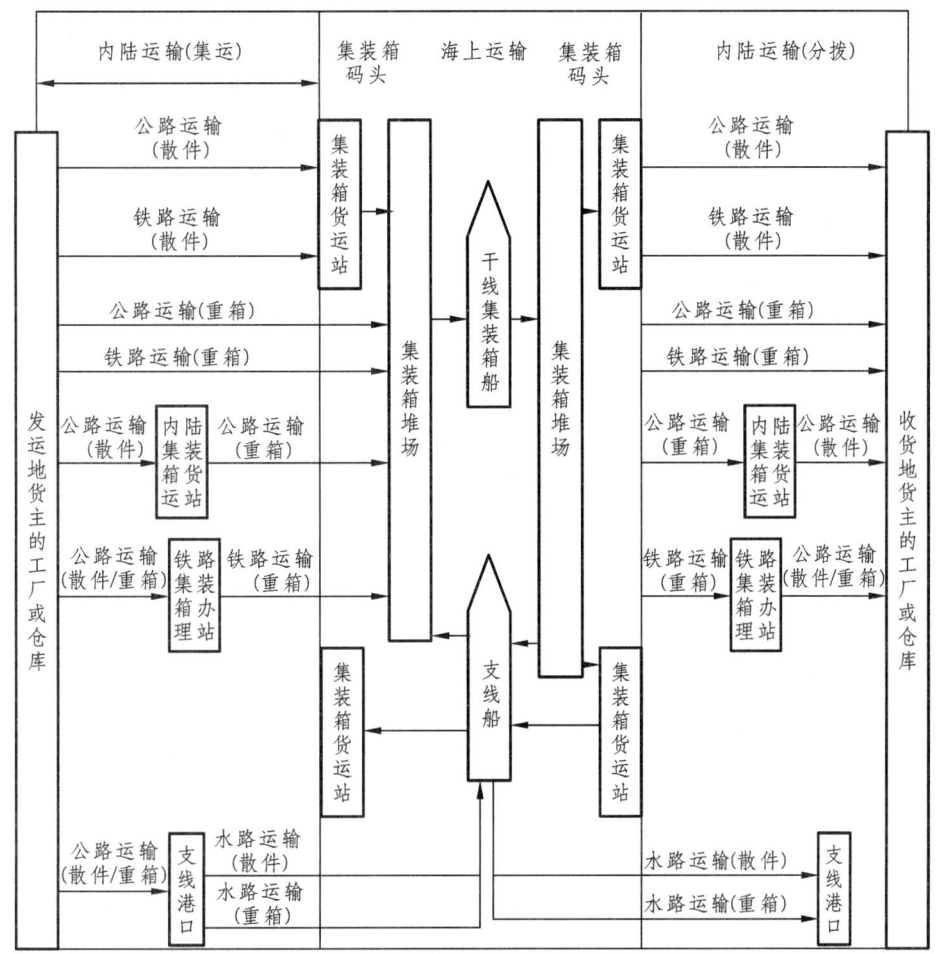

图 5-2　以海运为干线运输的集装箱多式联运集疏运形式示意图

（三）报检报关

（1）在我国凡列入商品检验机构规定的《进出口商品种类表》和合同规定须由商品检验检疫机构出证的商品，必须在规定的期限之内填好申报出入境检验检疫机构申报检验。

（2）出口货物的报关，若联运从港口开始，则在港口报关；若联运从内陆地区开始，就在内陆地区货物装运地附近的海关办理报关，然后转关到出口口岸海关查验放行。

（四）货物装箱

（1）货物装箱分发货人自行装箱和多式联运经营人装箱。发货人自行装箱包括发货人或其代理人提取空箱在发货人自己的工厂或仓库自行装箱，或在发货人代理人的集装箱货运站装箱，由发货人或其代理人请海关人员监装施封。

（2）多式联运经营人装箱也分在多式联运经营人货运站或其代理人货运站装箱，在区段承运人货运站装箱视为在多式联运经营人代理人的货运站装箱。

（五）办理保险

（1）在国际货物多式联运业务中，由发货人投保货物运输险，多式联运经营人投保货物责任险，集装箱所有人投保集装箱险。

（2）多式联运经营人代为投保货物运输时，应注意货物买卖合同和信用证规定的险别、保险金额和保险期间。

（六）货物运送

多式联运经营人接收货物后，应根据多式联运路线及其与区段承运人签订的分区段运输合同交第一程运输的承运人。此实际承运人接收集装箱货物后，向多式联运路线及其签发本区段运输单据（提单或运单），并安排到运输工具上进行第一程运输。

（七）签发单据

多式联运经营人或其代理人接收货物后，在场站收据上签章，发货人或其代理人持由多式联运经营人签章的场站收据到多式联运经营人或其分支机构或代理人处换取多式联运全程运输单据。

（八）中转、过境

（1）按照多式联运的定义和国际惯例的规定，多式联运全程运输属于国际货物运输。

（2）如果货物是在目的港交付，则结关应在港口所在地海关进行；如在进口国国内交付，则应在口岸办理海关监管下的保税运输手续，港口海关加封后可运往内陆目的地，然后在内陆目的地海关办理结关手续，由此而产生的全部费用应由发货人或收货人负担。

（九）货物交付

（1）当货物运至目的地后，在多数情况下放在保税仓库的集装箱堆场或货运站，由目的地代理通知收货人提货。

（2）如果是整箱货物，收货人提箱至拆箱地点拆箱后，负责返还空集装箱，如果是拼箱货物，则凭海关放行手续和提货单在多式联运经营人或其代理人的集装箱堆场或货运站拆箱提货。

（十）货运事故处理

如果全程运输中发生了货物灭失、损坏或运输延误，无论是否能确定灭失损坏或延迟发生的运输区段，收货人或发货人均可在有效期内向多式联运经营人提出索赔。

任务八　认识海陆联运业务

海陆联运是国际多式联运的主要组织形式，也是远东/欧洲方向国际多式联运采用的主要组织形式之一。海陆联运主要包括海铁联运和公海联运。

一、海铁联运业务

（一）海铁联运业务基础知识

1. 海铁联运的概念

海铁联运是指铁路运输与水路运输结合的一种运输模式，是进出口货物由铁路运到沿海海港直接由船舶运出，或是货物由船舶运输到达沿海海港之后由铁路运出的只需"一次申报、一次查验、一次放行"就可完成整个运输过程的一种运输方式。

2. 海铁联运的制约因素

（1）船公司方面。

目前，海铁联运的主体是船公司，船公司积极性的高低决定了联运规模的大小。一方面，内陆出口货物往往是农产品或农副产品，同样一个 20 英尺箱的重量可能是轻泡箱的 4 倍，这样船公司不得不考虑既要保证吃水适航，又要保证全部舱容的利用，因而在内地订舱时就拒绝此类货物。例如，目前上海港长江口航道水深为 8.5 米，假设某船在上海有 500 个舱位，在不能充分满足积载的情况下，船公司只能拒载内地的重箱。另一方面，内陆运输条件差，集装箱周转时间长、成本高。因而，许多船公司对开展水陆联运的积极性不高。然而，随着市场竞争日趋激烈和客户对物流服务需求水平的提高，船公司势必会加大开展海铁联运的力度。

（2）港口方面。

目前，集装箱吞吐能力及后方堆场普遍不足，港口及后方陆域规模及集疏运系统滞后于经济的发展，运输市场分散无序，资源与功能未能有效整合。为此，应切实解决港口与铁路在集装箱运输上完全分割脱节的问题。铁路、港口、货代、船代等单位应联手闯市场，加大市场营销力度，在组织内地出口适箱货源的同时，积极组织内地进口适箱货源，力争减少箱体回空。

（3）铁路方面。

我国铁路供需矛盾突出也会制约海铁联合发展。近年来，我国铁路 90%的货运能力都被用来保证煤炭、石油、粮食、化肥、农药等重点物资运输，对发展快捷货运根本无能力支撑。同时，海铁联运发展中还存在软件方面的问题：一是商务规则问题。我国目前现有规则与国际规则还不能衔接，铁路的运票、运价体系和补偿体系与国际集装箱海运体系不一致。二是班期问题。目前铁路班期须达到一定货量之后才能发送，而船公司有固定班期，这是海铁联运发展的一个"瓶颈"。三是数据共享问题。目前，港口、船公司、查验单位不能实现数据信息共享，以致各环节上的信息传递滞后。因此，一方面，应尽快统一单据、货票，并与国际接轨，以解决船公司直接向内陆放单的问题。另一方面，铁路应吸收社会资金参与到铁路集装箱运输，联合开发货源，联合经营货场，完善货场配套设施建设。同时，探索将船务公司、码头的集装箱管理信息系统与铁路的 TMIS 系统有效结合，实现全程跟踪管理。

（4）运输代理方面。

目前，运输代理业务滞后也是影响海铁联运业务拓展的主要原因。目前绝大多数船务公司和多式联运经营人在内陆没有代理机构，而内陆的很多公司又没有国际货运代理权限。由于缺乏合适的中介机构，多式联运经营人很难报出"一口价"，也很难进行各方面的衔接。为此，运输代理人应与公路、港口、铁路、船务等相关企业携手联盟，成立运输联合体，以便发挥各自优势，形成规模运作，将运输服务延伸到内陆，形成门到门的服务。

（5）货主方面。

目前一些客户对海铁联运的认识还不足，不去考虑海铁联运对物流成本的降低所起的作用；同时由于受管理体制等制约，有些客户为了自己的利益不愿意采用海铁联运的方式。

（6）政府方面。

目前，我国负责推进此项业务的职能部门不明确，对拓展海铁联运的重要性认识不足；具体政策和相关法规的建设滞后，未能为实施海铁联运营造良好的外围环境；缺乏对铁路、海关、港口等相关部门的强有力的协调以及对相关配套基础设施的投入。在海关方面，在港区和铁路内大多未设立多式联运监管仓和电子预报关系统，与内地通关、转关手续比较烦琐。企业受转关政策的限制，集、拼箱及中转业务发展比较困难。发展海铁联运业务涉及铁路、港口、海关等多个部门，只要哪个部门不协调，海铁联运方式就不可能高效、便利地运作下去。只有政府有关部门积极倡导与支持，才有可能大规模地推进海铁联运业务的拓展。

（7）经济环境方面。

由于不同国家经济发展的不平衡，进口和出口的集装箱规格、标准和箱量不同。目前，进口都是高附加值的产品，用的都是大箱，而出口主要以粗加工为主，用的都是小箱，这样就造成出口和进口箱型不搭配、箱源不匹配。目前已成为制约船公司发展海铁联运的一大因素。

（二）海铁联运业务操作

海铁联运流程如图 5-3 所示。

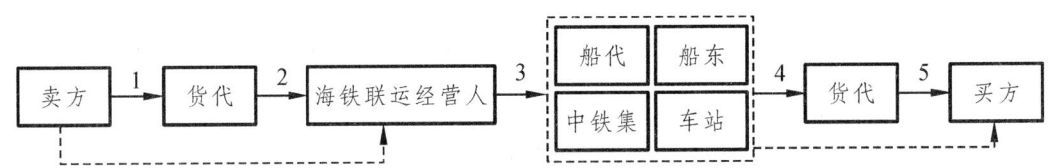

图 5-3　海铁联运流程

1. 海铁联运的出口业务程序

海铁联运的出口业务程序如图 5-4 所示。

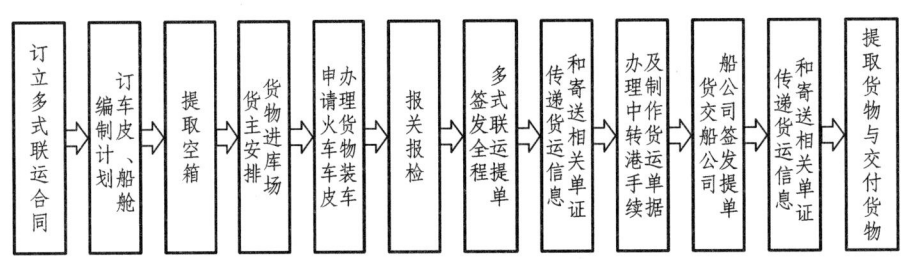

图 5-4　集装箱铁海多式联运出口业务基本程序

1）委托并签订多式联运合同

内地托运人向多式联运经营人提出托运申请，由多式联运经营人结合自己的经营线路以及经营状况，决定是否接受申请，一旦接受申请，立即签订多式联运合同。

2）编制用箱计划，向铁路部门、船公司订车、订舱

合同订立后，由国际多式联运经营人根据运输任务，编制计划，向铁路部门申报订车计划，同时及时向船公司订舱，并通知托运人安排货物运送事宜。

3）提取空箱

在实际操作中，除货主自备集装箱外，大多由多式联运经营人提供，因此，多式联运经营人根据自身集装箱来源以及实际装箱地点情况，确定提箱方式及地点并及时通知托运人。

确定提取集装箱的方式：

（1）如在集装箱转运点备有空箱并在装箱点进行货物的装箱，则通知仓库备箱。

（2）如在集装箱装运点装货，但装箱点无箱，则需要安排汽车或火车运空箱至装箱点。

（3）如在其他地方装货，则需要由多式联运经营人办理申请调箱，提箱并安排汽车或火车送至货主生产地等事宜，以便货主装箱。但货主必须承担由此产生的费用。

4）货主安排货物运至装货点

货主接到多式联运经营人的装货通知后，自行或委托代理安排将货物按时送至装箱地点，准备装货，并承担运送货物产生的费用。

5）申请火车车皮，办理货物装车

多式联运经营人根据铁路部门火车皮的配给，在相应的时间办理集装箱铁路运输事宜。

6）报关报检

托运人向多式联运经营人交付委托书、货物买卖合同和发票等相关报关单证，由多式联运经营人在内地口岸海关办理转关运输手续，在取得海关批准后，将海关关封交付铁路部门。

7）签发多式联运提单

在铁路部门审核通过后，多式联运经营人通知托运人在固定时间将货物交付铁路部门并装上铁路集装专列后，由多式联运经营人签发多式联运提单并交付给托运人，同时收取按照协议或合同规定的所有应付费用。

8）传递货运信息和邮寄相关单证

在货物转交铁路部门后，多式联运经营人应及时将与货物有关的相关单证，如铁路运单正本等单据转交中转港的多式联运经营人或其代理人，关注集装箱铁路运输的各种动态信息并及时通知中转地代理，以便其及时了解货物运输情况并做好接货准备。

9）办理中转手续（通关以及上船等）

中转地的多式联运经营人或其代理在收到内地多式联运经营人提供的单证和信息后，及时办理通关手续，根据收到的运单和信息制作一系列出口单证，如场站收据、提单等，并及时办理海关手续，取得海关放行单证并送交码头，准备接货和装船。

10）货交船公司，船公司签发提单，交给多式联运经营人

当货物运抵海港以后，由中转地多式联运经营人或其代理根据订舱情况组织货物装船，当货物装船后，由海运承运人签发海运提单并交付中转地多式联运经营人或其代理，以便多式联运经营人在目的港的分支机构或代理凭此提取货物。

11）传递货运信息和邮寄相关单证（多式联运经营人向目的地代理邮寄，提货）

货物装船后，中转地多式联运经营人或其代理应及时向目的港的多式联运经营人或其代理人传送提单等相关单据，以便当地多式联运经营人凭此提取货物。同时，将货运情况通知给起运地多式联运经营人和目的港多式联运经营人，以便其能及时准确地掌握和了解货物的运输情况等信息。

12）提取货物

多式联运经营人目的港分支机构或其代理人凭正本海运提单从海运区段承运人或其代理处提取货物，并通知收货人提取货物，根据收货人交付的正本多式联运提单签发提货单让收货人提货，

2. 海铁联运的进口业务程序

海铁联运的进口业务程序如图 5-5 所示。

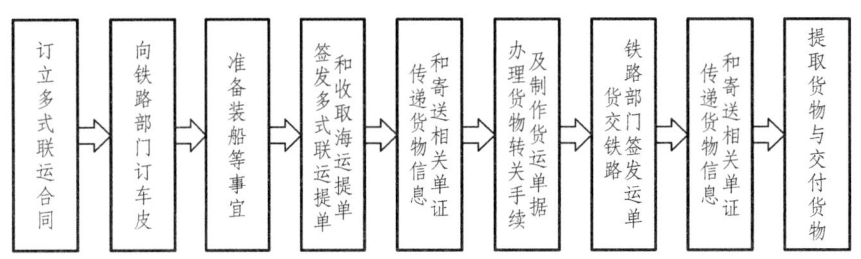

图 5-5　集装箱海铁多式联运进口业务基本程序

1）委托，订立多式联运合同

进口方即收货人在内地口岸向当地多式联运经营人或其代理人提出申请并订舱，国际多式联运人根据订舱情况和自身情况决定是否接受申请，如果接受申请，则及时签订多式联运合同。

2）多式联运经营人向船公司订舱并向铁路部门申请车皮

多式联运经营人当与进口人签订合同后，应根据收货人提供的信息分别向船公司进行订舱并同时向铁路部门申请火车车皮。

3）收货人通知托运人准备集装箱装船事宜

收货人根据从多式联运经营人处得到的指示和信息，及时通知托运人安排货物并按时交至多式联运经营人在托运地的分支机构或代理人所指定的交货地点准备装船。

4）签发多式联运提单

托运地的多式联运经营人或代理人在收到托运人交付的货物后签发多式联运提单交付给托运人，托运人交单结汇，同时将货物交由海运承运人装船并由海运承运人签发海运提单。

5）传递与货运信息相关的单证

多式联运经营人在托运地的分支机构或代理人在货物装船后应及时将多式联运提单副本、海运提单等传递给多式联运经营人中转港分支机构或其代理人，并同时向有关方传递相关船舶动态信息。

6）办理货物在中转港的海关转关手续及货运单据的制作

多式联运经营人中转港经营人或其代理人根据接收到的提单和相关信息等单证制作铁路运单并办理相关海关转关手续，将海关放行单等单证交至码头，以及及时接货并装上集装箱班列。

7）货交铁路，铁路部门签发运单

中转港多式联运经营人或其代理将货物转上指定火车后，铁路部门签发铁路运单交付给多式联运经营人或其代理人。

8）传递货运信息及相关单证

中转港多式联运经营人或其代理人在转运货物取得运单后，应及时将运单等相关单证转交目的地的多式联运经营人或其代理人，以便目的地经营人能及时接货；同时，中转港多式联运经营人或其代理人还应将铁路集装箱班列的动态情况告知多式联运经营人，以便多式联运经营人及时准确地掌握和了解货物情况。

9）办理海关手续，提取货物并交付货物

目的地的国际多式联运经营人的分支机构或其代理在当地海关进行报关，并加盖海关放行章，持加盖海关放行章的运单，于规定时间去指定地点提取货物并同时通知收货人即进口人，进口人持正本国际多式联运提单提取货物并缴纳所有应付费用。

二、公海联运业务

作为海陆联运的另一种形式，公海联运在实际业务中也经常被使用。

它与海铁联运的业务流程基本相同，主要差别表现在以下5个方面：

（1）公路汽车运输公司成为联运经营人的分承包商，发挥着与海铁联运中铁路运输公司同样的作用。

（2）联运经营人签发的是公路海运联运提单，用于买卖双方进行结汇和提货。

（3）公路汽车运输公司使用"公路运单"作为运输合同，用以约束"公海联运"经营人与汽车运输公司的权利和义务。

（4）通常情况下，汽车运输公司不拥有货运站，而是由联运经营人直接指示汽车运输公司将货主的货物运输到指定的场站或仓库。这个场站或仓库可以是船公司的，也可以是联运经营人自己拥有或租赁的。

（5）公路运输同铁路相比具有灵活性，但对于长距离内陆运输，铁路运输具有价格优势。在安全性方面，受气候、道路条件、车况等因素的影响，公路运输常常会出现不确定性，影响交货时间和整个联运安排。

任务九 认识空陆联运业务

一、空陆联运的定义与特点

（一）空陆联运的定义

空陆联运是以空运为核心，以公路运输作为接驳工具，由航空运输与陆路运输相结合的国际多式联运。目前空陆联运分为几种形式：一是TAT（Train-Air-Truck）：陆空陆联运，是铁路、航空和公路运输联合的形式；二是ATA（Air-Train/Truck-Air）：空陆空联运；三是TA（Train-Air）：火车和飞机联合运输的形式；四是TA（Truck-Air）：卡车和飞机联合运输的形式。

目前我国的空陆空联运应用较多的线路是香港-深圳-内地，即货物空运至香港，转公路运输至深圳，再转空运至内地城市；出口货物空运至深圳，转公路运输至香港，再转空运至国外。海关启动空陆联运监管模式，只需在深圳机场一次报关，转运过程中按照航空货物处理，监管运输到目的地，不仅提高了运输效率，而且节约了空运费用。

长江以南的外运分公司办理空陆联运的具体做法是用火车、卡车或船将货物运至香港，然后利用香港航班多，到欧洲、美国运价较低的条件（普通货物），把货物从香港运到目的地，或运到中转地，再通过当地代理，用卡车送到目的地。长江以北的公司多采用火车或卡车将货物送至北京、上海航空口岸出运。陆空联运货物在香港的收转人为某空运有限公司。发运前，要事前与他们联系，满足他们对单证的要求，便于提前订舱。各地发货时，可使用外运公司的航空分运单，也可使用"承运货物收据"。有关单据上要注明是转口货，要加盖"陆空联运"字样的标记，以加速周转和避免香港有关部门征税。

（二）空陆联运的特点

1. 地理条件适合选择空陆联运

空陆联运是内陆城市国际贸易中货物运输的主要方式，航空运输落地配也以空陆联运为主。我国目前仅有几个发展较大的大型航空物流中心，如北京、天津、上海、广州等，总量上偏少，不能满足日益增加的国际贸易货物运输需求。虽然各个省会城市和一些经济发展中心城市都有航空机场，但以客机居多，货机量少，运量受限，成本也较高。因此，要使用大型国际航空中心运输货物出境，在国内从内陆城市到航运中心路段，多选择陆路运输方式，其中公路运输的灵活性较铁路要有优势，因此 TAT 方式在空陆联运中使用最频繁。

例如，我国国际货物运输企业进行空陆联运时，以长江为分界线习惯使用不同的方式，长江以南一般先通过铁路、公路内河航运将货物运往香港，从香港使用航空运输方式运往目的地，需要中转的，在中转地再使用铁路或公路运输送往最终交货地。长江以北的企业一般先用铁路或公路运输将货物运往上海、天津、北京等航空中心，再由飞机运往国外。

2. 涉及部门多，协调合作才能发展

以空陆联运中用得较多的空铁联运为例，空铁联运涉及航空和铁路两大部门及众多要素的协调、组织和融合，空铁联运的顺利开展要考虑空铁联运模式、空铁联运情况下铁路运营组织、空铁联运范围、空铁联运之间衔接方式以及空铁联运空运组织及票务系统等，需要众多部门协调合作。

3. 便利货物运输

空陆联运方式尤其是公路运输对基础设施配备要求最少，货运对接便捷，运输速度快，无论是空铁还是卡车航班的费用都远远低于航空运输本身，运费适中，货主选择没有压力；而且对内陆运输来说，除了长江沿江地区可以选择内河水运之外，其他内陆城市要依靠空陆联运才能实现货物"门到门"的运输服务，陆路运输灵活，对运输的外在条件要求较少，货物在途时间少，能够安全保质地到达目的地，广受世界各国欢迎。

二、空陆联运的方式

（一）空铁联运

1. 空铁联运的定义

空铁联运从实质上讲是将铁路运输作为航空运输的支线，通过铁路实现货物从航空站到目的地的运输。空铁联运兼具两者优势，充分将铁路运输的平稳性、及时性、可靠性与航空运输的快捷性结合，能极大地提高物流运输的经济效益和社会效益。

2. 空铁联运的现状

与铁路运输相比，航空运输在陆路尤其是中长途运输中的优势越来越小。随着铁路运输的发展，铁路运输速度不断提升。航空运输的高价格让货主难以承受，在中长距离的运输中，全程使

用航空运输虽然时间短，但是运输成本高昂，对于不是非常亟须的货物，也凸显不出太大的优势。空铁联运综合运用两种模式，能够达到运费和时间的双重满意，为货主所青睐。

3. 空铁联运的基本模式

空铁联运模式基本上可分为 3 类：一是机场与铁路轨道没有直接衔接，但是距离较近，可以通过联合运输的组织方式实现。二是机场与铁路轨道连接，机场本身就是航空物流站，可以直接实现货物之间的换装。三是空铁联运的最高发展模式——"零米高度支线飞行"，这是无缝衔接的空铁联运。

（二）卡车航班

1. 卡车航班的定义

卡车航班在国外早已出现，近些年在国内发展势头良好。航空公司在货物起运地、中转地、目的地之间开辟固定的地面运输路线，将卡车纳入航空运输的范围，视为其后续运输的一部分，通过卡车实现空运货物的地面对接。

卡车航班的名称由来是因为其拥有与航班相同的属性。每一辆卡车航班都拥有独立的航班号、承运人、始发地、目的地以及进出港时间等，信息是公开的，可以随时查询。因此简单地说，卡车航班就是对航空运输在地面服务的延伸，航空运输无法直接服务运输流程的终端，利用卡车航班代其完成这一服务，使任何地区即便没有机场、航线、航班，也一样可以使用航空运输方式。

卡车航班这一方式是在机场、航空公司和地方海关密切协作下，将空运进出境航班与卡车内陆运输相结合。将海关监管下的卡车内陆运输段视作航空运输，由航空公司对其编制固定的航班号、班期、时刻，使卡车运输成为空运航线的延伸。实践中，有些城市开通"卡车航班"是为了补充空运运力不足，如大连出港货物可通过"卡车航班"运至北京机场转至欧美；有些城市是为了解决因没有机场带来的空运进出口困难，提高货物发运和提取的效率，如上海至苏州开通了"卡车航班"。

2. 卡车航班的意义

卡车航班的出现，是航空服务的一种延伸，一定程度上缓解了传统航空运输的压力，综合了卡车的灵活性和航空的快捷性，一方面节约了社会资源，另一方面给货物运输提供了良好的服务。航空公司的货运集散过去大多是利用客机腹舱完成的。这种单一的点对点腹舱运输虽是目前各大航空公司最主要的货运形式之一，但过于依赖机场、航班、航线等条件限制。客机腹舱集散货物还要受到乘客托运行李、可用货物可载量变化等制约因素。

卡车航班是新型空陆联运的产物，即国际段空运进出境，国内段卡车运输至门到门，既能结合卡车的低价格和灵活机动的运输优势，又能享受航空运输的高速度、高效率服务。卡车航班不仅是点对点单一空中运输方式的有效补充，还是提高货运效益的有效手段。

（1）卡车航班弥补了空运固定航址在机型、航线以及航班时间等方面的弱点，同时有效发挥了陆运卡车装载能力大、运输路线灵活的优势，又发挥了联程运输实行的"一次报关、一次查验、一次放行"的直通式通关服务，极大地节省了通关时间，降低了运输成本。

（2）通过卡车航班建立非枢纽机场与枢纽机场之间的联系。卡车航班完全是为了向枢纽机场汇集货物，或者为枢纽机场发散货物而开通的。

3. 卡车航班的注意事项

（1）应处理好货物在两种运输方式之间的衔接，即要根据货物运输的续程航班时间来确定使用飞机航班或者卡车航班。

（2）卡车航班的运营条件及周边环境比单一航空运输要复杂，运输时间长、路程远、环节多。

（3）卡车航班相当于航空飞行的后端，因此在某些国家、国际惯例的法律层面上，卡车航班是航空运输的一部分，而不是公路运输。尽管在形式上，运输货物的工具是卡车，但卡车实际上是航空器在地面的替代，它的行驶路线和时间按照航空公司的航线来进行安排。

4. 卡车航班运作程序

（1）货主在签署进出口合同、制作商业发票等单据时事先要注明联合运输方式。

（2）货主事先向空陆联运经营人申请并提供有关单证资料，办理委托。资料包括为安排货物在中转地转运业务的运输委托书或出口货物报关单。

（3）货物在内陆起运地装载上卡车后，空陆联运经营人签署航空货运分运单或承运货物收据交付货主，代表货物已承运。

（4）空陆联运经营人拟定的中转地的货代人提供货物装上陆路运输工具的离站信息，以便转运人办理货物在中转地的中转事宜。

（5）空陆联运经营人委托中转地的货运代理，负责从航空公司接收货物，并安排卡车等陆路运输工具转运至目的地，交付收货人。

5. 采用陆空联运的注意事项

（1）应妥善选择运输方式。飞机航班在时间和安全性上都有卡车航班无法比拟的优势，飞机航班是固定的、现有的运力。所以，对于批量小、单件货物重量、尺寸适合的货物，以及特种货物，诸如鲜活易腐货物、贵重物品、危险物品，应当使用飞机航班运输。

（2）应处理好货物在两种运输方式之间的衔接，要根据货物运输的续程航班时间来确定使用飞机航班或者卡车航班。为了确保航班收益最大化，所有货物在到达枢纽机场之前必须预订续程航班，可以根据续程航班的时间来确定运输方式。例如，在青岛至北京的航班选择上，如果续程航班于次日 15 时以前自北京起飞，就只能安排飞机航班运输货物。因为使用卡车航班运输很难保证有足够的操作时间将货物安排在续程航班上。而只有续程航班于次日 15 时以后自北京起飞时，才考虑安排卡车航班运输货物。

（3）卡车航班的运营环境在某种意义上比空中航线更为复杂，因为运输时间和路程都要比飞机航班长。所以，对于全程的道路状况和天气状况必须进行充分的调查，以确保卡车航班安全、准时地到达枢纽机场，衔接续程航班。并且在发生任何异常情况时，予以妥善处理，将延误的时间减到最少，将可能的损失降到最低。

（4）卡车航班是对飞机航线的延伸。卡车航班在形式上是卡车，但在概念上却是航班。卡车实际上是航空器的代替品，完全由航空公司按照固定的时间以及航线进行操作。按照国际惯例，货物从起运点到止运点都须设立机场，运单才可以直通。因此，如整个全程采取国际航空货运单"一票到底"的形式，就要求货运的始发站或目的地必须有国际航空组织公认的航空代码。此时仅使用航空货运单。因此"卡车航班"不是多式联运，要按照航空货物运输来处理有关事宜。

任务十　认识公铁联运业务

一、公铁联运业务的基础知识

（一）公铁联运的定义

公铁联运是指根据一个公铁联运合同，采用公路及铁路两种运输方式，由全程运输经营人把货物从接管货物的地点运至指定地点交付的国内货物的运输。它是公路及铁路两种运输方式的联合运输，通常以集装箱为运输单元，通过一次托运、一次付费、一份单据、一次保险，由公路、铁路区段承运人共同完成货物的全程运输。

（二）公铁联运的优点

（1）手续简单，责任统一；
（2）减少运输过程中的时间损失和货物灭失、损坏、被盗的风险，使货物运输高效、快捷；
（3）节省了运杂费用，降低了运输成本；
（4）提高运输的组织水平，实现货物的连续运输；
（5）改善环境，减少能源消耗、城市道路拥挤和交通事故，支持可持续发展；
（6）发挥铁路线路和仓库的作用，提高铁路车辆的利用率。

（三）公铁联运的构成要素

构成公铁联运必须具备以下特征或基本条件：
（1）必须具有一份公铁联运合同。该合同是全程运输经营人与托运人之间权利、义务、责任与豁免的合同关系和运输性质的确定，也是区别公铁联运与一般货物运输的主要依据。
（2）必须使用一份公铁联运单据。该单据应满足货物全程运输过程中公路及铁路不同运输方式的需要，并按单一运费率计收全程运费。
（3）必须是公路及铁路两种运输方式的联合运输。
（4）是国内货物的运输，不涉及国际货物运输。
（5）必须由一个全程运输经营人对货物运输的全程负责。该全程运输经营人不仅是订立公铁联运合同的当事人，也是公铁联运单据的签发人；在全程运输经营人履行公铁联运合同所规定的运输责任的同时，可以将全部或部分运输委托给他人（分承运人）来完成，并订立分运合同，但分运合同的实际承运人与原货物托运人之间不存在任何合同关系。

由此可见，公铁联运的主要特点是由全程运输经营人与托运人签订一个公铁联运合同，并由全程运输经营人统一组织全程运输，实行运输全程一次托运、一次付费、一单到底、统一理赔和全程负责。它是一种以方便货主为目的的货物运输组织形式。

二、公铁联运业务操作

（一）客户派单

公铁联运的流程一般是由客户首先向物流公司提出运输要求，这些要求包括货物数量、规格、品种、重量等，还有目的地、时间等要求。物流公司根据客户的要求进行报价和运输方案分析，并提供详细的方案和报价给客户。

（二）协商签订合同

在客户确认接受物流公司提供的运输方案和报价后，双方将签订正式的合同。合同主要内容包括：运输货物的品种、数量、重量、体积及其质量状况等详细内容，以及运输的具体路线、起点、终点和中转站等信息。双方也会对费用结算方式、支付方式、交货时间和索赔条款等项目做出明确规定。

（三）货物装车

物流公司会在货物离开起点仓库之前，为货物进行包装和标记，并组织货物的装车工作。装车工作一般包括车型选择、车辆安全检查、货物的装载等。在装车前，物流公司还需要为货物办理保险和备案等手续。

（四）运输途中

物流公司将保证在所约定的时间内完成货物的运输，并且保证货物途中的安全和完整。在货物运输途中，物流公司需要对货物进行"车到车"的监管，以确保将货物安全、及时地送到目的地。

（五）卸　货

到达目的地后，物流公司负责卸货和安排接收方清点货物。货物的卸载通常需要付出一定的时间和人力成本，同时物流公司也需要进行安全处理和货物质量检查。

（六）完成结算

货物到达目的地并完成卸货后，物流公司将根据合同规定的价格和计费标准对运费进行计算。接着，物流公司将结算数据录入财务系统中，最后发出结算通知单并完成应付款项到账确认，其中包括费用和货款等。如果出现了货损或者其他损失情况，还需要根据合同规定的索赔条款进行相关赔偿和赔付。

> 【案例分析】美国的集装箱多式联运运作
>
> 美国的环球经济战略，虽然依靠空运和航海，但是为了节约成本，保证运输质量，采取的较多的是集装箱多式联运。美国的集装箱运输，大部分都是通过一些大的货主，根据运输的特殊条件和需要签订合同来实现的。合同包括运输时间表、货物价值、最小的运量保证等。小货主的运输一般依据第三方物流经营者具有的物流系统管理经验，将小批量货物积少成多而得到低运价的优惠。在美国，铁路集装箱专列的平均速度为 70~90 km/h，在专用线、编组站等环节疏导很快，基本上不压箱。每天的运距可以达到 150 070 km 以上。在港口，进口货在船舶到港之前一般都向海关预申报。因而船到港后，当天就可以装卸集装箱货车或铁路车辆（若当天有车辆），或在第二天转运到口岸地区其他集装箱站场。

1. 系统的运作标准

在美国，运输企业的竞争能力和货主的需求决定了服务水平。周转时间是服务标准的一项指标。在 1 500 km 范围内，以铁路为主的多式联运部门在各服务通道上与门到门服务的汽车运输公司展开竞争，铁路部门的多式联运受多个环节影响，其运送速度相当于公路运输的 50%～70%。公路运输可以从港口实现货主的门到门运输，因而避免了货场转运的时间延误。一辆集装箱货车装完两个标箱就可以运出，但铁路专列要装完 100 多个标箱才能开出，集装箱多式联运的周转时间比仅用集装箱货车实现门到门运输的时间长。

2. 作业环节

美国的多式联运服务，大致包括 4 个独立的作业环节：

（1）港口作业。船停港总共 3～5 d，其中通关作业一般为 1～2 d。

（2）港口附近周转作业（即从港口转到火车上）。

（3）铁路长途运输。多式联运长途运输方式主要是铁路，平均运行速度 70～90 km/h。一般工作日，集装箱在列车出发前 3～4 h 集中到站场。

（4）内陆中转站的作业。内陆集装箱的停留时间，主要是基于物流工作的商业考虑的。集装箱过程是由集装箱所有者来控制的。

3. 集装箱周转时间

（1）当港口至货主的运距为 1 500 km 时，采用集装箱货车运输进口货物，集装箱从船上卸到集装箱卡车后，其运送速度一般为 80 km/h。若配备两名驾驶员，则会减少停车时间。在 24 h 内集装箱最大运输范围可达 2 000 km。这样集装箱运到货主手中只需 2 d，返空箱再用 2 d，总周转时间为 4 d。对于出口货物，公路运输则只需 3d。

（2）进口货使用多式联运系统送到货主手里共需 7 d 左右，为与公路竞争，对于加急货物时间可以压缩一半，即利用高效的多式联运系统的总周转时间为 6～8 d。在各环节配合极为协调，如货主、货车、铁路车次时间等环节均不耽误的情况下，集装箱总周转时间为 6 d。对于出口货物，在相同的运距下使用多式联运系统，货物运到船上的时间为 5 d 左右。

思考分析：

1. 多式联运有什么特点？美国集装箱多式联运的特点是什么？
2. 美国集装箱多式联运中集装箱的周转时间是多长？怎样才能够缩短这个时间？

【案例分析】集装箱运输货损当事人赔偿责任的确定

A 公司（以下称发货人）将装载布料的 6 个集装箱委托一家国际货运代理公司（以下称货代）拖运到香港装船去西雅图港。集装箱在西雅图港卸船后再通过铁路运抵交货地（底特律）。

该批出口布料由货代出具全程提单，提单记载装船港香港、卸船港西雅图、交货地底特律，运输交款 CY-CY，提单同时记载"由货主装载、计数"的批注。集装箱在香港装船后，船公司又签发了以货代为托运人的海运提单，提单记载装船港香港、卸船港西雅图，运输条款 CY-CY。集装箱在西雅图港卸船时，6 个集装箱中有 3 个外表状况有较严重破损，货代在西雅图港的代理与船方代理对此破损做了记录，并由双方在破损记录上共同签署。3 个集装箱在运抵底特律后，收货人开箱时发现外表有破损的集装箱内的布料已严重受损，另一集装箱尽管箱子外表状况良好，但箱内布料也有不同程度的受损。此后，收货人因货损与发货人、货代船公司发生了争执。

> 对本案中，集装箱货损责任的确定，根据有关国际货运条约、惯例，以及货代船公司签发的提单所记载的运输条款，对发货人、货代以及船公司的责任，我们可以认定如下：
>
> 1. 发货人的责任
>
> 在本案中，发货人不应承担责任，理由是：在集装箱整箱运输条件下，其交接双方的责任是"以集装箱外表状况是否良好，海关关封是否完整"来确定的。在本案中，当发货人将装载的集装箱交由货代公司安排托运至香港装船时，货代公司并未对集装箱外表状况提出异议，并且货代公司所签发的提单属于清洁提单，因而应认定发货人交运的货物状况良好，并且在集装箱运输下，对承运人责任期限的规定是："从接收货物时起，至交付货物为止。"提单记载的运输条款是CY-CY，则说明发货人与承运人对集装箱的交接责任以出口国CY大门为界，既然集装箱进CY大门时其外表状况未做任何批注，则可认定，发货人是完好交货，其责任即告终止。因此，发货人不承担货损责任。
>
> 2. 货代公司的责任
>
> 在本案中，货代公司应对外表状况良好但箱内布料有损害的集装箱负赔偿责任。根据1968年的《海牙—维斯比规定》："提单签发人应对全程运输承担责任，如无法确定货损原因、货损区段时，此项赔偿可以依据海商法。"
>
> 在本案中，箱子外表状况良好，海关关封完整，但箱内货物已造成损害，无法确定责任方、货损原因、货损区段。此时，货代应对这一集装箱承担责任。
>
> 3. 船公司的责任
>
> 在本案中，船公司应承担3个集装箱内的布料损害赔偿。其理由如下：
>
> 船公司签发的是海运提单，而货代签发的是全程提单，因此船公司是货物的实际承运人，是按货代要求完成海上运输的。6个集装箱在香港装船时，船公司对6个集装箱的外表状况并没有做任何批注，则可以认定是在完好的状态下接箱，但在西雅图港卸船交货时，却发现其中3箱已造成箱损，这在一定程度上可认定箱损发生在海上运输区段。

任务十一 国际多式联运事故处理

一、国际多式联运经营人责任分析

（一）现有的国际多式联运公约或法律

《海牙规则》：全称为《统一提单的若干法律规定的国际公约》，是关于提单法律规定的第一部国际公约，于1924年8月25日在比利时首都布鲁塞尔签订，1931年6月2日起生效，为统一世界各国关于提单的不同法律规定，并确定承运人与托运人在海上货物运输中的权利和义务而制定的国际协议。

《维斯比规则》：全称为《修改统一提单若干法律规定的国际公约议定书》，于1968年2月23日在布鲁塞尔外交会议上通过，自1977年6月23日生效。截至2006年，参加该规则的国家共有30个，其中包括英、法、德、荷、西、挪、瑞典、瑞士、意、日等主要航运国家。因该议定书的准备工作在瑞典的维斯比完成而得名，是《海牙规则》的修改和补充，故常与《海牙规则》

一起，称为《海牙-维斯比规则》。

《汉堡规则》：又称《1978年联合国海上货物运输公约》，1978年3月6日至31日在德国汉堡举行的联合国海上货物运输会议上通过，于1992年11月1日生效。公约确立了不同于"海牙规则"所建立的船货风险分配制度。

《国际铁路货运公约》：1951年1月3日，我国和当时的苏联铁路代表在北京举行会议，双方签订中苏铁路联运协定。同年11月，当时的阿尔巴尼亚、保加利亚、匈牙利、波兰、苏联、捷克斯洛伐克等国家的铁路部门签订并实行了《国际铁路货物联运协定》，简称《国际货协》。协定规定：为解决由于执行上述协议所发生的有关问题，每两年召开一次协议参加者定期代表大会，并设立事务局，负责处理大会闭会期间的日常事务。

《国际公路货物运输公约》：2016年7月26日，中国已签署《国际公路运输公约》（TIR），2019年6月25日起，海关总署决定在全国范围实施《国际公路运输公约》。《国际公路运输公约》规定，对于装运集装箱的公路承运人，如持有TIR手册，可以由发运地至目的地，在海关封志下途中不受检查，不支付税收，也可不付押金。

《华沙公约》：全称为《关于统一国际航空运输某些规则的公约》，于1929年制定，是国际空运的一项基本公约，规定了以航空运输承运人为一方和以旅客、货物托运人与收货人为另一方的法律义务和相互关系。《华沙公约》共分5章41条，对空中承运人应负的责任确立了3个原则：① 负过失责任；② 限定赔偿责任的最高限额；③ 加重空中承运人的责任，禁止滥用免责条款。

《海牙议定书》：全称为《修改1929年10月12日在华沙签订的统一国际航空运输某些规则的公约的议定书》，是关于国际航空运输凭证和承运人责任的协议，对华沙公约的修改和补充。1955年9月28日在海牙订立，1963年8月1日生效，共3章27条。其主要内容是对《华沙公约》的修改，简化了运输凭证。

《联合国国际货物多式联运公约》：于1980年5月24日在日内瓦举行的联合国国际联运会议第二次会议上，经与会的84个贸发会议成员国一致通过。《联合国国际货物多式联运公约》全文共40条和1个附件。该公约在结构上分为总则、单据、联运人的赔偿责任、发货人的赔偿责任、索赔和诉讼、补充规定、海关事项和最后条款等8个部分。

《联合运输单证统一规则》：由国际航运商会制订，供联运经营人采用的非强制性的一般准则，于1973年制订，1975年修正，以《国际商会书目第298号》公布。规则由导言、总则等19条规则所组成。规则规定联运经营人在签发联合运输单证后负责办理自收受货物起，到交付货物止的联合运输；规则适用范围及制定目的是简化国际贸易手续，便利国际贸易及其资金融通；规定了联运经营人的责任和义务、当事人的权利和义务以及对灭失或损害及延退的赔偿责任等。

《多式联运单证规则》：全称为《1991年联合国贸易和发展会议/国际商会多式联运单证规则》，是1991年由联合国贸易和发展会议与国际商会在《联合运输单证统一规则》的基础上，参考《联合国国际货物多式联运公约》共同制定的，是一项国际规则，供当事人自愿采纳。

（二）责任形式

（1）网状责任制（Network Liability System）。网状责任制是指国际多式联运经营人对全程运输负责。货物的灭失或损坏发生于国际多式联运的某一区段的，国际多式联运经营人的赔偿责任和责任限额适用调整该区段运输方式的有关法律规定。如果货物的灭失、损坏发生的区段不能确定（俗称"隐藏损害"），国际多式联运经营人则按照海运或双方约定的某一标准来确定赔偿责任和责任限制。目前，大多数国家的国际多式联运经营人均采用网状责任制。1973年《联合运输单证统一规则》、1991年《多式联运单证规则》和《中华人民共和国海商法》均采纳了该责任制。

（2）统一责任制（Uniform Liability System）。统一责任制是指国际多式联运经营人对货主赔偿时不考虑各区段运输方式的种类及其所适用的法律，而是对全程运输按一个统一的原则并一律按一个约定的责任进行赔偿。目前，尚没有国际多式联运经营人愿意采用这种责任形式。

（3）经修正的统一责任制（the Modified Uniform Liability System）。经修正的统一责任制是指国际多式联运经营人对全程运输负责，并且原则上全程运输采用单一的归责原则和责任限额，但保留适用于某种运输方式的较为特殊的责任限额的规定。《联合国国际货物多式联运公约》采用了此种责任制。

图5-6显示了国际多式联运公约与其他单一运输方式有关的国际公约与惯例在国际多式联运经营人/承运人责任限额、诉讼时效等方面的规定。

公约或法律名称	责任基础	责任形式	责任期间	货损货差赔偿责任限额 SDR/件	SDR/公斤	迟延交付损失 责任限额	推定灭失	货损货差通知时限 显著商易见	非显著商易见	诉讼时效
《海牙规则》	不完全过失责任		船/船	100英镑		未规定		交付之前或当时	3个连续日	1年
《维斯比规则》	不完全过失责任		船/船	666.67	2					1年，3个月追偿期
《汉堡规则》	完全过失责任		港/港	835	2.5	迟延货2.5倍运费，不得超过总运费	60天	1个工作日	15个连续日	2年，2个月追偿期，迟延交付：60天
《国际铁路货运公约》	严格责任		站/站		16.66	2倍运费	30天	未作规定		1年，故意或严重过失为2年
《国际公路货物运输公约》	严格责任		站/站		8.33	不超过运费	约定期限：30天 未约定期限：60天	交付之前或当时	7个工作日	1年，故意或严重过失为3年，迟延交付：21天
空运：《华沙公约》《海牙议定书》等	《华沙公约》：不完全过失责任；《海牙议定书》：完全过失责任；《蒙特利尔公约》：严格责任		场/场		17	未规定	7天	《海牙议定书》规定：损坏：行李7天，货物14天，延误：21天		2年
《联合国国际货物多式联运公约》 含水运	完全过失责任	修正统一责任制	接货/交货	920	2.75	迟延货2.5倍运费，不得超过总运费	90天	1个工作日	6个连续日	2年，3个月追偿期，迟延交付：60天
不含水运					8.33					
				如区段适用法律规定限额高，则适用该法						
《联合运输单证统一规则》（1973年）	确定区段：等同区段适用运输公约的/法规规定；非确定区段：完全过失责任	网状责任制	接货/交货	确定区段：等同区段适用运输公约规定；非确定区段：2SDR/公斤		确定区段：适用公约规定，且不得超过运费；非确定区段：不确定	90天	交付之前或当时	7个连续日	9个月
《多式联运单证规则》 含水运	完全过失责任，但水运段仍实行不完全过失责任	网状责任制	接货/交货	666.67	2	不超过运费	90天	交付之前或当时	6个连续日	9个月
不含水运					8.33					
				如区段适用法律规定了限额，则适用该法						

图 5-6　相关公约与惯例的规定

二、多式联运经营人与区段承运人的关系

（一）国际多式联运经营人对区段承运人的行为负连带责任

《民法典》第八百三十九条规定："多式联运经营人可以与参加多式联运的各区段承运人就多式联运合同的各区段运输约定相互之间的责任；但是，该约定不影响多式联运经营人对全程运输承担的义务。"可见，国际多式联运经营人与区段承运人的约定，不能对抗承运人。这一原则表明：国际多式联运经营人应当对合同约定的全部运输负责。国际多式联运经营人除了对自己及自己的受雇人或代理人的行为负责外，还必须对区段承运人或代理人的行为负责。可见，国际多式联运经营人的责任范围相当广泛，尤其在实务中，国际多式联运经营人很难控制区段承运人对其受雇人或代理人的选择。然而，如果法律不做出如此规定，而免除国际多式联运经营人对区段承运人的受雇人或代理人的行为负责，货方的利益则难以保障，继而会影响商业关系的稳定。

（二）区段承运人对其履行的运输承担与国际多式联运经营人同等的法律责任

这一原则表明：区段承运人对自身及其受雇人或代理人的行为责任仅限于自己履行的运输期间。此外，由于他与托运人无合同关系，所以对于国际多式联运经营人与托运人间约定的诸如扩大承运人责任范围、放弃承运人所享有的责任限制或放弃免除责任等超出法定责任的条款，只有在区段承运人以书面方式表示接受时才对区段承运人产生效力。因此，国际多式联运经营人在接受此类义务之前，应考虑区段承运人是否接受，否则将由自己承担此类义务。

（三）国际多式联运经营人、区段承运人及他们的受雇人或代理人的赔偿总额不能超出法定限额

这一原则表明：托运人或收货人无权以分别追索赔偿的方式取得双倍赔偿。这也说明区段承运人对其展开的运输承担责任的同时，也享有法律所规定的有关承运人的权利及责任限制与法定免责事项。

（四）国际多式联运经营人与区段承运人可按他们之间的合同约定相互追偿

当国际多式联运经营人或区段承运人赔偿了托运人或收货人以后，可按他们之间的合同约定相互追偿。

三、多式联运经营人索赔与理赔

（一）索 赔

国际多式联运经营人索赔是指国际集装箱国际多式联运经营人在赔偿货主（托运人或收货人）的损失后，依约或依法向实际造成损失的责任人（如货运代理、区段承运人、港站经营人等）进行追偿的过程。

各种运输方式下货运事故索赔的程序基本相同，主要包括以下步骤：

（1）发出书面的货损通知。目前，规范各种运输方式的国际公约与法规中均要求货主应在索赔通知时限内向承运人发出货损货差的通知，索赔人必须遵循其规定。

（2）提交索赔申请书或索赔清单及随附单证。索赔人除了提交索赔函外，还应该提供能够证明货运事故的原因、损失程度、索赔金额、责任所在以及索赔人具有索赔权利的单证。这些单证主要包括提单或运单正本、商业发票、装箱单、货损货差、理货报告及货物残损检验报告、修理单、权益转让书、往来电传等。

（3）解决争议。双方通常采取和解或调解途径解决争议，如果无法解决争议，则可能进入诉讼或仲裁程序。

（二）理 赔

国际多式联运经营人理赔是指国际多式联运经营人对货主（托运人或收货人）所提出的货运事故赔偿要求予以受理并进行处理的过程。

国际多式联运经营人作为国际多式联运合同的当事人，既享有权利，也要承担义务与责任。在理赔的过程中，应依照图5-7的程序处理。

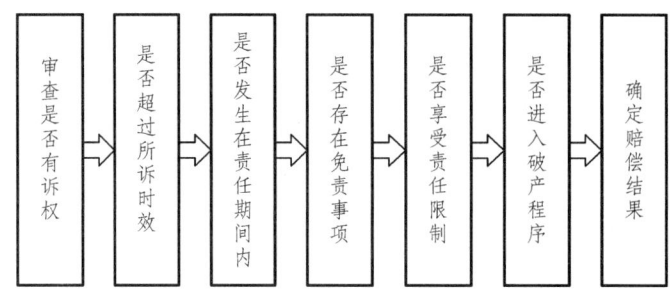

图 5-7 国际多式联运经营人理赔要点示意图

国际多式联运索赔处理

项目六
综合实训

任务一　货代委托书处理

[任务目标]

- ◇ 了解货代委托书的基本结构；
- ◇ 学会提取货代委托书的关键信息；
- ◇ 掌握处理货代委托书的流程方法。

[任务描述]

假设现在是 2019 年 9 月 1 日，你收到了货代委托，相关委托信息如下[①]：

一、信息 1

（1）PO：9409351；

（2）SKU/ITEM：100063945；

（3）SIZE：80×42×1.5；

（4）Shipping Window 20190901-0914；

（5）最晚抵达时间 20191001。

二、信息 2

另外收到了其他 4 个 Booking，信息如下：

（1）Booking Confirmation 1：

[①] 为了教学需要，本项目中使用的人名、企业名均已虚拟，请勿对号入座。

ID: 25018608		Page: 1 of 2
BCN: SGH1303549	**Booking Confirmation**	Submitted: 2019-08-20
BRef:		Print Date: 2019-09-06

Shipper
AVF GROUP INC
2775 BROADWAY ST BUFFALO
NEW YORK, NY 10043
UNITED STATES

Status	Expected Delivery	Booking Confirmation Reference
CONFIRMED	2019-09-06	SGH1303549

DAMCO

Consignee
MACYSMERCHANDISINGG
ROUP,INC 11PENNPLAZA,
9THFLOOR
NEWYORK,NY10001
UNITEDSTATES

Freight	FOB Point	Place of Delivery
C	Shanghai	Carson
Export Licence No.		Port of Loading
		Shanghai
		Port of Discharge
		LosAngeles

Notify Party

Carrier	Vessel	Voyage
Service	Transportation Mode	Estimated Date of Departure
CFS/CY	SEA	

Carrier's receipt — Particulars furnished by shipper - carrier not responsible

PO Number SKU / ITEM	Categories	Marks and numbers	Description of goods	Quantity	Packages	Gross weight (Kilos)	Measurement (Cbm)
PO: 1200430522 SKU / ITEM: 31551889	Categories: 881 072 040 0 HTS Code: 8529909000 COO: CN Manufacturer: NINGBO CHUNXUN CRAFT CO LTD	ITEM#31551889 PO#1200430522 ITEM DESCRIPTION: 26-55" MULTI MOUNT DEPARTMENT# 72 TO: CANADA SUPPLIER STOCK#RGL404-F CASE QTY: 2PCS CASE: __OF__500__ MADE IN: CHINA GROSS WEIGHT KGS: 9.5 KGS	ITEM#31551889 PO#1200430522 ITEM DESCRIPTION: 26-55" MULTI MOUNT DEPARTMENT# 72 TO: CANADA SUPPLIER STOCK#RGL404-F CASE QTY: 2PCS CASE: __OF__500__ MADE IN: CHINA GROSS WEIGHT KGS: 9.5 KGS SINGLE ITEM PACK BRAND: ORBITAL PRODUCT DESC:100% MILD STEEL DUTY TEYP:REGULAR, DUTY%: 0.00% HS CODE:8529.90.90.00 VENDOR DECLARE:NO WOOD PACKAGING CONTAINED WITHIN SHIPMENT	500 CTN	500 CARTONS	4750.000	6.632
			TOTAL:	500 CTN	500 CARTONS	4,750.000	6.632

Remarks
NINGBO DE LIAN IMPORT AND EXPORT CO.,LTD
GUANGBO INDUSTRIAL PARK,CHEHE,NINGBO ZHEJIANG CHINA
email:wangrj13@guangbo.net
0574-28827338

ID: 25018608		Page: 2 of 2
BCN: NPO1303549	**Booking Confirmation**	Submitted: 2019-08-20
BRef:		Print Date: 2019-09-06

PLEASE STOP DELIVERY QC FAILED CARGO TO WAREHOUSE OR TERMINAL AND INFORM MAERSK
ONCE HAPPEN.
****
CFS CUT Off and vessel schedule: please check with CUSWMTPRE.CHINA.SHENZHEN@INS
MAERSK.COM for detail
****
FOR SHIPMENTS TO CANADA, PLEASE MAKE SURE SUBMIT YOUR SHIPPING DOCS TO MAERSK
BEFORE 3 BUSINESS DAY AFTER ETD
PLEASE ENSURE GROSS WEIGHT OF CUSTOMS DOCUMENTS ARE MATCHED WITH BOOKING CONFIRMATION

Manufacturer:	Consolidator:	Container Stuffing Location:
NINGBO CHUNXUN CRAFT CO LTD BUILDING 1, GUANGBO INDUSTRIAL PARK CHEHEDU VILLAGE, SHIQI JIEDAO 315153 NINGBO CHINA		

Seller:	Buyer:	Ship To:
AVF GROUP INC 2775 BROADWAY ST BUFFALO NEW YORK, NY 10043 UNITED STATES	WAL-MART CANADA CORP 1940 ARGENTIA RD MISSISSAUGA, ON L5N 1P9 CANADA	HUDD DISTRIBUTION CANADA INC 8400 RIVER RD DELTA, BC V4G 1B5 CANADA

Please deliver to

Shipper's declaration: We hereby declare that the description of the contents, values, gross weights and/or measurements of the packages and/or goods covered by this Dock Receipt are correct. We agree that we will be deemed to have declared that the gross weights and/or measurements ascertained by the Official Measurers, are accurate if we have omitted to state the gross weights and/or measurement in the spaces provided in the appropriate form. Where there is a difference between the gross weights and/or measurements stated by us and those ascertained by the Official Measurers, we agree that we shall be deemed to have declared the latter unless we notify the Official Measurers to the contrary in writing within seven(7) days of vessel's sailing. We acknowledge that in the event of the contents or values which we have declared or of the gross, weights or measurements which we have declared or are deemed to have declared, proving to be inaccurate and the freight consequently being under-assessed at the time of issue of the Bill of Lading the carrying Line will be entitled to require from us by way of Liquidated damages, before delivery.

Received:

Only.

Date: _____ By: _____

Received the goods or the containers or the packages said to contain the goods as specified herein for the custody and carriage of the said goods and said containers or packages in accordance with the terms and conditions of the Carrier's regular form of Bill of Lading

Shipper's Signature and Chop: _____

All transactions are subject to the company's standard trading conditions (copies available on request from the company) and which, in certain cases, exclude or limit the company's liability and include certain indemnities benefiting the company.

（2）Booking Confirmation 2：

Booking Confirmation (Page 1 of 2)

- ID: 25018567
- BCN: SGH1303551
- BRef:
- Submitted: 2019-08-20
- Print Date: 2019-09-06

Shipper: AVF GROUP INC, 2775 BROADWAY ST BUFFALO, NEW YORK, NY 10043, UNITED STATES

Consignee: MACYSMERCHANDISINGG ROUP,INC 11PENNPLAZA, 9THFLOOR, NEWYORK,NY10001, UNITEDSTATES

Notify Party:

- Status: CONFIRMED
- Expected Delivery: 2019-09-06
- Booking Confirmation Reference: SGH1303551
- Freight: C
- FOB Point: Shanghai
- Place of Delivery: Carson
- Export Licence No.:
- Port of Loading: Shanghai
- Port of Discharge: LosAngeles
- Carrier:
- Vessel:
- Voyage:
- Service: CFS/CY
- Transportation Mode: SEA
- Estimated Date of Departure:

Carrier's receipt | Particulars furnished by shipper - carrier not responsible

PO Number SKU / ITEM	Categories	Marks and numbers	Description of goods	Quantity	Packages	Gross weight (Kilos)	Measurement (Cbm)
PO: 1200430523 SKU / ITEM: 31550741	Categories 881 072 040 0 HTS Code 8529909000 COO CN Manufacturer NINGBO CHUNXUN CRAFT CO LTD	ITEM#31550741 PO#1200430523 ITEM DESCRIPTION:12-39ADJ TLT MOUNT DEPARTMENT# 72 TO: CANADA SUPPLIER STOCK#RGL201-F CASE QTY: 2PCS CASE: __ OF _570 MADE IN: CHINA GROSS WEIGHT KGS: 2.83 KGS	ITEM#31550741 PO#1200430523 ITEM DESCRIPTION:12-39ADJ TLT MOUNT DEPARTMENT# 72 TO: CANADA SUPPLIER STOCK#RGL201-F CASE QTY: 2PCS CASE: __ OF _570 MADE IN: CHINA GROSS WEIGHT KGS: 2.83 KGS SINGLE ITEM PACK BRAND: ORBITAL PRODUCT DESC:100% MILD STEEL DUTY TEYP:REGULAR, DUTY%: 0.00% HS CODE:8529.90.90.00 VENDOR DECLARE:NO WOOD PACKAGING CONTAINED WITHIN SHIPMENT	570 CTN	570 CARTONS	1613.100	2.743
			TOTAL:	570 CTN	570 CARTONS	1,613.100	2.743

Remarks
NINGBO DE LIAN IMPORT AND EXPORT CO.,LTD
GUANGBO INDUSTRIAL PARK, CHEHE, NINGBO ZHEJIANG CHINA
email:wangnj13@guangbo.net

Booking Confirmation (Page 2 of 2)

- ID: 25018567
- BCN: NPO1303551
- BRef:
- Submitted: 2019-08-20
- Print Date: 2019-09-06

0574-28827338
****
PLEASE STOP DELIVERY QC FAILED CARGO TO WAREHOUSE OR TERMINAL AND INFORM MAERSK ONCE HAPPEN.
****
CFS CUT Off and vessel schedule: please check with CUSWMTPRE.CHINA.SHENZHEN@INS MAERSK.COM for detail
****
FOR SHIPMENTS TO CANADA, PLEASE MAKE SURE SUBMIT YOUR SHIPPING DOCS TO MAERSK BEFORE 3 BUSINESS DAY AFTER ETD
PLEASE ENSURE GROSS WEIGHT OF CUSTOMS DOCUMENTS ARE MATCHED WITH BOOKING CONFIRMATION

Manufacturer:
NINGBO CHUNXUN CRAFT CO LTD
BUILDING 1, GUANGBO INDUSTRIAL PARK
CHEHEDU VILLAGE, SHIQI JIEDAO
315153 NINGBO
CHINA

Consolidator:

Container Stuffing Location:

Seller: AVF GROUP INC, 2775 BROADWAY ST BUFFALO, NEW YORK, NY 10043, UNITED STATES

Buyer: WAL-MART CANADA CORP, 1940 ARGENTIA RD, MISSISSAUGA, ON L5N 1P9, CANADA

Ship To: HUDD DISTRIBUTION CANADA INC, 8400 RIVER RD, DELTA, BC V4G 1B5, CANADA

Please deliver to

Shipper's declaration: We hereby declare that the description of the contents, values, gross weights and/or measurements of the packages and/or goods covered by this Dock Receipt are correct. We agree that we will be deemed to have declared that the gross weights and/or measurements ascertained by the Official Measurers, are exclusive if we have omitted to state the gross weights and/or measurement in the spaces provided in the appropriate form. Where there is a difference between the gross weights and/or measurements stated by us and those ascertained by the Official Measurers, we agree that we shall be deemed to have declared the latter unless we notify the Official Measurers to the contrary in writing within seven(7) days of vessel's sailing. We acknowledge that in the event of the contents or values which we have declared or of the gross weights or measurements which we have declared or are deemed to have declared, proving to be inaccurate and the freight consequently being under assessed at the time of issue of the Bill of Lading, the Carrying Line will be entitled to require from us, by way of Liquidated damages, before delivery.

Shipper's Signature and Chop:

Received: _____ Only.

Date: _____ By: _____

Received the goods or the containers or the packages said to contain the goods as specified herein for the custody and carriage of the said goods or the said containers or packages in accordance with the terms and conditions of the Carrier's regular form of Bill of Lading

All transactions are subject to the company's standard trading conditions (copies available on request from the company) and which, in certain cases, exclude or limit the company's liability and include certain indemnities benefiting the company.

(3) Booking Confirmation 3：

ID: 24028548		Page: 1 of 2
BCN: SGH4901841	Booking Delivery Information	Submitted: 2019-04-29
BRef:		Print Date: 2019-11-08

Shipper	Status	Expected Delivery	Booking Confirmation Reference
TAINAN ENTERPRISES CO LTD SEC 3, CHUNG SAN ROAD, NAN HSI 320 N TSUN KUEI JEN HSIANG, HSIE TW-750 TAINAN TAIWAN	DELIVERED	2019-09-2	SGH4901841

DAMCO

Consignee	Freight	FOB Point	Place of Delivery
MACYS MERCHANDISING GROUP, INC 11 PENN PLAZA, 9TH FLOOR NEW YORK, NY 10001 UNITED STATES	C	Shanghai	Carson
	Export Licence No.		Port of Loading Shanghai
			Port of Discharge Los Angeles

Notify Party	Carrier	Vessel	Voyage
GEODIS USA INC 2255 E 220TH ST CARSON, CA 90810 UNITED STATES		MSC JEWEL	925N
	Service CFS/CY	Transportation Mode SEA	Estimated Date of Departure

Carrier's receipt | Particulars furnished by shipper - carrier not responsible

PO Number SKU / ITEM	Categories	Marks and numbers	Description of goods	Quantity	Packages	Gross weight (Kilos)	Measurement (Cbm)
PO: 9517652 SKU / ITEM: 100063687MS	Categories: MBK 804 FH AA HTS Code COO Manufacturer 6104692030 CN YIXING GAOQING GARMENTS CO LTD	MMG PO 9517652 Los Angeles Made in China PID Pre-pack Code Color Size Range Units/Total Measurement Net Weight Gross Weight Carton Number	WOMENS KNIT PANT 69% RAYON 26% NYLON 5% SPANDEX PO Number: 9517652 PID: 100063687MS HTS NO.: 6104692030	1,440	PCS	60 CARTONS	822.000	4.482
			TOTAL:	1,440	PCS	60 CARTONS	822.000	4.482

Remarks

ID: 24028548		Page: 2 of 2
BCN: SGH4901841	Booking Delivery Information	Submitted: 2019-05-29
BRef:		Print Date: 2019-11-08

Manufacturer:	Consolidator:	Container Stuffing Location:
YIXING GAOQING GARMENTS CO LTD YICHENG TOWN, OUTER NORTH GATE OF YIXING CITY JIANGSU 214203 YIXING CHINA		

Seller:	Buyer:	Ship To:
TAINAN ENTERPRISES CO LTD SEC 3, CHUNG SAN ROAD, NAN HSI 320 N TSUN KUEI JEN HSIANG, HSIE TW-750 TAINAN TAIWAN	MACYS MERCHANDISING GROUP INC 11 PENN PLAZA 9TH FLOOR NEW YORK, NY 10001 UNITED STATES	DAMCO DISTRIBUTION SERVICES 1015 E 236TH ST CARSON, CA 90745 UNITED STATES

Please deliver to:

Shipper's declaration. We hereby declare that the description of the contents, values, gross weights and/or measurements of the packages and/or goods covered by this Dock Receipt are correct. We agree that we will be deemed to have declared that the gross weights and/or measurements ascertained by the Official Measurers are accurate if we have omitted to state the gross weights and/or measurement in the spaces provided in the appropriate form. Where there is a difference between the gross weights and/or measurements stated by us and those ascertained by the Official Measurers, we agree that we shall be deemed to have declared the latter unless we notify the Official Measurers to the contrary in writing within seven(7) days of receipt's stating. We acknowledge that in the event of the contents or values which we have declared or of the gross weights or measurements which we have declared or are deemed to have declared, proving to be inaccurate and the freight consequently being under assessed at the time of issue of the Bill of Lading, the carrying Line will be entitled to require from us, by way of Liquidated damages, before delivery.

Received: _____

Only. _____

Date: _____ By: _____

Received the goods or the containers or the packages said to contain the goods as specified herein for the custody and carriage of the said goods or the said containers or packages in accordance with the terms and conditions of the Carrier's regular form of Bill of Lading.

Shipper's Signature and Chop: _____

All transactions are subject to the company's standard trading conditions (copies available on request from the company) and which, in certain cases, exclude or limit the company's liability and include certain indemnities benefiting the company.

（4）Booking Confirmation 4：

相关要求如下：

① Shipping Window 20190903-0917；

② 最晚抵达时间 20191007。

三、信息 3

WK	VSL NAME	VOY	CY Open 12:00	CY Cutoff 12:00	AMS Cutoff 19:00	VGM Cutoff	ETD	ETA LOS ANGELES 14天	ETA OAKLAND 19天
10	YM UNISON	079E	MON	THUR	MON	ETB - 24 Hours (ETB时间以地区网站为准)	Friday 13/Sep	27/Sep	2/Oct
11	BLANK SAILING		MON	THUR	MON	ETB - 24 Hours (ETB时间以地区网站为准)	Friday 20/Sep	4/Oct	9/Oct
12	YM UNICORN	036E	MON	THUR	MON	ETB - 24 Hours (ETB时间以地区网站为准)	Friday 27/Sep	11/Oct	16/Oct
13	YM UBERTY	069E	MON	THUR	MON	ETB - 24 Hours (ETB时间以地区网站为准)	Friday 4/Oct	18/Oct	23/Oct

PS5 (Direct Service) — Yantian 外高桥2期(WGQ II)
现代 (Yantian Unisco)
如遇船期延误一天以上，AMS/ENS/ACI/AFR按风格部ETB前48个小时截单。

WK	VSL NAME	VOY	CY Open 12:00	CY Cutoff 12:00	AMS Cutoff 16:00	VGM Cutoff	ETD	ETA LOS ANGELES 14天	ETA OAKLAND 19天
10	KUALA LUMPUR EXPRESS	072E	Last Thu	Last SUN	Last FRI	ETB - 24 Hours (ETB时间以地区网站为准)	Monday 8/Sep	22/Sep	27/Sep
11	HONG KONG BRIDGE	063E	Last Thu	Last SUN	Last FRI	ETB - 24 Hours (ETB时间以地区网站为准)	Monday 15/Sep	29/Sep	4/Oct
12	HAMBURG BRIDGE	039E	Last Thu	Last SUN	Last FRI	ETB - 24 Hours (ETB时间以地区网站为准)	Monday 22/Sep	6/Oct	11/Oct
13	NYK ALTAIR	042E	Last Thu	Last SUN	Last FRI	ETB - 24 Hours (ETB时间以地区网站为准)	Monday 29/Sep	13/Oct	18/Oct

PS6 (Direct Service) — Yantian 外高桥2期(WGQ II)
现代 (Yantian Unisco)
如遇船期延误一天以上，AMS/ENS/ACI/AFR按风格部ETB前48个小时截单。

四、信息 4

（1）仓库联系方式。
① 仓库地址：上海 A 区 B 路 31 号；
② 联系人：C 小姐；
③ 联系电话：1234566899；
④ 收货时间：07：30—17：00（正常收货）；17：00—22：00（加收夜间加班费 200/票）。

（2）报关文件（如需商检等，须备齐），请在截至进仓前发送给客服，由客服转发报关行统一报关（请备注手机号码，以便紧急联系）。

（3）报关行电子委托和联系方式。
① 全称：上海华捷报关代理有限公司；
② 报关授权：3302980214；
③ 组织机构代码：567016249；
④ 洪小姐：0574-87654321。

（4）送货/文件注意点。
① 货物受潮/受损，会做暂收货处理，请按要求及时更换包装或货物。
② 码头严查柜子重量，请在送货前过磅确认，报关资料毛重需要和订舱重量一致。实际送货数量和重量如有变更，必须送货前书面通知丹马士物流并修改订舱，晚改会收改单费。
③ 发送报关资料时必须对上述进仓编号/PO（如 SGH1234）进行说明，以便一一核对。
④ 凡因延误而造成的更改或其他特殊处理，会追加贵司的有关费用和责任。
⑤ 货物及纸箱尺寸如果有特殊情况(电池/危险品/超大/长/宽/高/重等)请先前确认后再送货，总体积预计会超过 50CBM 的请先考虑整柜出运，以便节省费用。
⑥ 进仓需要携带的资料：进仓单 5 份。

[任务要求]

（1）请把所有委托书填在下方表格中，红色为必填项目。

SEQ	Vendor	SO	PO	Real Shipper	Service	ESD	LSD	MABD
SAMPLE	**CAVNRTRM**	NPO1304825	2600460572	CUSTOM ACC	**CFS/CY**	2019/9/17	2019/9/24	2019/10/10
1								
2								
3								

ERD	VDR Remark	FOB	Dest	Disch	Dept No	Credit Office	Packages	PUnit	Quantity
	TEL：86-574-8	**CNNPOWH**	**CAVNRTRM**	**CAVNRTRM**	010	832	343	CARTONS	**343**

QUnit	Weight (KGS)	Measure (CBM)	CFS Open Date and CFS Out Off Date	Vessel Schedule	Booking Date	ETA	ETA-MAAP	Maap Reason	Email Address
CTN	802.62	7.076	09/09/2019	**ABC V001**	######	2019/10/16	6	Vendor late deliver	MICHAEL.DING @CAASIANB.COM;

（2）请问你要如何处理这些委托书？请具体描述你要完成的工作内容（如写邮件，就把邮件内容写出来）。

任务二　委托书核对

[任务目标]

◇ 学会根据资料核对委托书；

◇ 学会处理委托书存在问题时的情况。

[任务描述]

你是 CCC FWD LTD. 的员工，今天收到一份 FOB 客户的委托书。这位客户是公司的长期客户。

[任务要求]

请根据资料核对委托书：

（1）请找出 Booking Note 存在的问题，并填入下表：

Booking checking 问题说明	
序号	内容
示范（序号可自己添加）	Shipper 信息不完整
1	
2	

3	
4	
5	

（2）请根据委托书存在的问题，起草邮件"Booking Checking Email-Missing MADE IN CHINA"，每个问题一封邮件，按以下模板填写邮件。

TO	
FROM	
SUBJECT	
Email Body	

任务三 承运人订舱

[任务目标]

♦ 学会根据订舱相关信息选择合适的船及船期；

♦ 学会制作订舱单，并发邮件进行订舱。

[任务描述]

你是 CCC FWD LTD. 的员工，收到了一份货代委托书。

已知合同号信息如下：

（1）你公司与 KKK TOYS COMPANY 的合同号为 CCC1234556；

（2）KKK TOYS COMPANY 与 CMA 的合同号为 CMAKKK123，Pre as-singed carrier SO No. CMASZH123；

（3）KKK TOYS COMPANY 与 EVERGREEN 的合同号为 EMCKKK123，Pre as-singed carrier SO No. EMCSZH123；

（4）KKK TOYS COMPANY 与 OOCL 的合同号为 OOCLKKK123，Pre as-singed carrier SO No. OOCLSZH123；

（5）KKK TOYS COMPANY 与中远的合同号为 COSKKK123，Pre as-singed carrier SO No. COSSZH123。

[任务要求]

请完成一次选船和承运人订舱 Carrier Booking。

（1）根据 Booking Note（委托书）和船期表的信息选择正确的船期并填写在下表中。

Carrier Booking Format

Carrier Name：	
Shipper Name：	
Consignee Name：	
Service Type：	
Shipment Type	
Commodity：	
Shipping Marks：	
Service Contract：	
Feeder Name：	
Feeder Voyage：	
Feeder ETD：	
Feeder Load Port：	
Feeder Discharge Port：	
Mother Vessel Name：	
Mother Vessel Voy：	
Mother Vessel ETD：	
Place Of Receipt：	
Port Of Loading：	
Port Of Discharge：	
Place Of Delivery：	
CY Open：	
CY Closing：	
SI CUT-OFF：	
Customs Voucher：	

Container Type	Remarks	KGS	CBM	Carrier S/O	MODS SO	PO NO	Additional Service

（2）参照资料中的合同号信息，以邮件形式向 Carrier 订舱，以上面所填的"Carrier Booking Format"作为订舱附件，将邮件内容写在下方邮件"Carrier Booking"中。

TO	
FROM	
SUBJECT	
Email Body	

任务四 CLP 填制

[任务目标]
  ◇ 学会处理订舱申请；
  ◇ 掌握制作 CLP 的方法。

[任务描述]
  你收到了一份订舱申请，如下表：

ID：123456　　BCN：YTC568443　　Submitted：　　BRef：　　Print Date：		Booking Request	
Shipper GOLDEN CHAMPION LTD 15F，AAA building BBB Street, Shenzhen，PRC CHINA 　CTC：Lily 　Tel：0755-1312651 　Fax：0755-64461162	Status Submitted	Expected Delivery 2019/3/16	Booking Confirmation Reference YTC568443
Consignee KKK TOYS COMPANY 3000，CBC CENTRE KAK Road 　South Gate, California, USA 　CTC：Lucy 　Tel：68-9463116 　Fax：56-86412334	Freight C	FOB Point YANTIAN	Place of Delivery JACKSONVILLE, US
			Port of Loading YANTIAN, CN
	Export Licence No.		Port of Discharge JACKSONVILLE, US
Notify Party KKK TOYS COMPANY 201，CBC CENTRE KAK Road　South Gate ，California, USA 　CTC：Hanmeimei 　Tel：68-9463159 　Fax：56-86412568	Carrier	Vessel	Voyage
	Service CY/CY	Transportation Mode SEA	Estimated Date of Departure 2019/3/17
Container required: 2*40GP			

续表

Carrier's receipt			Particulars furnished by shipper—carrier not responsible				
PO Number SKU / ITEM	Categories	Marks and numbers	Description of goods	Quantity	Packages	Gross weight (Kilos)	Measurement (Cbm)
PO：VIR305OLK SKU：555714668	HTS CODE COO Manufacturer 56412578542 CN Dongguan SXS LTD	PO：VIR305OLK SKU：555714668 CARGO NAME：Man's shirt XS TO：USA CASE QTY：10 PCS CASE 1 OF 31 MADE IN CHINA GROSS WEIGHT：25 KGS	Man's shirt XS PO：VIR305OLK SKU：555714668 HTS CODE 56412578542 DESTINATION：SOUTH GATE，CA，USA VENDOR DECLARE："NO WOOD PACKAGING CONTAINED WITHIN SHIPMENT."	310 PCS	31 CARTONS	775	13
PO：VIR305OLK SKU：556535398	HTS CODE COO Manufacturer 56412578545 CN Dongguan SXS LTD	PO：VIR305OLK SKU：556535398 CARGO NAME：Man's shirt S TO：USA CASE QTY：10 PCS CASE 1 OF 35 MADE IN CHINA GROSS WEIGHT：27KGS	Man's shirt S PO：VIR305OLK SKU：556535398 HTS CODE 56412578545 DESTINATION：SOUTH GATE，CA，USA VENDOR DECLARE："NO WOOD PACKAGING CONTAINED WITHIN SHIPMENT."	350 PCS	35 CARTONS	945	13
PO：VIR305OLK SKU：556535401	HTS CODE COO Manufacturer 56412578544 CN Dongguan SXS LTD	PO：VIR305OLK SKU：556535401 CARGO NAME：Man's shirt M TO：USA CASE QTY：10 PCS CASE 1 OF 31 MADE IN CHINA GROSS WEIGHT：27KGS	Man's shirt M PO：VIR305OLK SKU：556535401 HTS CODE 56412578544 DESTINATION：SOUTH GATE，CA，USA VENDOR DECLARE："NO WOOD PACKAGING CONTAINED WITHIN SHIPMENT."	310 PCS	31 CARTONS	837	12.5

续表

PO: VIR305OLK SKU: 556535402	HTS CODE COO Manufacturer 56412578543 CN Dongguan SXS LTD	PO: VIR305OLK SKU: 556535402 CARGO NAME: Man's shirt L TO: USA CASE QTY: 10 PCS CASE 1 OF 35 MADE IN CHINA GROSS WEIGHT: 38KGS	Man's shirt L PO: VIR305OLK SKU: 556535402 HTS CODE 56412578543 DESTINATION: SOUTH GATE, CA, USA VENDOR DECLARE: "NO WOOD PACKAGING CONTAINED WITHIN SHIPMENT."	350 PCS	35 CARTONS	1330	13
PO: VIR305OLK SKU: 556535403	HTS CODE COO Manufacturer 56412578523 CN Dongguan SXS LTD	PO: VIR305OLK SKU: 556535403 CARGO NAME: Man's shirt XL TO: USA CASE QTY: 10 PCS CASE 1 OF 30 MADE IN CHINA GROSS WEIGHT: 30KGS	Man's shirt XL PO: VIR305OLK SKU: 556535403 HTS CODE 56412578523 DESTINATION: SOUTH GATE, CA, USA VENDOR DECLARE: "NO WOOD PACKAGING CONTAINED WITHIN SHIPMENT."	300 PCS	30 CARTONS	900	12.5
PO: VIR305OLK SKU: 556535404	HTS CODE COO Manufacturer 56412578558 CN Dongguan SXS LTD	PO: VIR305OLK SKU: 556535404 CARGO NAME: Man's shirt XXL TO: USA CASE QTY: 10 PCS CASE 1 OF 45 MADE IN CHINA GROSS WEIGHT: 25KGS	Man's shirt XXL PO: VIR305OLK SKU: 556535404 HTS CODE 56412578558 DESTINATION: SOUTH GATE, CA, USA VENDOR DECLARE: "NO WOOD PACKAGING CONTAINED WITHIN SHIPMENT."	450 PCS	45 CARTONS	1125	13.5

PO：VIR305OLK SKU：557462077	HTS CODE COO Manufacturer 56412578578 CN Dongguan SXS LTD	PO：VIR305OLK SKU：557462077 CARGO NAME：Man's shirt XXXL TO：USA CASE QTY：10 PCS CASE 1 OF 7 MADE IN CHINA GROSS WEIGHT：50KGS	Man's shirt XXXL PO：VIR305OLK SKU：557462077 HTS CODE 56412578578 DESTINATION：SOUTH GATE,CA,USA VENDOR DECLARE：" NO WOOD PACKAGING CONTAINED WITHIN SHIPMENT."	70 PCS	7 CARTONS	350	12
TOTAL：				2140 PCS	214 CARTONS	6262	89.5
Remarks							
Fax booking to Kitty 07556512616 942*40GP							
BCN	123456			Submitted：2019-3-10			
BRef	YTC568443			Print Date：			
Manufacturer： Dongguan SXS LTD NO.334,ASDF ROAD,HUMEN, DONGGUAN Tel：2164662 Fax：56154133		Consolidator： Dongguan SXS LTD NO.334,ASDF ROAD,HUMEN, DONGGUAN Tel：2164662 Fax：56154133		Container Stuffing Location： Dongguan SXS LTD NO.334, ASDF ROAD, HUMEN, DONGGUAN Tel：2164662 Fax：56154133			
Seller： GOLDEN CHAMPION LTD 15F, AAA building BBB Street, Shenzhen, PRC CHINA CTC：Lily Tel：0755-1312651 Fax：0755-64461162		Buyer： KKK TOYS COMPANY 3000, CBC CENTRE KAK Road South Gate, California, USA CTC：Lucy Tel：68-9463116 Fax：56-86412334		Ship To： KKK TOYS COMPANY 3000, CBC CENTRE KAK Road South Gate, California, USA CTC：Lucy Tel：68-9463116 Fax：56-86412334			

Please deliver to	Received:
Shipper's declaration: We hereby declare that the description of the contents, values, gross weights and/or measurements of the packages and/or goods covered by this Dock Receipt are correct. We agree that we will be deemed to have declared that the gross weights and/or measurements ascertained by the Official Measurers, are accurate if we have omitted to state the gross weights and/or measurement in the spaces provided in the appropriate form. Where there is a difference between the gross weights and/or measurements stated by us and those ascertained by the Official Measurers, we agree that we shall be deemed to have declared the latter unless we notify the Official Measurers to the contrary in writing within seven (7) days of vessel's sailing. We acknowledge that in the event of the contents or values which we have declared or of the gross weights or measurements which we have declared or are deemed to have declared, proving to be inaccurate and the freight consequently being under-assessed at the time of issue of the Bill of Lading, the carrying Line will be entitled to require from us, by way of Liquidated damages, before delivery,	Only. Date: _____ By: _____ Received the goods or the containers or the packages said to contain the goods as specified herein for the custody and carriage of the said goods or the said containers or packages in accordance with the terms and conditions of the Carrier's regular form of Bill of Lading.

Shipper's Signature and Chop: _____
All transactions are subject to the company's standard trading conditions (copies available on request from the company) and which, in certain cases, exclude or limit the company's.

CLP: Container Load Plan 集装箱装箱单。

运输货物的相关信息如下：

PO	SKU	QTY	CTN	KGS/CTN	CBM/CTN
VIR305OLK	555714668	310	31	25.5	0.4
VIR305OLK	556535398	350	35	27.1	0.41
VIR305OLK	556535401	310	31	27.7	0.43
VIR305OLK	556535402	350	35	36.8	0.44
VIR305OLK	556535403	300	30	31.2	0.45
VIR305OLK	556535404	450	45	25.1	0.451
VIR305OLK	557462077	70	7	49.8	0.451

柜号：CNTR NO. ABCD1234567；

海关关封号码：SEAL NO. SEAL123。

[任务要求]

请根据订舱申请和运输货物实际信息，制作装箱单。

装箱单 (CONTAINER LOAD PLAN)

Reefer Temperature Required 冷藏温度 ℃ ℉	CONTAINER LOAD PLAN 装箱单			(5) Shipper's/Packer's Copy 货代人/装箱人联
Class 等级 / IMDG Page 危规页码 / UN No. 联合国编号 / Flashpoint 闪点				
Ship's Name/Voy No. 船名/航次	Port of Loading 装港	Port of Discharge 卸港	Place of Delivery 交货地	SHIPPER'S/PACKER'S DECLARATIONS: We hereby declare that the container ___ has been thoroughly cleaned without any evidence of cargoes of previous shipment prior to vanning and cargoes has been properly stuffed and secured.
Container No. 箱号	Bill of Lading No. 提单号	Packages&Packing 件数与包装	Gross Weight 毛重	Measurements 尺码	Description of Goods 货名	Marks&Numbers 唛头
Container No. 箱号			Front			
Seal No. 封号						
Cont.Size 箱型 20' 40' 45' / Cont.Type 箱类 GP=普通箱 TK=油罐箱 RF=冷藏箱 PF=平板箱 OT=开顶箱 HC=高箱 FR=框架箱 HT=挂衣箱						
ISO Code For Container Size/Type 箱型/箱类ISO标准代码						
Pack's Name/Address 装箱人名称/地址			Door			
TEL NO 电话号码						
Packing Date 装箱日期	Received By Drayman 驾驶员签收及车号	Total Packages 总件数	Total Cargo Wt 总货重	Total Meas 总尺码	Remarks 备注	
Packing BY 装箱人签名	Received By Terminals/Date of Receipt 码头收据签收和收箱日期		Cont. Tare Wt 集装箱皮重	Cgo/Cont Total Wt 货/箱总质量		

任务五 CLP 处理

[任务目标]

✧ 学会根据货物收仓信息制作 CLP；

✧ 学会按客户要求处理 CLP。

[任务描述]

你收到了一份货物收仓信息表，如下表：

PO	SKU	CTN/PCS	KGS	CBM
PO：9409351	SKU/ITEM：100063945	5 178	2 071.2	4.52
PO：1200430522	SKU/ITEM：31551889	500	4 780	6.7
PO：1200430523	SKU/ITEM：31550741	570	1 813	2.63
PO：9517652	SKU/ITEM：100063687MS	60	822	4.43
PO：9526692	SKU/ITEM：100063687WN	45	252	1.92

已知：

（1）提单号 B/L NO.：111ABC123；

（2）报关时，同一客户，同一目的港，同一条船可以一票报关，即一个 Shipper 一票报关。

[任务要求]

（1）请根据 CLP 要求（以马士基物流配舱清单为例）完成一张针对此次 5 个进仓编号的 CLP。

（2）如果客人要求的最低 CBM 数为：40GP 58CBM，40HQ 67CBM，请问是否能满足？如果不满足，应如何处理？请具体描述要做的事情（如果要写邮件，请写出邮件）。

以下为马士基物流配舱清单：

马士基物流配舱清单

CFS/CY

HOT STOWAGE

CARRIER	MAEU
VSL/VOY.	MSC JEWEL QL925N
ETDSHANGHAI	28-Jun
DISCHARGE	LONG BEACH
DESTINATION	CARSON, CA
EQUIPMENT	1X40HQ GOH

	CY/DOOR
	FOB: Shanghai
	STRING: MAEU:TP2

MACY'S(FEDMERCH)	
	FCR
	SWB
	N/A
	LSY009/APP2ext. 1945
	297951460

TRM

BL NO 船公司夹单号	装柜顺序	S/O NO 进仓编号	VENDOR发货人	PO NO 货物订单号	PACKAGES 箱/件数	RECV PKG	KGS毛重	BEAM	CBM 立方数	RECV CBM	C/S NO.	tare weight	VGM	DIV.	DEPT	Label	SHD-CXD	INDC	BL REF	BL. NO.
584025468	1	SGH4903262	TAINAN ENTERPRISES CO LTD	9480711	3216	3216	482.4	10	0.8	26.4				MDS	ALF	ALF	6/17-6/21	2019-07-15		
584025468A	2	SGH4901823	TAINAN ENTERPRISES CO LTD	9480718	48	48	117.6		1.38	1.169				MDC	ALF	ALF	6/17-6/21	2019-07-15		
	3	SGH4901841	TAINAN ENTERPRISES CO LTD	9517652	60	60	822		4.33	4.482				MBK	804	804	6/17-6/21	2019-07-15		
	4	SGH4901849	TAINAN ENTERPRISES CO LTD	9526692	45	45	252		1.98	1.912				MBK	800	800	6/17-6/21	2019-07-15		
584025468B	5	SGH4894440	VANTIMEX CO LTD	322596001	257	257	1799		23.41	25.217				WHS	462	462	6/17-6/21	2019-07-15		
584025468C	6	SGH4915395	CHINA CREATIONS JEWELRY CO LTD	322936001	78	78	607.82		2.88	2.902				WHS	292	292	6/17-6/21	2019-07-15		
584025468E	7	SGH4897094	ZHEJIANG ZHONGDA EXPORTS CO LIMITE	9445851	2	2	7.6		0.06	0.068				MDS	STY	STY	6/10-6/14	2019-08-07		
584025468D	8	SGH4844714	BRED DESIGN CO LTD	9434921	1	1	5.1		0.04	0.037				MDS	ALF	ALF	6/10-6/14	2019-08-07		
	9	SGH4844715	BRED DESIGN CO LTD	9435191	3	3	15.3		0.12	0.111				MDS	ALF	ALF	6/10-6/14	2019-08-07		
	10	SGH4912613	BRED DESIGN CO LTD	9435691	2	2	10.2		0.08	0.074				MDS	ALF	ALF	6/10-6/14	2019-08-07		
584025468K	11	SGH4845852	BRED DESIGN CO LTD	9435481	2	2	6.4		0.06	0.045				MDS	ALF	ALF	6/17-6/21	2019-08-07		
	12	SGH4848098	BRED DESIGN CO LTD	9435541	2	2	8		0.08	0.057				MDS	ALF	ALF	6/17-6/21	2019-08-07		
	13	SGH4912573	BRED DESIGN CO LTD	9457031	1	1	5.6		0.04	0.034				MDS	ALF	ALF	6/17-6/21	2019-08-07		
	14	SGH4912612	BRED DESIGN CO LTD	9435831	2	2	6.4		0.06	0.045				MDS	ALF	ALF	6/17-6/21	2019-08-07		
	15	SGH4913794	BRED DESIGN CO LTD	9436011	1	1	4		0.04	0.028				MDS	ALF	ALF	6/17-6/21	2019-08-07		
584025468F	16	SGH4898347	JIING SHENG KNITTING CO LTD	9453911	4	4	33.73		0.17	0.192				MDS	MEN	MEN	6/17-6/21	2019-08-07		
	17	SGH4918935	JIING SHENG KNITTING CO LTD	9453911	2	2	28.68		0.29	0.304				MDS	MEN	MEN	6/17-6/21	2019-08-07		
584025468G	18	SGH4901700	JIING SHENG KNITTING CO LTD	9456621	4	4	17.18		0.14	0.144				MDS	ALF	ALF	6/17-6/21	2019-08-07		
584025468H	19	SGH4916959	JIING SHENG KNITTING CO LTD	9458041	2	2	5.24		0.04	0.048				MDS	ALF	ALF	6/17-6/21	2019-08-07		
584025468J	20	SGH4916996	JIING SHENG KNITTING CO LTD	9458111	1	1	3.36		0.02	0.031				MDS	ALF	ALF	6/17-6/21	2019-08-07		
MRKU3393179		CN2823545	2019-06-22 10: 00AM		3733	3733	4237.61	10	36.02	63.3	40HQ (GOH)									
		LIGHT-SGH-SHH-20190622																		

任务六 报价计算——海运

[任务目标]
- ◇ 掌握海运整箱运输的基础费用；
- ◇ 能够根据客户需求计算报价；
- ◇ 能够填制报价单。

[任务描述]

客户有一批耐火砖计划从上海运往纽约，已知货物装载在3个40GP和1个20GP的集装箱内，需要计算报价。服务费用清单及海运报价如下。

服务费用清单

编号：201703		
费用名称	收费方式	计费金额（RMB）
检验检疫费	元/票	实报实销
检验检疫费服务费	元/票	300.00 元/票
报检服务费	元/票	非法检货物收取300元/票；法检货物5个品名以下收取300.00 元/票，每增加5个品名加收60.00 元/票（不足5个品名时按5个计算）
报关服务费	元/票	5个品名以下时收取 300.00 元/票，每增加 5个品名加收60.00 元/票（不足5个品名时按5个计算）
查验服务费	元/票	300.00 元/票
海关查验费	元/票	实报实销
换单服务费	元/票	100.00 元/票
滞箱费	元/箱	实报实销
坏污箱费	元/箱	实报实销
掏箱费	元/箱	实报实销
集装箱操作费	元/箱	按箱型收取：50.00 元/20GP，100.00 元/40GP，100.00 元/40HQ

（2）费用信息。

费用项目	收费单位	单价			费用总额（CNY）	备注
		20GP	40GP	40HQ		
1. 海运服务						
集装箱海运费	USD/箱					1USD=6.8CNY
舱单申报费	USD/票					1USD=6.8CNY
文件费	CNY/票					
订舱费	CNY/箱					
集装箱操作费	CNY/箱					
封志费	CNY/箱					
发货港码头操作费	CNY/箱					
设备交接单费	CNY/箱					
2. 通关服务						
检验检疫费服务费	CNY/票	300.00	300.00			
报检服务费	CNY/票	300.00	300.00			非法检货物收取300元/票；法检货物5个品名以下收取300.00元/票，每增加5个品名加收60.00元/票（不足5个品名时按5个计算）
报关服务费	CNY/票	300.00	300.00			5个品名以下时收取300.00元/票，每增加5个品名加收60.00元/票（不足5个品名时按5个计算）
查验服务费	CNY/票	300.00	300.00			发生即收
3. 其他费用						
检验检疫费	CNY/票		***		***	实报实销
海关查验费	CNY/票		***		***	实报实销
滞箱费	CNY/箱		***		***	实报实销
坏污箱费	CNY/箱		***		***	实报实销
掏箱费	CNY/箱		***		***	实报实销
总计						
注：当前不发生或实报实销的费用填"***"						

海运报价表

船公司	起运港	目的港	O/F(USD/箱)		
			20GP	40GP	40HQ
APL	SHANGHAI	NEWYORK	2800.00	3400.00	3400.00
COSCO	SHANGHAI	NEWYORK	2400.00	2950.00	2950.00
MAERSK	SHANGHAI	NEWYORK	2700.00	3300.00	3300.00
MSC	SHANGHAI	NEWYORK	2750.00	3350.00	3350.00
OOCL	SHANGHAI	NEWYORK	2500.00	3100.00	3100.00
COSCO	SHANGHAI	LOSANGELES	1300.00	1600.00	1600.00
COSCO	SHANGHAI	LONGBEACH	1300.00	1600.00	1600.00
OOCL	SHANGHAI	LONGBEACH	1300.00	1600.00	1600.00
		备注：	对外报价时，在成本价上加USD100服务费。		

续

文件费(CNY/票)	订舱费(CNY/箱)			封志费(CNY/箱)	设备交接单费(CNY/箱)
	20GP	40GP	40HQ		
550.00	250.00	390.00	390.00	40.00	50.00
500.00	220.00	335.00	465.00	30.00	50.00
540.00	250.00	390.00	390.00	40.00	50.00
500.00	250.00	390.00	390.00	40.00	50.00
450.00	250.00	390.00	390.00	40.00	50.00
500.00	220.00	335.00	465.00	30.00	50.00
500.00	220.00	335.00	465.00	30.00	50.00
450.00	250.00	390.00	390.00	40.00	50.00

续

码头操作费(CNY/箱)			AMS(USD/票)	电放费(CNY/票)
20GP	40GP	40HQ		
790.00	1185.00	1185.00	30.00	350.00
790.00	1185.00	1185.00	30.00	300.00
790.00	1185.00	1185.00	30.00	340.00
790.00	1185.00	1185.00	30.00	300.00
787.00	1181.00	1181.00	30.00	300.00
790.00	1185.00	1185.00	30.00	300.00
790.00	1185.00	1185.00	30.00	300.00
787.00	1181.00	1181.00	30.00	300.00
			发生则收	

[任务要求]

经计算，选择COSCO价格最划算。请根据材料填制报价表。

（1）业务信息。

有效期	2017年2月25日—2017年3月31日			
业务量	产品：耐火砖	体积：195.00CBM	货源地：上海	毛重：16.00吨
	目的港：纽约	贸易方式：CIF纽约	包装规格：8件/纸箱 50 cm×20 cm×20 cm	

任务七　报价计算——空运

[任务目标]
 ◇ 掌握空运的基础费用；
 ◇ 能够根据客户需求计算报价。

[任务描述]
　　MTD 电机公司要以 EXW 的条款空运出口一批橡胶管（一般货物）到四川 CCW 科技有限公司，现要求获得报价。相关信息查看随附的箱单/发票。

　　信息表 1：《装箱单》。

Sichuan CCW Technology Co.,Ltd
PACKING LIST

Shipper：Sichuan CCW Technology Co., Ltd　　**Date**：25/Jul/19
Address：CCW Industrial District, GUANGAN, Sichuan 635100, CHINA　　**Invoice#**：CH190611
Attn：Mr. Robert　　**Packing List#**：CH190611
Tel：+86-818-12345678　　**Fax**：+86-818-23456789
E-mail：ROBERT@CCW.COM

Deliver To:　　　　　　　　　　　　　　　　**Shipping mark**:

LLD CO., LTD OKAYAMA　　　　　　　　　　　　MTD

8283-18, SHINMINATO, AZA, OTOSHIMA, TAMASHIMA, KURASHIKI, 713-8103,

OKAYAMA, JAPAN

ATTN: MS. YAMAGUCHI,　　TEL: +81-1-99998888

ITEM	PART NUMBER	NEW P/N	DESCRIPTION	QTY (PCS)	GW (KGS)	NW (KGS)	DIMENSION L W H	DIM (M^3)
1	1035B444		HOSE, BREATHER	2400		168.00		
			TOTAL	2400		168.00		

TOTAL 1 PALLET, NEW WEIGHT 168KGS, GROSS WEIGHT 207KGS, 112×97×106CM
COUNTRY OF ORIGIN, CHINA

Sichuan CCW Technology Co.,Ltd
Signature:

信息表2：发票。

Sichuan CCW Technology Co.,Ltd
Commercial INVOICE

Shipper: Sichuan CCW Technology Co., Ltd	Invoice No: CH190611
Address: CCW Industrial District, GUANGAN, Sichuan 635100, CHINA	Invoice Date: 25/Jul/19
Attn: Mr. Robert	Shipper Code: 8455
Tel: +86-818-12345678　　Fax: +86-818-23456789	Payment Term: Net 45 days invoice date
E-mail: ROBERT@CCW.COM	Purchase Order#: 19U-SCT5-053

Invoice To:

MTD MOTORS CORPORATION　　　　　　　　　Delivery Conditions: Ex-work

1 MTD,HASHIME-CHO, OKAZAKI, AICHI 444-8888 JAPAN　　Shipping Date:

　　　　　　　　　　　　　　　　　　　　　　　　Port of Loading: Chongqing

TEL: +81-564-31-6395,　FAX: +81-564-33-1216　　Port of Discharge:

Send Invoice To:

MTD MOTORS CORPORATION

PROCUREMENT PLANNING DEPT. Mr. TetsuyaYoshida, Manager　　Packages:

1 NAKASHINKIRI, HASHIME-CHO, OKAZAKI, AICHI 444-8501 JAPAN　　NW(KGS):

Tel: +86-564-32-4111, Fax: +81-564-33-1216　　　　GW(KGS):

Deliver To:

LLD CO., LTD OKAYAMA

8283-18, SHINMINATO, AZA, OTOSHIMA, TAMASHIMA, KURASHIKI, 713-8103,

OKAYAMA, JAPAN

　　ATTN: MS. YAMAGUCHI,　　　TEL: +81-1-99998888

ITEM	PART NUMBER	DESCRIPTION	QTY(set)	UNIT PRICE(USD)	AMOUNT(USD)
1	1035B444	HOSE, BREATHER	2400	2.05	4920.00

TOTAL AMOUNT: SAY US DOLLARS FOUR THOUSAND NINE HUNDRED AND TWENTY ONLY.　　USD 4,920.00

COUNTRY OF ORIGIN, CHINA

Sichuan CCW Technology Co.,Ltd

Signature:

[任务要求]
　　请结合 Charge List 计算出有关这批货物的所有费用，并回复客户邮件。

(1) Pick Up Charge。

【Pick Up Charge】 FY2018 (Apr-Oct.2018)

Supplier (Shipper) Name (Code)	Country	Origin Port	Currency	Pick-up Charge	
				Charter	Charter
SICHUAN CCW TECHNOLOGY CO.,LTD	CN	CKG	CNY	1400/2T	1800/4T

(2) FOB Charge。

【FOB Charge】 FY2018 (Apr-Oct.2018)

Country	Origin Port	Handling or Commission	Terminal Fee	Terminal Fee	AWB FEE	Export Clearance Charges
			/kg			
CN	CKG	300	2.0	20	200	300

Customs Surcharge	CIQ Declaration	Customs Inspection	Customs Overnight Charge	EDI/Shipment	Bandle Charge	CFS&Loading Charge	
	/Declaration (If Required)		Shipment (If Any)			/kg	Minimum or Shipment
	150	At Cost					

Carrier Manifest EDI and Entry Docs Charge	Examination Fee	Staff Overtime (Upon Request)	Gate Charge	OTHER	Currency
					CNY

(3) Air Freight。

【Air Freight】 FY2017

Country	Origin Port	Dest Port	Min.		Fuel Surcharge (at cost)	Security Surcharge (at cost)
				(/kg)	(/kg) (at cost)	(/kg) (at cost)
CN	CKG	KIX	750.00	20.00	6.00	1.20

Security Surcharge	Currncy	Handling Charge	Service	Carrier
Minimum				
	CNY		Economy	CX/CA/CK

任务八　海运提单填制

[任务目标]
- 了解两种海运提单的区别；
- 掌握海运提单的填制。

[任务描述]
收到客户邮件，客户从日本进口了一批货物，现委托公司完成货物进口业务。附件中发送了发票和信用证。

附件1：发票。

福建依达纺织品有限公司

FUJIAN YIDA TEXTILE CO.,LTD

NO.18, North Wuxi Road, Gulong District, Fuzhou, Fujian, China

TEL:86-591-55443322　　　　FAX:86-591-55443311

SALES CONTRACT

Date: Apr. 18TH, 2021
No: GFTGE21-B08

The Buyer: TAKASHI OSKI CONTROL PLC LTD
NO.2-19 SHUMOKUCHO, HIGASHI WARD, TOKYO, JAPAN
The Seller: FUJIAN YIDA TEXTILE CO.,LTD
NO.18, NORTH WUXI ROAD, GULONG DISTRICT, FUZHOU, FUJIAN, CHINA

This contract is made by and between the Buyer and the Seller, whereby the Buyer agree to buy and the Seller agree to sell the under-mentioned commodity according to the terms and conditions stipulated below:

Name Of Commodity & Specifications	Quantity	Unit Price	Amount (USD)
MELT-BLOWNCLOTH [GYMECKN95BHD1]	180Cartons (18kg/carton)	56	10080.00
NON-WOVEN MASK (NON-MEDICAL)	3,000Dozen	2.16	6480.00

Total Value: USD16,560.00 (SAY U.S. DOLLAR SIXTEEN THOUSAND FIVE HUNDRED AND SIXTY) CPT TOKYO INCOTERMS 2010, AMOUNT& QUANTITY 10PCT MOLSOP

1. Packing: in cartons
2. Time of Shipment: Middle of May.2021
3. Port of Loading: FUZHOU, CHINA
4. Port of Destination: TOKYO, JAPAN
5. Partial shipment and transhipment are allowed.
6. Insurance: to be covered by the buyer.
7. Payment: 100% of the total value will be paid by L/C at 30 days after sight.
8. Shipping advice: The seller shall advise by fax the buyers of the quantity, invoice value, gross weight, name of vessel and date of sailing within 2 days after the completion of the loading of the goods.
9. Inspection: The Seller shall have the goods inspected by 15 days before the shipment and have the Inspection Certificate issued by German Machinery I/E Inspection Corporation Guangzhou Branch. The Buyer may have the goods reinspected by Italy I/E Inspection Bureau after the goods arrived at the destination.
10. Arbitration: All disputes in connection with this contract or the execution thereof shall be settled in Hong Kong and English law applied.
11. Other terms: This contract is made in two originals, one original to be held by each party. The original pieces have the same law effect to each party.

The signature of Buyer　　　　The signature of Seller
TAKASHI OSKI CONTROL PLC LTD　　FUJAN YIDA TEXTILE CO.,LTD

附件2：箱单。

Issuer FUJIAN YIDA TEXTILE CO., LTD NO.18, NORTH WUXI ROAD, GULONG DISTRICT, FUZHOU, FUJIAN, CHINA			PACKING LIST			
To TAKASHI OSKI CONTROL PLC LTD NO.2-19 SHUMOKUCHO, HIGASHI WARD, TOKYO, JAPAN			Invoice No. FH-T08-B01		Date MAY, 12.2021	
Marks and Numbers	Number and kind of package Description of goods	Quantity	Package	G. W. (KG)	N. W. (KG)	Meas. (CBM)
MB TOKYO 1-180 MADE IN CHINA	MELT-BLOWN CLOTH [GYMB0KN95BH01] H. S CODE: 5603.1290 THE COUNTRY OF ORIGIN: CHINA	180 CARTONS	CARTONS	3240.00	3000.00	7.56
Total:		180 CARTONS		3240.00	3000.00	7.56
Say Total:	SAY ONE HUNDREDAND EIGHTY CARTONS ONLY					
Remarks: SHIPMENT HAS BEEN EFFECTED IN EXPORT STANDARD SEAWORTHY PACKING.						

附件3：信用证。

```
700 02
PCBCCNBJFJQ
:27:      SEQUENCE OF TOTAL         DATE: 26,APRIL,2021
1/1
:40A:     FORM OF DOCUMENTARY CREDIT
IRREVOCABLE
:20:      DOCUMENTARY CREDIT NUMBER
422010445736-L
:31C:     DATE OF ISSUE
210426
:40E:     APPLICABLE RULES
UCP LATEST VERSION
:31D:     DATE AND PLACE OF EXPIRY
210616CHINA
:50:      APPLICANT
TAKASHI OSKI CONTROL PLC LTD
NO. 2-19 SHUMOKUCHO,
,HIGASHI WARD ,TOKYO, JAPAN
:59:      BENEFICIARY
FUJIAN YIDA TEXTILE CO., LTD
NO. 18, NORTH WUXI ROAD,
GULONG DISTRICT, FUZHOU,
FUJIAN, CHINA
:32B:     CURRENCY CODE, AMOUNT
USD16560.00
:39A:     PERCENTAGE CREDIT AMOUNT TOLERANCE
10/10
:41A:     AVAILABLE WITH ...BY...
PCBCCNBJFJQ
BY PAYMENT AT SIGHT
:42P: NEGOTIATION DETAILS AT ANY BANK
:43P:     PARTIAL SHIPMENTS
ALLOWED
:43T:     TRANSHIPMENT
ALLOWED
:44E: PORT OF LOADING: ANY PORT OF CHINA
:44F: PORT OF DISCHARGE: TOKYO,JAPAN
:44C:     LATEST DATE OF SHIPMENT
210520
:45A:  DESCRIPTION OF GOODS AND/OR SERVICES:
MELT-BLOWN CLOTH [GYMBOKN95BH01] , 180CARTONS
NON-WOVEN MASK  (NON-MEDICAL), 3000DOZEN
:46A: DOCUMENTS REQUIRED
+ BENEFICIARY'S SIGNED INVOICES (1 ORIGINAL AND 5 COPIES) SHOWING
THE CPT VALUE OF THE GOODS, PORT OF LOADING AND AND INVOICE MUST
MENTION THE BELOW:
A) PROFORMA INVOICE NUMBER AND DATE:
FHWKI-201121 DATED 10.05.2021
B) COUNTRY OF ORIGIN: CHINA
C) H.S.CODE NUMBER: 5603.1290 FOR MELT-BLOWN CLOTH
D) EXPORT LC / SALES CONTRACT NO.
+ PACKING LIST: ONE ORIGINAL AND TWO COPIES EVIDENCING SHIPMENT
HAS BEEN EFFECTED IN EXPORT STANDARD SEAWORTHY PACKING. AND THAT
THE ORIGIN OF THE GOODS HAS BEEN MENTIONED ON THE OUTSIDE OF THE
PACKAGES AND MUST MENTION H.S. CODE NUMBER.
+ CERTIFICATE OF ORIGIN (1 ORIGINAL AND 2 COPIES) ISSUED BY
THE CHAMBER OF COMMERCE/CONCERNED GOVERNMENT AGENCY/APPROVED
AUTHORITY/ORGANISATION OF THE EXPORTING COUNTRY CERTIFYING
THE COUNTRY OF ORIGIN OF THE GOODS (AS MENTIONED IN CLAUSE NO.
1 OF FIELD 46A.)
+ FULL SET OF CLEAN ON BOARD MARINE PORT TO PORT BILL OF
LADING WITH TWO ORIGIANL AND THREE NON-NEGOTIABLE COPIES
MADE OUT TO THE ORDER OF SHIPPER MARKED ''FREIGHT PREPAID''
NOTIFY PARTY L/C APPLICANT AND MUST MENTION H.S. CODE NUMBER.
+ SHIPMENT TO BE EFFECTED PER LINER VESSEL WHICH MUST BE
SEAWORTHY, A CERTIFICATE TO THIS EFFECT FROM THE CARRIER
OR THEIR AGENT MUST ACCOMPANY THE ORIGINAL SHIPPING
DOCUMENTS.
```

+ THE BENEFICIARY IS REQUIRED TO SEND ONE SET OF NON-NEGOTIABLE SHIPPING DOCUMENTS DIRECT TO THE APPLICANT AFTER SHIPMENT BY EMAIL:MEHEDI@ANANTA-BD.COM AND THE RELEVANT EMAIL COPY MUST THEREOF ATTACHED WITH THE ORIGINAL DOCUMENTS AT THE TIME OF NEGOTIATION.

:47A: ADDITIONAL CONDITIONS
+ BILL OF EXCHANGES/ DRAFTS NOT REQUIRED.
+ A DISCREPANCY FEE OF USD70.00 WILL BE DEDUCTED FROM THE THE PROCEEDS IF DOCUMENTS ARE PRESENTED WITH DISCREPANCY(IES) AND ACCEPTANCE OF SUCH DOCUMENTS PRESENTED WITH DISCREPANCY(IES) DOES NOT IN ANY WAY ALTER THE TERMS AND CONDITIONS OF THIS CREDIT.
+ SHIPPING DOCUMENTS EVIDENCING SHIPMENT DATE PRIOR TO L/C ISSUANCE DATE IS NOT ACCEPTABLE.
+ ALL DOCUMENTS MUST BE ISSUED IN ENGLISH LANGUAGE.
+ ALL SHIPPING DOCUMENTS MUST MENTION SALES CONTRACT /EXPORT LC NO.
+ TOLERANCE : PLUS/MINUS 10(TEN) PCT ON ACTUAL VALUE AND QUANTITY IS ACCEPTABLE
+ REIMBUSEMENT INSTRUCTIONS:
ALL DOCUMENTS MUST BE PRESENTED TO STANDARD CHARTERED BANK, TOKYO,JAPAN IN ORDER FOR US TO HONOUR THE SAME AND EFFECT REMITTANCE OF THE PAYMENT AT SIGHT BASIS AS PER REMITTING BANK'S INSTRUCTION THROUGH OUR OFFSHORE BANKING UNIT,DEPZ,SAVAR. WE WILL DEDUCT USD125.00 BEING OUR REIMBURSEMENT CHARGES FROM THE PROCEEDS.
AT MATURITY,ISSUING BANK (STANDARD CHARTERED BANK,TOKYO JAPAN),WILL EFFECT PAYMENT TO STANDARD CHARTERED BANK, OFFSHORE BANKING UNIT,DEPZ, SAVAR, ALONGWITH INTEREST (WHICH IS ON APPLICANT'S ACCOUNT)
701 INTEREST FOR USANCE PERIOD IS ON APPLICANT'S ACCOUNT.IN CASE OF RE MATURE PAYMENT,INTEREST WILL BE PAID PROPORTIONATELY.
702 SHIPMENT/TRANSHIPMENT SHOULD BE CARRIED OUT BY COMPANIES OPERATING IN ACCORDANCE WITH THE MARITIME LAWS AND PORT REGULATIONS OF JAPAN, REGARDING VESSEL FLAG, AIRPORT, SEAPORT SHIPMENT AND TRANSHIPMENT.
+ALL PARTIES TO THIS TRANSACTION ARE ADVISED THAT BANKS MAY BE UNABLE TO PROCESS A TRANSACTION THAT INVOLVES COUNTRIES, REGIONS, ENTITIES, VESSELS OR INDIVIDUALS SANCTIONED BY THE UNITED NATIONS, THE UNITED STATES, THE EUROPEAN UNION, THE UNITED KINGDOM OR ANY OTHER RELEVANT GOVERNMENT AND/OR REGULATORY AUTHORITY AND THAT SUCH AUTHORITIES MAY REQUIRE DISCLOSURE OF INFORMATION.

:71D: CHARGES
ALL CHARGES OUTSIDE JAPAN ARE FOR ACCOUNT OF BENEFICIARY INCLUDING REIMBURSEMENT CHARGES.
:48: PERIOD FOR PRESENTATION IN DAYS
015/AFTER THE DATE OF SHIPMENT
:49: CONFIRMATION INSTRUCTIONS
WITHOUT
:78: INSTRUCTIONS TO THE PAYING BANK
DOCUMENTS TO BE DESPATCHED TO STANDARD CHARTERED BANK, TOKYO, SK.MUJIB ROAD, TOKYO 4100, JAPAN. IN ONE LOT BY DHL COURIER OR REPUTABLE COURIER COMPANY IF DHL IS NOT AVAILABLE.

附件4：订舱确认。

Booking Confirmation \ Export FCL Order

12 MAY 21 14:58 Page: 1/

To	: Scott Lu / CHINA SEAWEALTH FREIGHT FORWARDING CO., LTD		
Cust Tel	: 0591-23304444	Fax :	0591-23305555
From	: Ocean Network Express (East Asia) Ltd. - Fuzhou / Tokyo (TEL: 58086583)		

We received a booking request by you as follows. Now confirm and please review following items and advise us of any discrepancy. 兹收到贵公司的"订舱要求"，现确认并传真以下资料请核对，如有错漏，请通知我司更正为要。

Booking No : FZYKH29648300

BKG Ref. No : FZYKH29648300　　　　BKG Date : 12May21

Sales Rep	: JENNY ZHAN	Bill of Lading # :	ONEFZYKH29648300
Pre Carrier	:	Latest ETA/ETD :	
Vessel Voyage	: ONE OWL 016E	Latest ETA / ETD :	18 May 21/ 20 May 21
Post Carrier	:	ETA / ETD :	
Shipper	: CHINA SEAWEALTH FREIGHT FORWARDING CO., LTD	Proforma 1st vessel ETD :	20May21
Place of Receipt	: FUZHOU, CHINA		
Port of Loading	: FUZHOU, CHINA	Terminal :	JYNP (JIANGYIN INTL CONTAINER TERMINAL)
Port of Discharge	: TOKYO, JAPAN	Terminal :	TICT (TOKYO INTL CONTAINER TERMINAL)
Place of Delivery	: TOKYO, JAPAN		
EQ Type/Q'ty	: 40'DRY .-1	Container NO.	FOCU0350415
T/S Port	:	POD / DEL ETA :	
Ocean Route Type	: Direct	Receive/Delivery Term :	CY/CY
Commodity	: FAK, SEE BELOWING		
VGM Cut-off	: 17May21 09:00	Full Return CY Cut-off :	
Doc Cut-off	: 17May21 15:00	CY Acceptance Date (For Dry Box Only) :	
Port Cargo Cut-off	: 17May21 09:00	Service Contract No :	FZ0035N20
Full Return CY	: JYNP (JIANGYIN INTL CONTAINER TERMINAL)		
Address	: Jiangyin Int'l Ctnr Terminal, JY New Port		

Special cargo information (Please see attached, if exists)　　Shipper's own container : ☐　　RAD : ☐
　　Dangerous : ☐　　Reefer : ☐ (Temp. Set : 　　)　Awkward : ☐　　Break bulk : ☐

Remarks : COMMODITY: MELT-BLOWN CLOTH;GLASS INSULATOR; MANUSCRIPTS, TYPESCRIPTS
TOTAL 800 CARTONS WITH GW 18.6MT AND 55M³
BKG REF. NO.:FZYKH29648300

24小時取吉櫃熱綫(只限出口重櫃) Tel: 591-3894 5511　　Customer Service Department 客戶服務部 Tel: 591-5808-6583
24小時網上取吉櫃查詢 www.one-line.com　　Equipment Control Section　管箱部　Tel:

VGM Declaration　　　　　　　　　　　　　　　　　　　**Empty Pickup 取吉櫃**
1. VGM (KGS): ____
2. Authorized Signature (Full name in Capital Letter): ____
3. Method (Please "√" the box): ☐ M1　☐ M2

Shipper Declaration for HKG export:　　　　　　　　　　　　Trucker—提取吉櫃運輸公司
M1 - The verified gross mass of the packed container(s) declared in this shipping
document was obtained in accordance with Method 1 stipulated in SOLAS chapter VI　尺碼　　　　種類　　　　日期
Regulation 2. M2 - The verified gross mass of the packed container(s) declared in this
shipping document was obtained in accordance with Method 2 stipulated in SOLAS Chapter　　　　**Laden Return 交重櫃**
VI Regulation 2. The procedure of this method has been approved or recognized by Hong
Kong Marine Department with registration number "GMV_____".　　　櫃號　　　　　　　　　　　封條

注意：　本訂截單可作為換取吉櫃及交重櫃之用。　　毛重　　　　　　　　　　　車牌
　　　Remark:

[任务要求]

根据客户提供的材料填写海运提单,完成海运提单的签发,并回复客户邮件。

(1) Shipper	(2) B/L No.　　　　　　　ORIGINAL
	ONE OCEAN NETWORK EXPRESS
Consignee	Port-to-Port or Combined Transport BILL OF LADING RECEIVED in external apparent good order and condition except as
Notify party	otherwise noted. The total number of packages or units stuffed in the container. The description of the goods and the weights shown in this Bill of Lading are furnished by the Merchants, and which the carrier has no reasonable means of checking and is not a part of this Bill of Lading contract. The carrier has issued the number of Bill of Lading

Pre-carriage by	Place of Receipt	stated below, all of this tenor and date. One of the original Bill of La- ding must be surrendered and endorsed or signed against the delivery
Ocean Vessel Voy. No.	Port of loading	of the shipment and whereupon any other original Bill of Lading shall be void. The merchants agree to be bound by the terms and
Port of Discharge	Place of delivery	conditions of this B/L as if each had personally signed this B/L. *applicable only when used as Combined Transport B/L

Marks & Nos. Container No.	No. & kind of pkgs	Description of goods	Gross weight	Measurement
	(3)	(4)	(5)	(6)

	Description of Contents for Shipper's Use Only (Not Part of This B/L Contract)
Total No. of container or other pkgs or units (in words)	

Freight & charges		Revenue Tons	Rate	Per	Prepaid	Collect
Ex rate	Prepaid at	Payable at	Place and date of issue:			
	Total prepaid	No. of original B(s)/L	Signed by　OCEAN NETWORK EXPRESS (EAST ASIA) LTD.			
Laden on board the Vessel Date: By:		(章)	*AS CARRIER* 　　　　　　　　　　　　(章) 　　　　　　　　Authorized Signature			

任务九 空运单填制

[任务目标]
- 了解空运单的概念；
- 掌握空运单的审核；
- 能够独立填制空运单。

[任务描述]

请根据广州 Rax 贸易有限公司的销售合同/发票/装箱清单填制 AWB。

航班时刻表为：

LYS-XIY HU7908/1907；

XIY-CAN HU7839/2107。

素材 1：Invoice 发票。

VALLE INDUSTRIE

ZI MOLINA-LACHAZOTTE, 101 RUE ALBERT CAMUS, 42353 LA TALAUDIERE

TEL:+33477476897

INVOICE

SHIP TO : Guangzhou Rax Trading Co., Ltd.
ADDRESS: ShiJiYingHuang Mansion, No.38 JianxinNorth Road, JiangBei District, Guangzhou China

BILL TO: Guangzhou Rax Trading Co. Ltd.
ADDRESS: ShiJiYingHuang Mansion, No.38 JianXin North Road, JiangBei District, Guangzhou China

CIF GUANGZHOU

Item	Description of goods	Quantity (PCS)	Unit Price(USD)	TOTAL(USD)	
1	Steel Balls 420C	30,000	0.13	3900.00	
	TOTAL	30,000		USD	3,900.00

MADE INFRANCE

素材2：Packing List 箱单。

VALLE INDUSTRIE

ZI MOLINA-LA CHAZOTTE, 101 RUE ALBERT CAMUS,42353 LA TALAUDIERE
TEL:+33477476897

PACKING LIST

SHIP TO: Guangzhou Rax Trading Co., Ltd.
ADDRESS: YingHuang Mansion,No.38 North Road,JiangBei District,Guangzhou China

Ship: Guangzhou Rax Trading Co., JianXin
ADDRESS: Shifi YingHuang Mansion,No.38 JianXin North Road,Jiang Bei District,Guangzhou China

CIF GUANGZHOU

Description of goods	Quantity (PCS)	PCS/Box	No. of Box	Net Weight (KG)	Gross Weight (KG)	Measurement
Steel Balls 420C	30,000	2,000	15	140.00	150.00	0.88
TOTAL			15	140.00	150.00	

Box size: 870x420x160mm

MADE IN FRANCE

素材3：Contract 合同。

CONTRACT

NO:XYX20180710
DATE: 2018/7/10

Buyer: Guangzhou Rax Trading Co. Ltd.
Address: YingHuang Mansion,No.38 JianXin North Road,JiangBei District, Guangzhou China
Shifi
Seller: VALLE INDUSTRIE
Address: ZI MOLINA - LA CHAZOTTE, 101 RUE ALBERT CAMUS, 42353 LA TALAUDIERE

This contract is made by and between the Buyer and the Seller, whereby the Buyer agrees to buy and the Seller agrees to sell the undermentioned commodity according to the terms and conditions stipulated below:

Item	Description	Specification	Quantity/ PCS	Price/USD	Total (USD)
1	Steel Balls	420C	30000	0.13	3900.00
		TOTAL			3900.00

Port of Shipment: LYON
Condition of carriage: CIF GUANGZHOU
Terms of Payment: 60 DAYS T/T

[任务要求]

根据客户提供的素材，填制下方的空运单。

任务十　海运投诉索赔处理

[任务目标]
- ◇ 了解海运投诉的类型；
- ◇ 了解索赔流程；
- ◇ 合理处理客户投诉并回复邮件。

[任务描述]
　　收到客户邮件，内容如下：

> Dear Tom,
> 　　柜子按照原截关时间装柜，船迟迟不到港，导致我的货物超期堆存，产生堆存费，且无法按时出发，请给我一个合理的解释，并提供解决方案。
> 　　我们期待着您的及时回复。最诚挚地问候。

　　附件：船公司更改停靠码头通知

> 尊敬的客户，
> 　　受疫情影响，我们无法在汉堡将大量货物卸下，不得不将 MSC Leanne 航次 119E 和 MSC Kalina 航次 118E 改道在威廉港（Wilhelmshaven）卸货。
> 　　基于上述情况，从卸货到 2021 年 5 月 28 日，马士基不会收取任何滞期费。
> 　　对给您带来的不便深感歉意。

[任务要求]
　　根据任务描述，解决客户投诉问题，并将解决步骤及具体步骤内容填入下表：

解决步骤	具体解决措施
步骤1：接受客户投诉	
步骤2：了解详情	
步骤3：提供解决方案	
步骤4：索赔处理	

参考文献

[1] 范泽剑. 国际货运代理[M]. 北京：机械工业出版社，2012.

[2] 田振中，王红梅. 国际物流与货运代理[M]. 2版. 北京：清华大学出版社，2012.

[3] 张荣，刘丽艳. 国际货运代理[M]. 北京：清华大学出版社，2017.

[4] 张为群. 国际货运代理实务操作[M]. 3版. 成都：西南财经大学出版社，2015.

[5] 中国国际货运代理协会. 国际陆路货运代理与多式联运理论与实务（2010年版）[M]. 北京：中国商务出版社，2010.

[6] 孙家庆，姚景芳. 国际货运代理实务[M]. 北京：中国人民大学出版社，2015.

[7] 马洁. 国际货运代理实务[M]. 北京：中国物资出版社，2010.

[8] 邹建军. 航空货运服务链管理[M]. 北京：中国民航出版社，2006.